Pokémon™ Reisen

1

Manga: **MACHITO GOMI**

Idee: **SATOSHI TAJIRI, JUNICHI MASUDA, KEN SUGIMORI**

Supervisor: **TSUNEKAZU ISHIHARA**

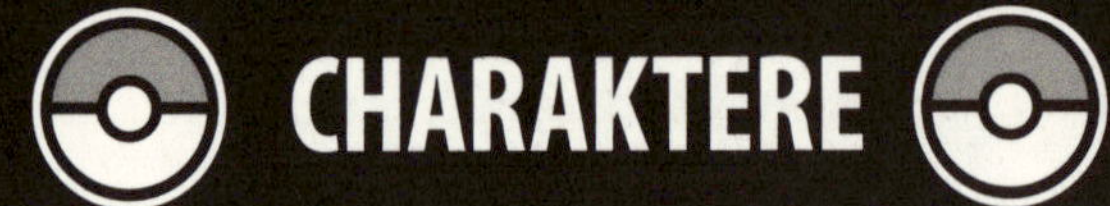

ASH
Ein Junge, dessen Ziel es ist, der beste Pokémon-Trainer der Welt zu werden.

GOH
Begegnet Ash in Orania City, woraufhin die beiden zu ihrer Reise aufbrechen.

HOPPLO
Das erste Pokémon, das Goh fängt.

PIKACHU
Der Partner, auf den sich Ash stets verlassen kann.

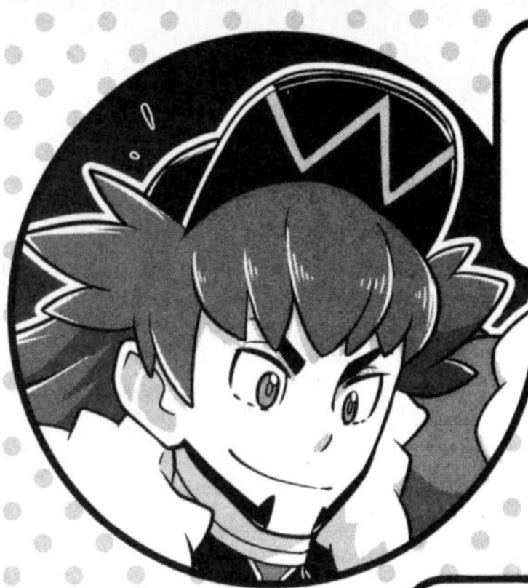

DELION
Der Champ der Pokémon-Liga in der Galar-Region.

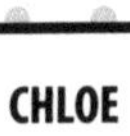

CHLOE
Die Tochter von Professor Kirsch und eine Kindheitsfreundin von Goh.

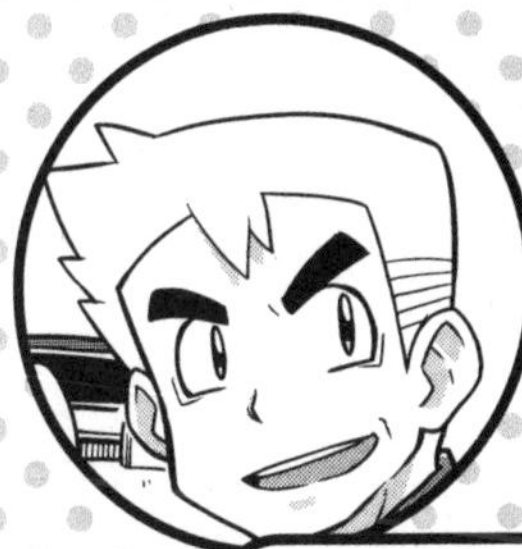

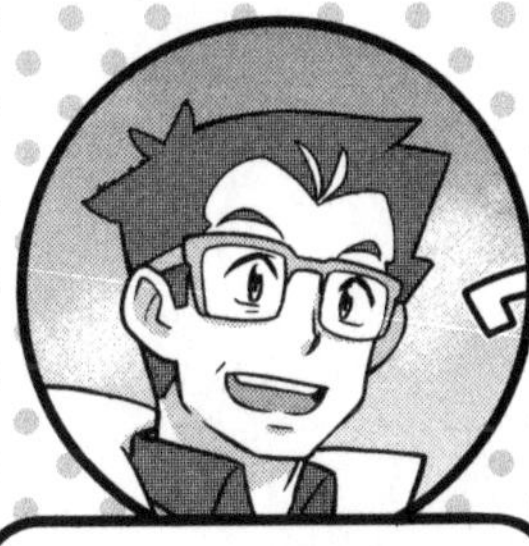

PROFESSOR EICH
Ein Pokémon-Forscher, der sich in Alabastia der Wissenschaft widmet.

PROFESSOR KIRSCH
Ein jüngerer Kollege von Professor Eich, der in Orania City lebt und forscht.

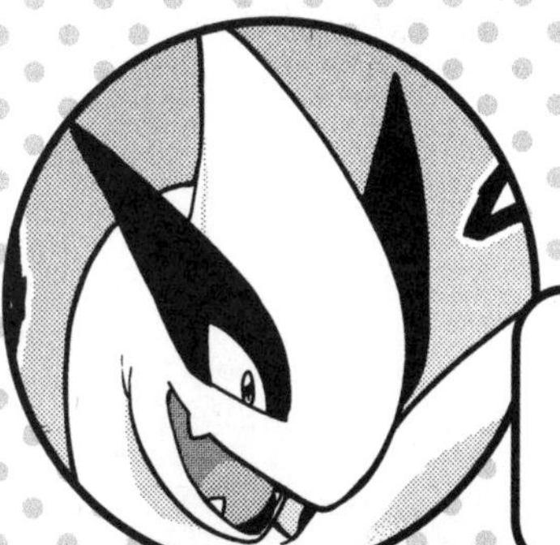

LUGIA
Ein Legendäres Pokémon, das plötzlich in Orania City auftaucht.

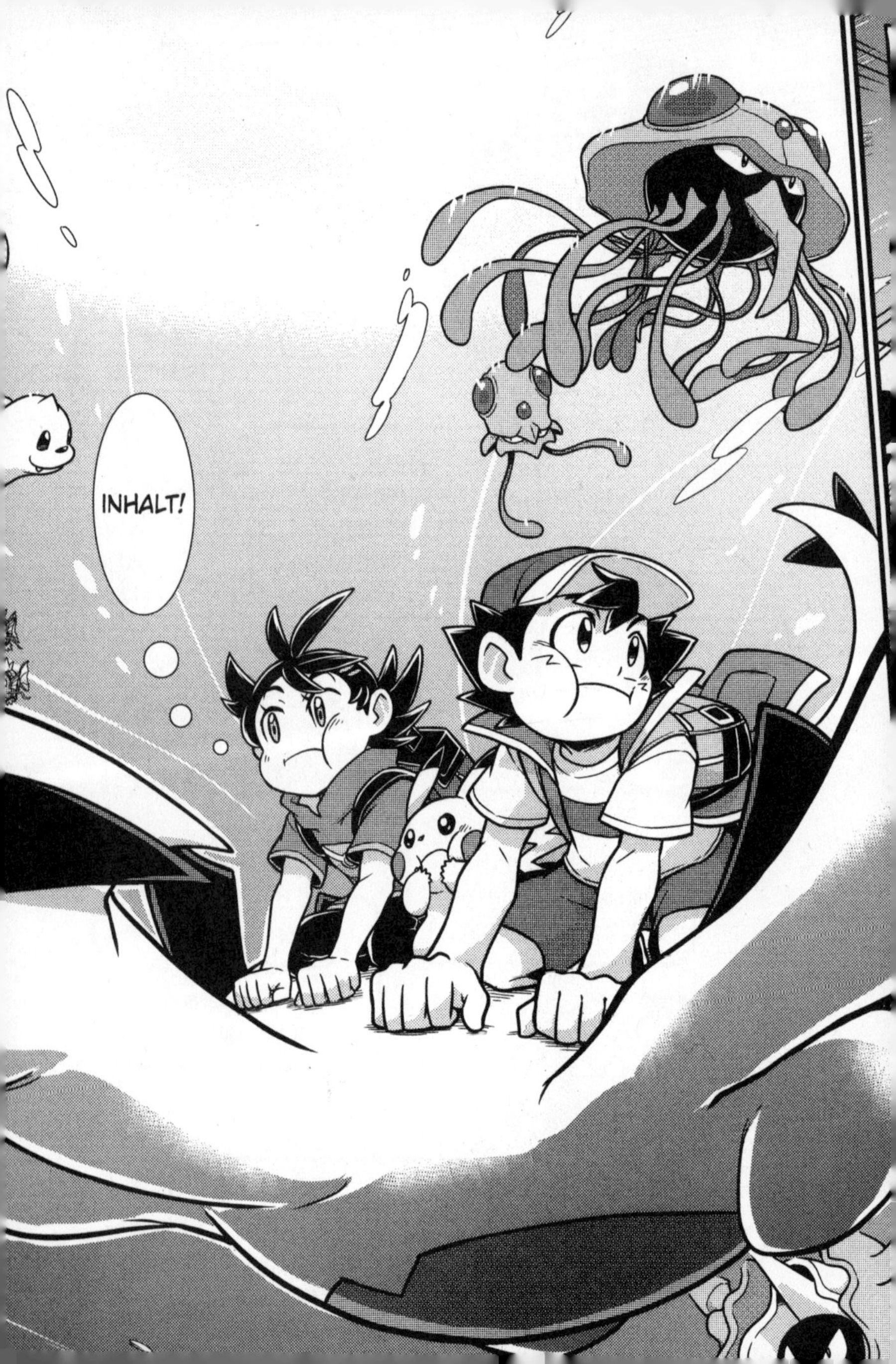
INHALT!

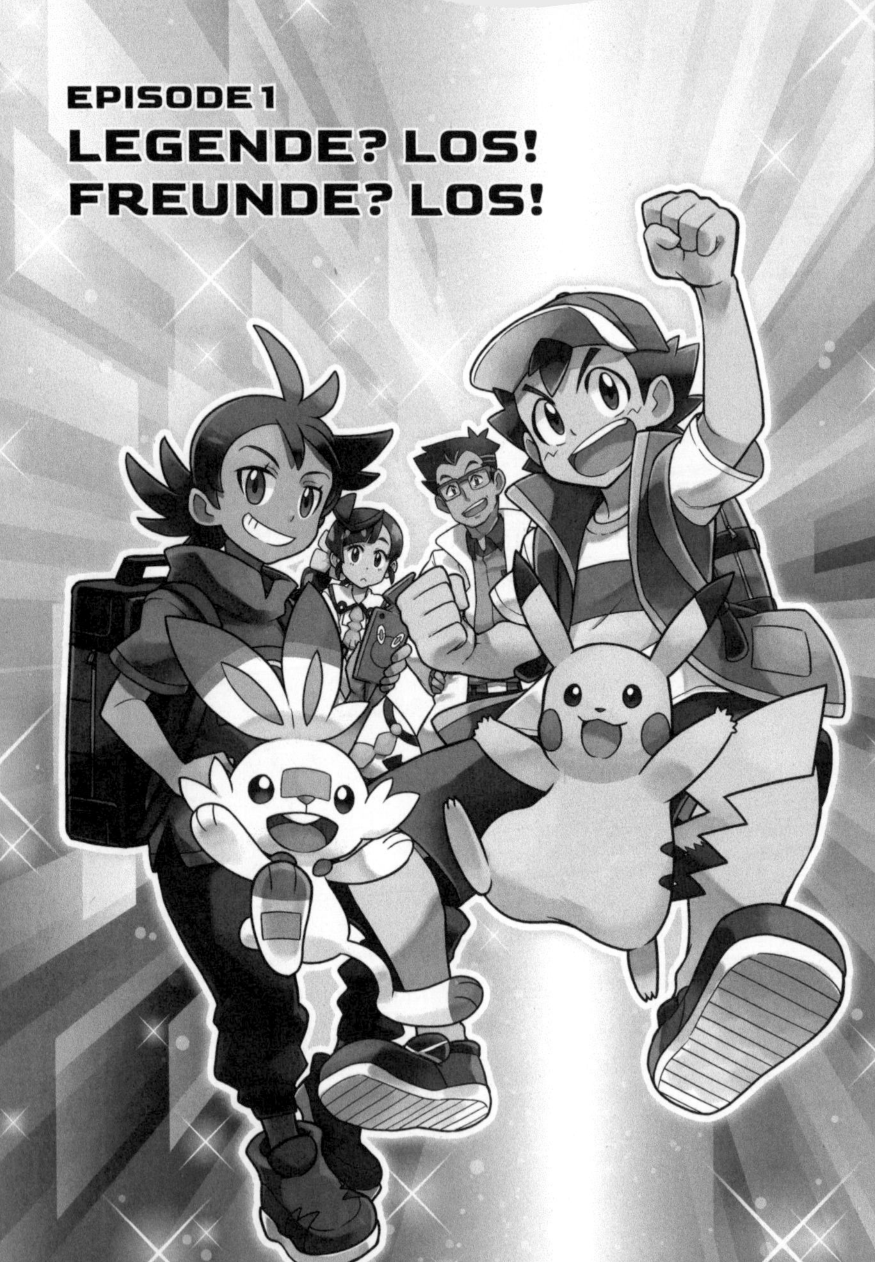
EPISODE 1
LEGENDE? LOS!
FREUNDE? LOS!

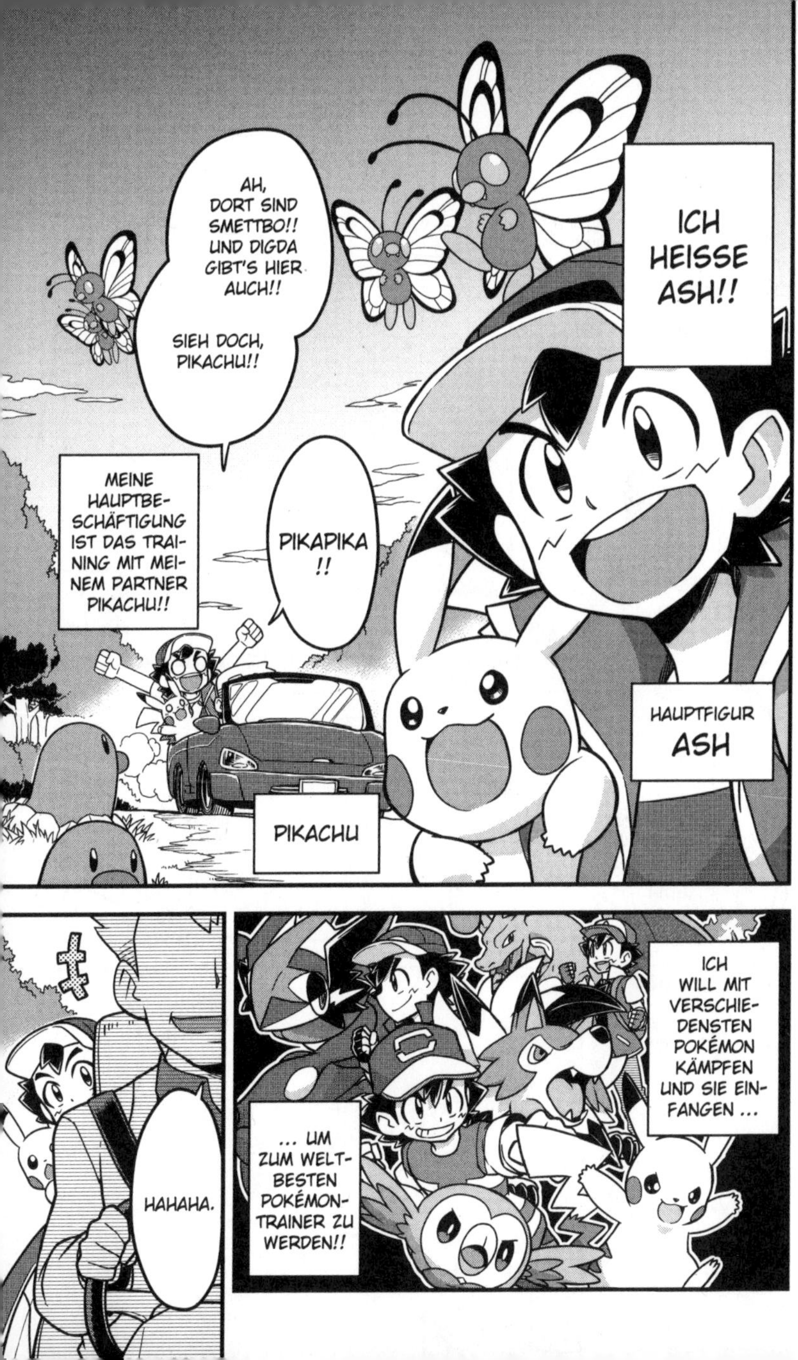

ICH HEISSE ASH!!

HAUPTFIGUR ASH

PIKACHU

AH, DORT SIND SMETTBO!! UND DIGDA GIBT'S HIER AUCH!!

SIEH DOCH, PIKACHU!!

PIKAPIKA !!

MEINE HAUPTBE-SCHÄFTIGUNG IST DAS TRAI-NING MIT MEI-NEM PARTNER PIKACHU!!

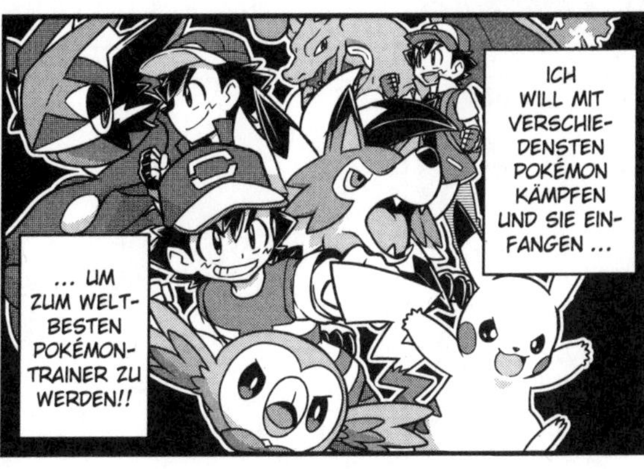

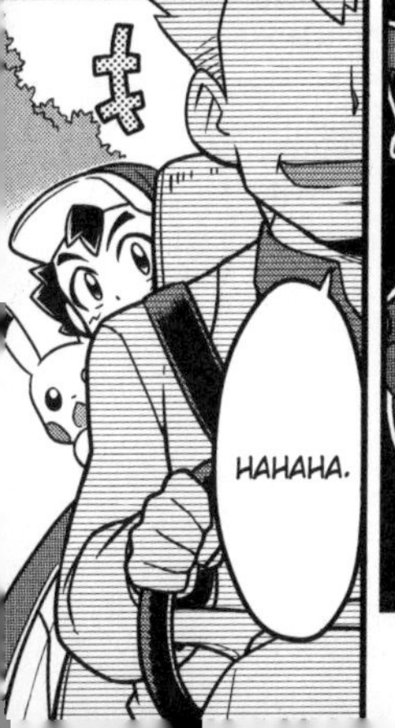

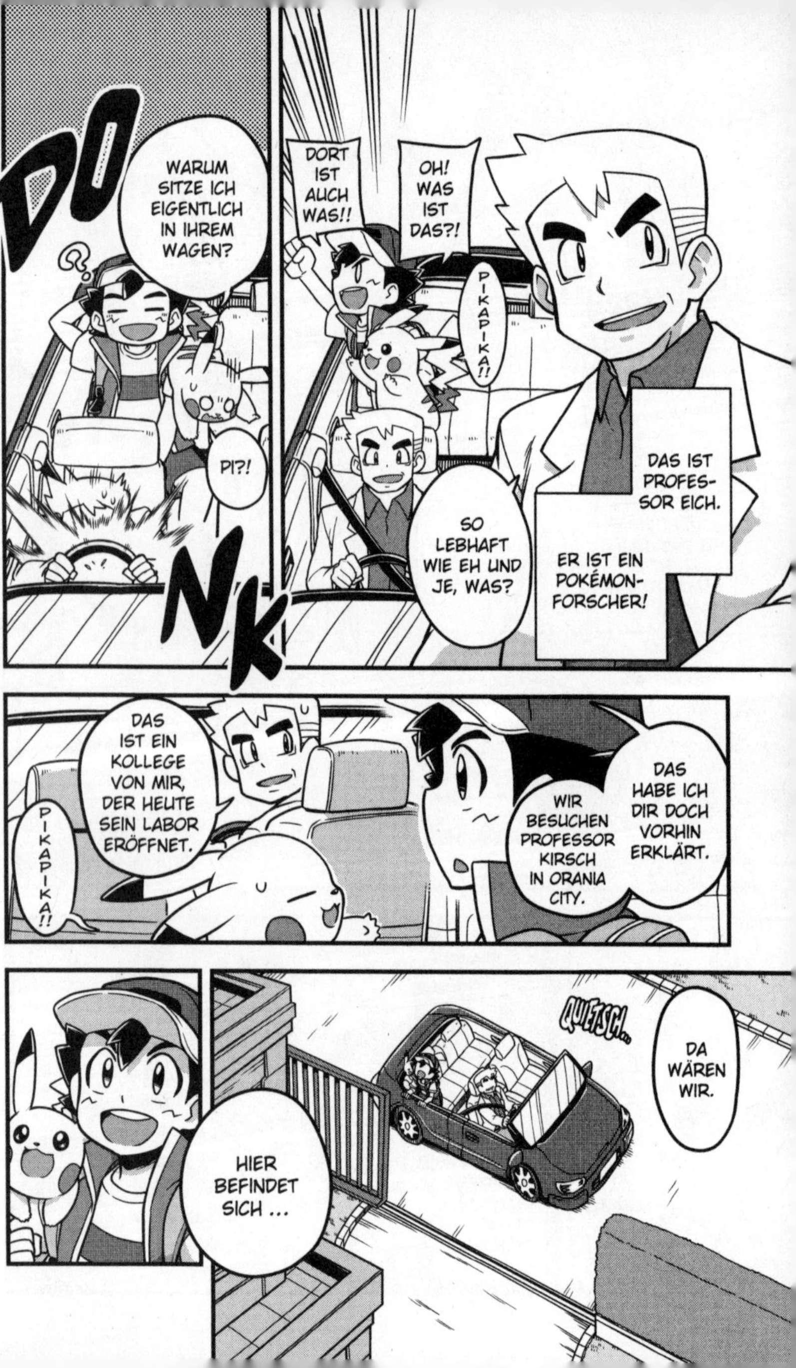

DAS IST PROFESSOR EICH.
ER IST EIN POKÉMON-FORSCHER!
OH! WAS IST DAS?!
DORT IST AUCH WAS!!
PIKAPIKA!!
SO LEBHAFT WIE EH UND JE, WAS?
DO
NK
WARUM SITZE ICH EIGENTLICH IN IHREM WAGEN?
PI?!

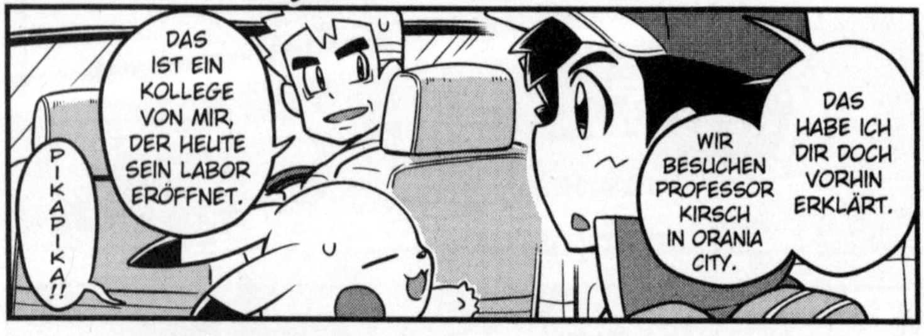

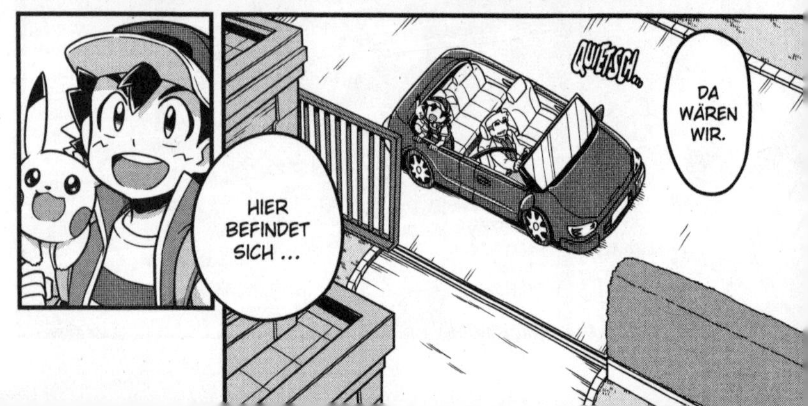

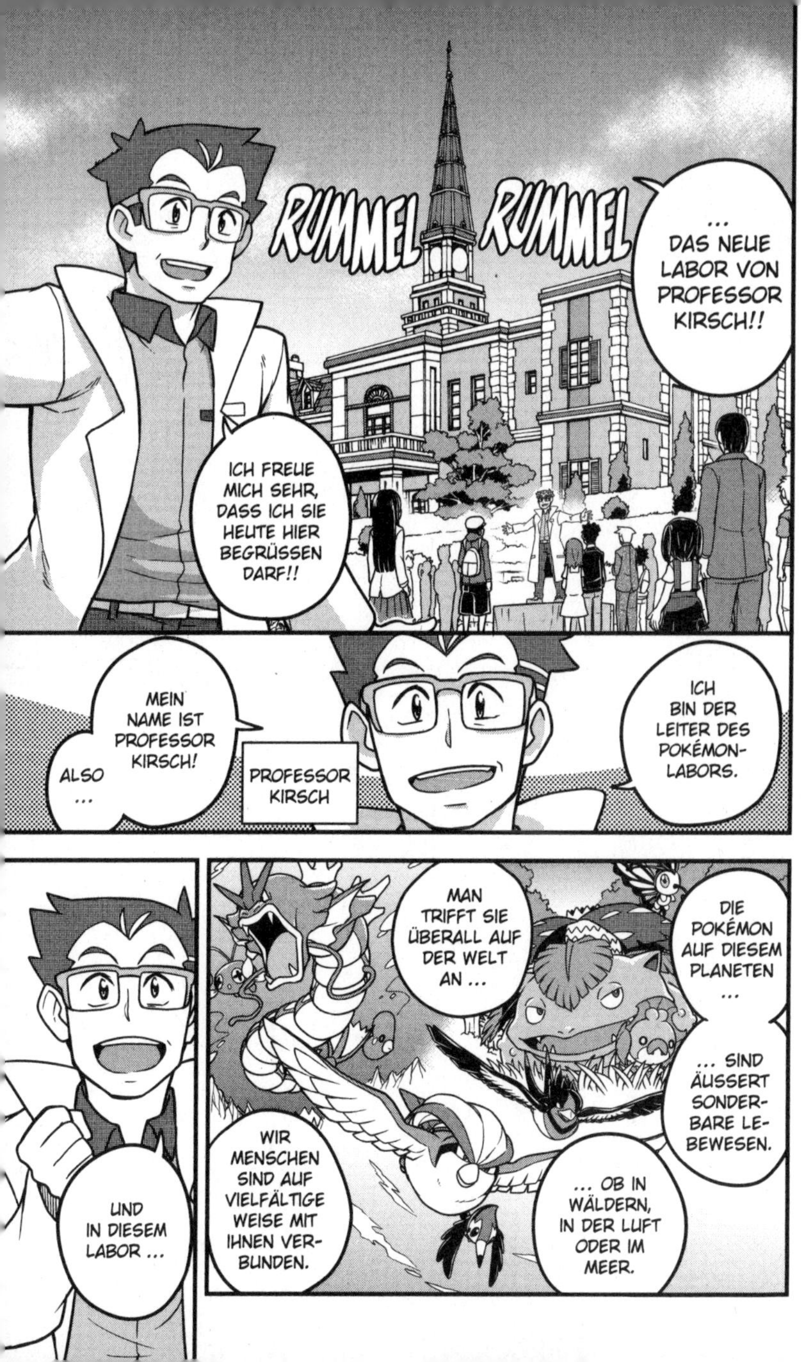

RUMMEL RUMMEL

... DAS NEUE LABOR VON PROFESSOR KIRSCH!!

ICH FREUE MICH SEHR, DASS ICH SIE HEUTE HIER BEGRÜSSEN DARF!!

ICH BIN DER LEITER DES POKÉMON-LABORS.

PROFESSOR KIRSCH

MEIN NAME IST PROFESSOR KIRSCH!

ALSO ...

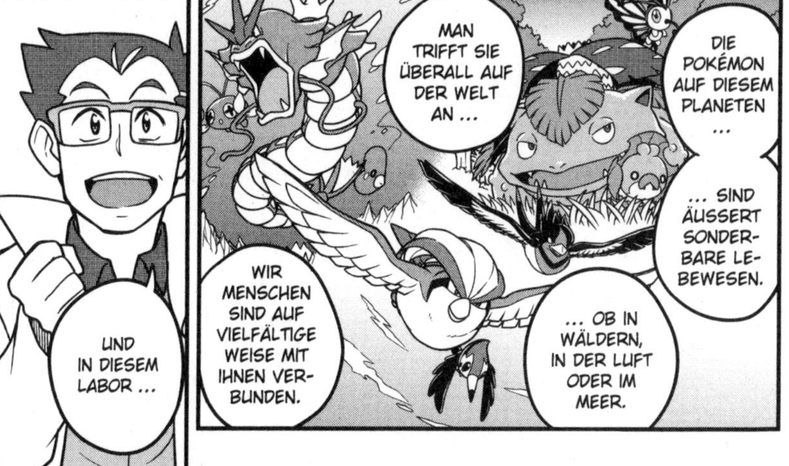

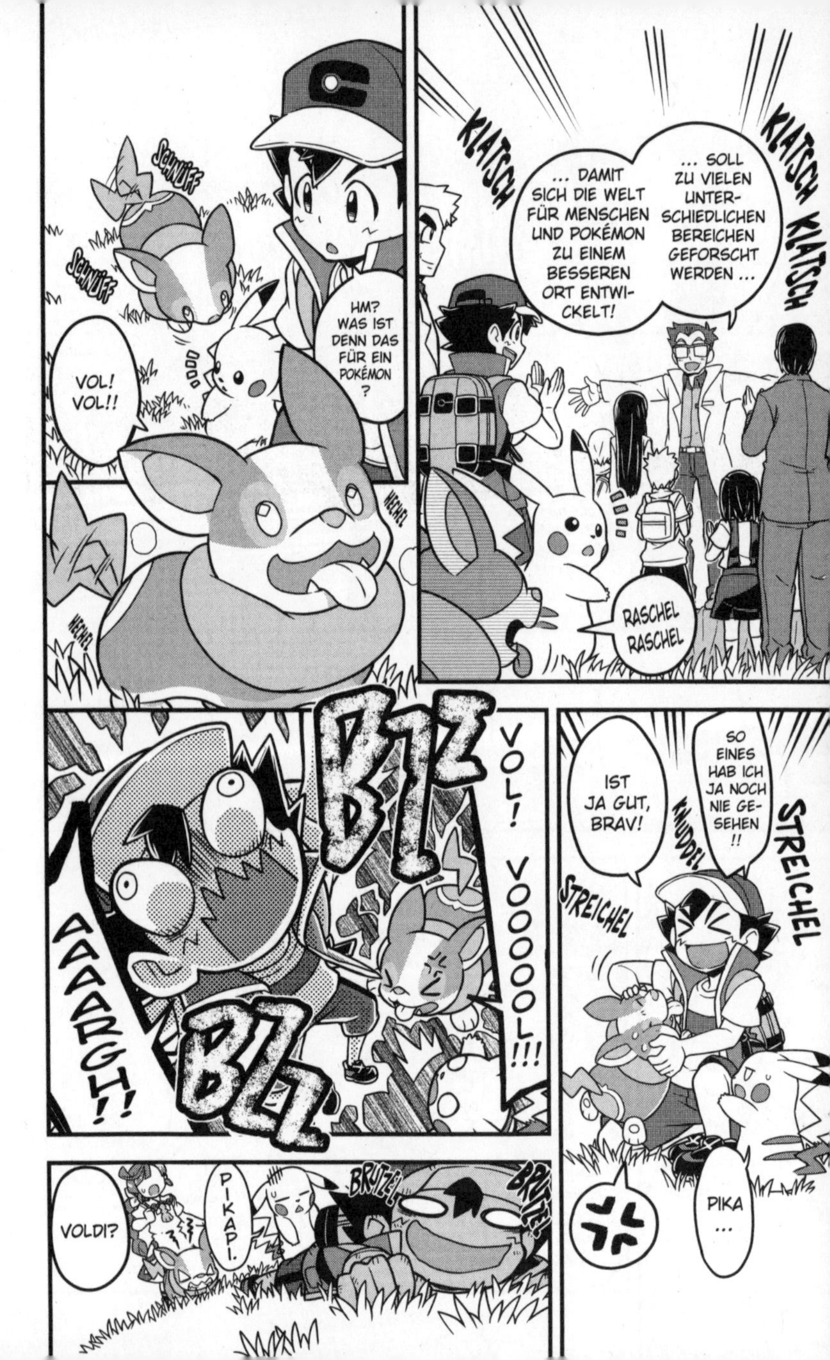
KLATSCH
KLATSCH KLATSCH
… SOLL ZU VIELEN UNTER-SCHIEDLICHEN BEREICHEN GEFORSCHT WERDEN …
… DAMIT SICH DIE WELT FÜR MENSCHEN UND POKÉMON ZU EINEM BESSEREN ORT ENTWI-CKELT!
KLATSCH
RASCHEL RASCHEL
HM? WAS IST DENN DAS FÜR EIN POKÉMON?
SCHNÜFF
SCHNÜFF
VOL! VOL!!
HECHEL
HECHEL
SO EINES HAB ICH JA NOCH NIE GE-SEHEN!!
IST JA GUT, BRAV!
STREICHEL
KNUDDEL
STREICHEL
PIKA …
VOL! VOOOOOL!!!
BZZ
BZZ
AAAARGH!!
BRUTZEL
BRUTZEL
PIKAPI.
VOLDI?

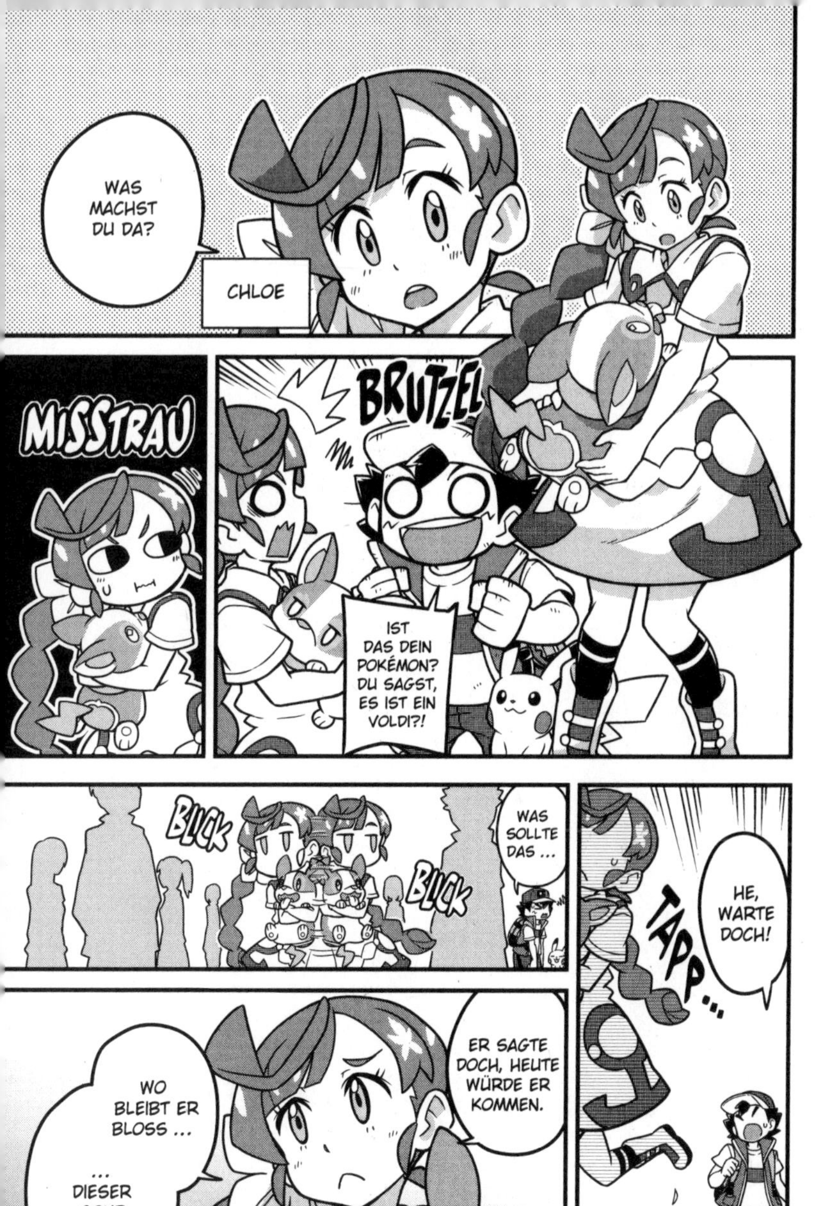

WAS MACHST DU DA?
CHLOE
BRUTZEL
MISSTRAU
IST DAS DEIN POKÉMON? DU SAGST, ES IST EIN VOLDI?!
BLICK
BLICK
WAS SOLLTE DAS ...
HE, WARTE DOCH!
TAPP ...
ER SAGTE DOCH, HEUTE WÜRDE ER KOMMEN.
WO BLEIBT ER BLOSS ...
... DIESER GOH?

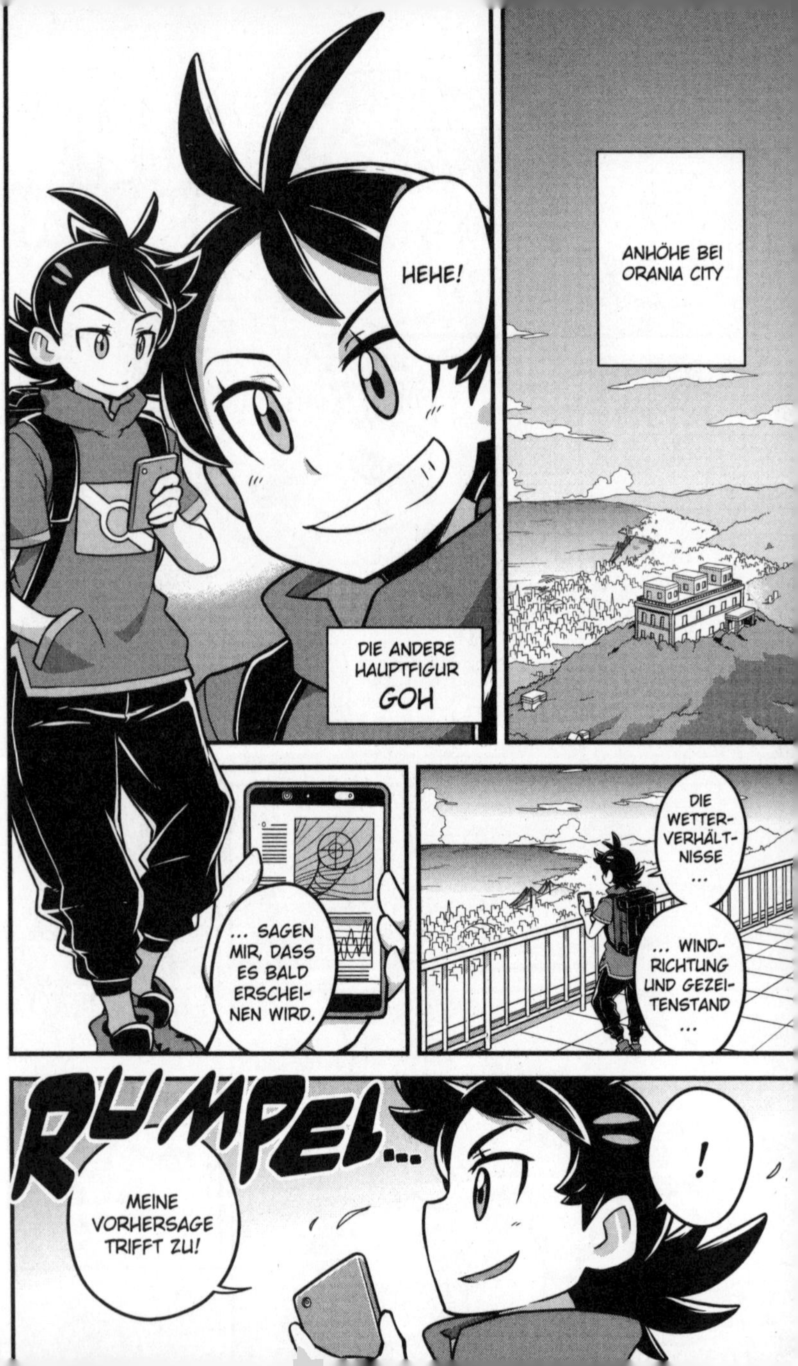

ANHÖHE BEI ORANIA CITY

HEHE!

DIE ANDERE HAUPTFIGUR GOH

DIE WETTERVERHÄLTNISSE ...

... WINDRICHTUNG UND GEZEITENSTAND ...

... SAGEN MIR, DASS ES BALD ERSCHEINEN WIRD.

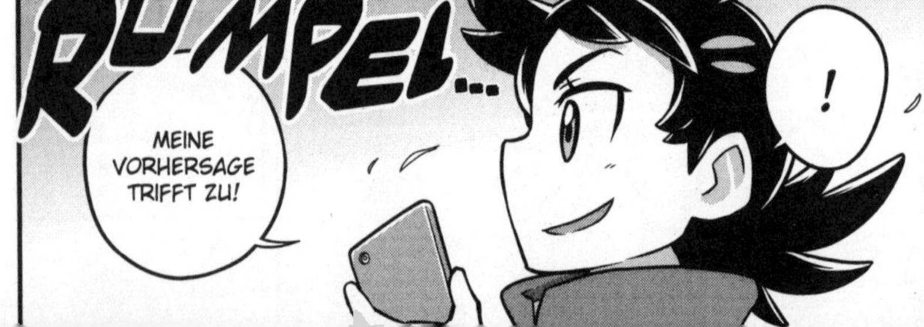

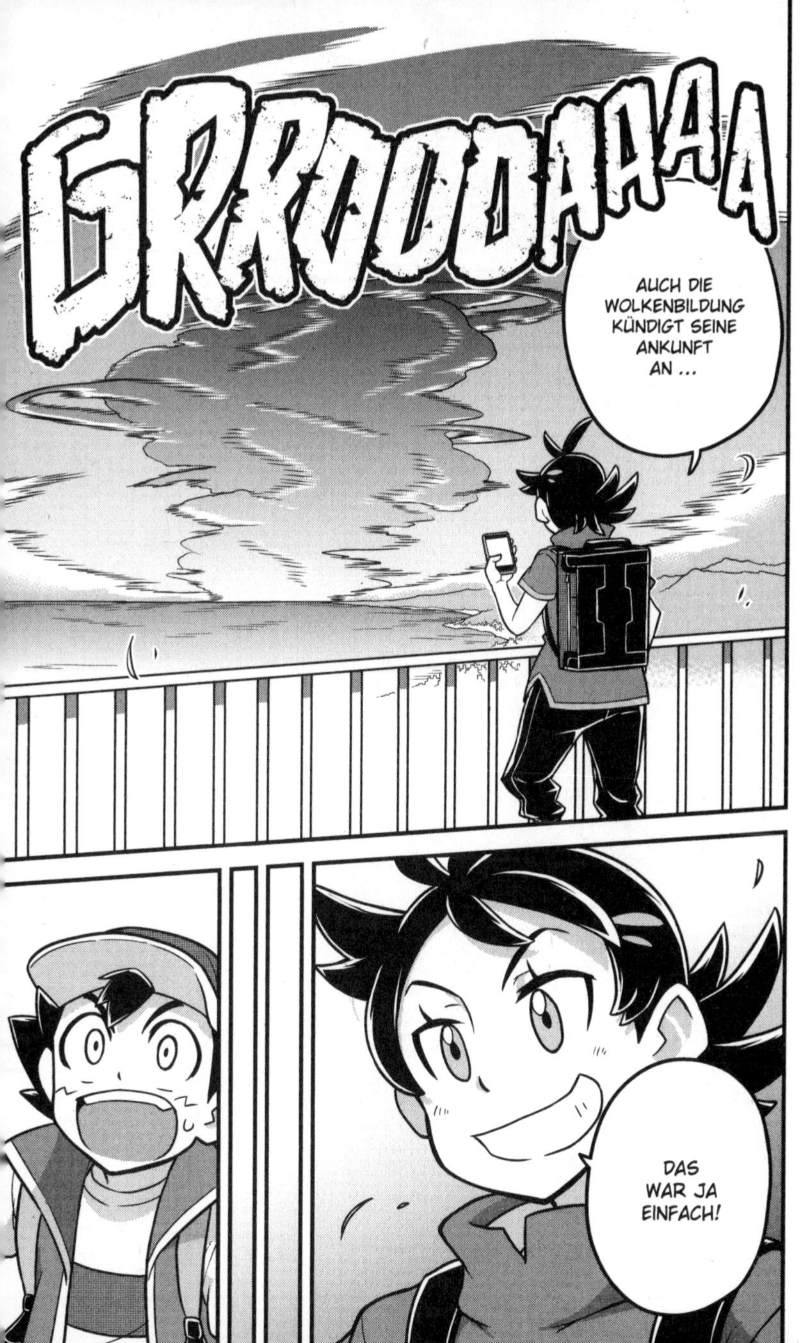
GRROOOAAAA
AUCH DIE WOLKENBILDUNG KÜNDIGT SEINE ANKUNFT AN ...
DAS WAR JA EINFACH!

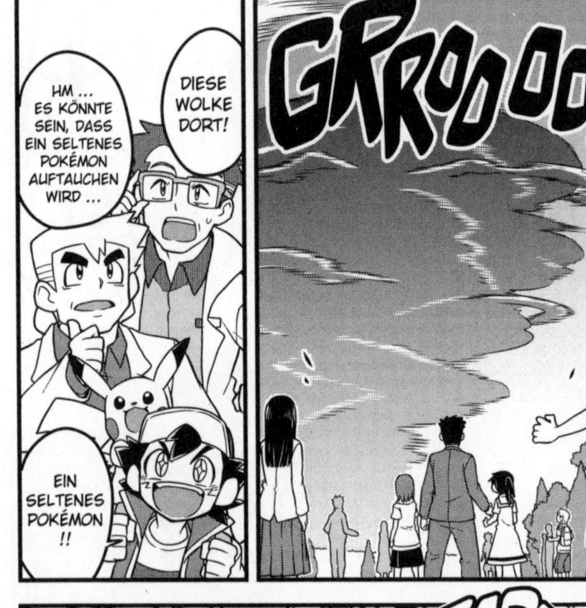
GRROOOAAA
DIESE WOLKE DORT!
HM … ES KÖNNTE SEIN, DASS EIN SELTENES POKÉMON AUFTAUCHEN WIRD …
EIN SELTENES POKÉMON !!

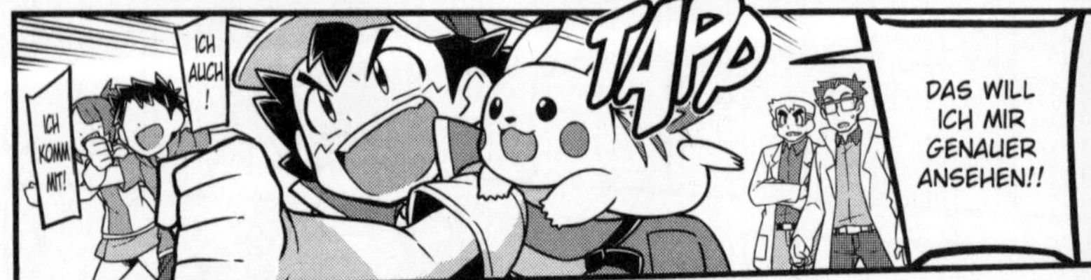
DAS WILL ICH MIR GENAUER ANSEHEN!!
TAPP
ICH AUCH!
ICH KOMM MIT!

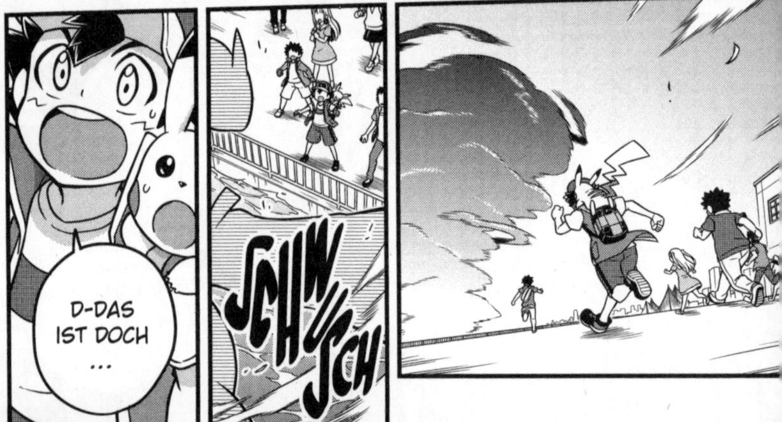
SCHWUSCH
D-DAS IST DOCH …

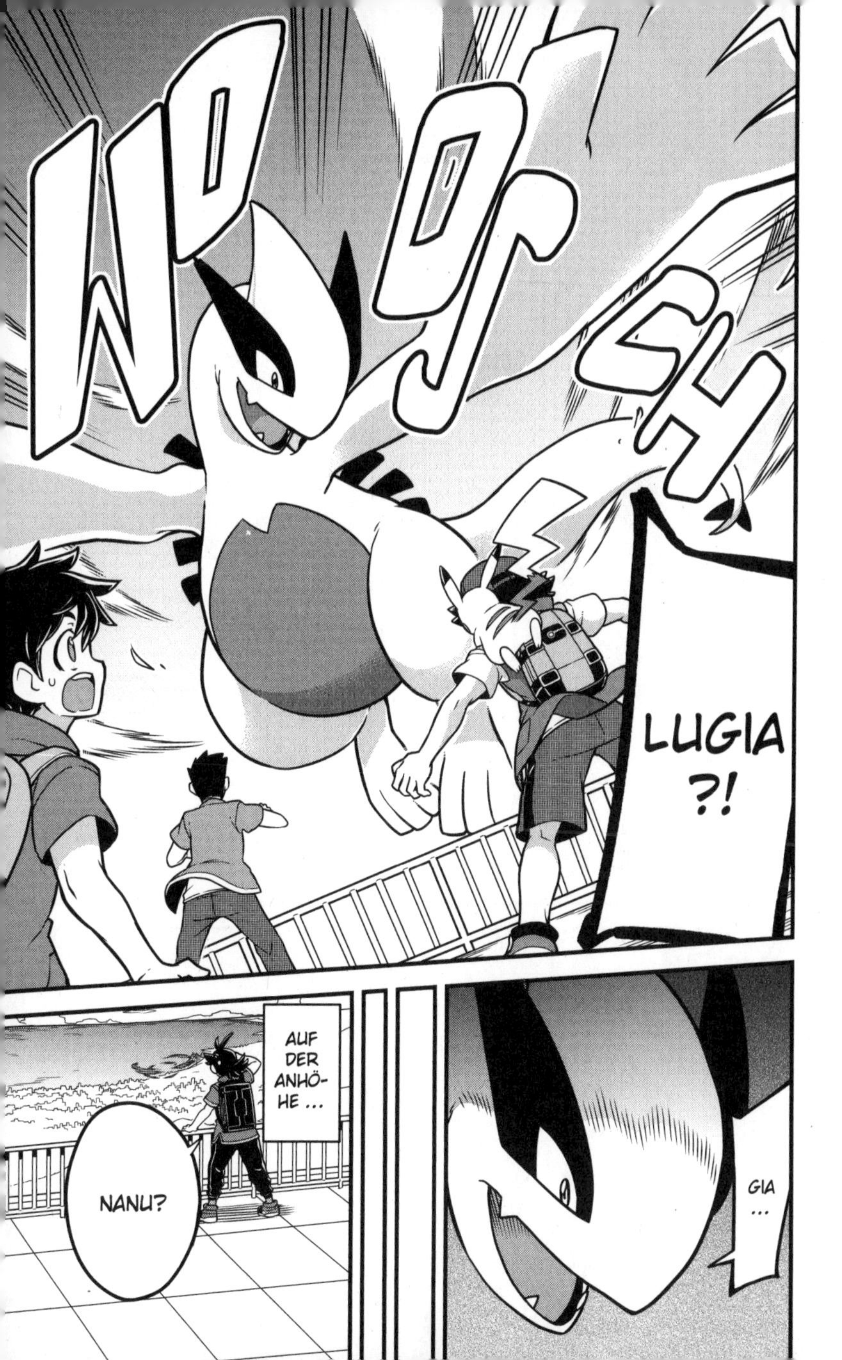
WOOSCH
LUGIA ?!
AUF DER ANHÖ-HE …
GIA …
NANU?

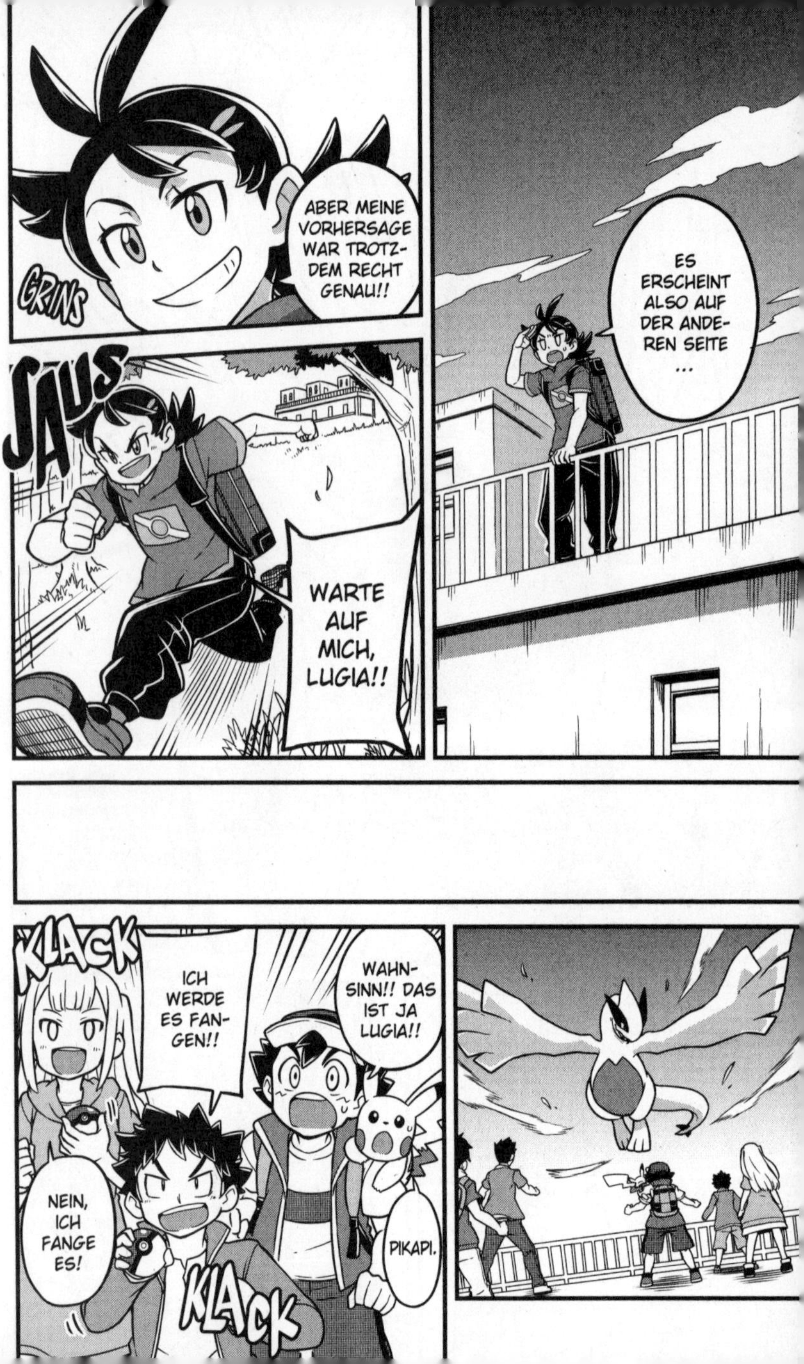

ES ERSCHEINT ALSO AUF DER ANDEREN SEITE ...

ABER MEINE VORHERSAGE WAR TROTZDEM RECHT GENAU!!

GRINS

SAUS

WARTE AUF MICH, LUGIA!!

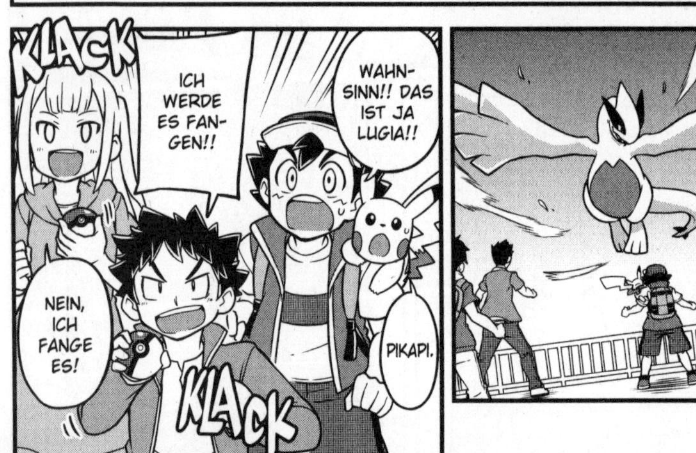

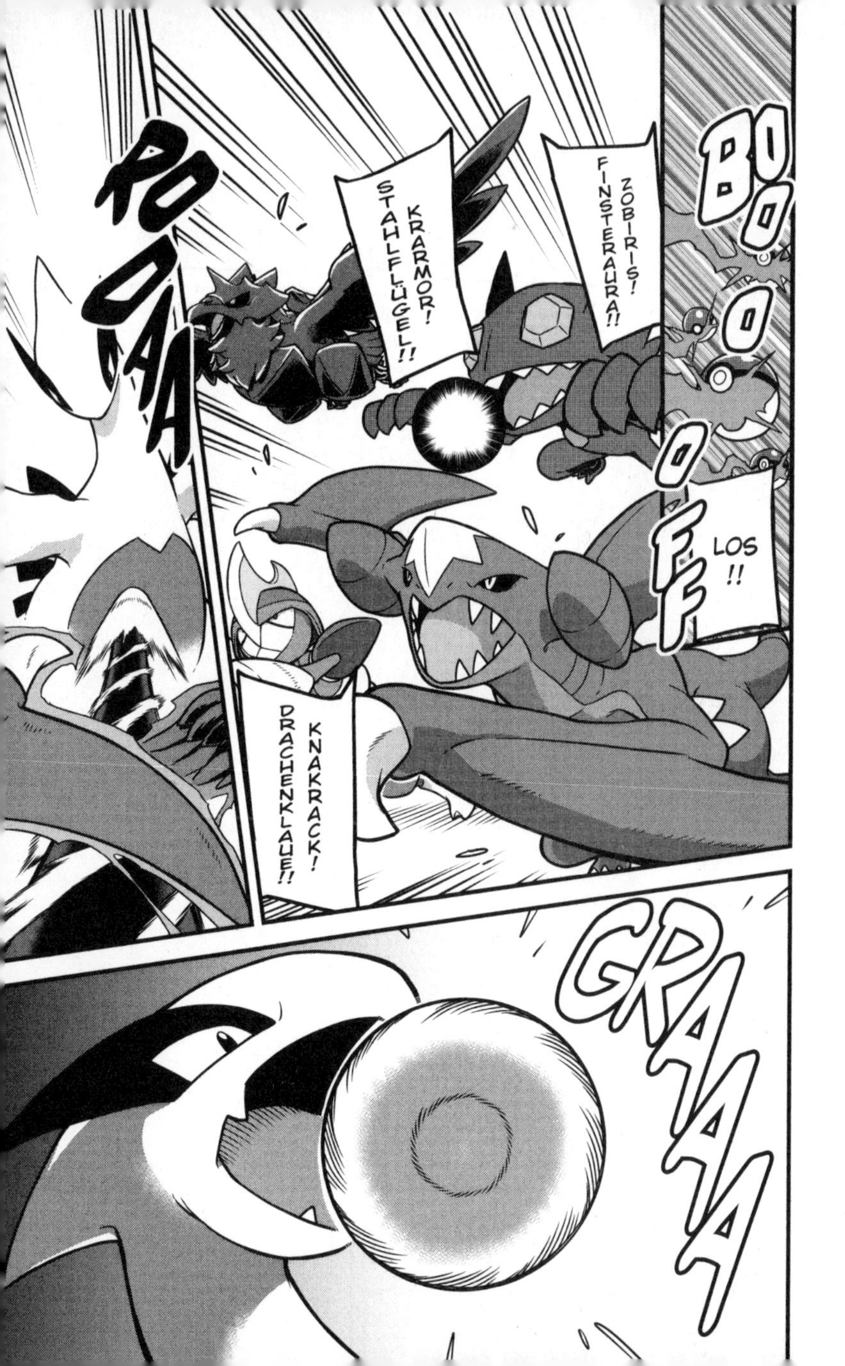
BOOOOFF
LOS!!
ZOBIRIS! FINSTERAURA!!
KRARMOR! STAHLFLÜGEL!!
KNAKRACK! DRACHENKLAUE!!
RODAA
GRAAAAA

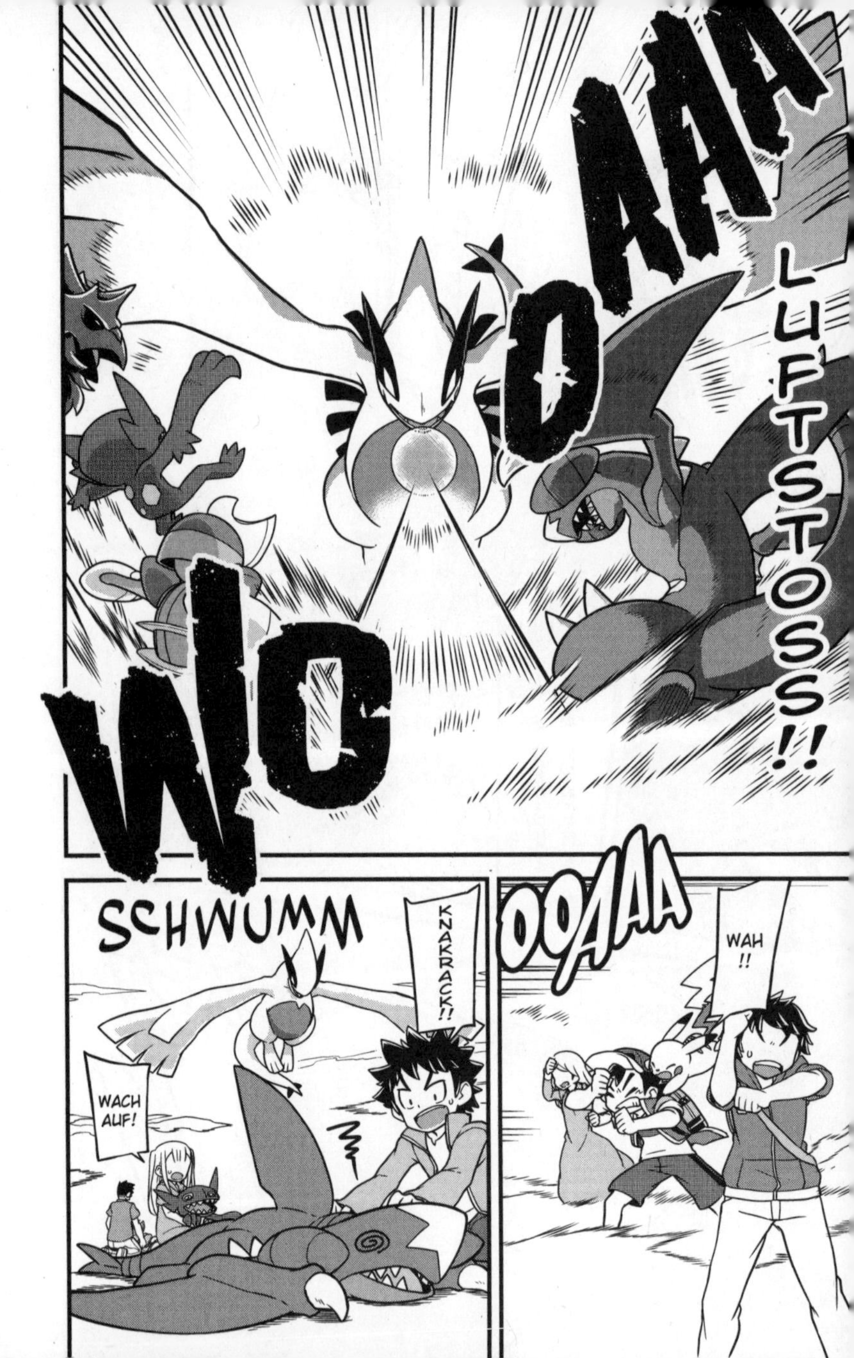
LUFTSTOSS!!
WOOAAA
SCHWUMM
KNAKRACK!!
WACH AUF!
OOAAA
WAH!!

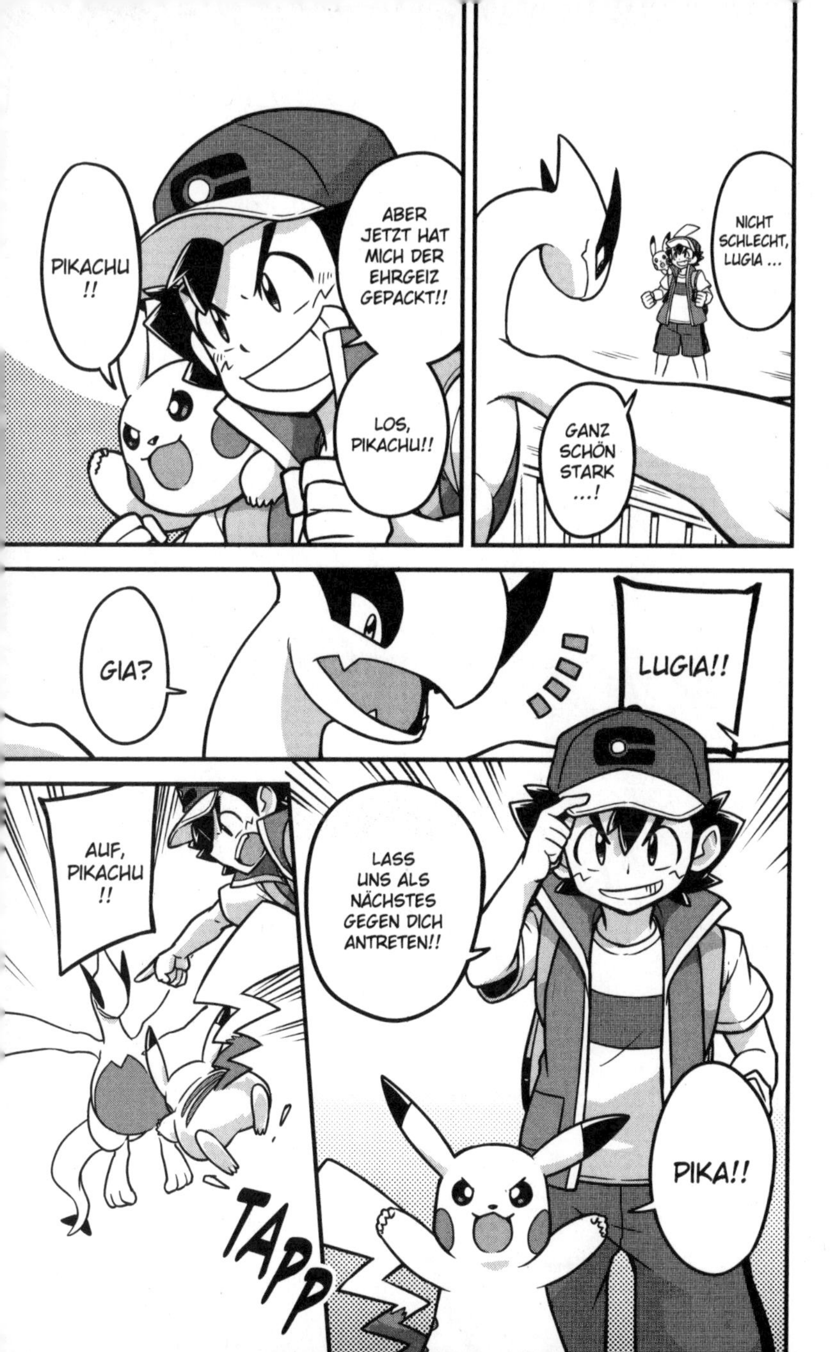

NICHT SCHLECHT, LUGIA ...
GANZ SCHÖN STARK ...!
ABER JETZT HAT MICH DER EHRGEIZ GEPACKT!!
LOS, PIKACHU!!
PIKACHU!!
LUGIA!!
GIA?
LASS UNS ALS NÄCHSTES GEGEN DICH ANTRETEN!!
PIKA!!
AUF, PIKACHU!!
TAPP

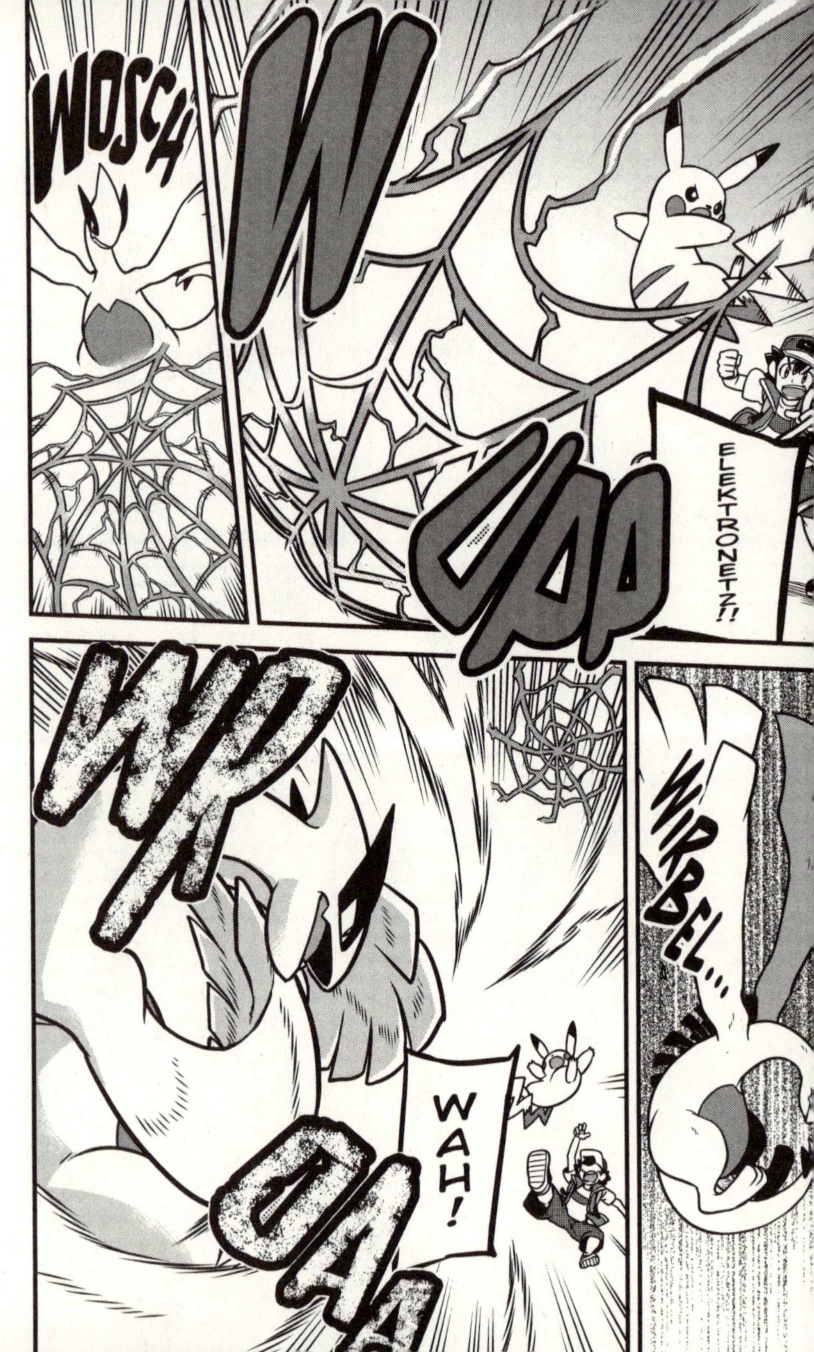
ELEKTRONETZ!!
WUPP
WOSCH
WIRBEL...
WAH!

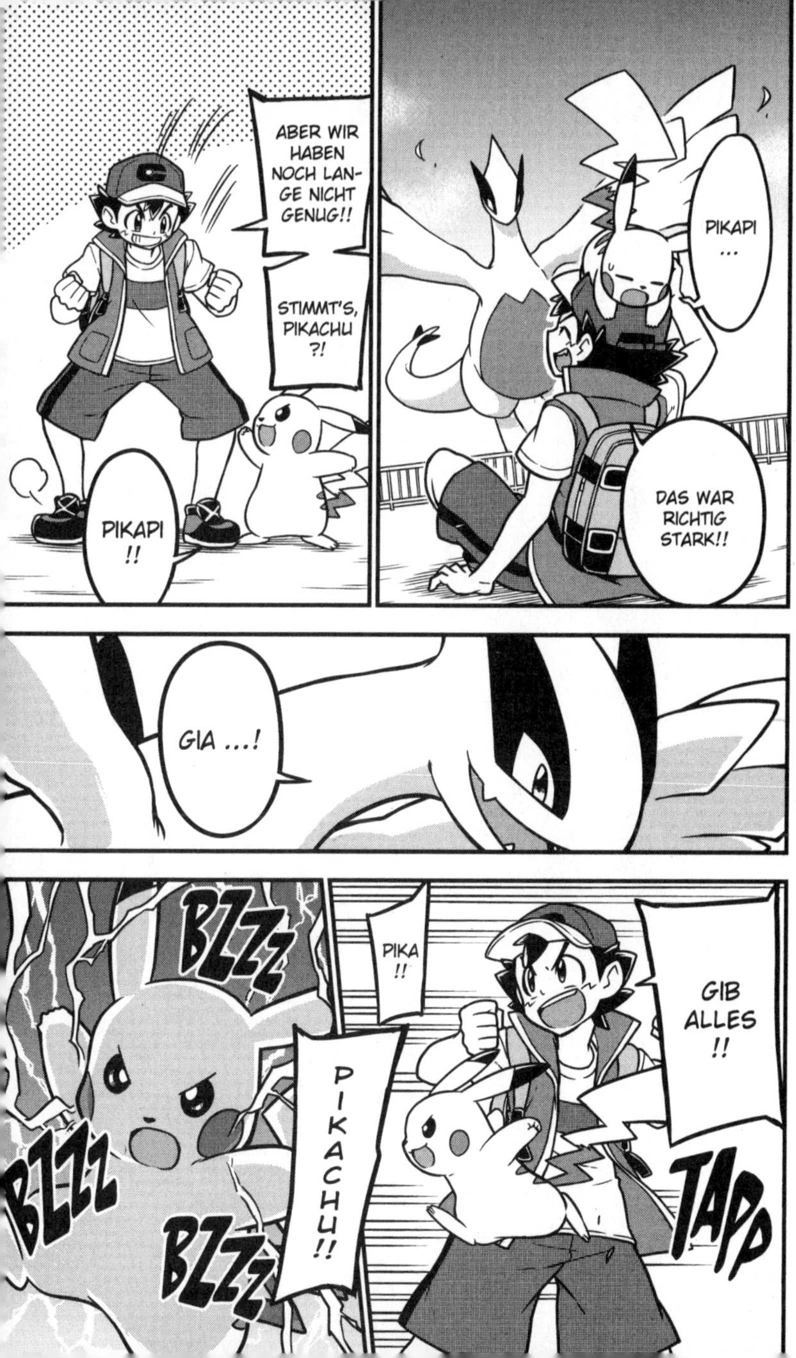

PIKAPI …

DAS WAR RICHTIG STARK!!

ABER WIR HABEN NOCH LANGE NICHT GENUG!!

STIMMT'S, PIKACHU ?!

PIKAPI !!

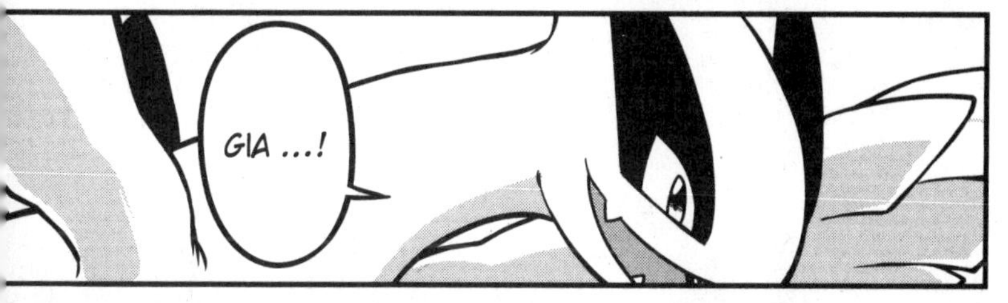

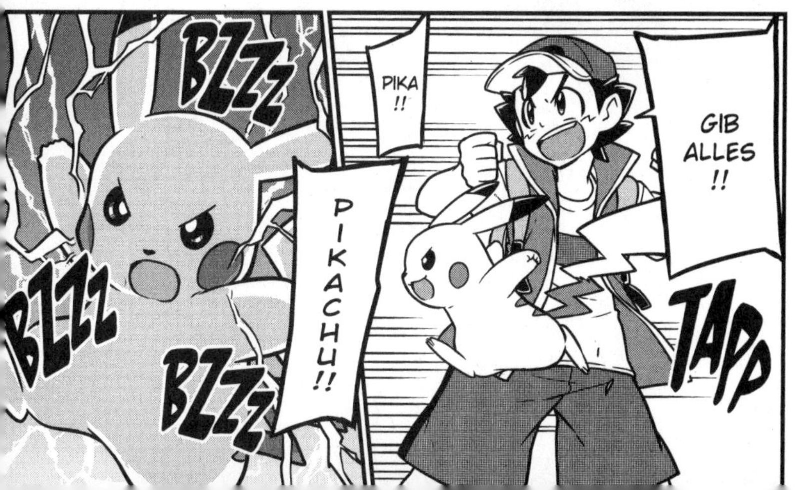

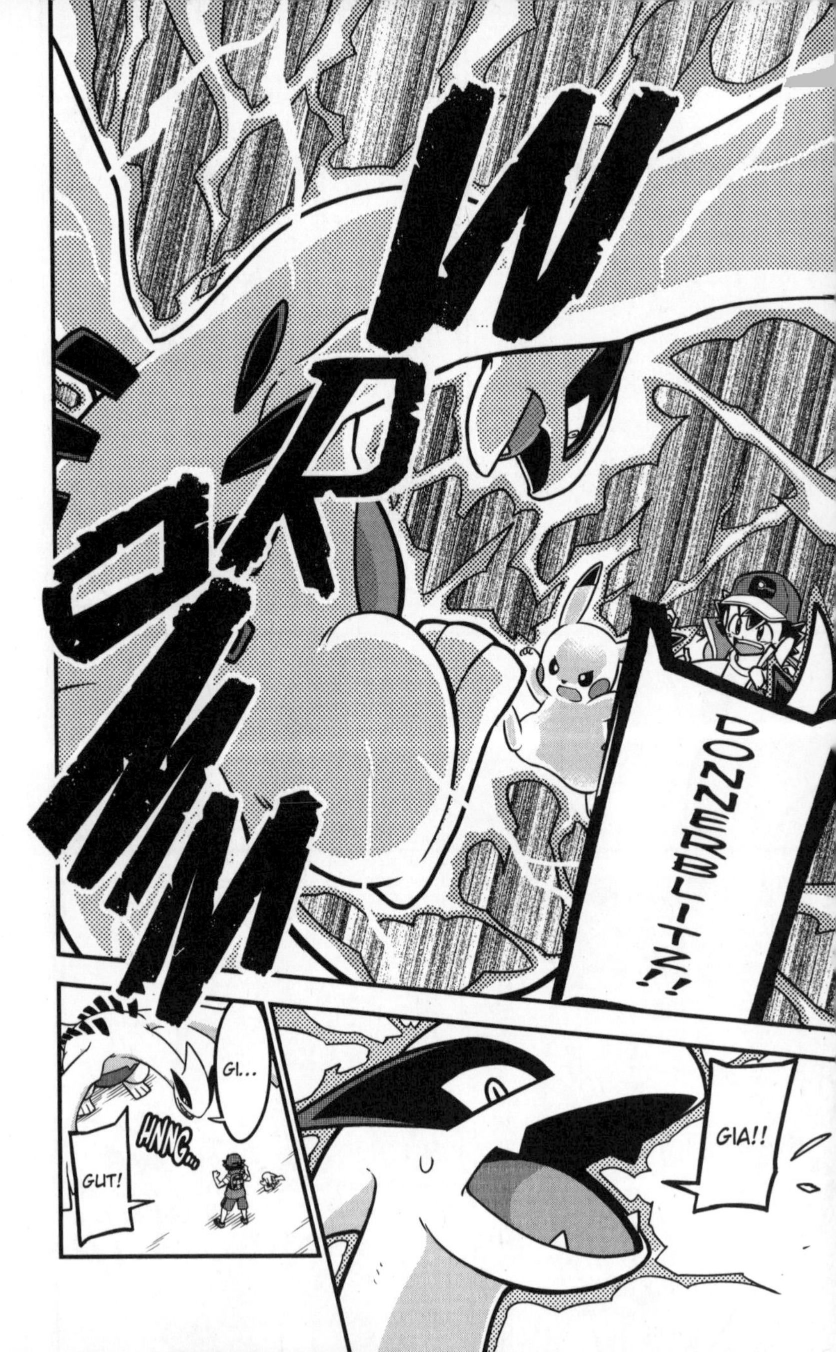

DONNERBLITZ!!
GIA!!
GI...
HNNG...
GUT!

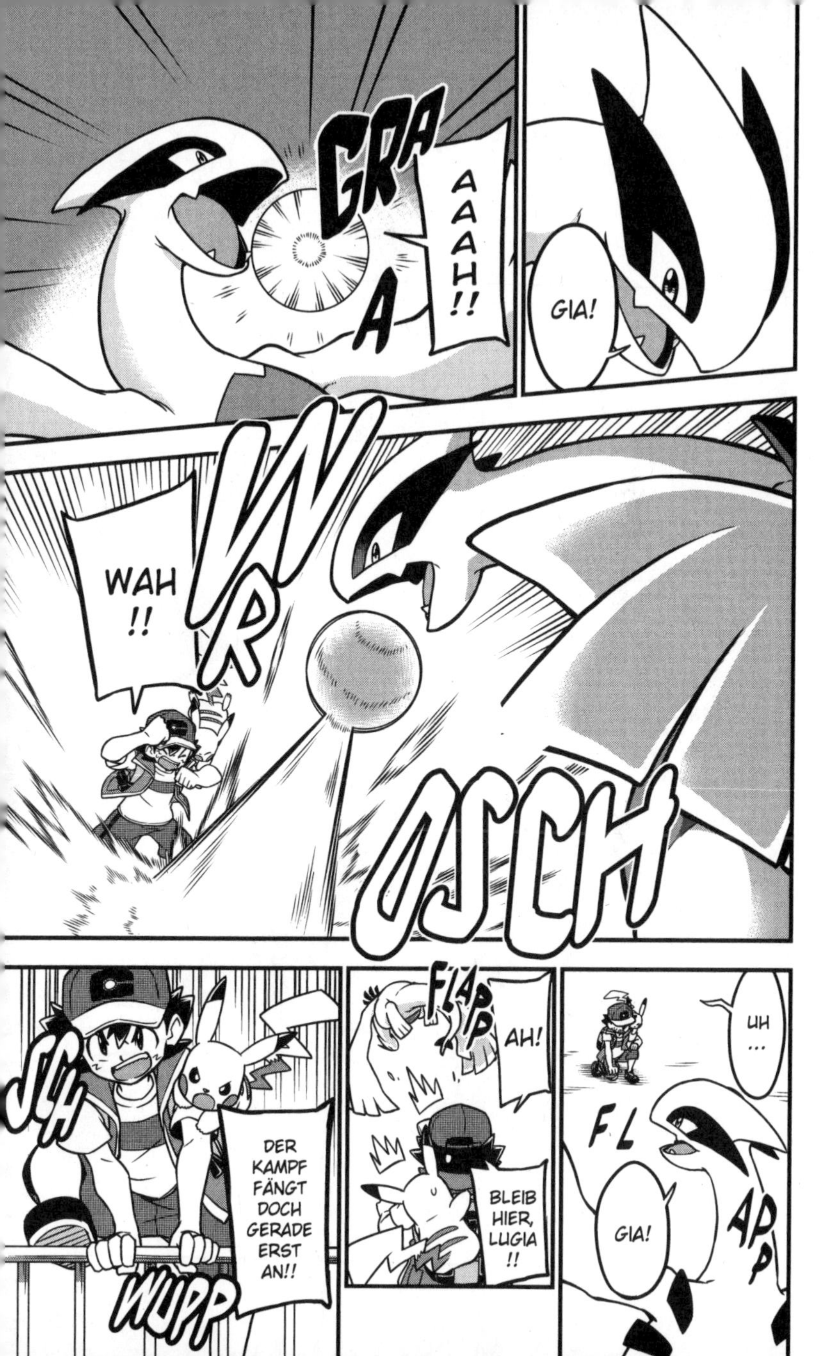
GIA!
GRAA
AAAAH!!
WAH!!
WROSCH
UH ...
FLAPP
GIA!
FLAPP
AH!
BLEIB HIER, LUGIA!!
SCH
DER KAMPF FÄNGT DOCH GERADE ERST AN!!
WUPP

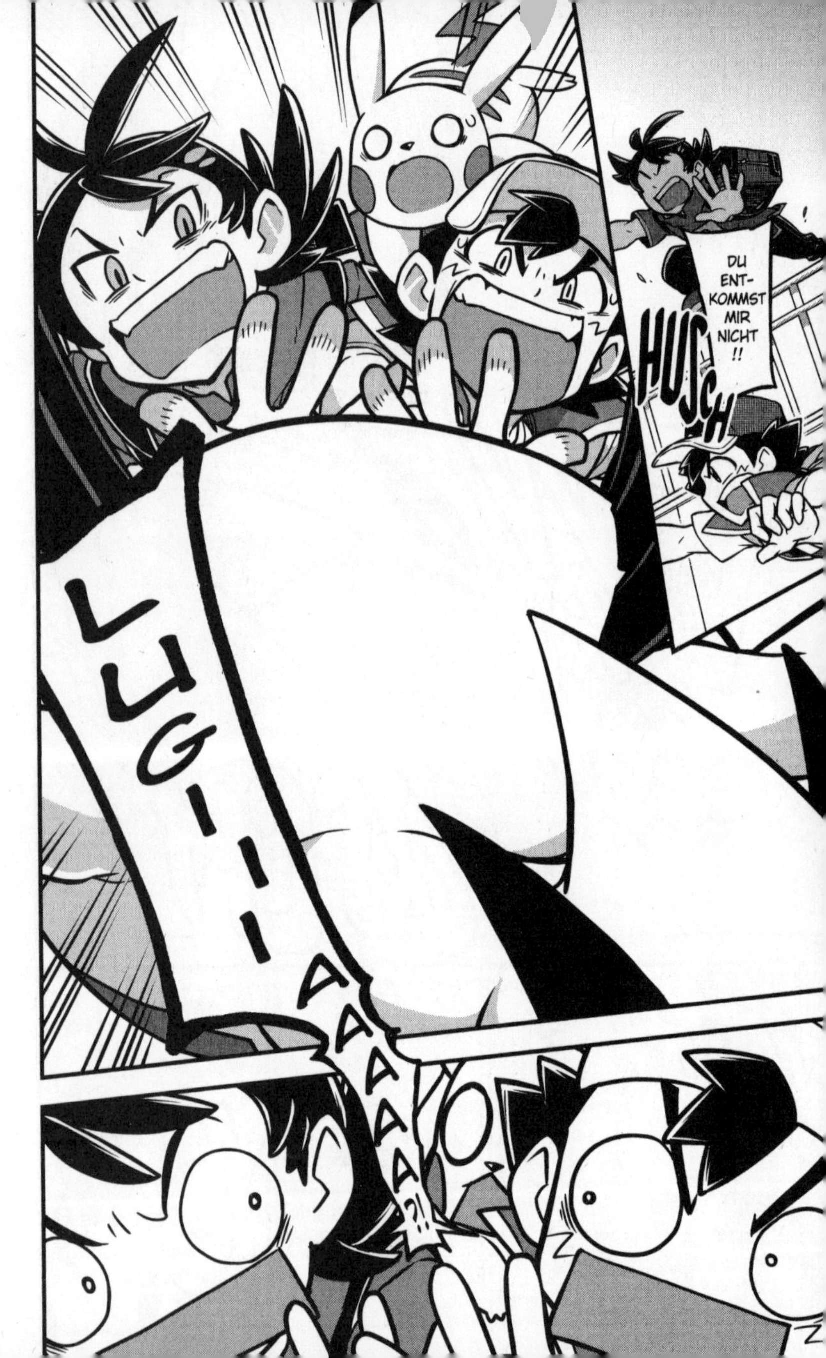

DU ENT-KOMMST MIR NICHT !!
HUSCH
LUGI-I-I-AAAAAAA
VO
?!

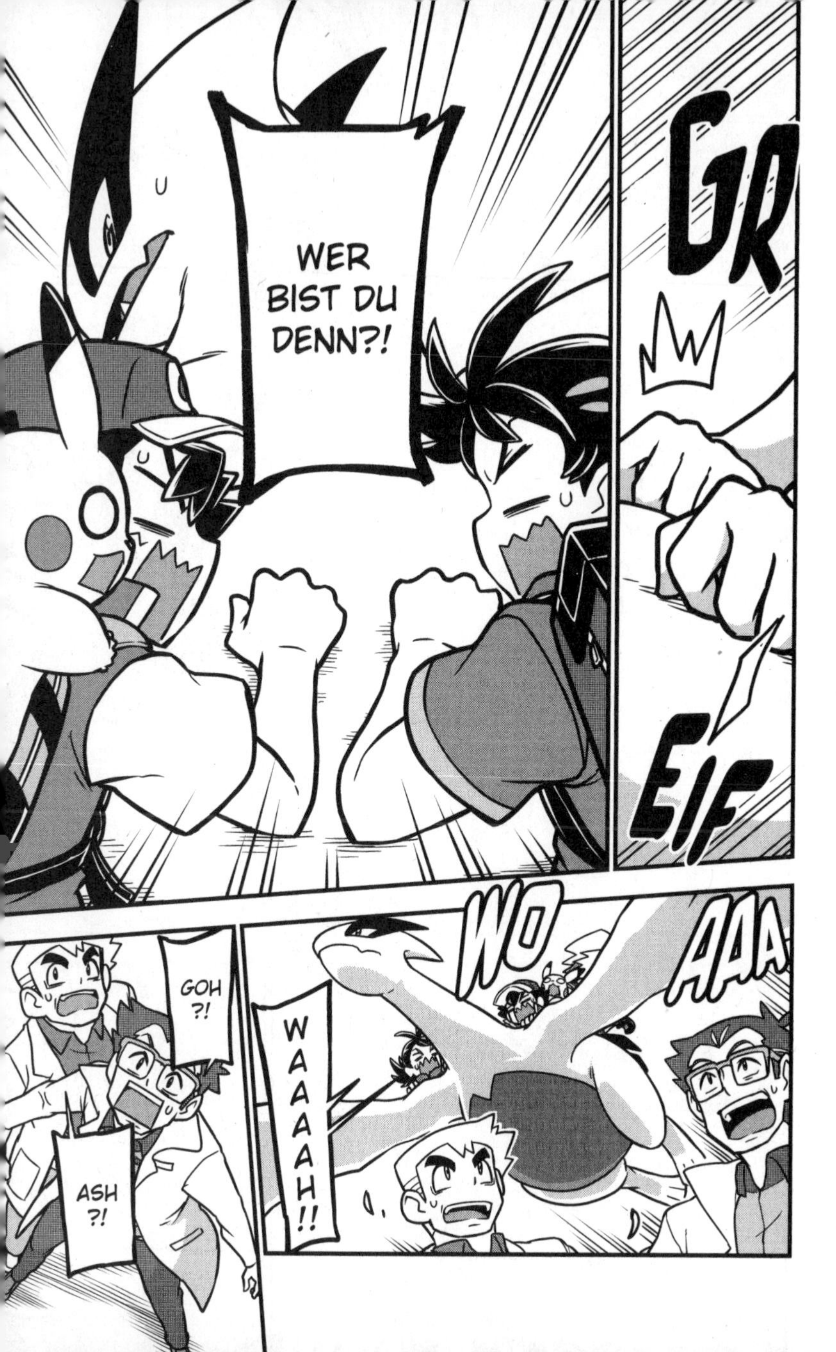
GR
EIF
WER BIST DU DENN?!
WO
AAA
WAAAAAAH!!
GOH ?!
ASH ?!

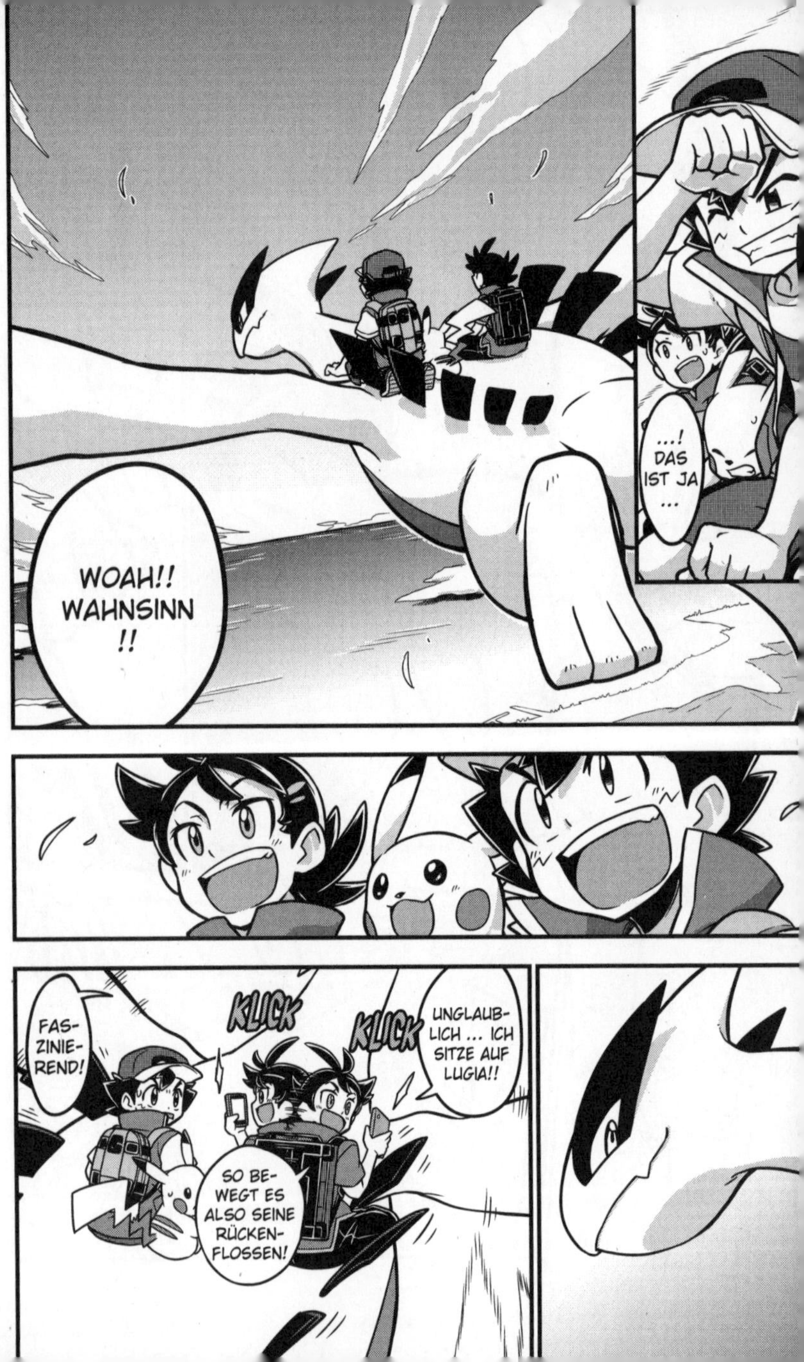

...! DAS IST JA ...

WOAH!! WAHNSINN !!

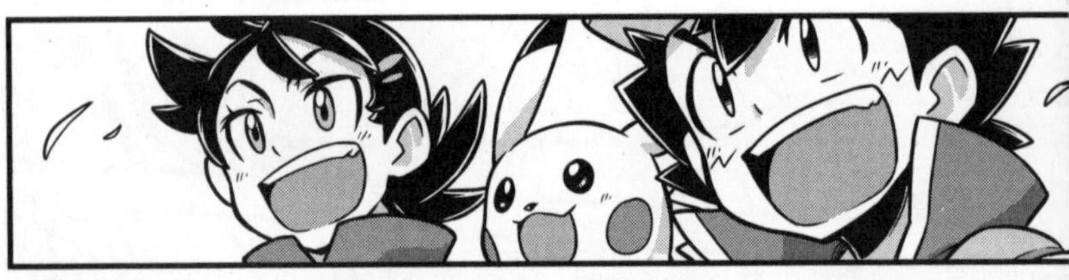

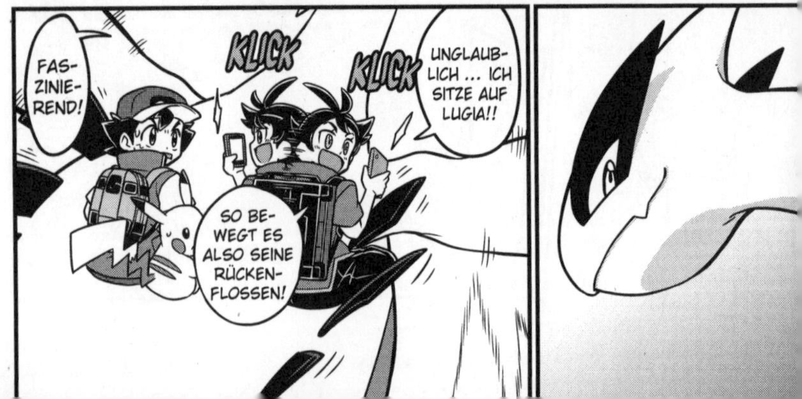

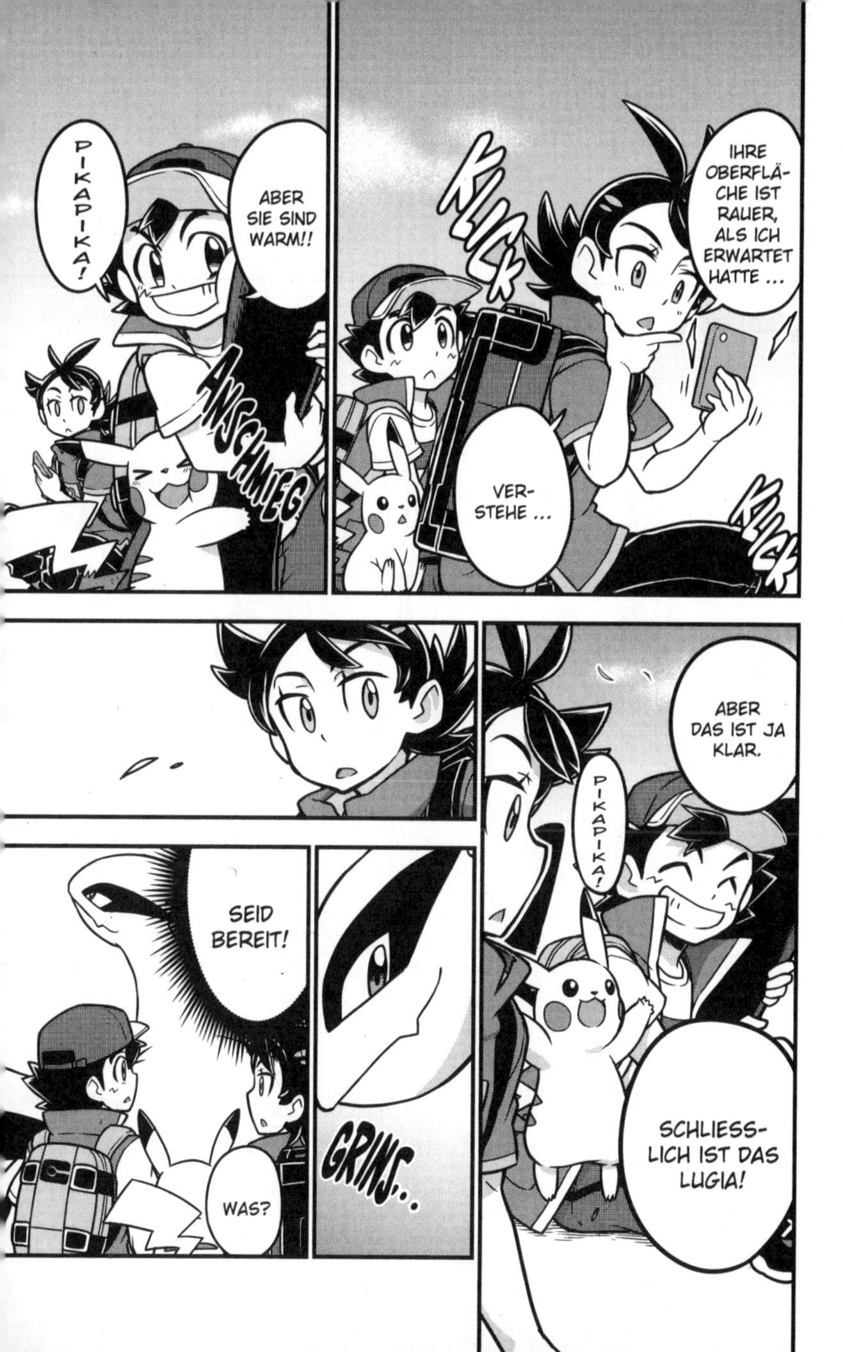
IHRE OBERFLÄ-CHE IST RAUER, ALS ICH ERWARTET HATTE ...
KLICK
KLICK
VER-STEHE ...
ABER SIE SIND WARM!!
PIKAPIKA!
ANSCHMIEG
ABER DAS IST JA KLAR.
PIKAPIKA!
SCHLIESS-LICH IST DAS LUGIA!
GRINS...
SEID BEREIT!
WAS?

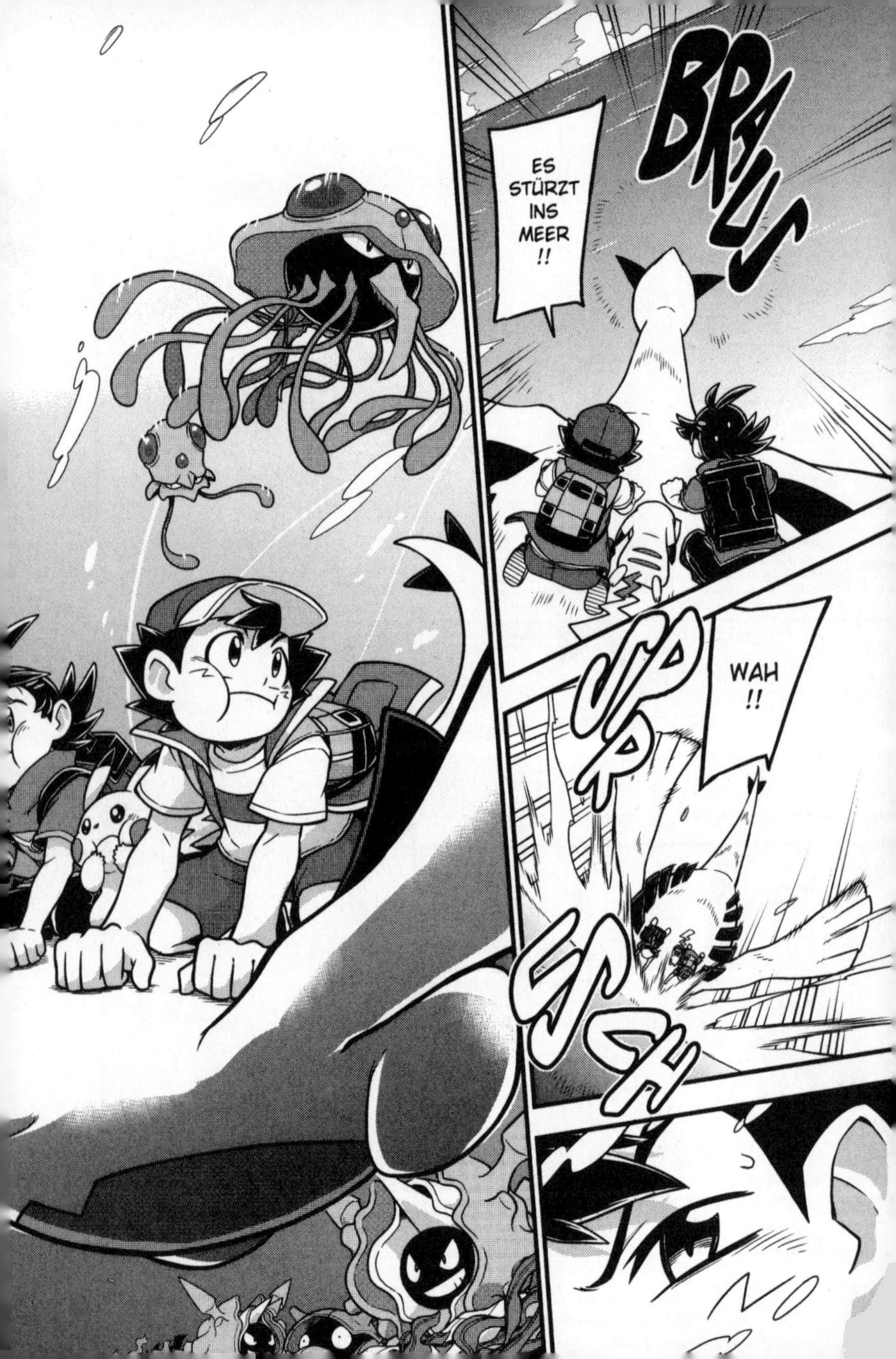
BRAUS
ES STÜRZT INS MEER !!
WAH !!

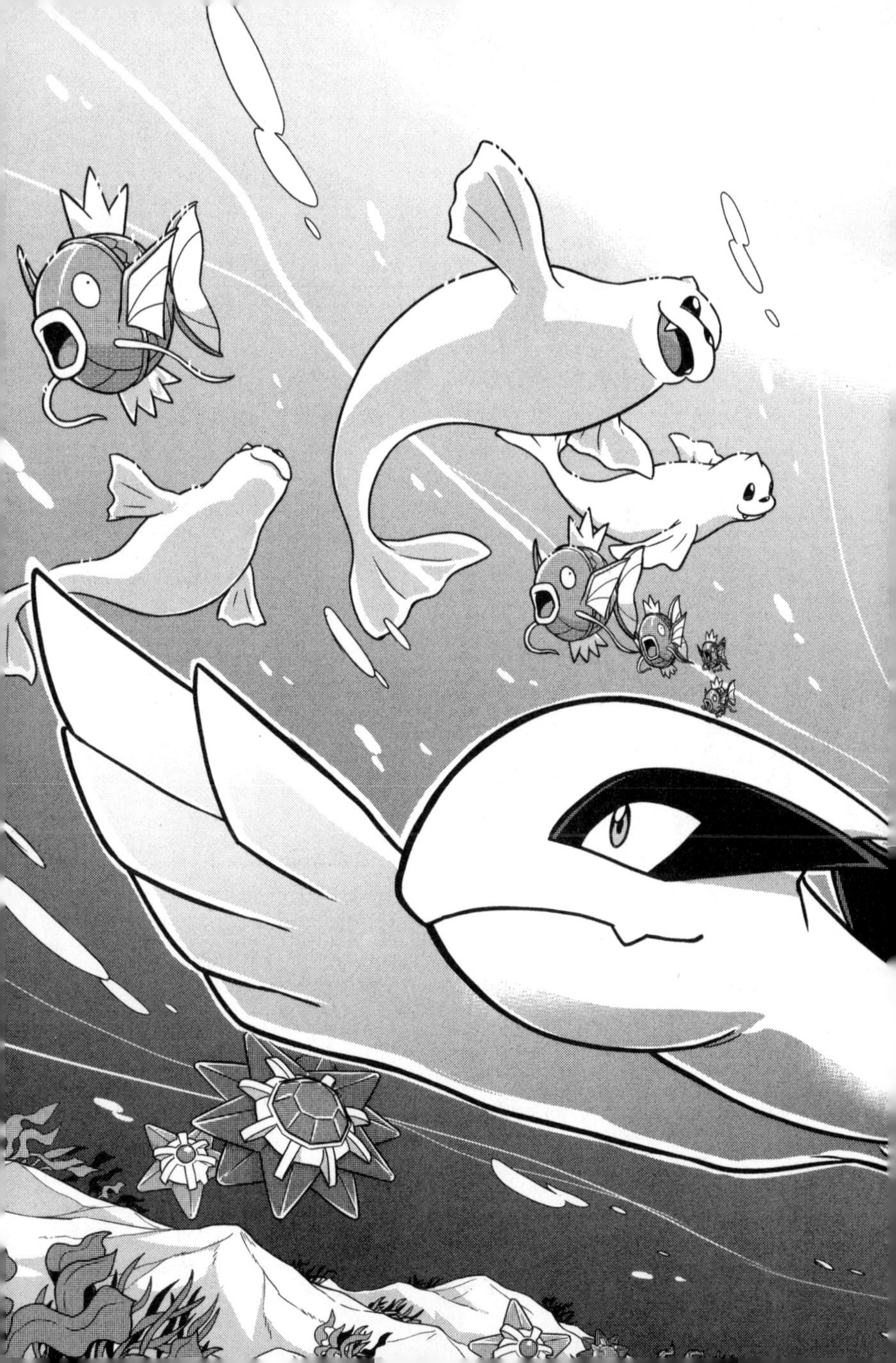

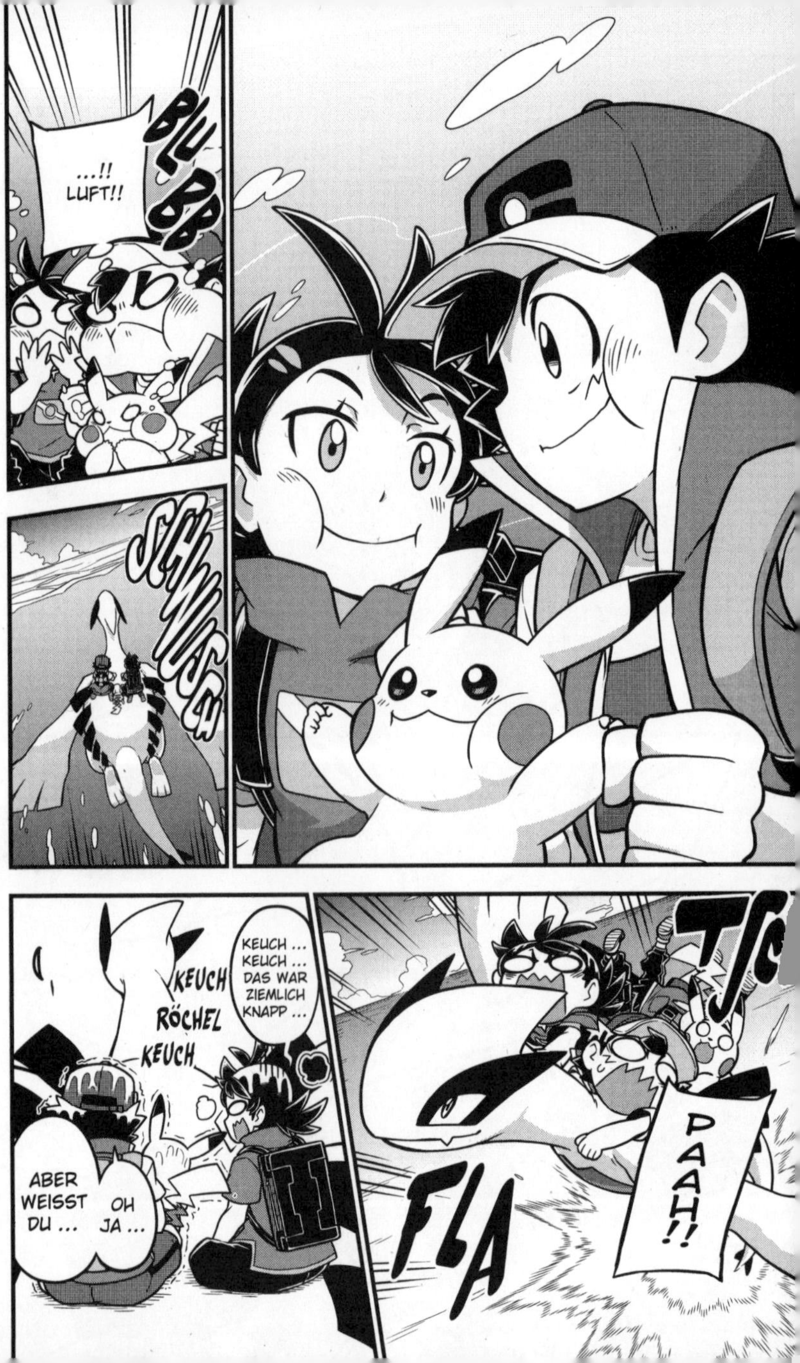

...!!
LUFT!!
BLUBB
SCHWUSCH

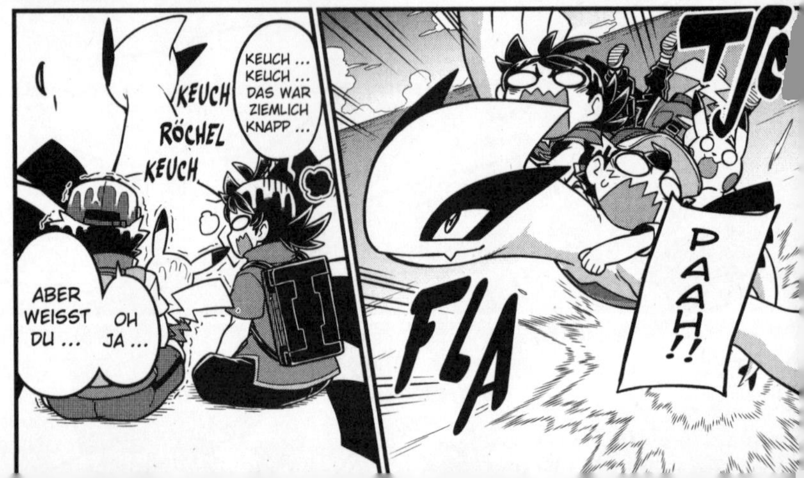

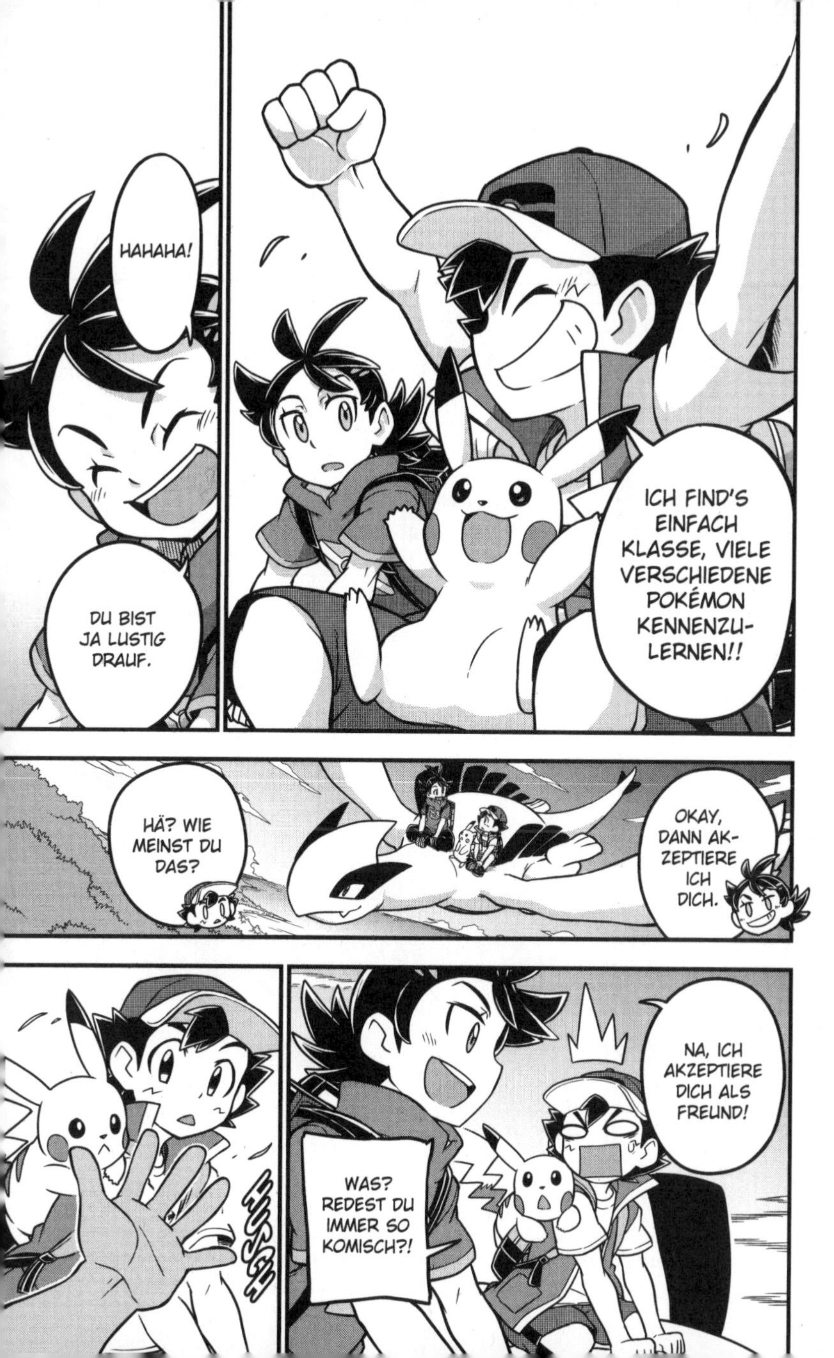

ICH FIND'S EINFACH KLASSE, VIELE VERSCHIEDENE POKÉMON KENNENZULERNEN!!

HAHAHA!

DU BIST JA LUSTIG DRAUF.

OKAY, DANN AKZEPTIERE ICH DICH.

HÄ? WIE MEINST DU DAS?

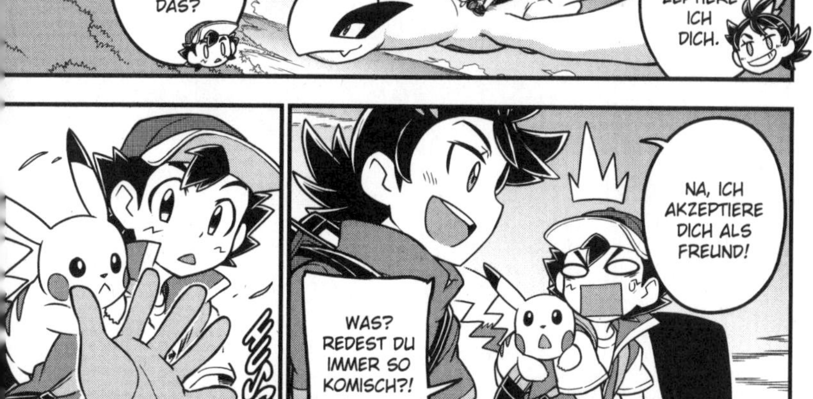

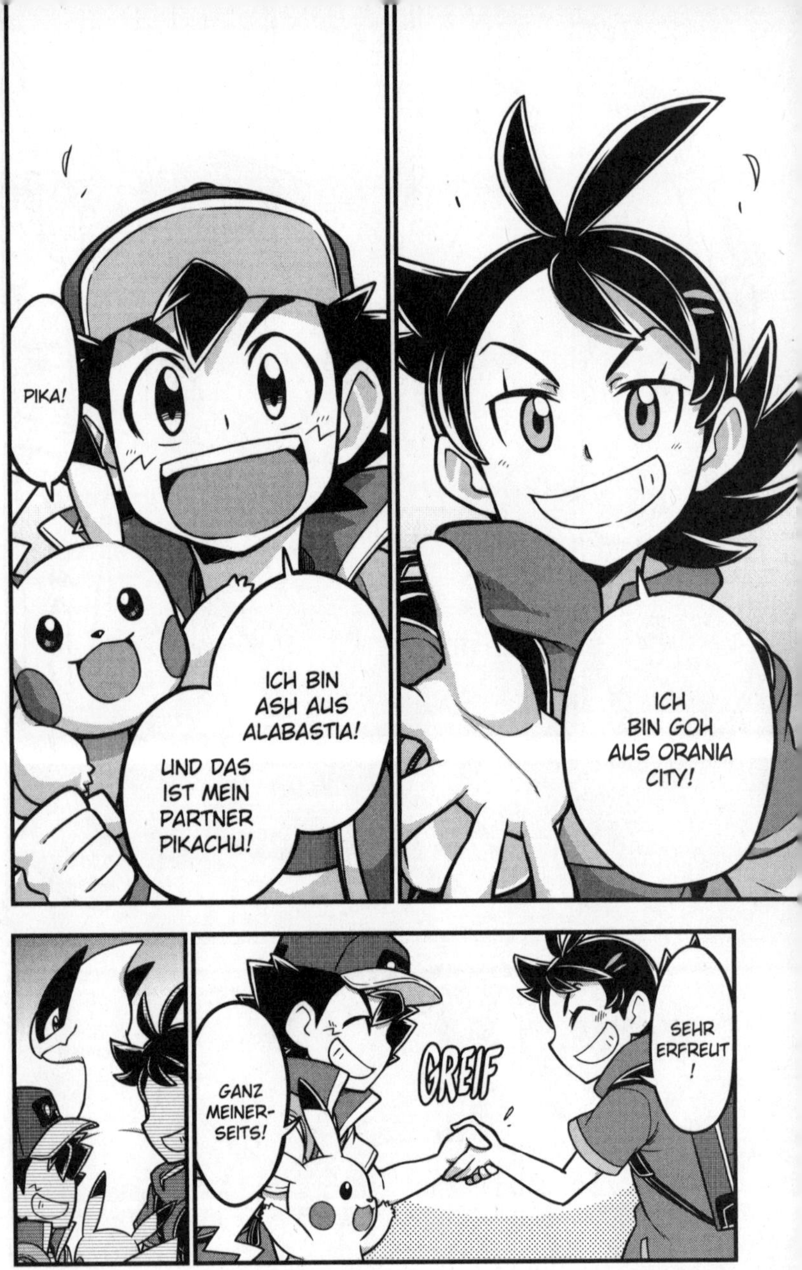

ICH BIN GOH AUS ORANIA CITY!
ICH BIN ASH AUS ALABASTIA!
UND DAS IST MEIN PARTNER PIKACHU!
PIKA!

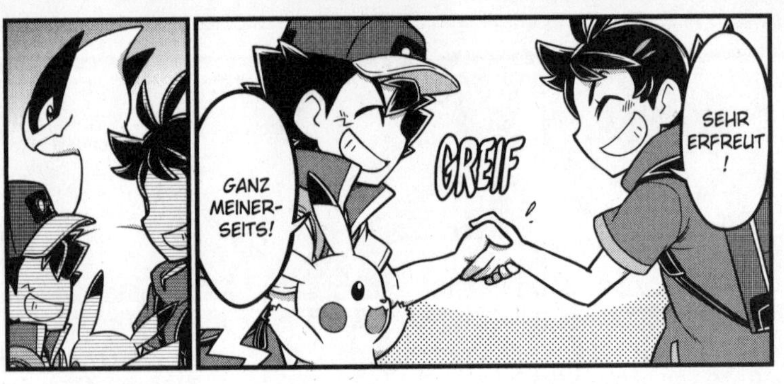

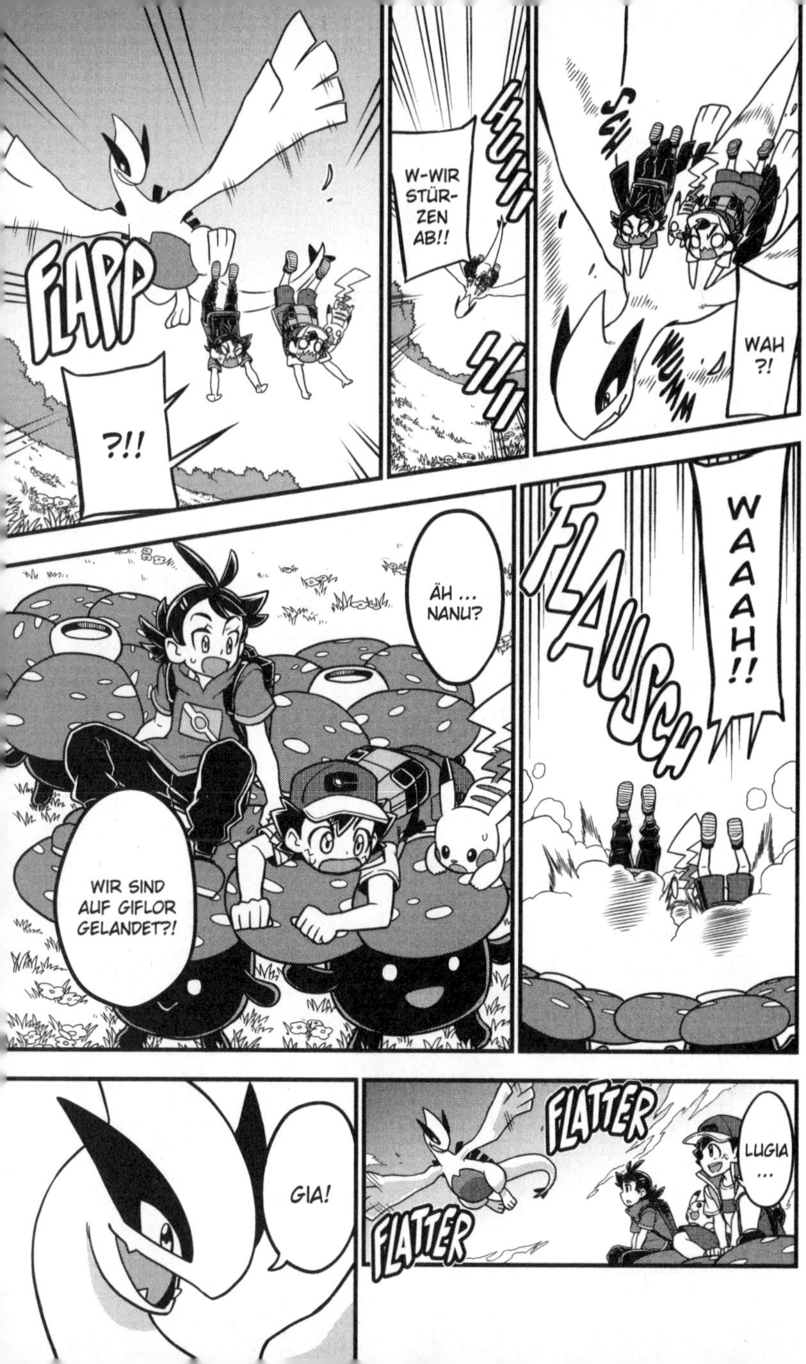

WAH ?!
W-WIR STÜR-ZEN AB!!
FLAPP
?!!
WAAAAH!!
FLAUSCH
ÄH … NANU?
WIR SIND AUF GIFLOR GELANDET?!

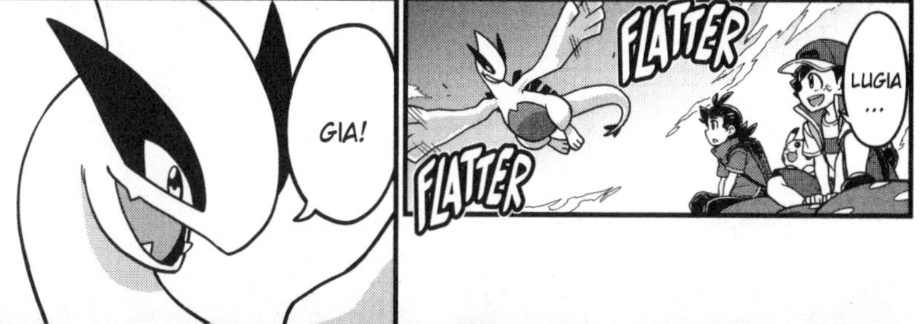

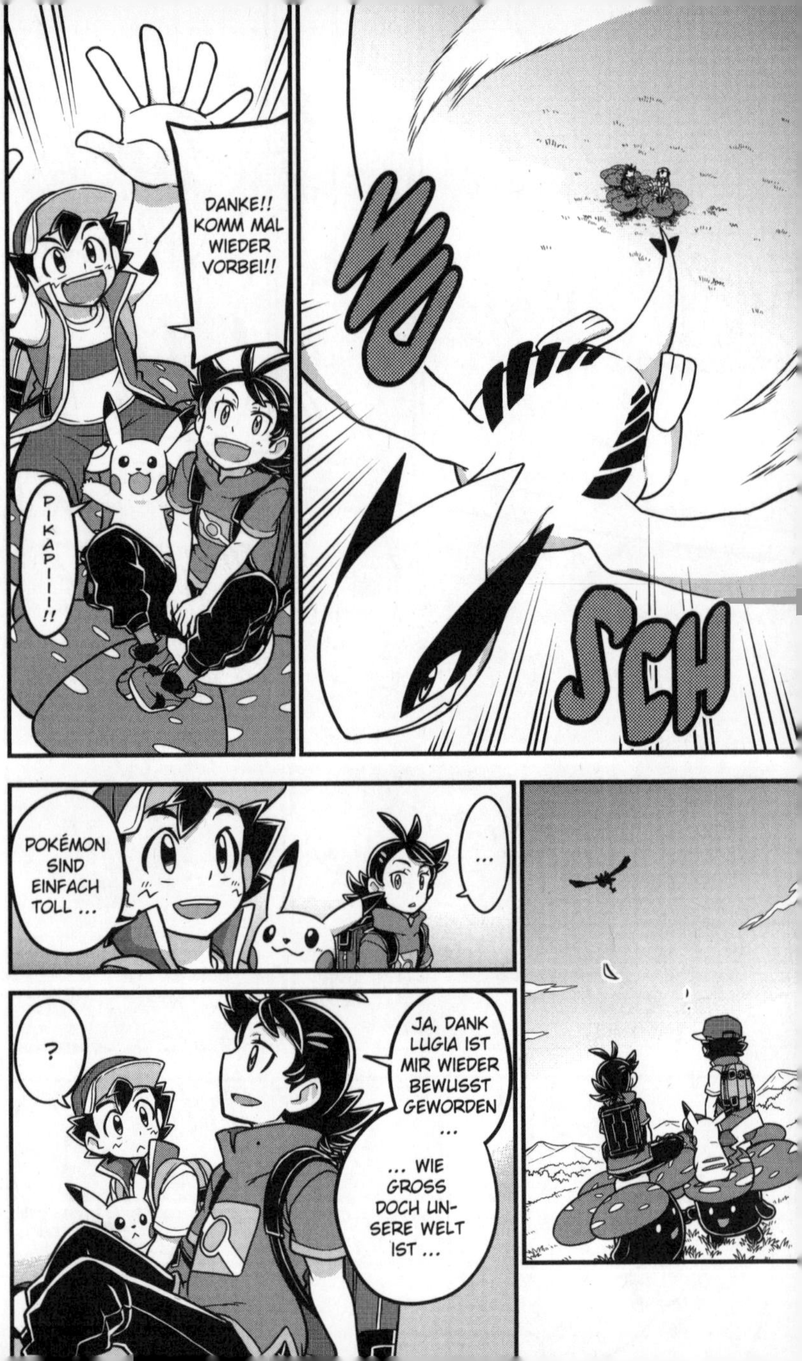

WU
SCH
DANKE!! KOMM MAL WIEDER VORBEI!!
PIKAPI!!!!

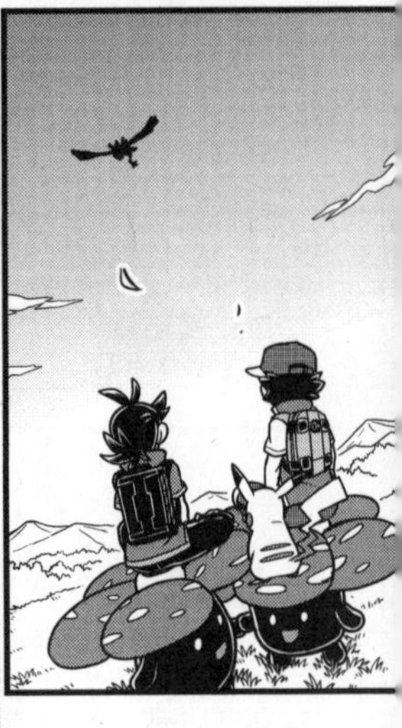

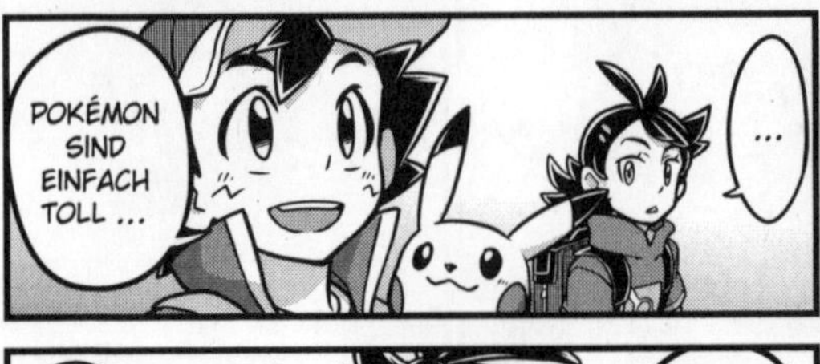

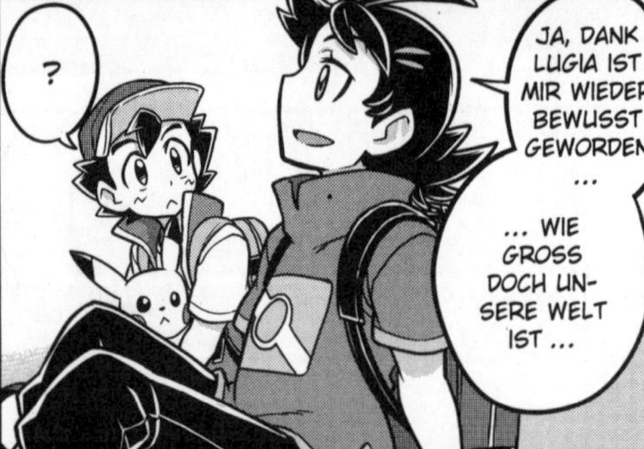

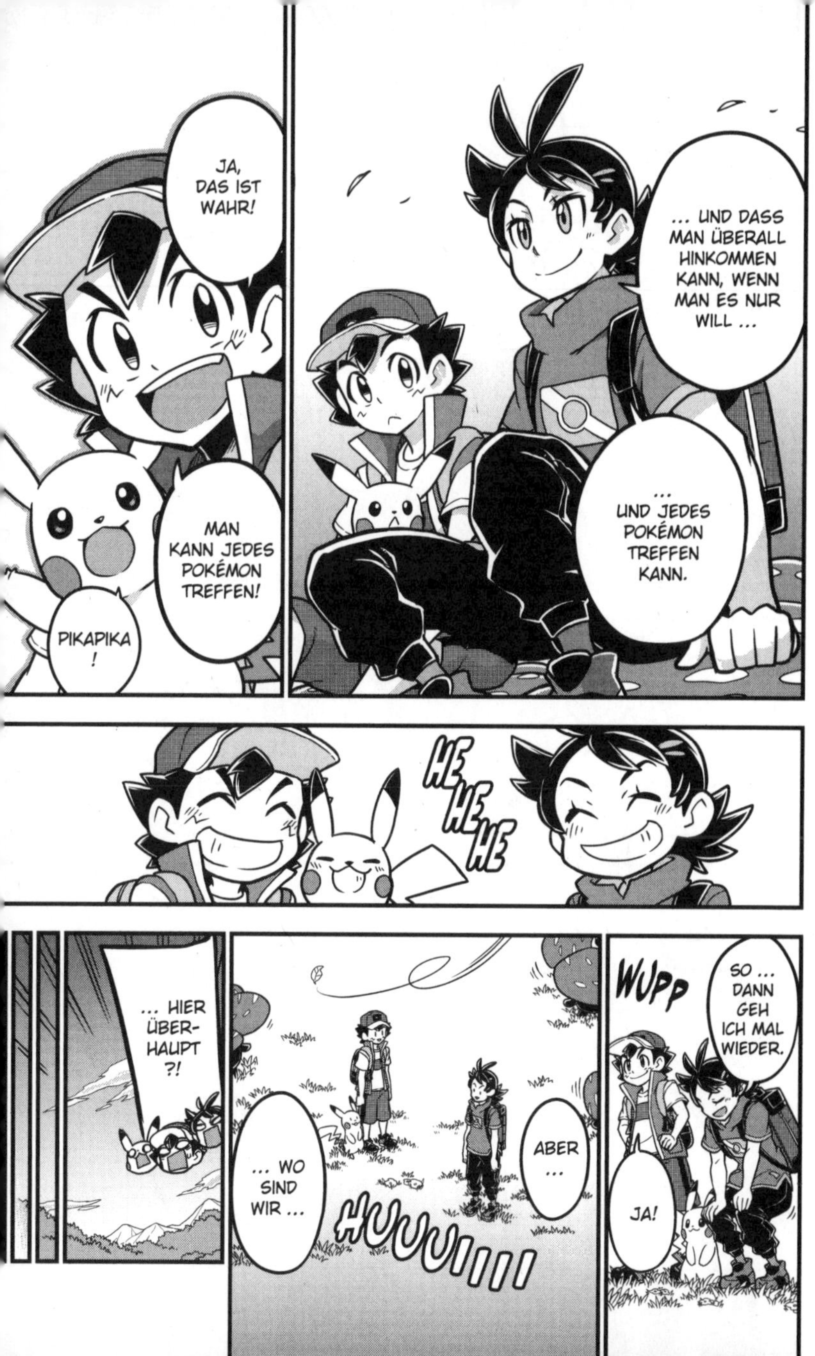

… UND DASS MAN ÜBERALL HINKOMMEN KANN, WENN MAN ES NUR WILL …
… UND JEDES POKÉMON TREFFEN KANN.
JA, DAS IST WAHR!
MAN KANN JEDES POKÉMON TREFFEN!
PIKAPIKA!

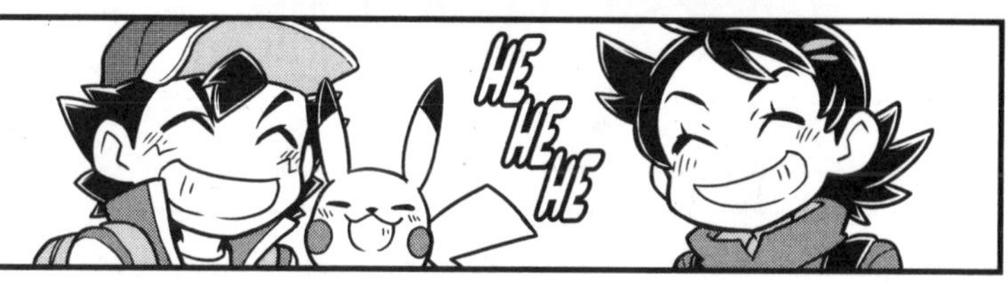

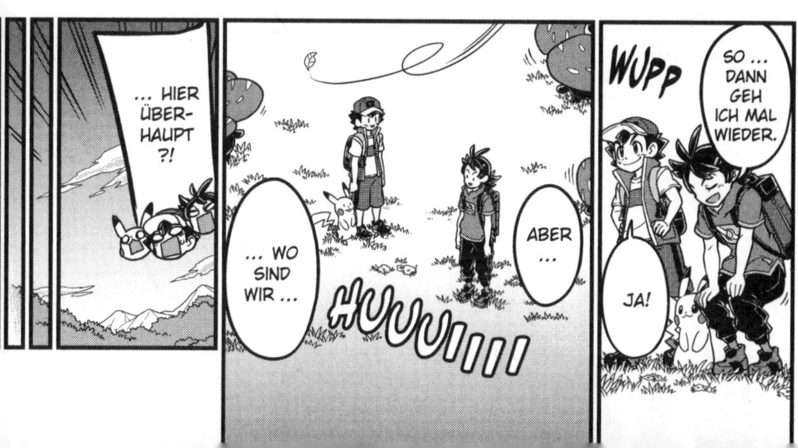

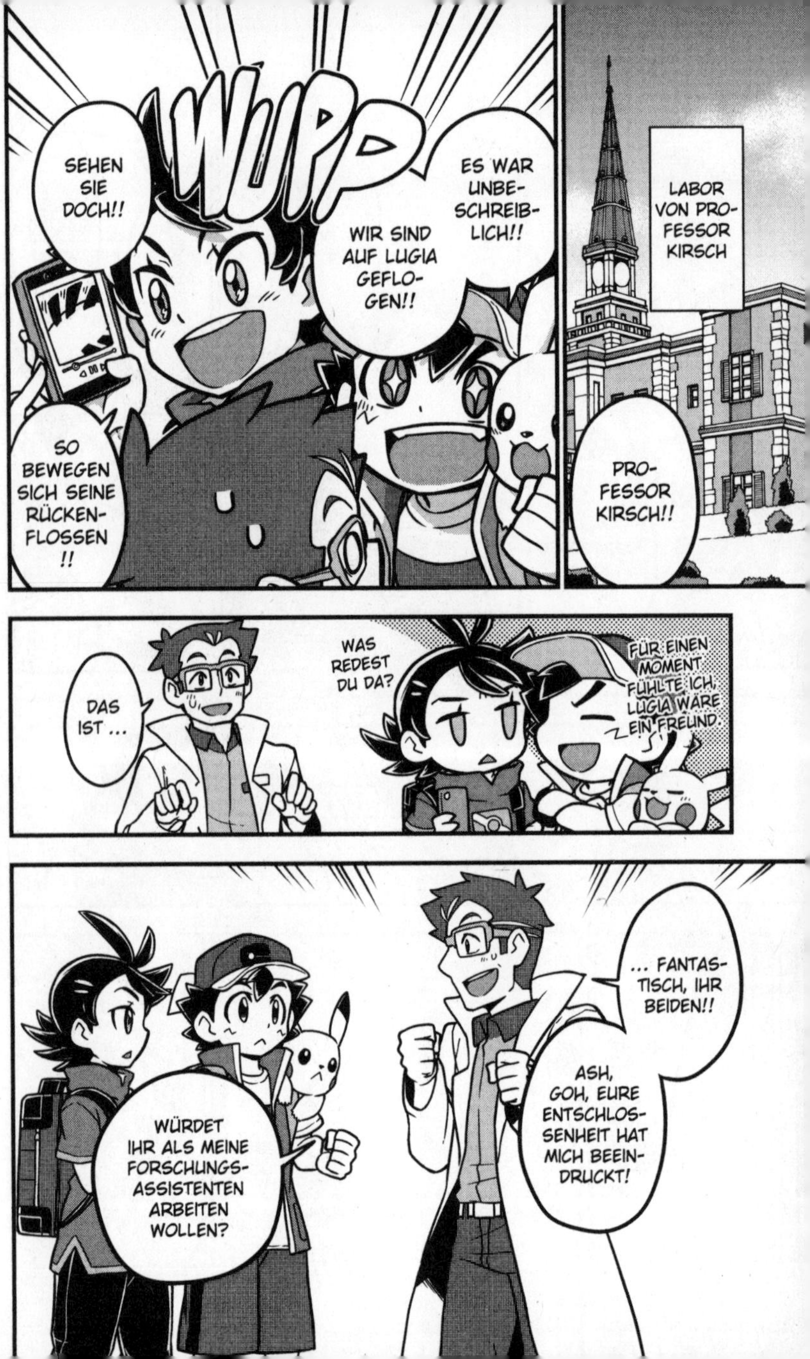

LABOR VON PROFESSOR KIRSCH
PROFESSOR KIRSCH!!
ES WAR UNBESCHREIBLICH!!
WIR SIND AUF LUGIA GEFLOGEN!!
WUPP
SEHEN SIE DOCH!!
SO BEWEGEN SICH SEINE RÜCKENFLOSSEN !!

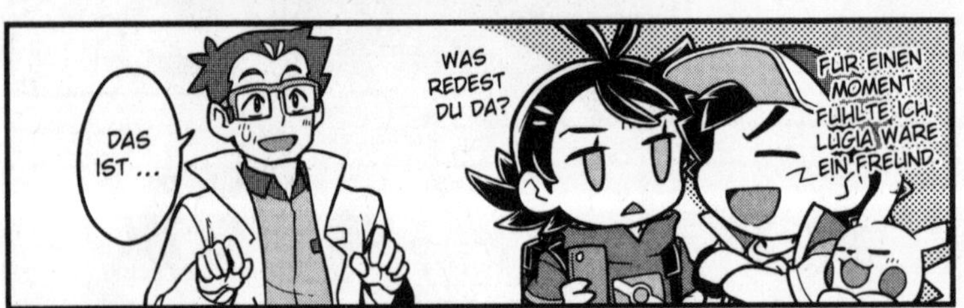

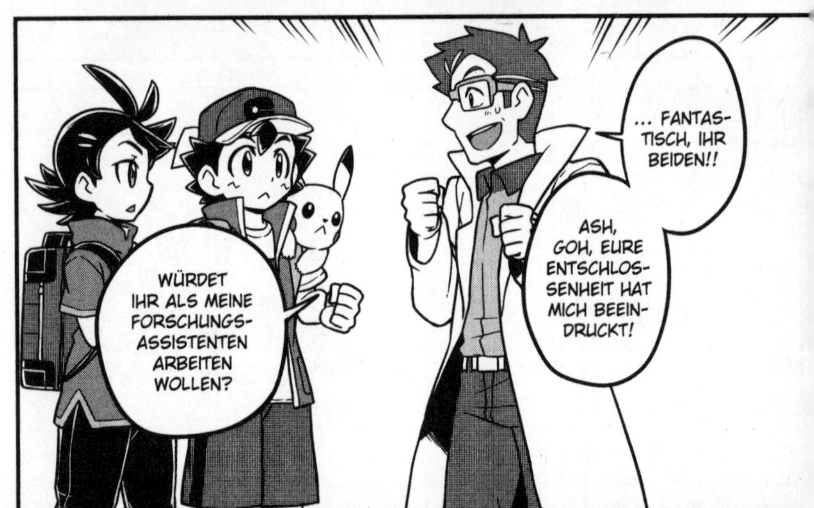

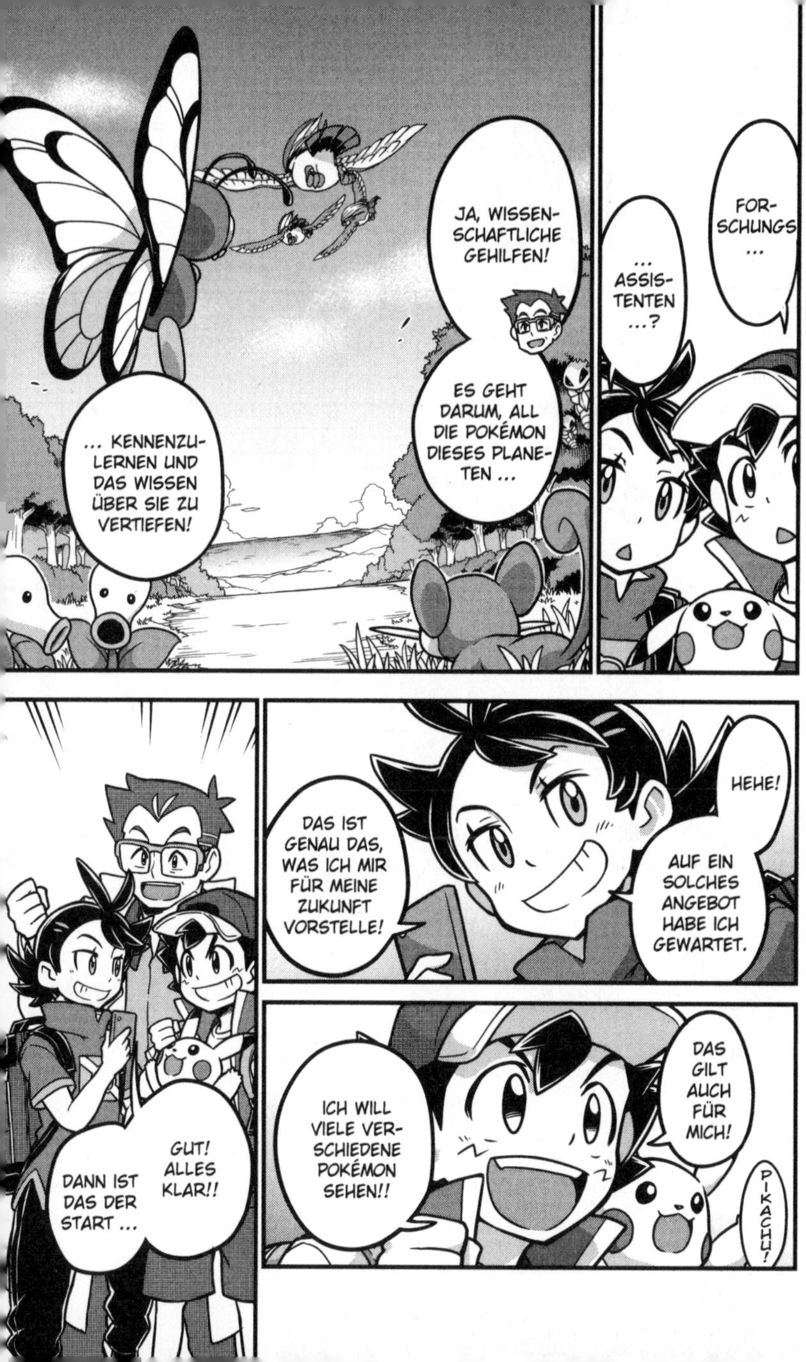

FORSCHUNGS …
… ASSISTENTEN …?
JA, WISSENSCHAFTLICHE GEHILFEN!
ES GEHT DARUM, ALL DIE POKÉMON DIESES PLANETEN …
… KENNENZULERNEN UND DAS WISSEN ÜBER SIE ZU VERTIEFEN!
HEHE!
AUF EIN SOLCHES ANGEBOT HABE ICH GEWARTET.
DAS IST GENAU DAS, WAS ICH MIR FÜR MEINE ZUKUNFT VORSTELLE!
DAS GILT AUCH FÜR MICH!
ICH WILL VIELE VERSCHIEDENE POKÉMON SEHEN!!
PIKACHU!
GUT! ALLES KLAR!!
DANN IST DAS DER START …

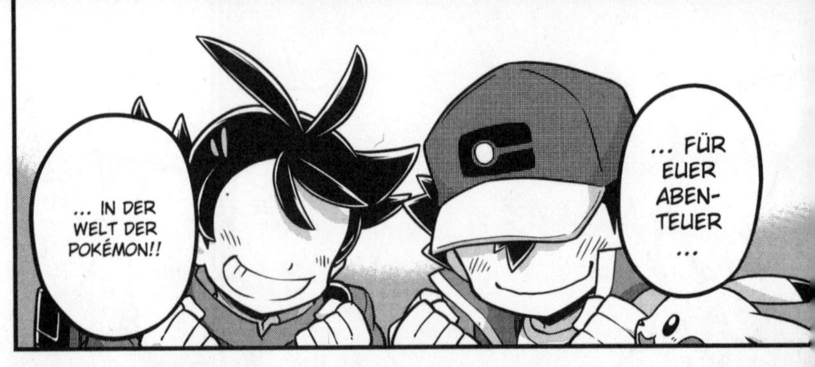

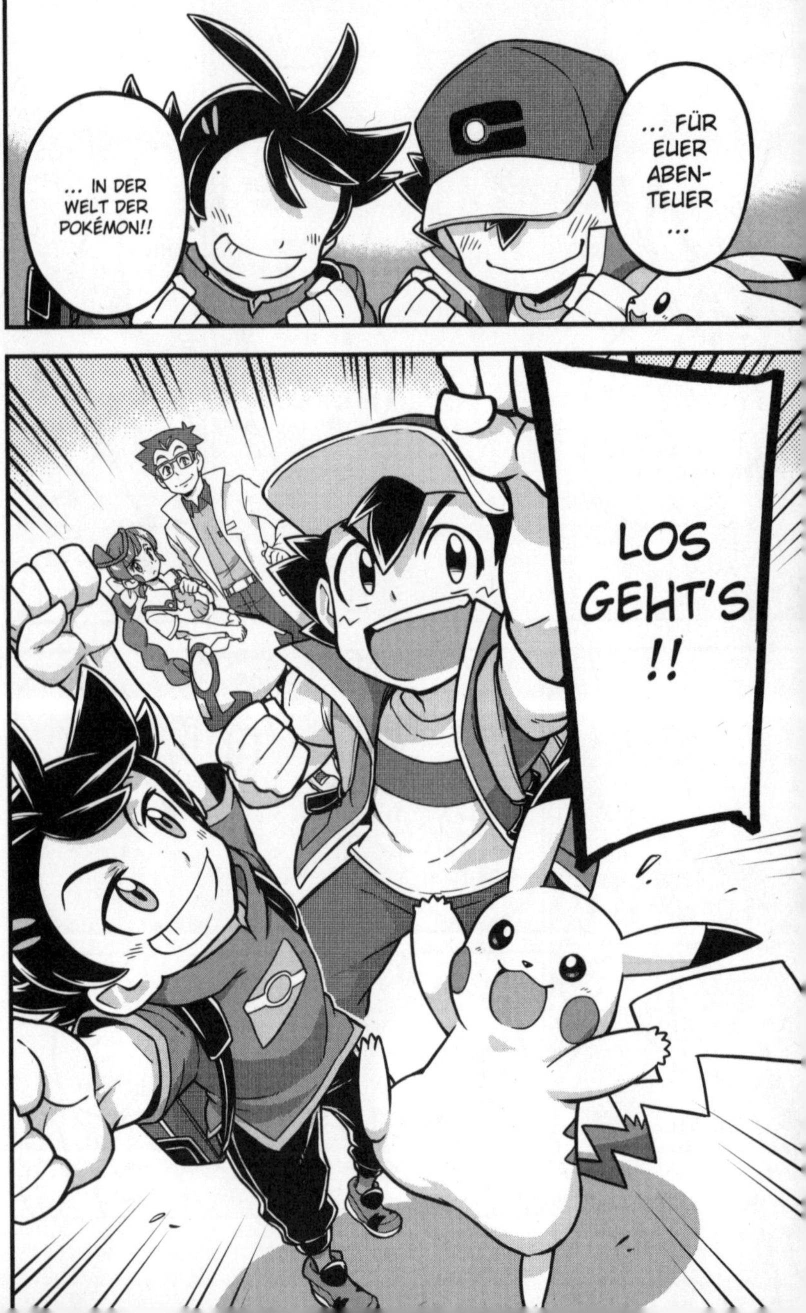

LOS GEHT'S !!

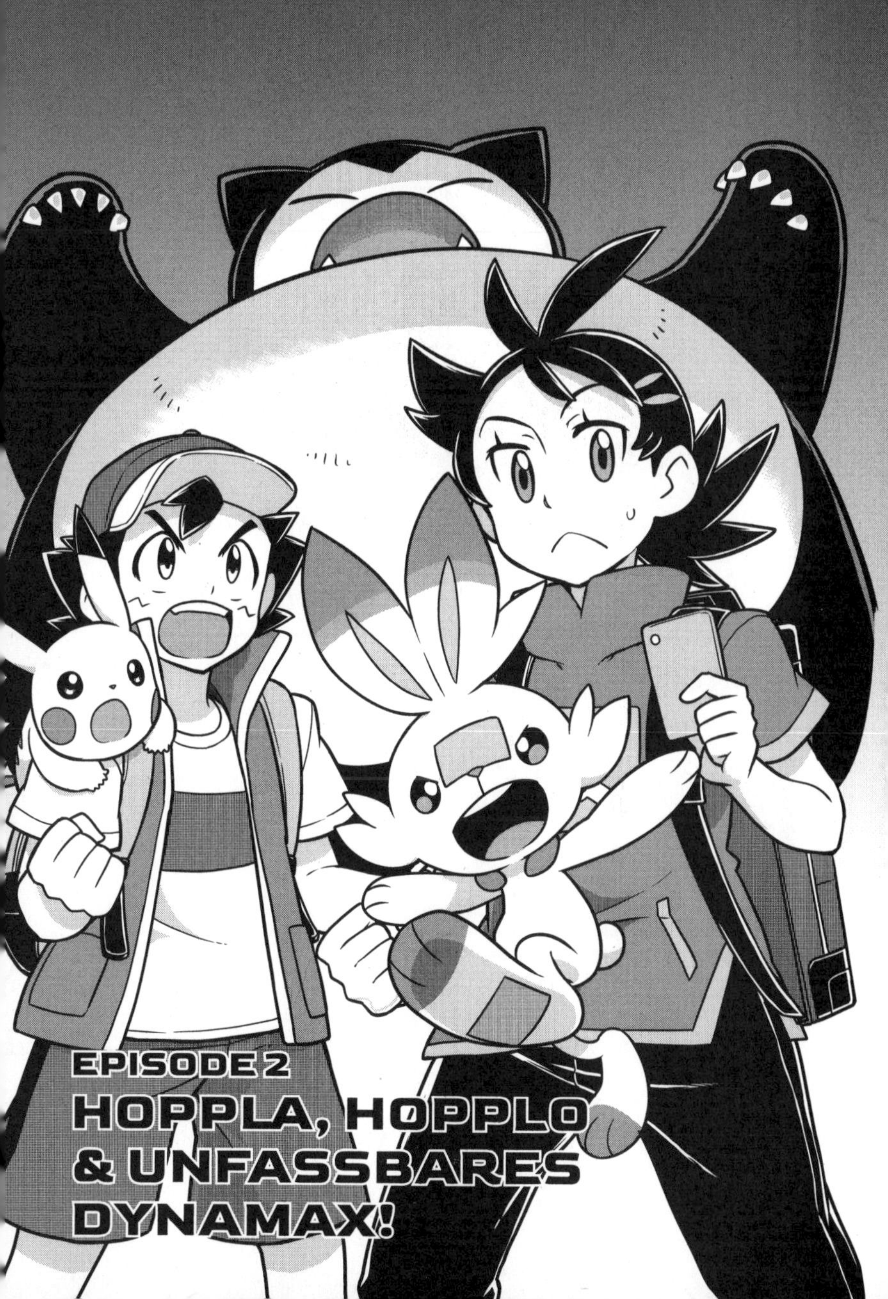
EPISODE 2
HOPPLA, HOPPLO
& UNFASSBARES
DYNAMAX!

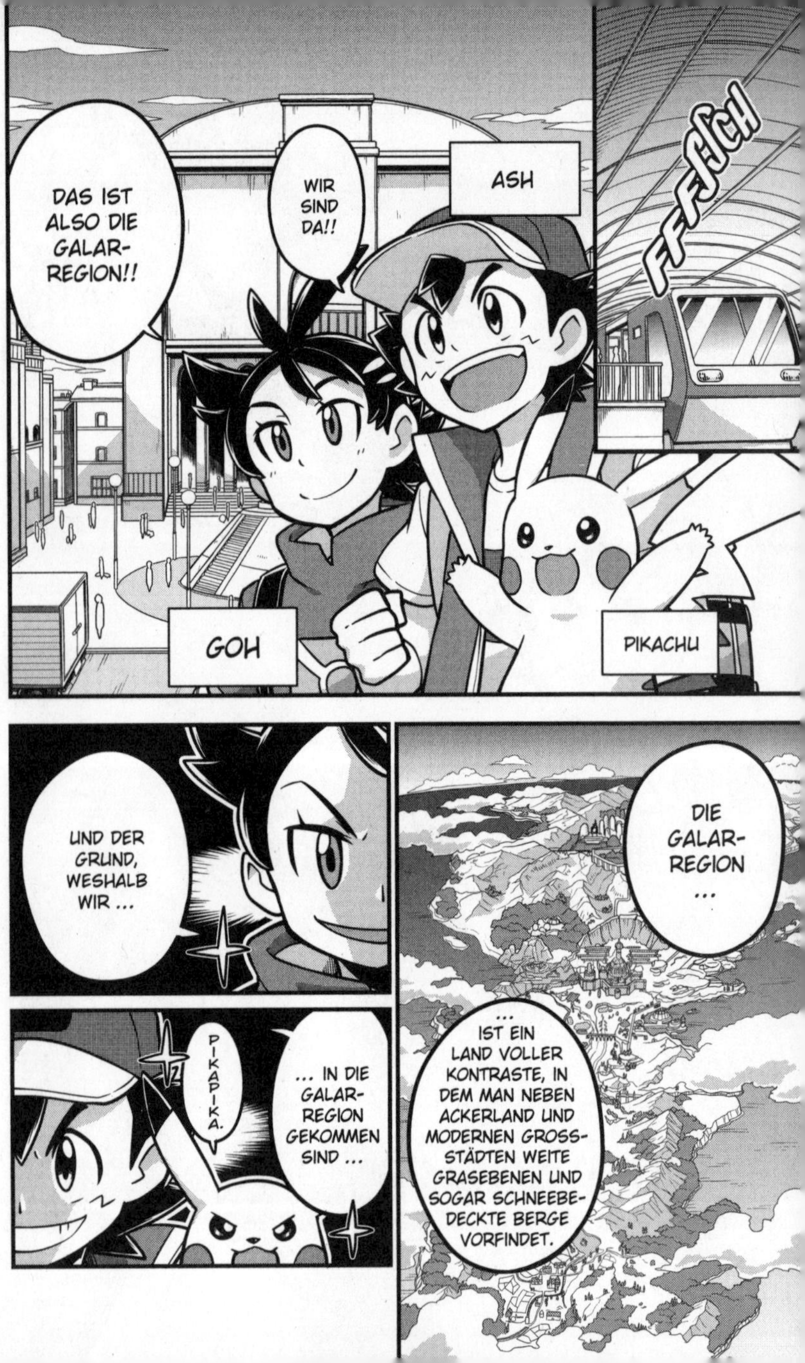

FFFSCH

ASH

WIR SIND DA!!

DAS IST ALSO DIE GALAR-REGION!!

GOH

PIKACHU

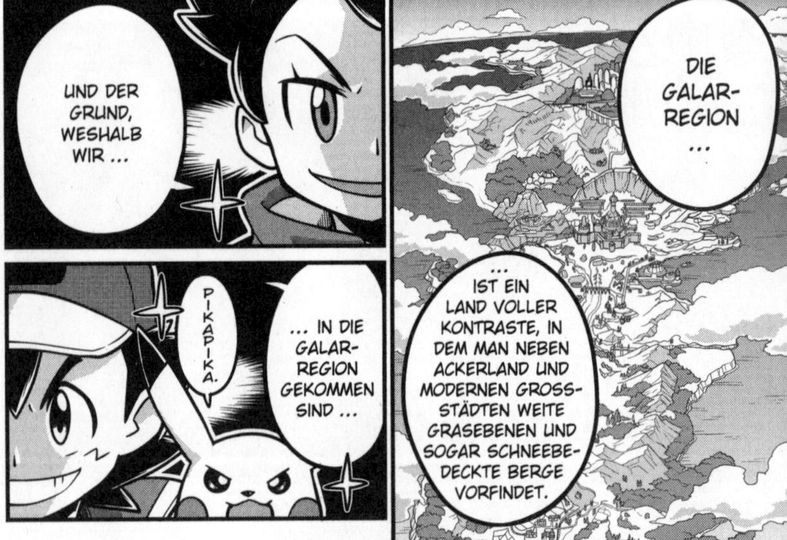

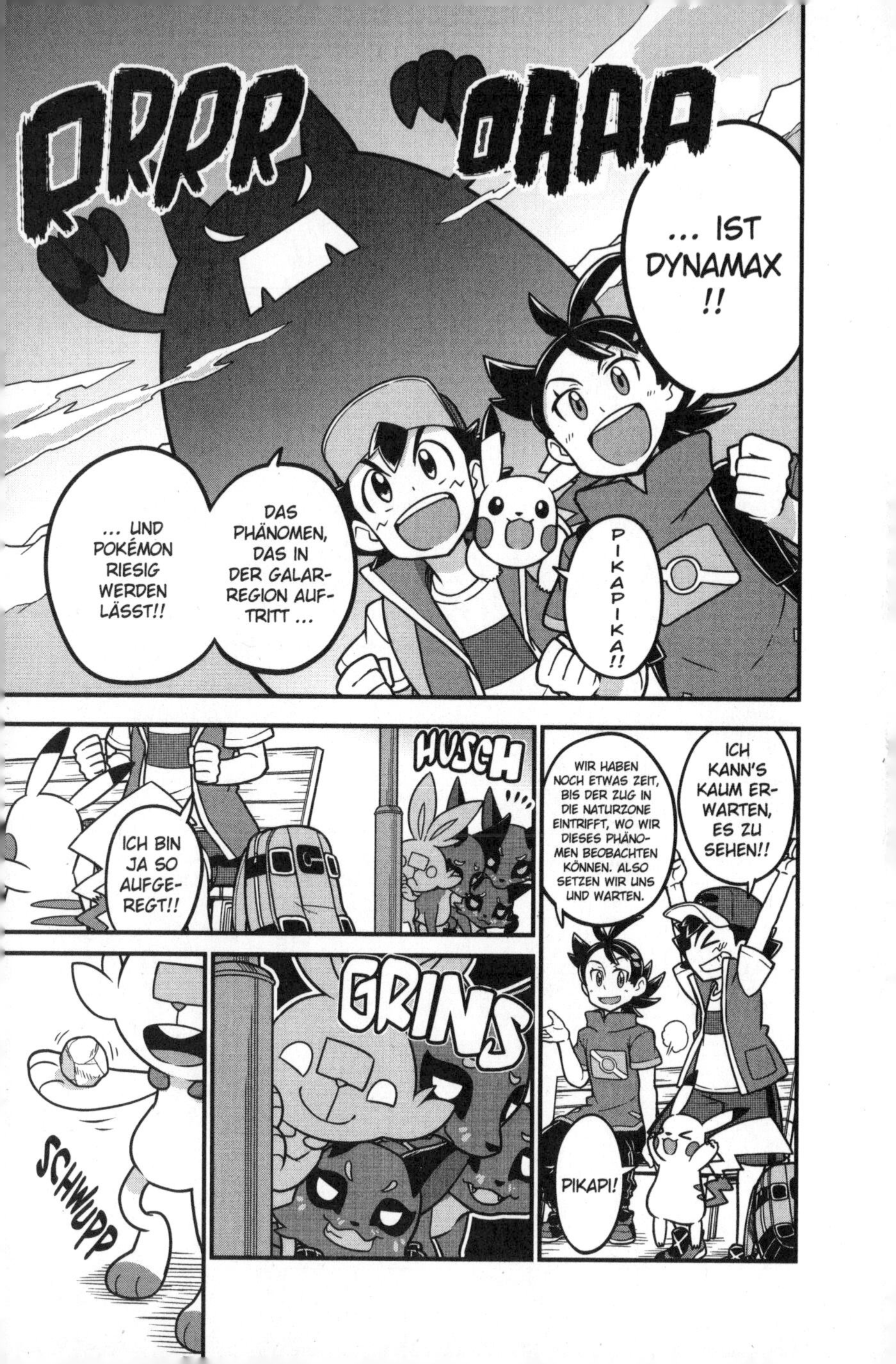

RRRR OAAA

DAS PHÄNOMEN, DAS IN DER GALAR-REGION AUFTRITT ...

... UND POKÉMON RIESIG WERDEN LÄSST!!

PIKAPIKA!!

... IST DYNAMAX!!

ICH KANN'S KAUM ERWARTEN, ES ZU SEHEN!!

WIR HABEN NOCH ETWAS ZEIT, BIS DER ZUG IN DIE NATURZONE EINTRIFFT, WO WIR DIESES PHÄNOMEN BEOBACHTEN KÖNNEN. ALSO SETZEN WIR UNS UND WARTEN.

PIKAPI!

HUSCH

ICH BIN JA SO AUFGEREGT!!

GRINS

SCHWUPP

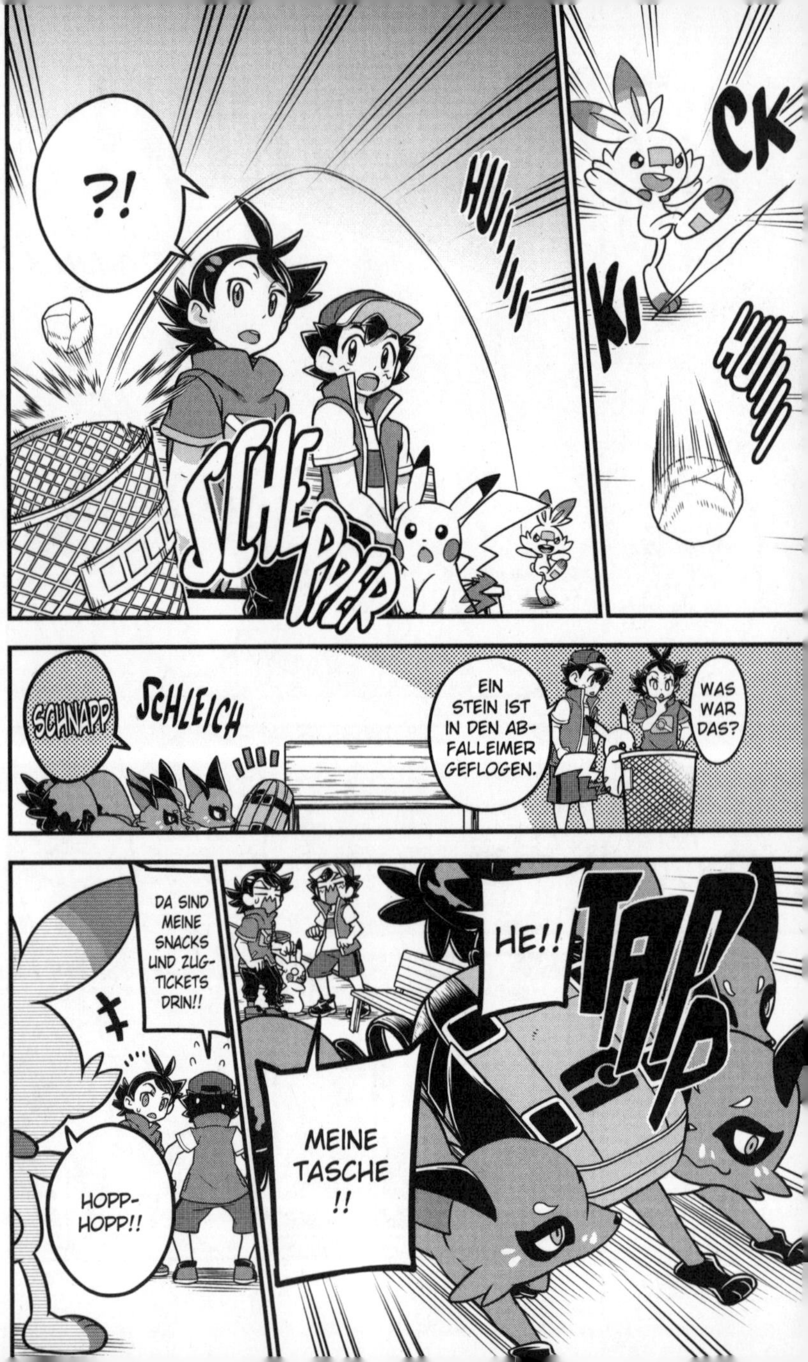

KI
CK
HUIIII
HUIIII
SCHEPPER
?!

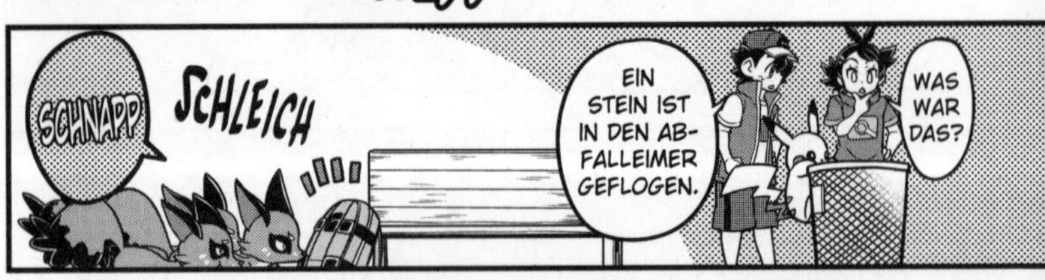

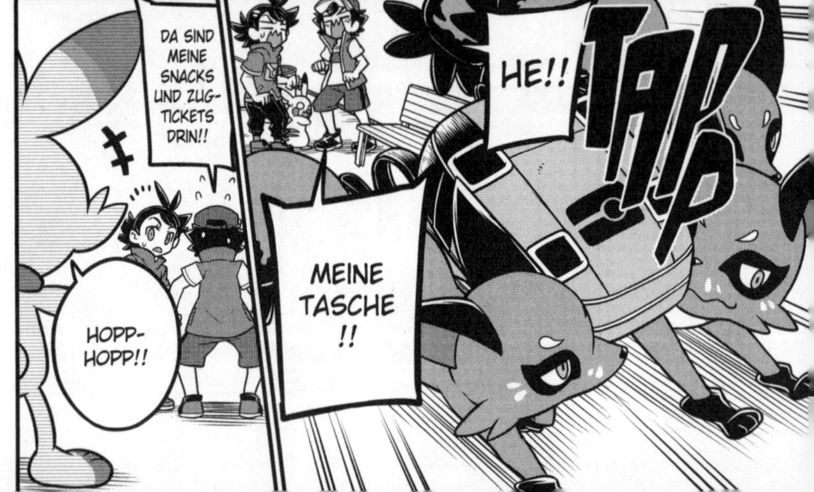

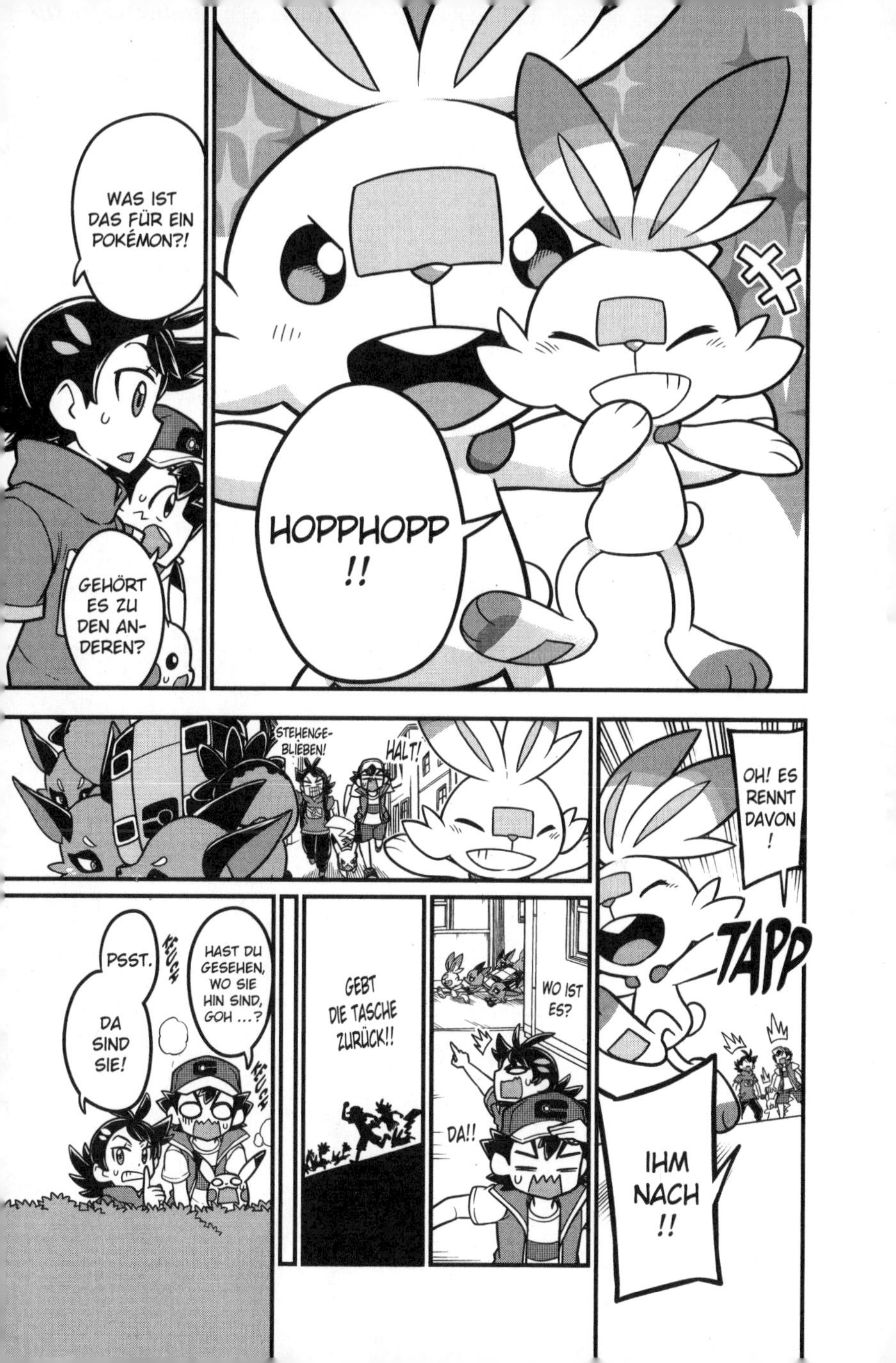

HOPPHOPP!!

WAS IST DAS FÜR EIN POKÉMON?!

GEHÖRT ES ZU DEN ANDEREN?

OH! ES RENNT DAVON!

TAPP

IHM NACH!!

HALT!

STEHENGEBLIEBEN!

WO IST ES?

DA!!

GEBT DIE TASCHE ZURÜCK!!

HAST DU GESEHEN, WO SIE HIN SIND, GOH …?

KEUCH

KEUCH

PSST.

DA SIND SIE!

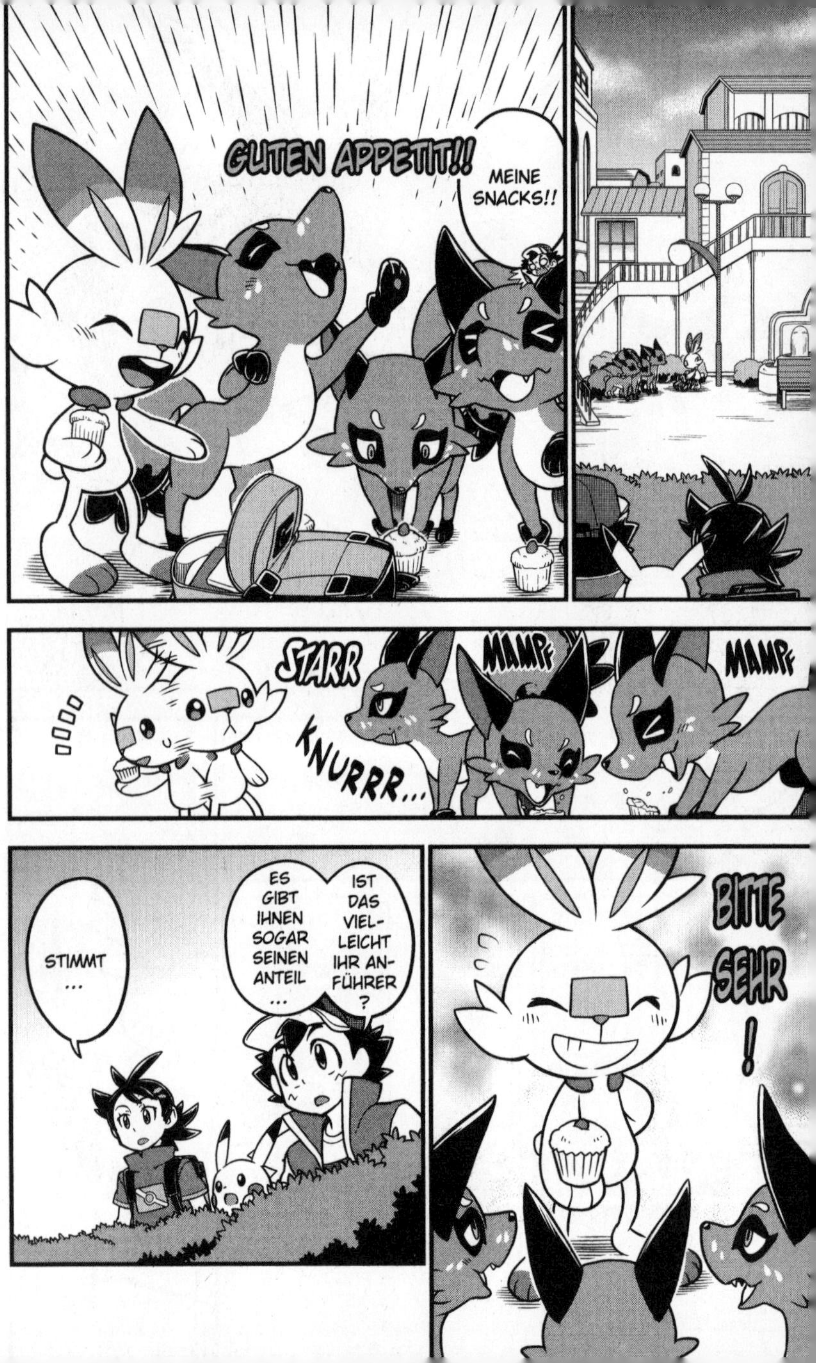

MEINE SNACKS!!

GUTEN APPETIT!!

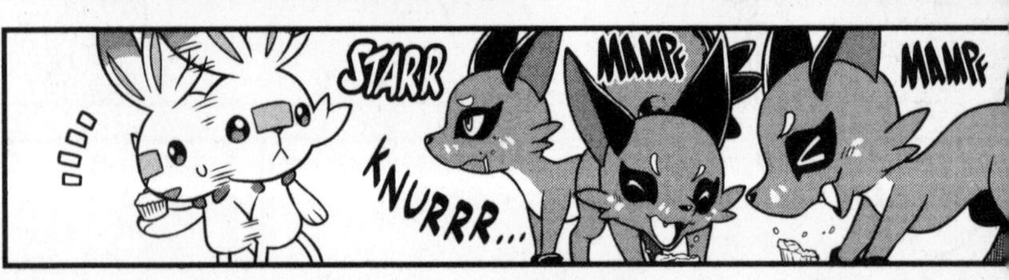

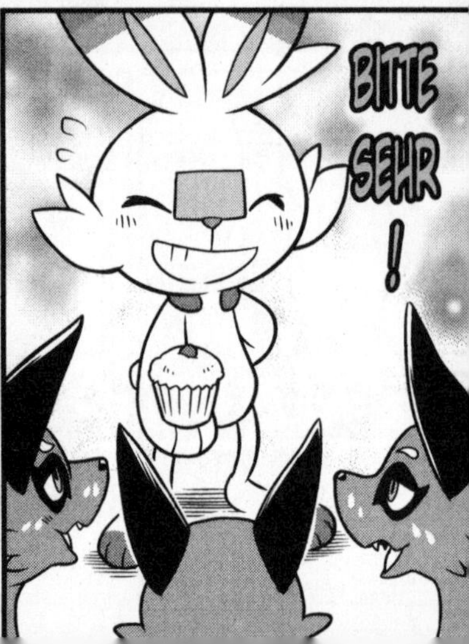

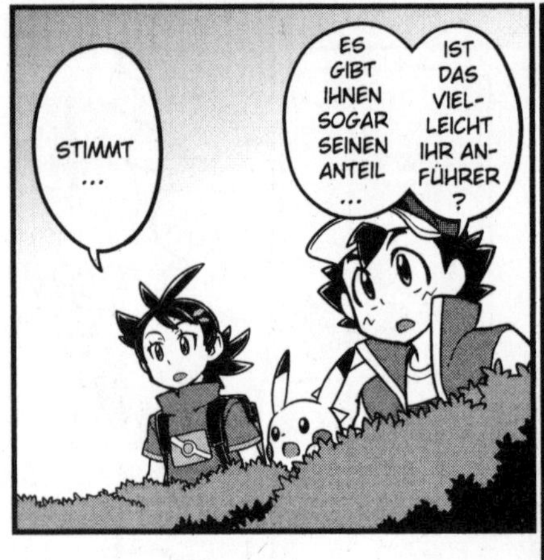

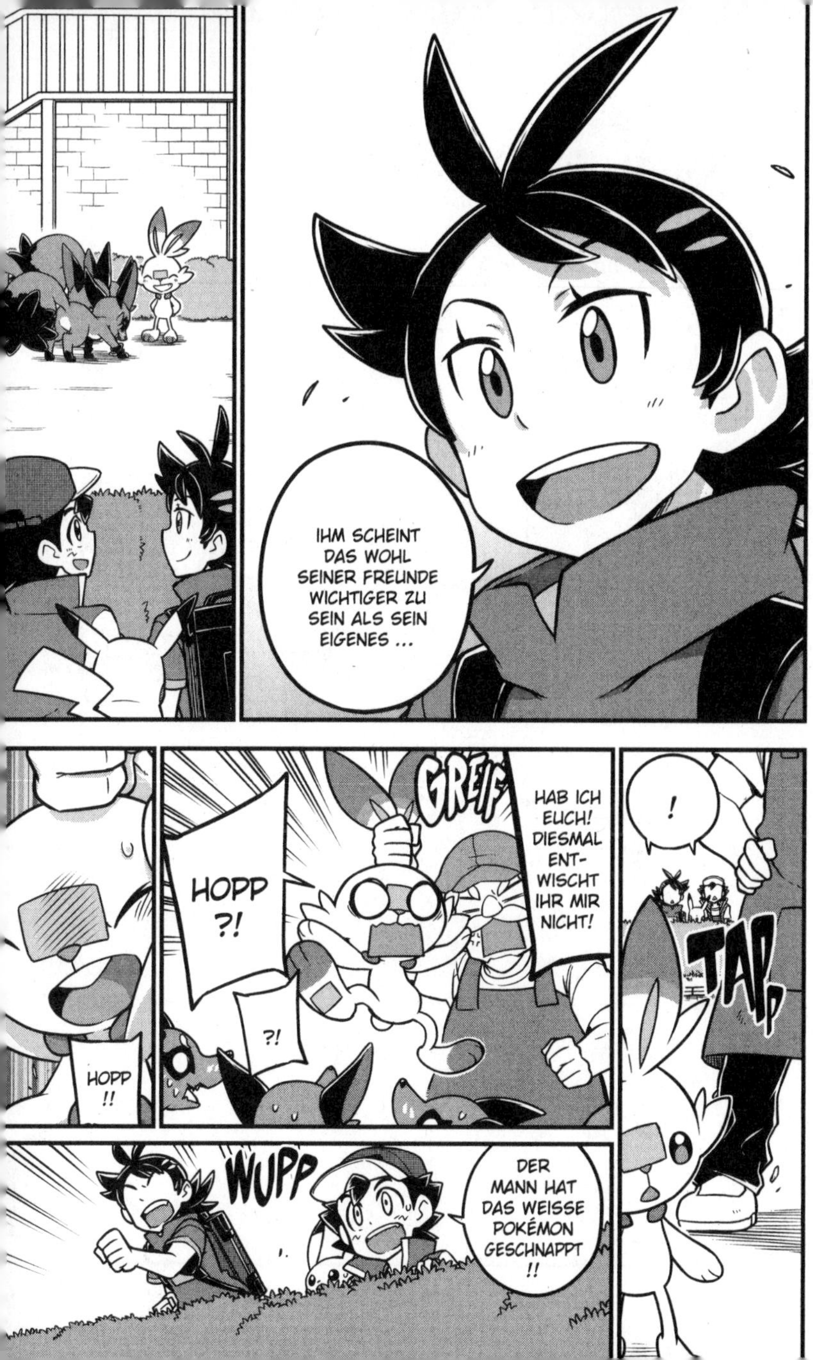

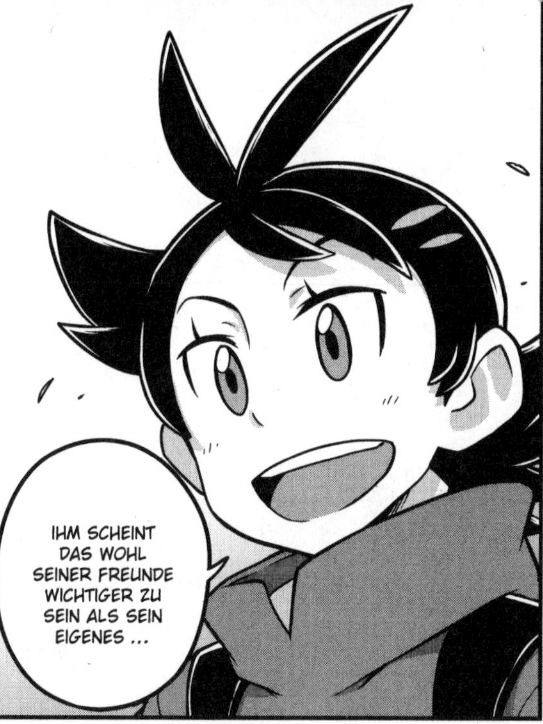
IHM SCHEINT DAS WOHL SEINER FREUNDE WICHTIGER ZU SEIN ALS SEIN EIGENES …

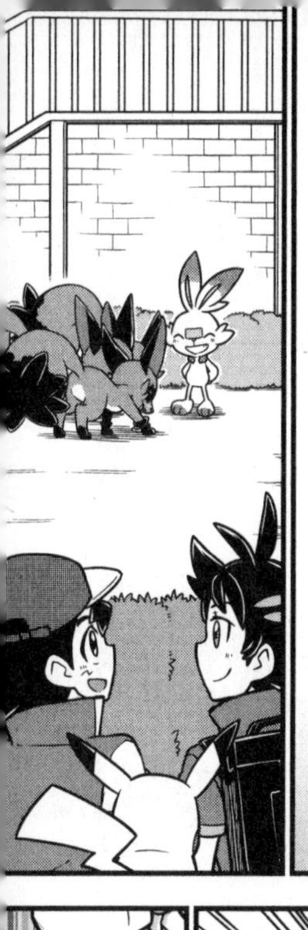

!
TAP
HAB ICH EUCH! DIESMAL ENT-WISCHT IHR MIR NICHT!
GREIF
HOPP ?!
?!
HOPP !!
DER MANN HAT DAS WEISSE POKÉMON GESCHNAPPT !!
WUPP

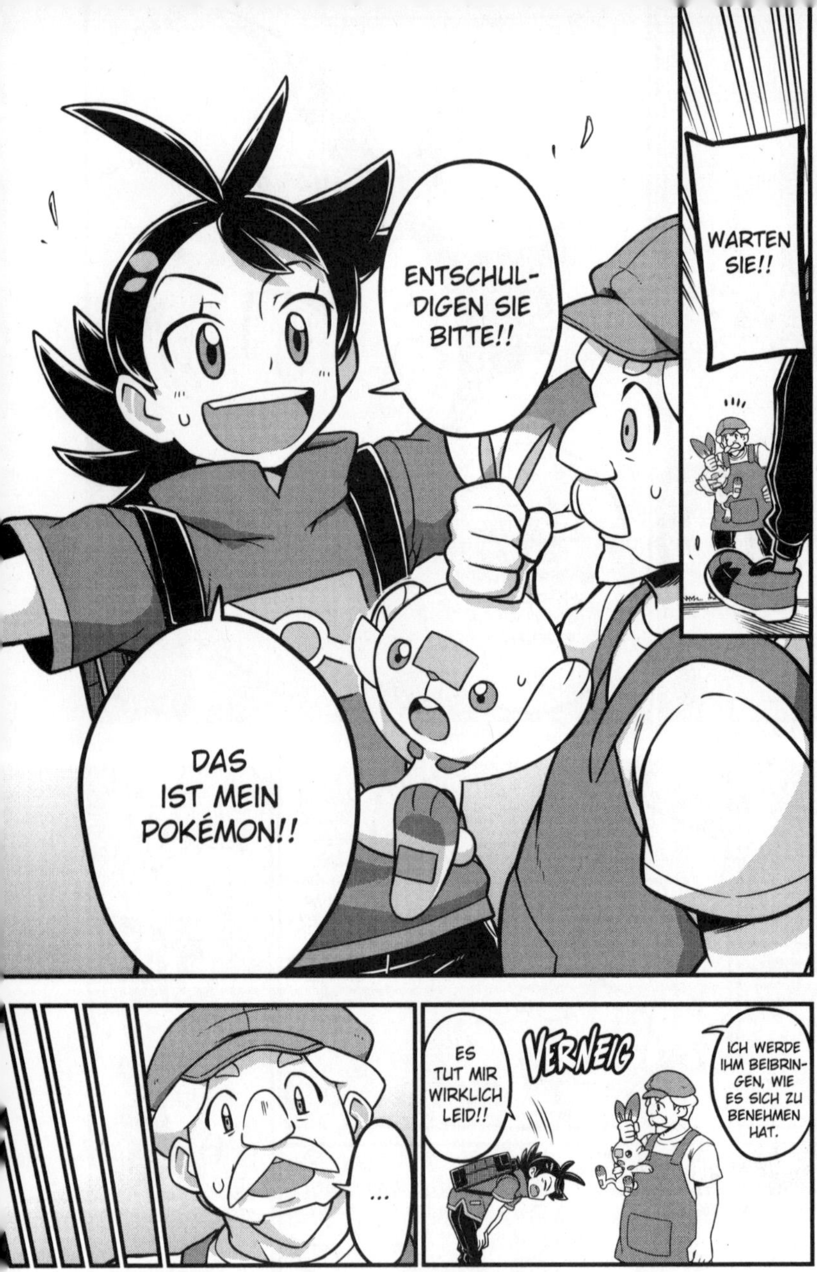

WARTEN SIE!!
ENTSCHUL-DIGEN SIE BITTE!!
DAS IST MEIN POKÉMON!!

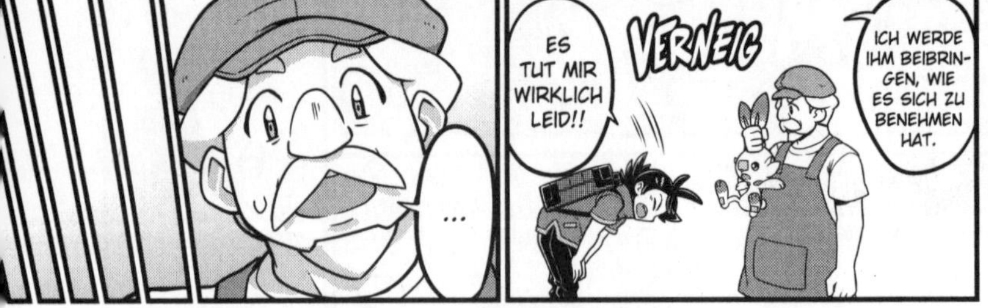
ICH WERDE IHM BEIBRIN-GEN, WIE ES SICH ZU BENEHMEN HAT.
VERNEIG
ES TUT MIR WIRKLICH LEID!!
...

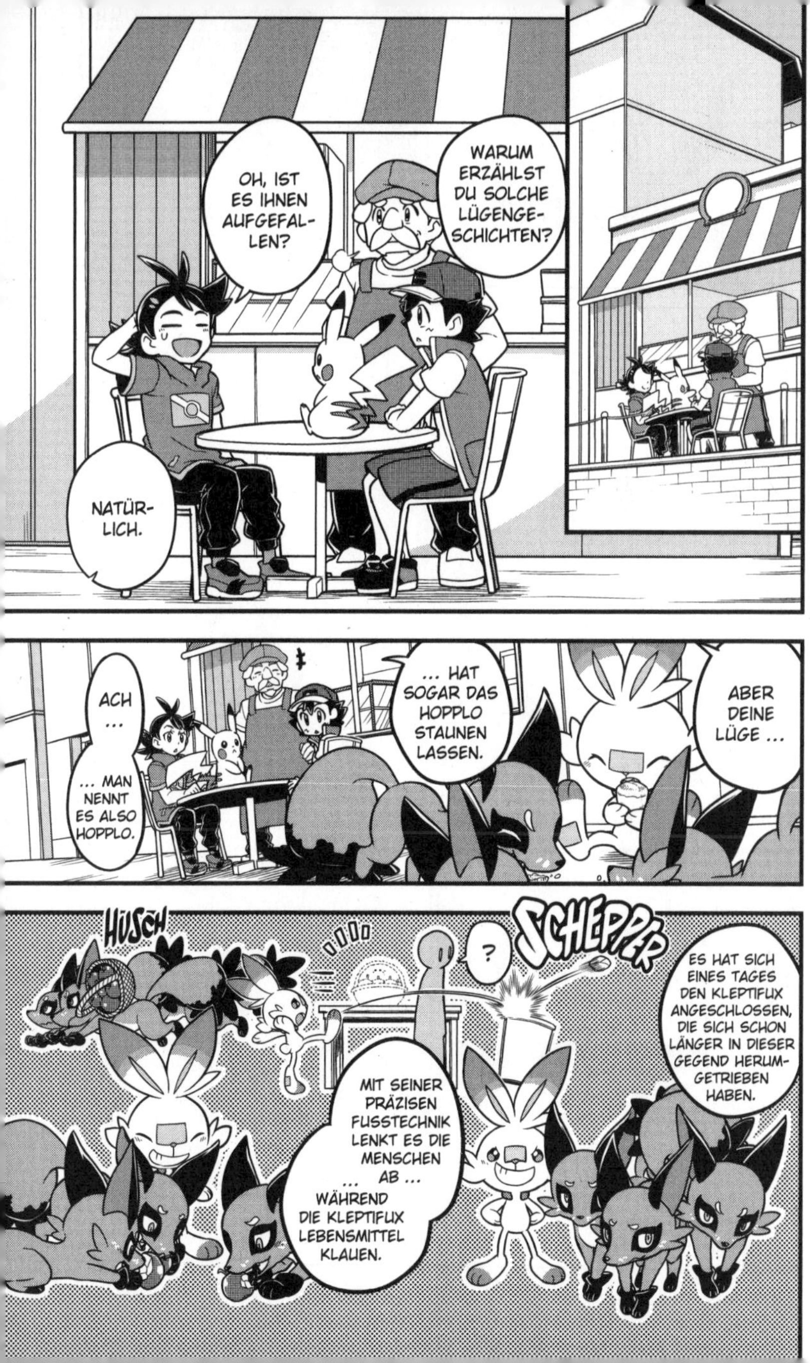

WARUM ERZÄHLST DU SOLCHE LÜGENGESCHICHTEN?
OH, IST ES IHNEN AUFGEFALLEN?
NATÜRLICH.

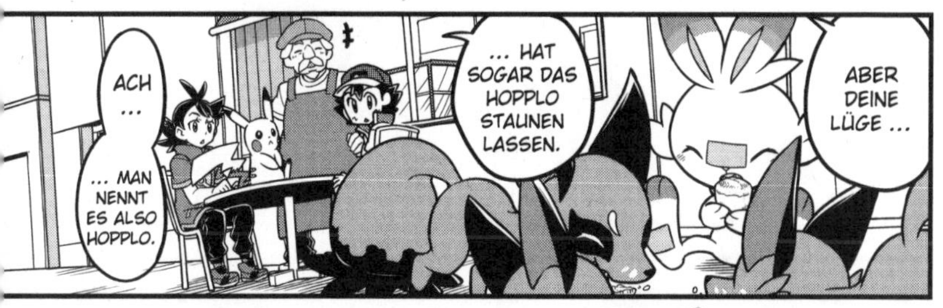

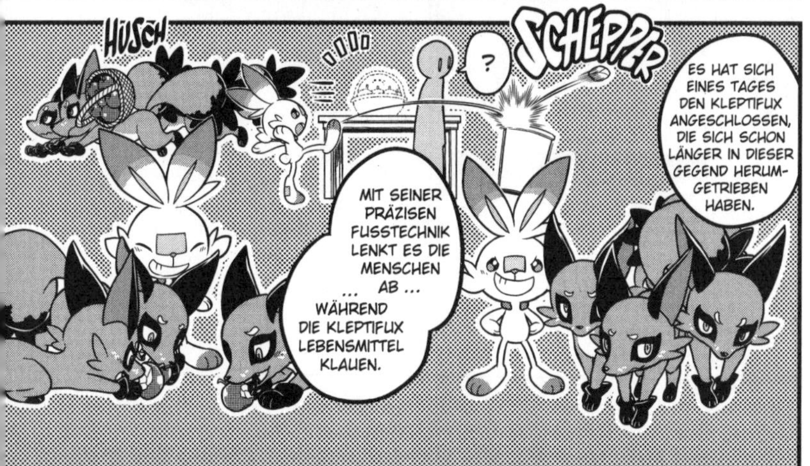

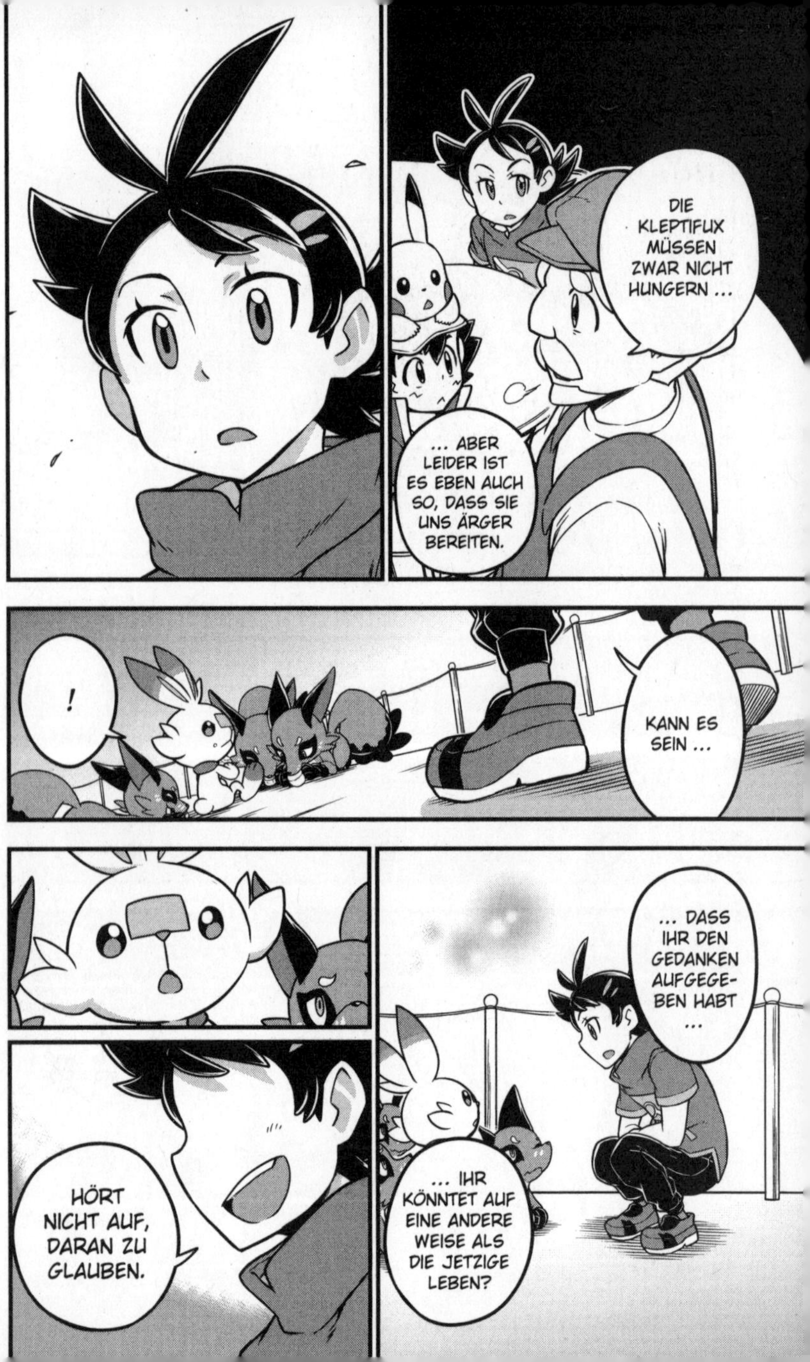

DIE KLEPTIFUX MÜSSEN ZWAR NICHT HUNGERN ...

... ABER LEIDER IST ES EBEN AUCH SO, DASS SIE UNS ÄRGER BEREITEN.

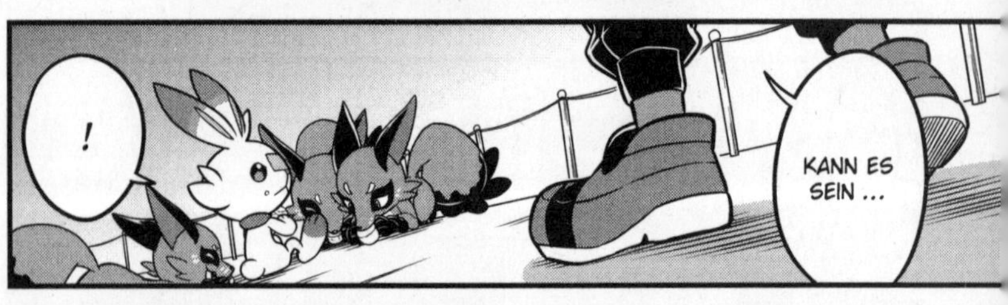

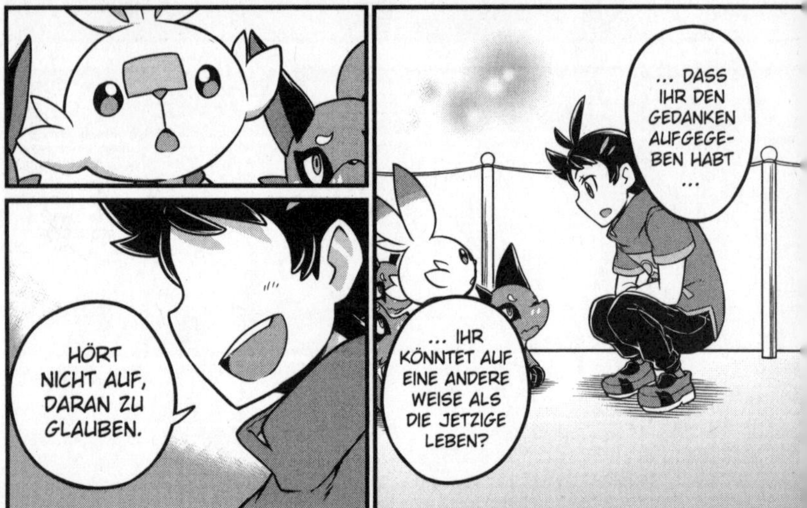

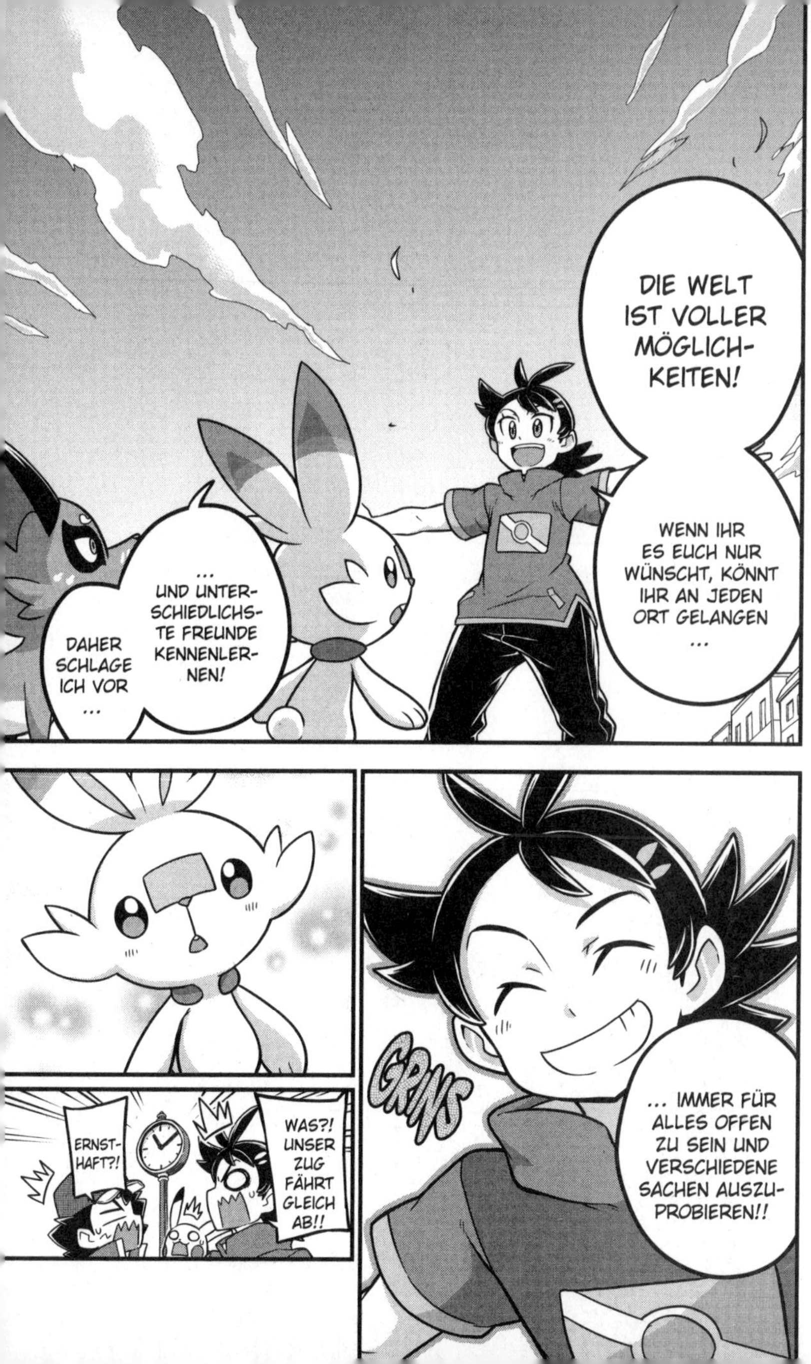

DIE WELT IST VOLLER MÖGLICH-KEITEN!

WENN IHR ES EUCH NUR WÜNSCHT, KÖNNT IHR AN JEDEN ORT GELANGEN ...

... UND UNTER-SCHIEDLICHS-TE FREUNDE KENNENLER-NEN!

DAHER SCHLAGE ICH VOR ...

... IMMER FÜR ALLES OFFEN ZU SEIN UND VERSCHIEDENE SACHEN AUSZU-PROBIEREN!!

GRINS

WAS?! UNSER ZUG FÄHRT GLEICH AB!!

ERNST-HAFT?!

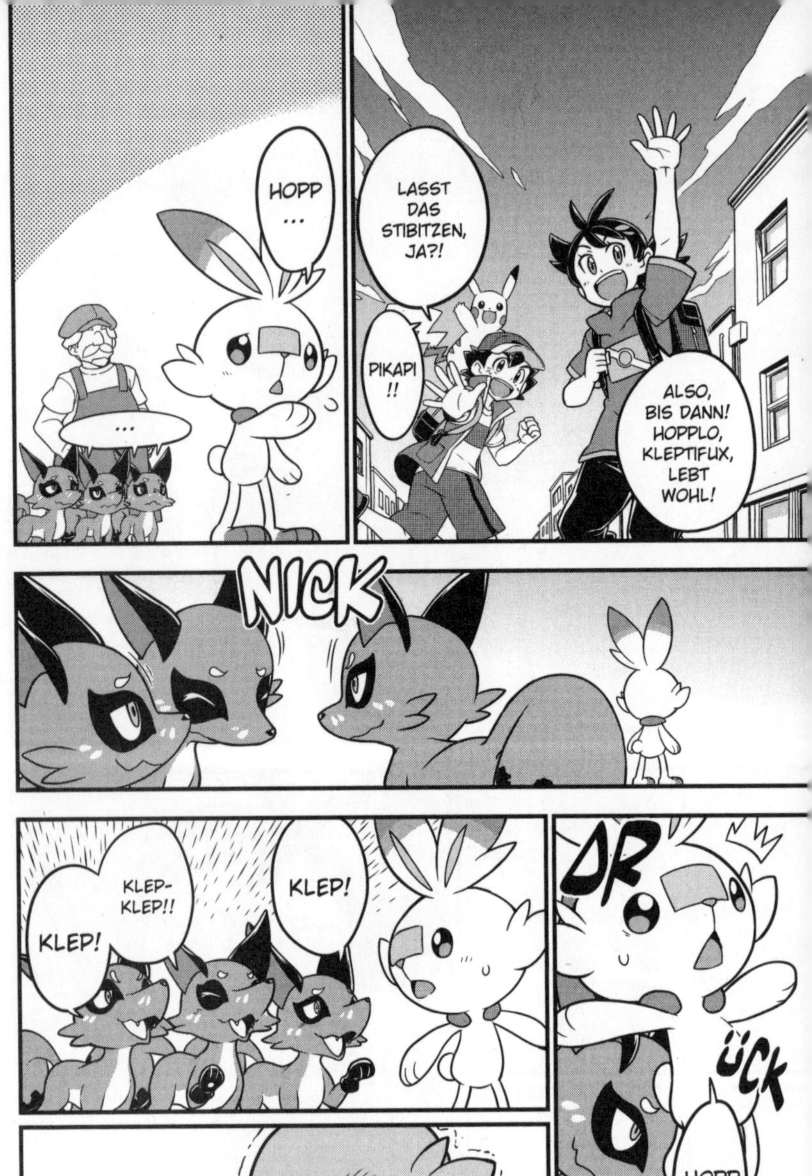
ALSO, BIS DANN! HOPPLO, KLEPTIFUX, LEBT WOHL!
LASST DAS STIBITZEN, JA?!
PIKAPI !!
HOPP ...
...
NICK
DR
ÜCK
HOPP ?!
KLEP!
KLEP-KLEP!!
KLEP!

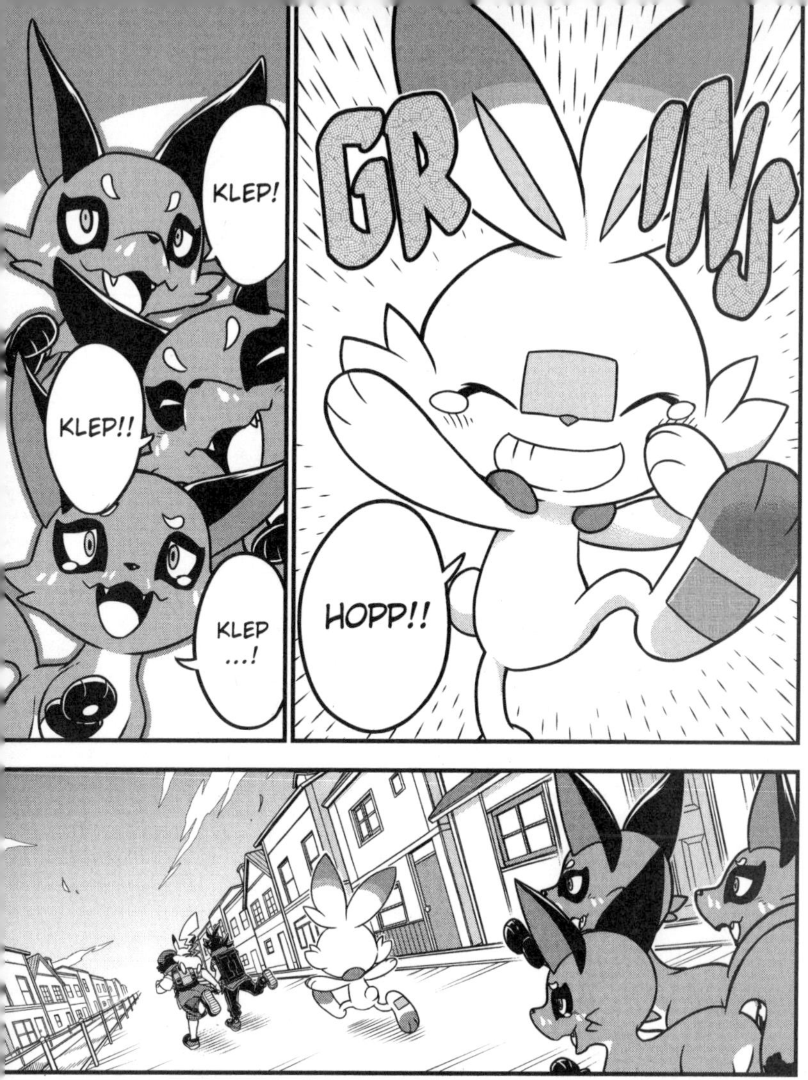

KLEP!

KLEP!!

KLEP ...!

GRINS

HOPP!!

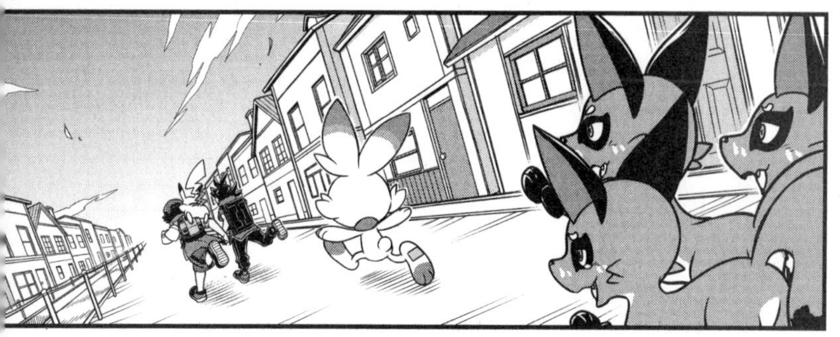

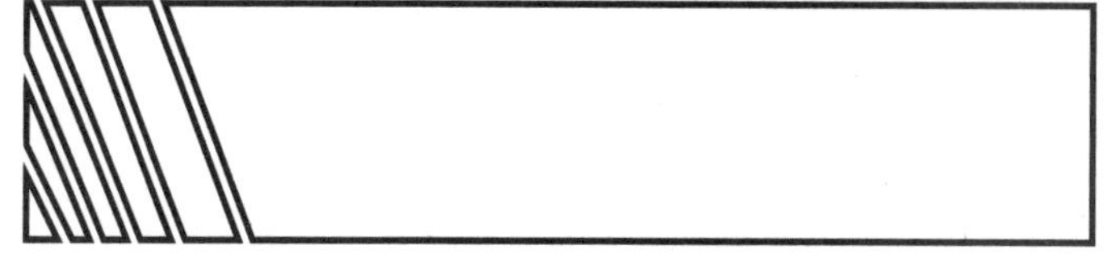

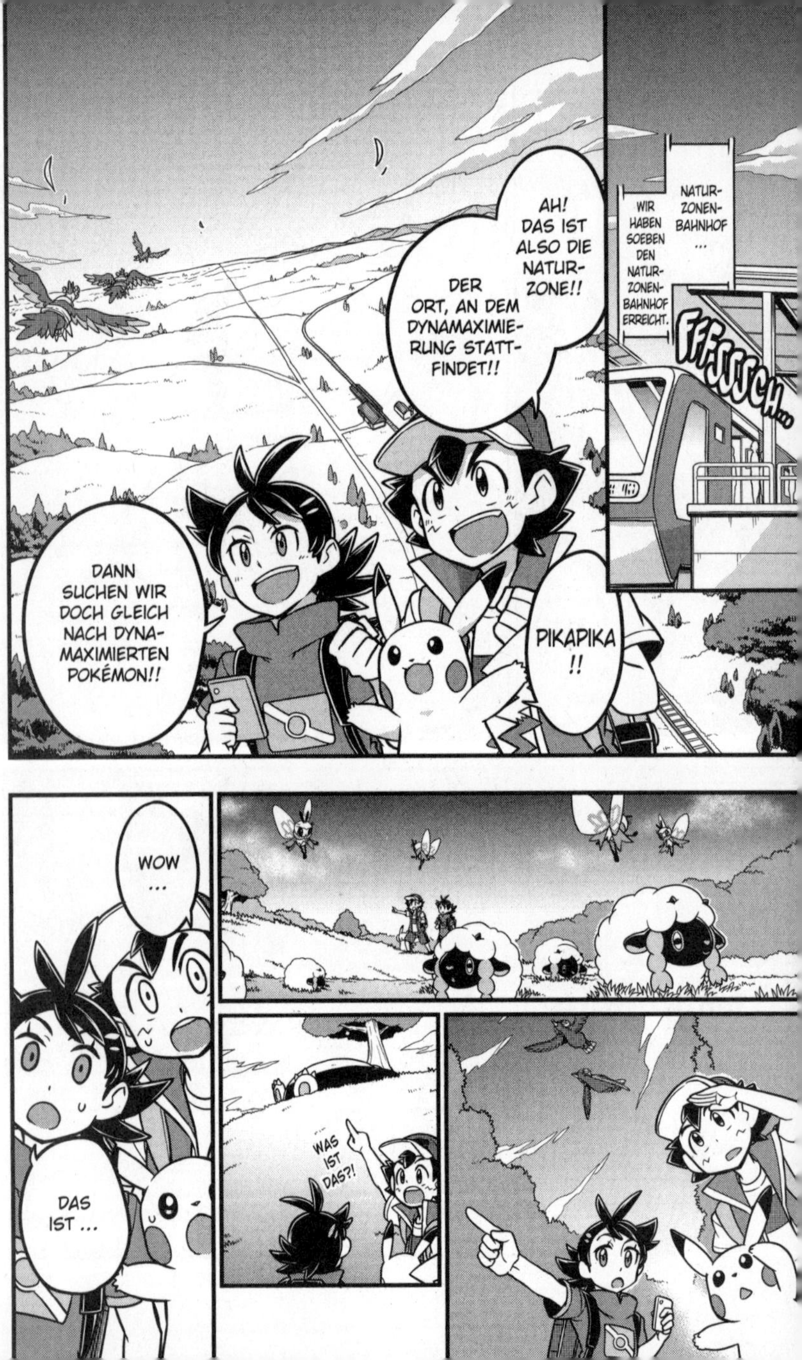

Naturzonen-Bahnhof ...
Wir haben soeben den Naturzonen-Bahnhof erreicht.
FFFSSSCH...
Ah! Das ist also die Naturzone!!
Der Ort, an dem Dynamaximierung stattfindet!!
Pikapika!!
Dann suchen wir doch gleich nach dynamaximierten Pokémon!!
Was ist das?!
Wow ...
Das ist ...

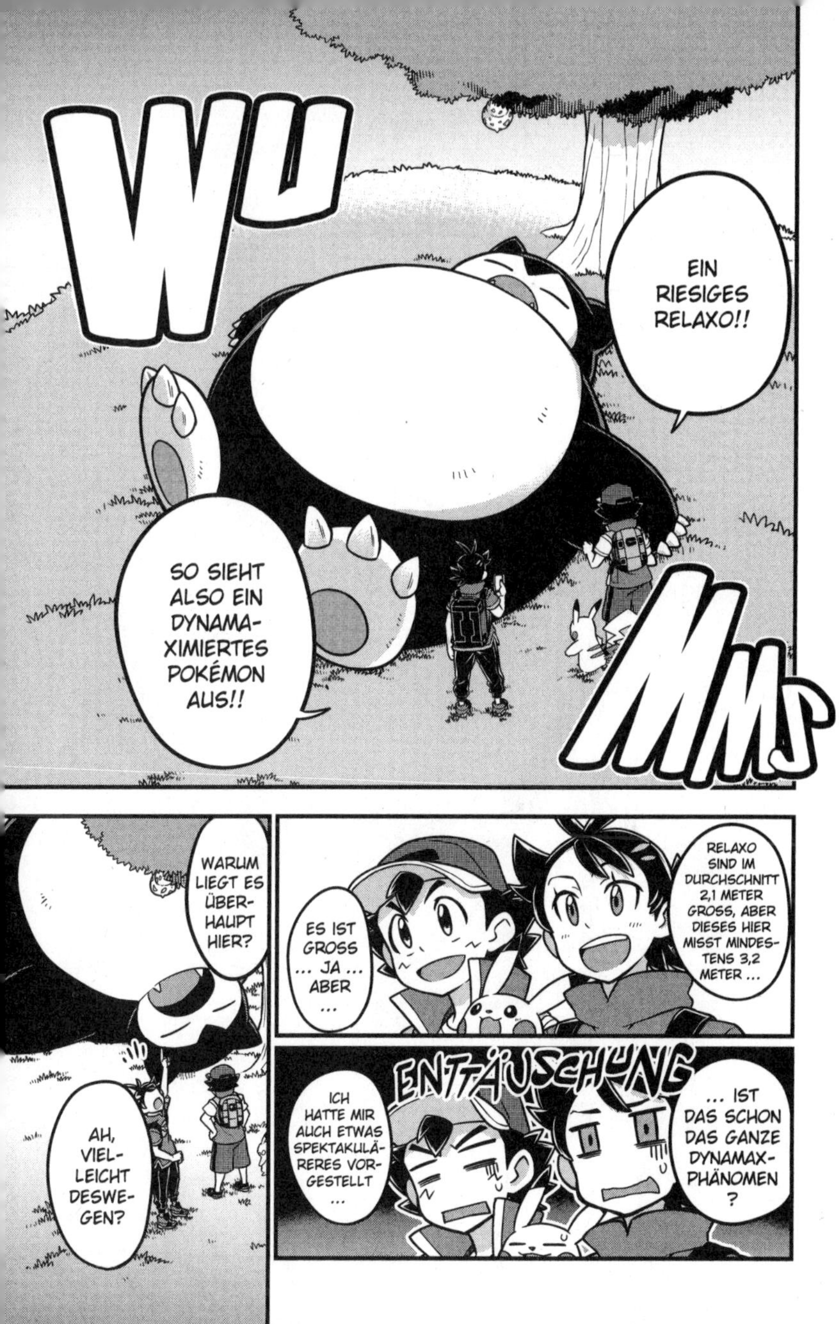

WUMMS

EIN RIESIGES RELAXO!!

SO SIEHT ALSO EIN DYNAMAXIMIERTES POKÉMON AUS!!

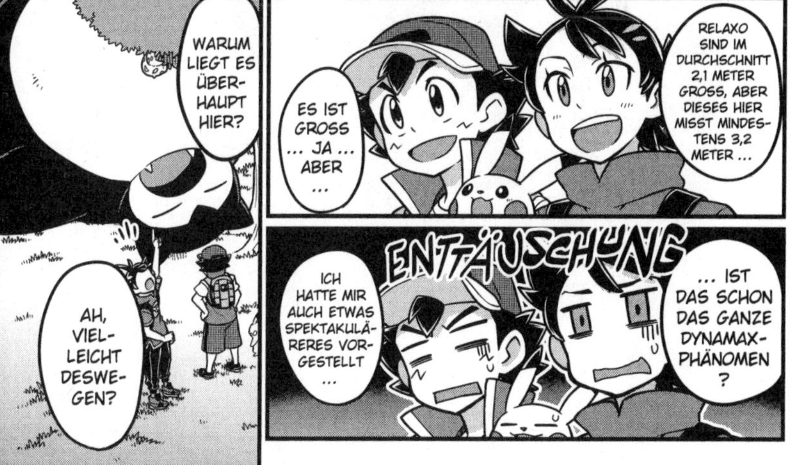

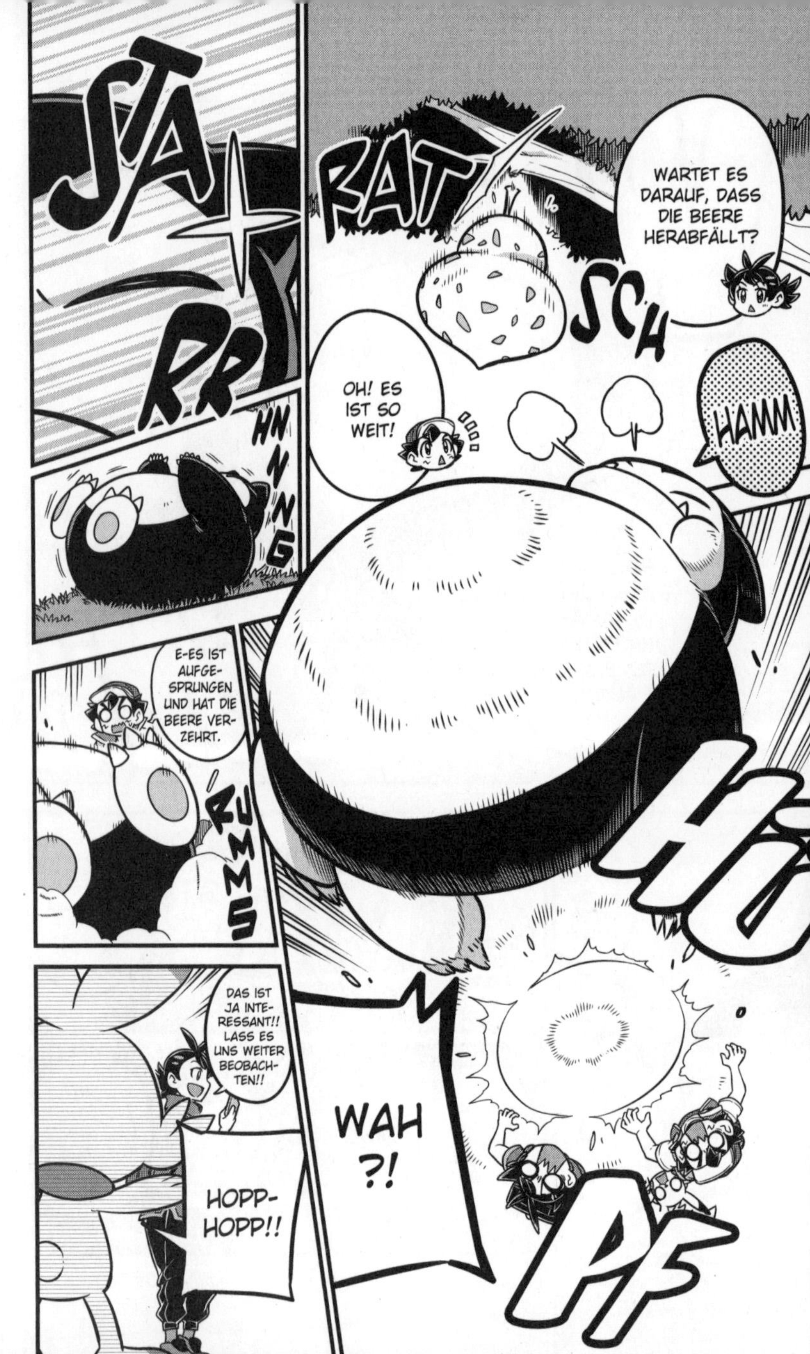

WARTET ES DARAUF, DASS DIE BEERE HERABFÄLLT?
RAT
SCH
HAMM
OH! ES IST SO WEIT!
STA
RR
HNNNNG
E-ES IST AUFGESPRUNGEN UND HAT DIE BEERE VERZEHRT.
RUMMS
WAH ?!
PF
DAS IST JA INTERESSANT!! LASS ES UNS WEITER BEOBACHTEN!!
HOPP-HOPP!!

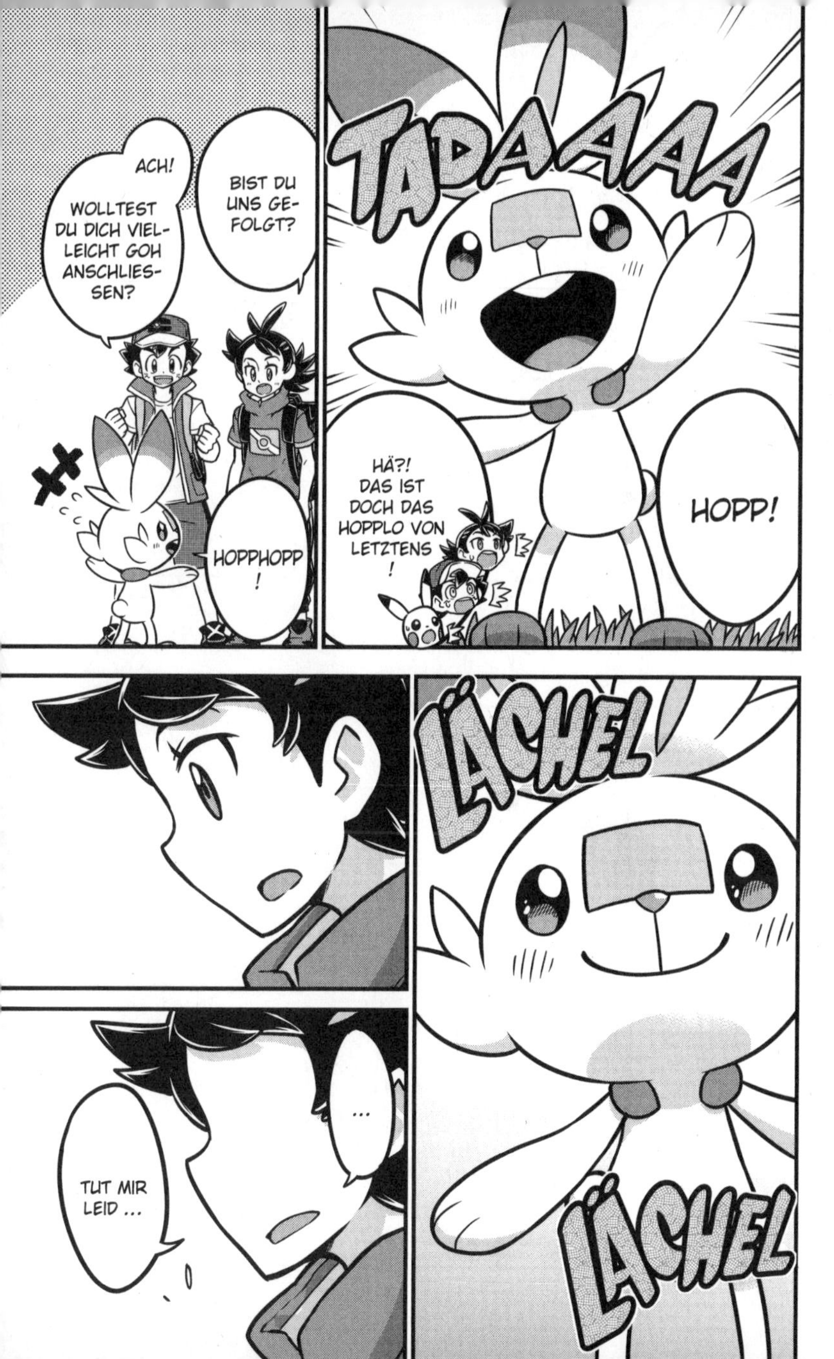

TADAAAA
HOPP!
HÄ?! DAS IST DOCH DAS HOPPLO VON LETZTENS!
BIST DU UNS GEFOLGT?
ACH! WOLLTEST DU DICH VIELLEICHT GOH ANSCHLIESSEN?
HOPPHOPP!
LÄCHEL
LÄCHEL
…
TUT MIR LEID …

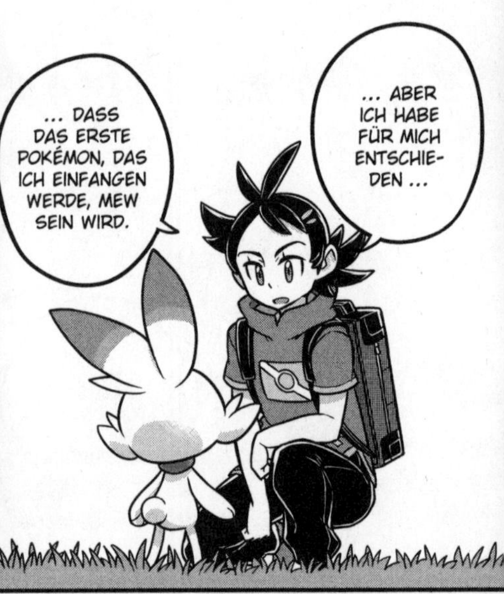
… ABER ICH HABE FÜR MICH ENTSCHIE-DEN …
… DASS DAS ERSTE POKÉMON, DAS ICH EINFANGEN WERDE, MEW SEIN WIRD.

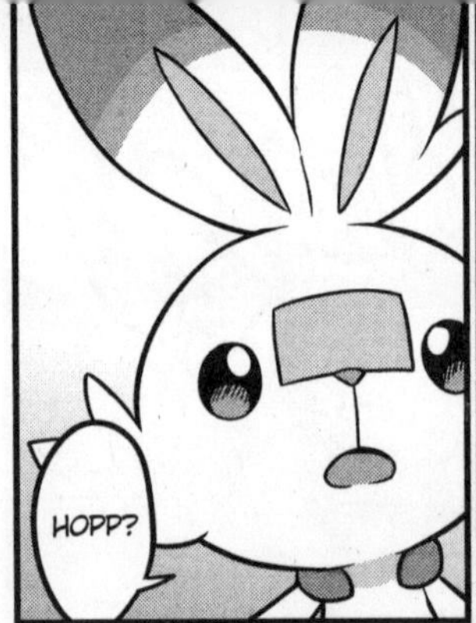
HOPP?

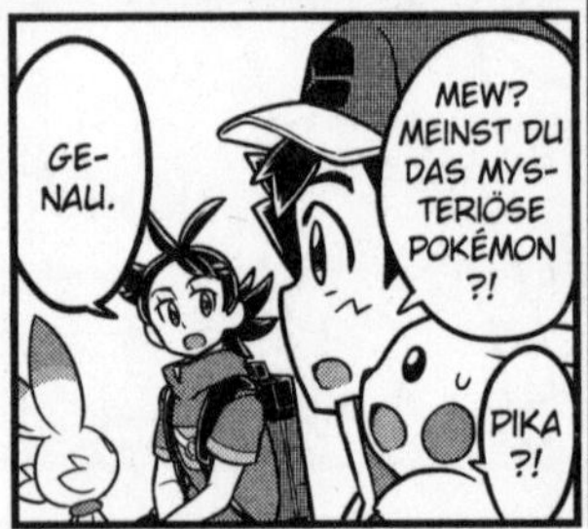
MEW? MEINST DU DAS MYS-TERIÖSE POKÉMON ?!
PIKA ?!
GE-NAU.

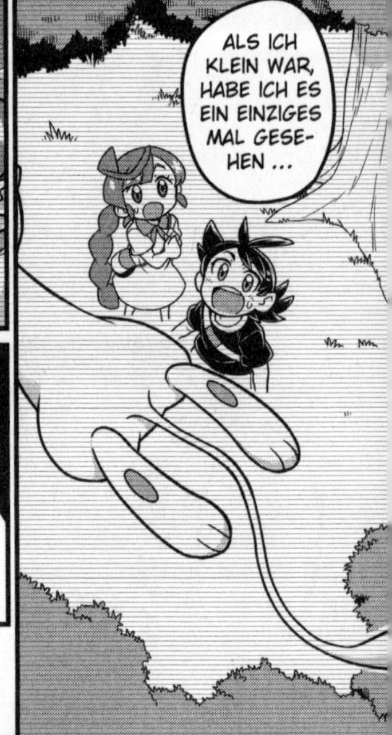
ALS ICH KLEIN WAR, HABE ICH ES EIN EINZIGES MAL GESE-HEN …

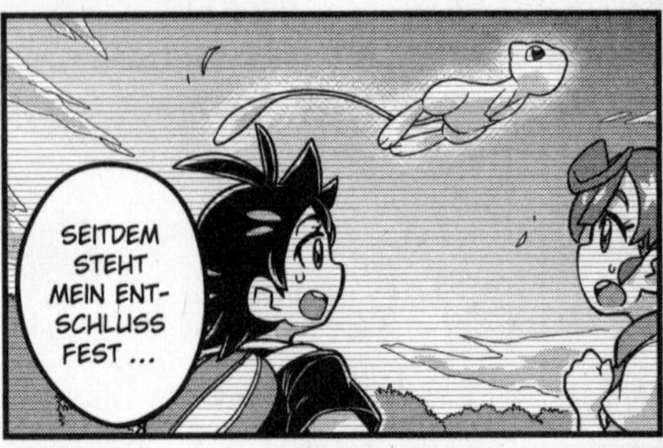
SEITDEM STEHT MEIN ENT-SCHLUSS FEST …

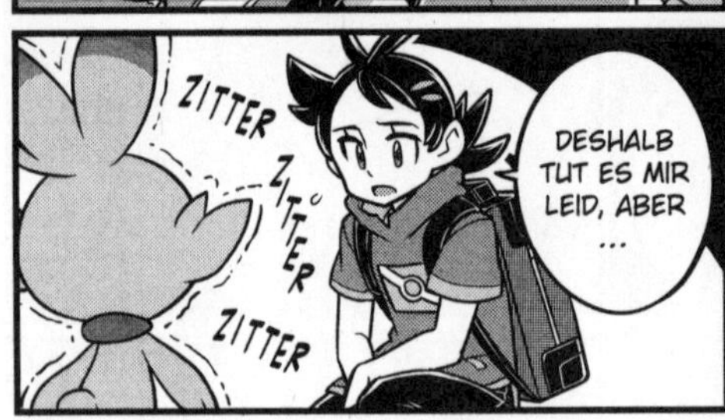
DESHALB TUT ES MIR LEID, ABER …
ZITTER
ZITTER
ZITTER

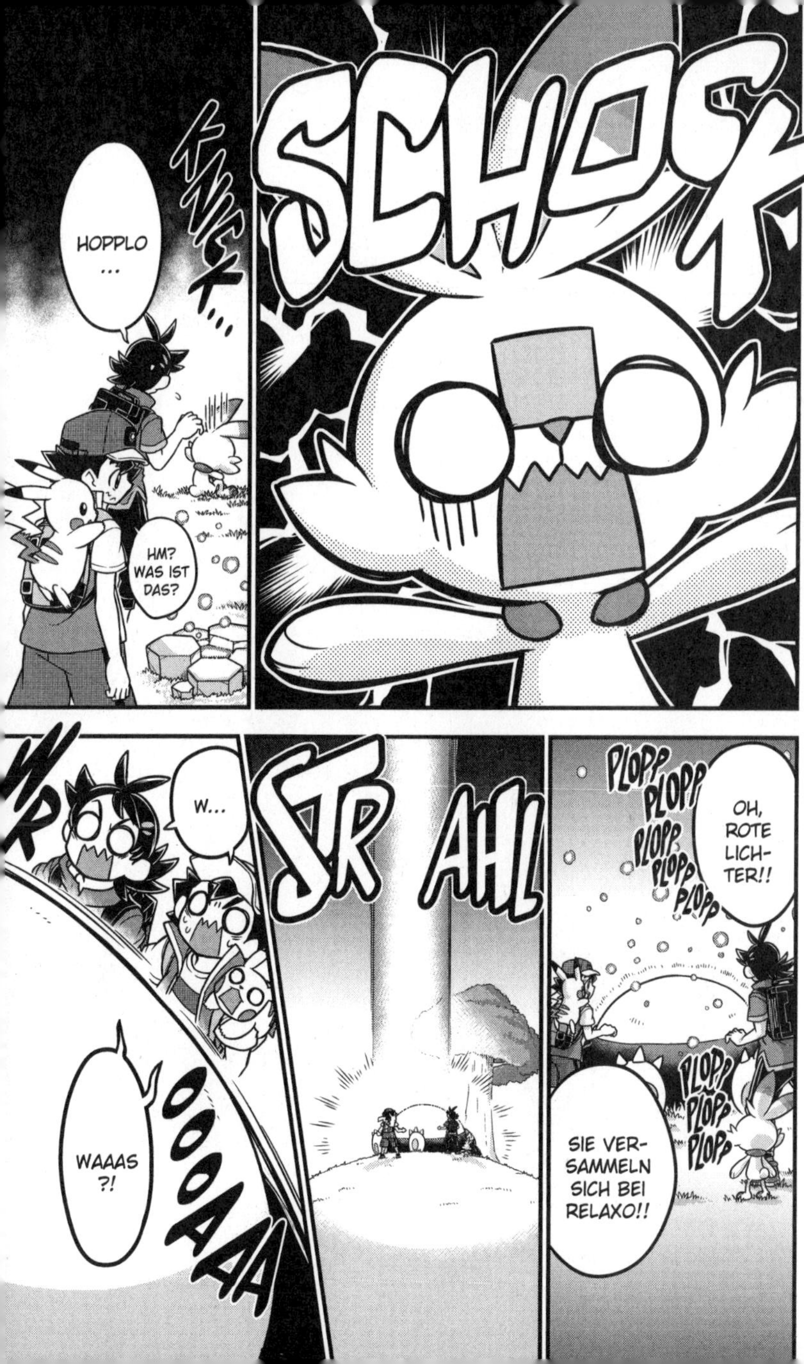

HOPPLO ...

KNICK K...

HM? WAS IST DAS?

SCHOCK

WR

W...

WAAAS ?!

OOOAAA

STRAHL

PLOPP PLOPP PLOPP PLOPP PLOPP

OH, ROTE LICHTER!!

SIE VERSAMMELN SICH BEI RELAXO!!

PLOPP PLOPP PLOPP

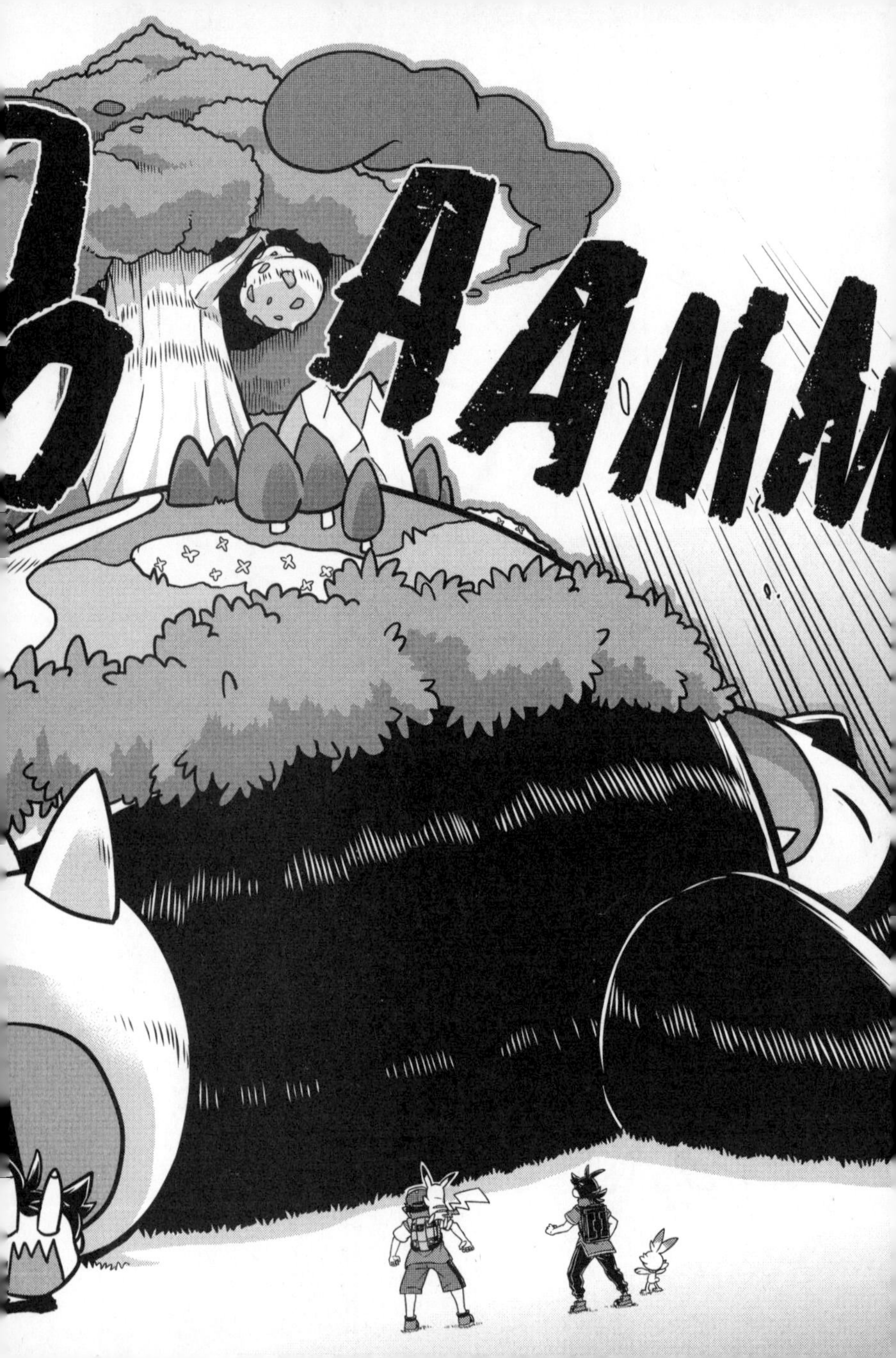
AAMM

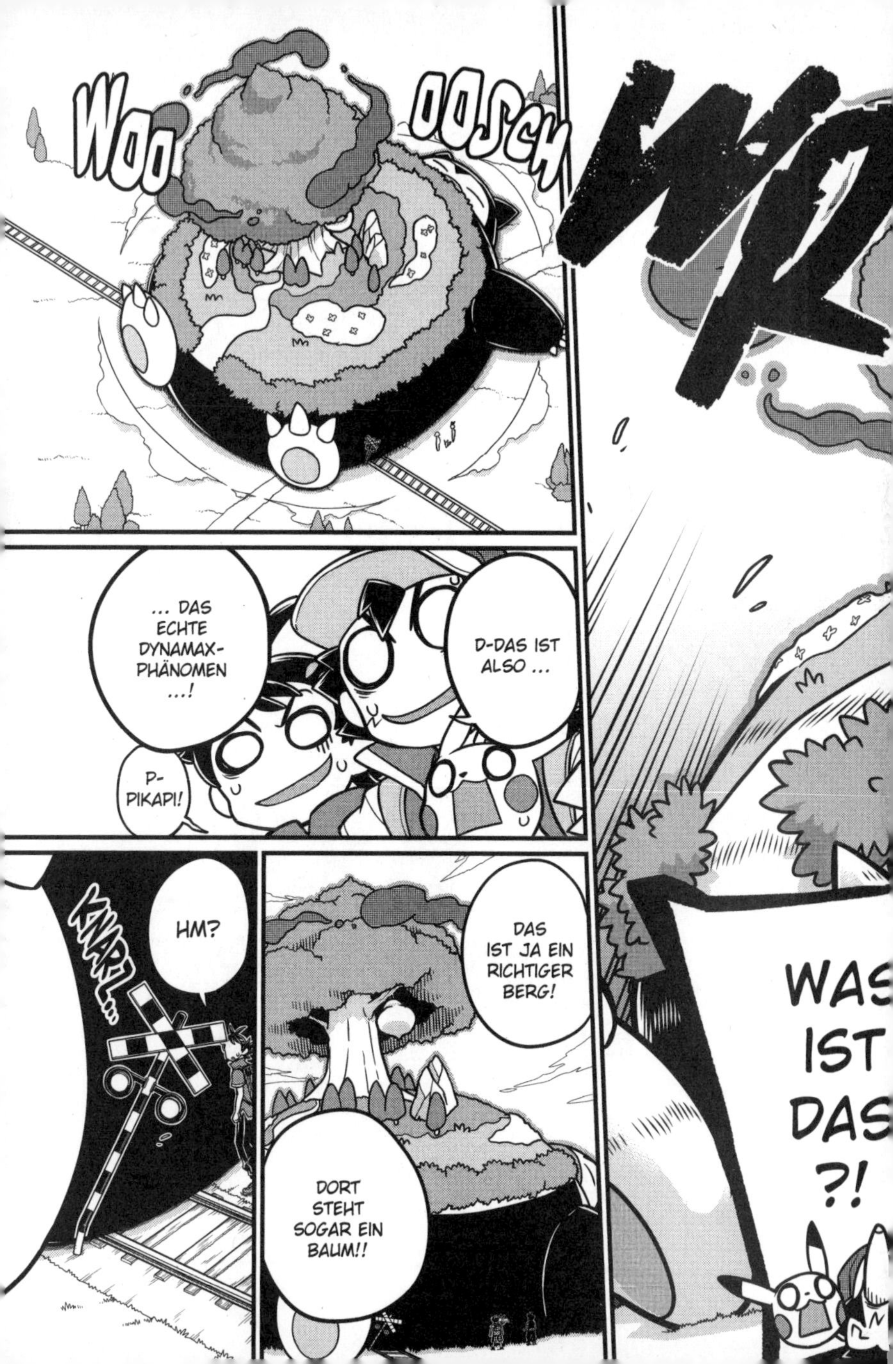
WAS IST DAS ?!
WOOOSCH
D-DAS IST ALSO …
… DAS ECHTE DYNAMAX-PHÄNOMEN …!
P-PIKAPI!
DAS IST JA EIN RICHTIGER BERG!
DORT STEHT SOGAR EIN BAUM!!
HM?

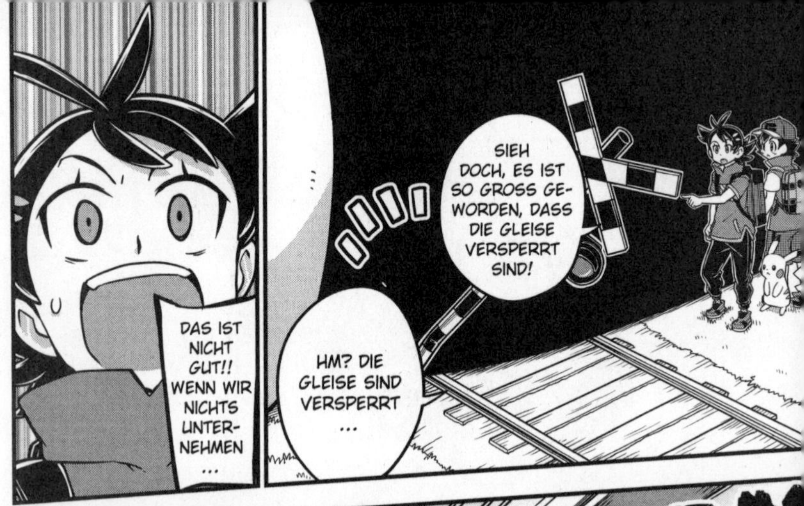
SIEH DOCH, ES IST SO GROSS GEWORDEN, DASS DIE GLEISE VERSPERRT SIND!
!!!!!
HM? DIE GLEISE SIND VERSPERRT ...
DAS IST NICHT GUT!! WENN WIR NICHTS UNTERNEHMEN ...

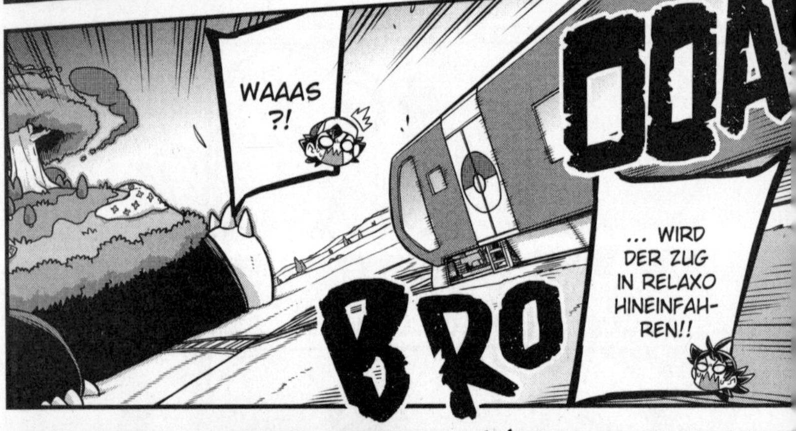
DOA
BRO
... WIRD DER ZUG IN RELAXO HINEINFAHREN!!
WAAAS ?!

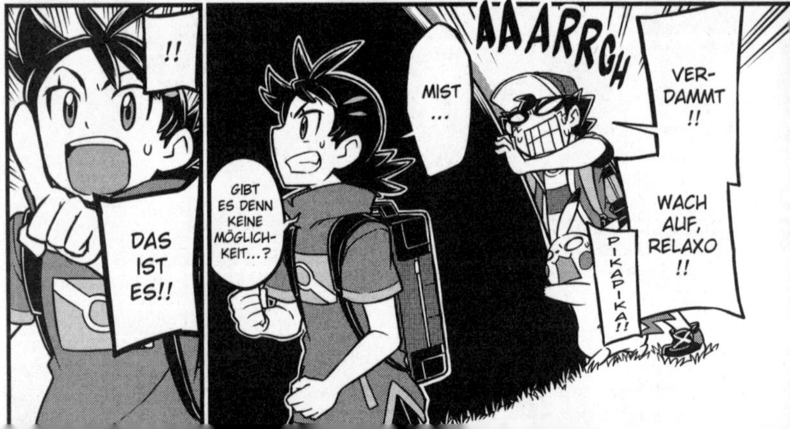
AAARRGH
VERDAMMT !!
WACH AUF, RELAXO !!
PIKAPIKA!!
MIST ...
GIBT ES DENN KEINE MÖGLICHKEIT...?
!!
DAS IST ES!!

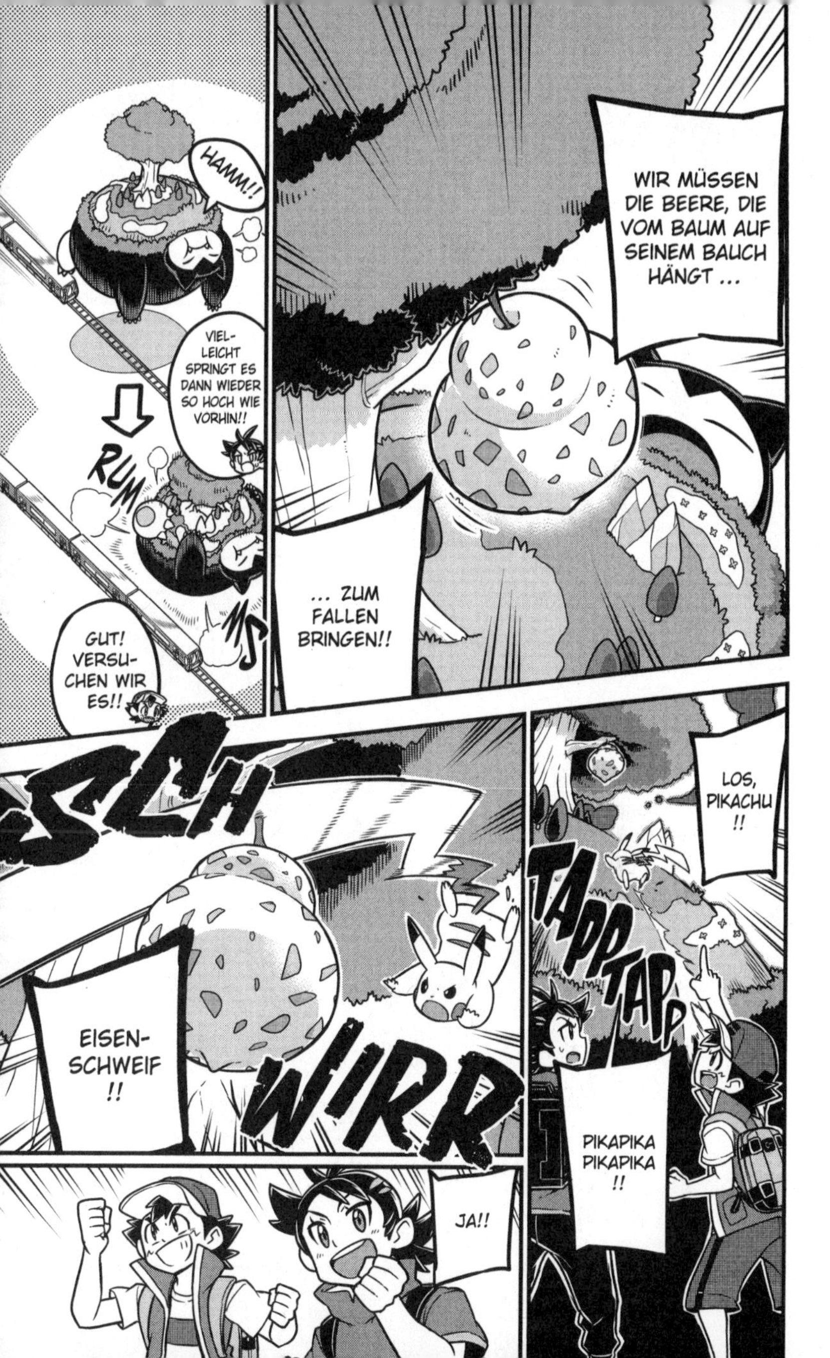
WIR MÜSSEN DIE BEERE, DIE VOM BAUM AUF SEINEM BAUCH HÄNGT …
… ZUM FALLEN BRINGEN!!
HAMM!!
VIEL-LEICHT SPRINGT ES DANN WIEDER SO HOCH WIE VORHIN!!
RUM
MS
GUT! VERSUCHEN WIR ES!!
LOS, PIKACHU!!
TAPP TAPP
PIKAPIKA PIKAPIKA!!
WIRR
EISEN-SCHWEIF!!
JA!!

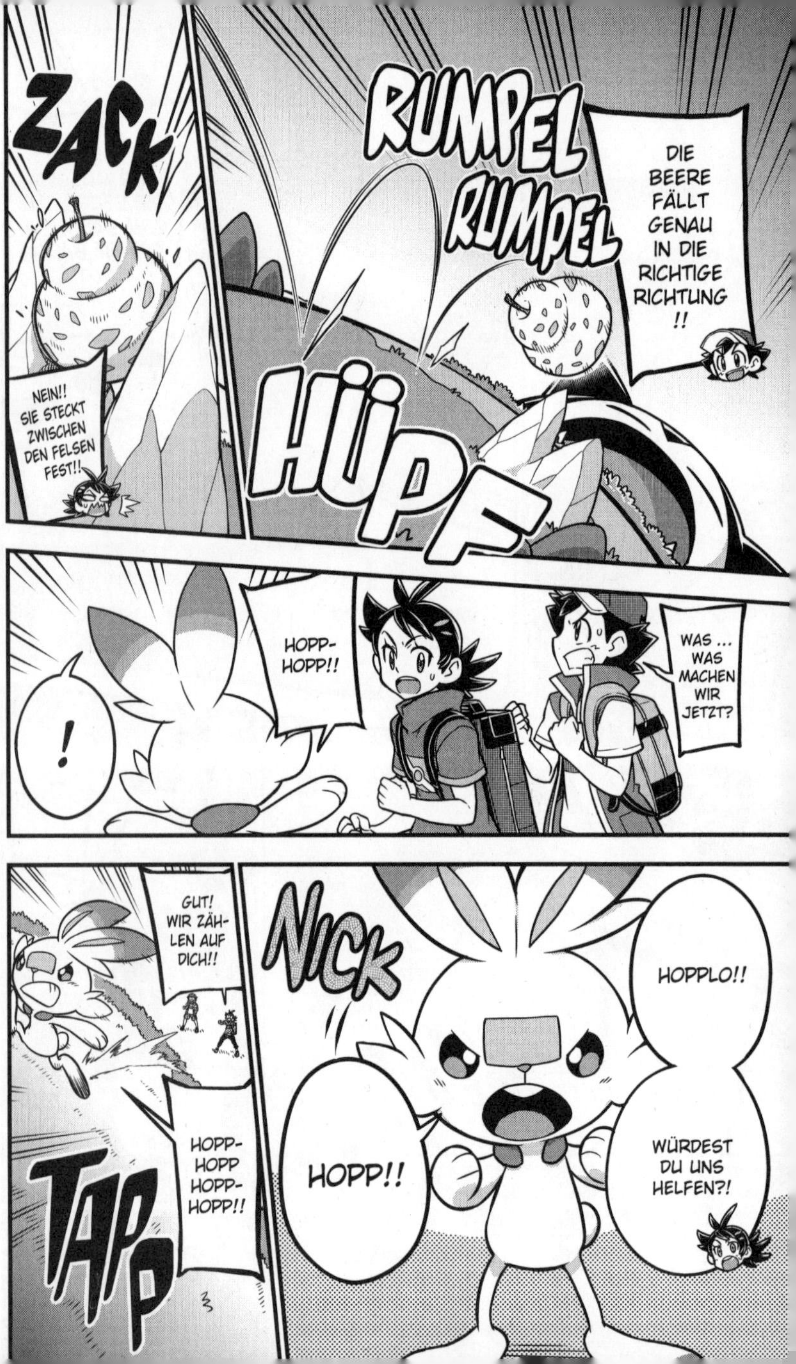

RUMPEL RUMPEL
DIE BEERE FÄLLT GENAU IN DIE RICHTIGE RICHTUNG!!
HÜPF
ZACK
NEIN!! SIE STECKT ZWISCHEN DEN FELSEN FEST!!
WAS ... WAS MACHEN WIR JETZT?
HOPP-HOPP!!
!

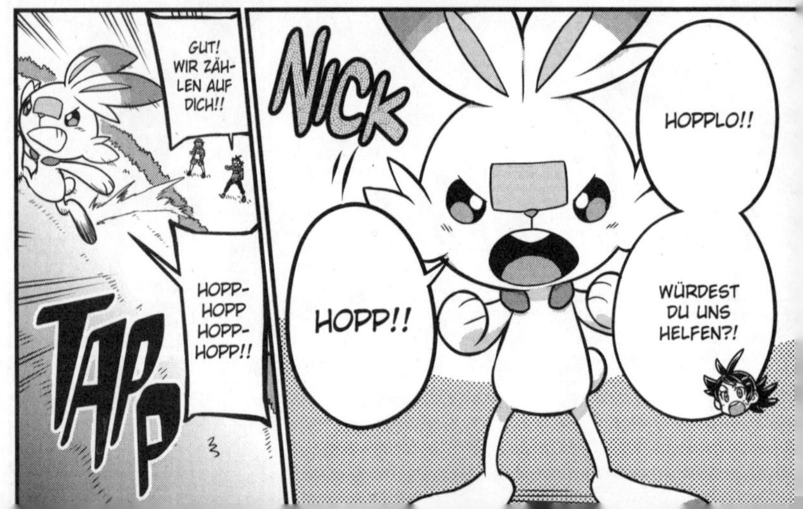

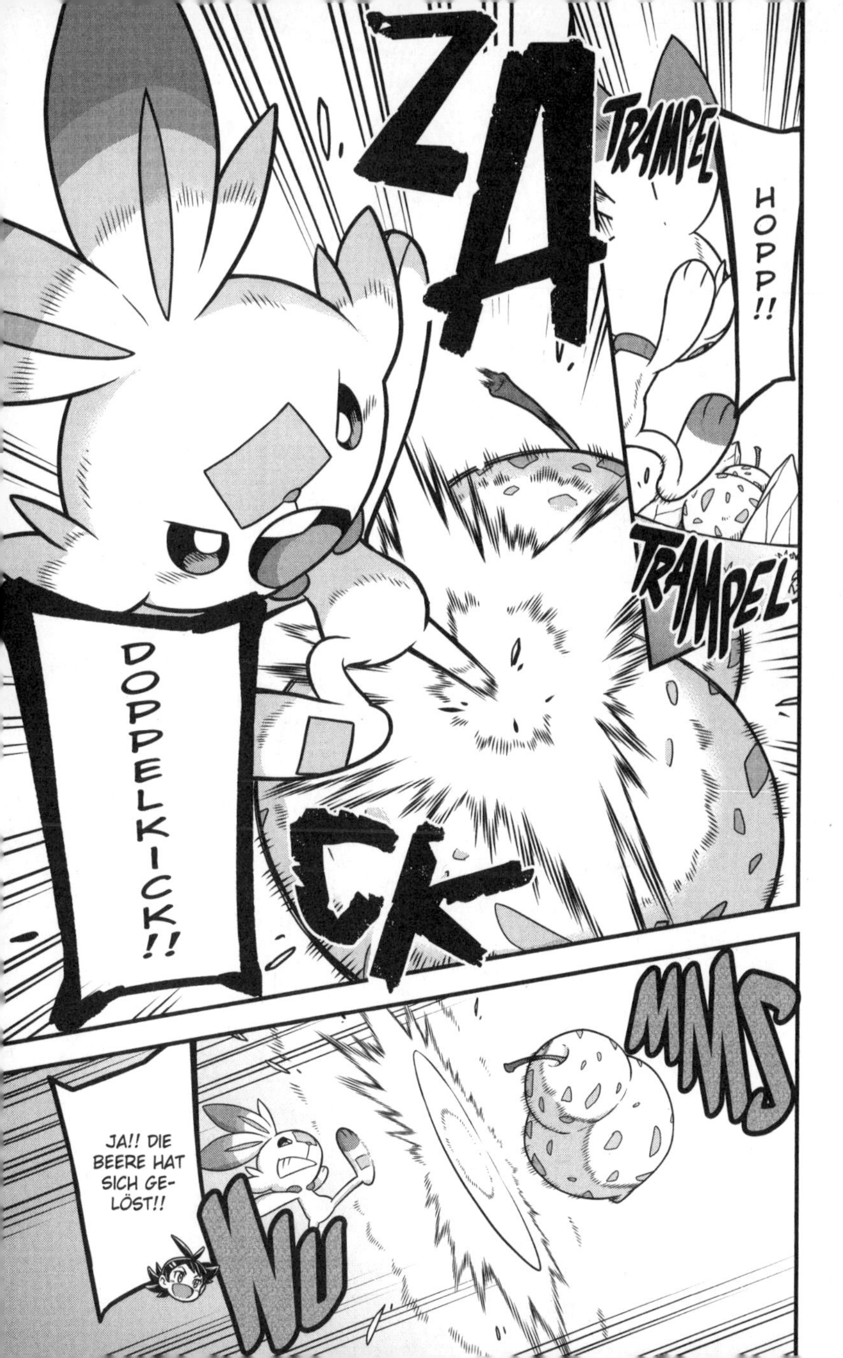

TRAMPEL
HOPP!!
ZA
TRAMPEL
DOPPELKICK!!
CK
MMS
JA!! DIE BEERE HAT SICH GE-LÖST!!
WU

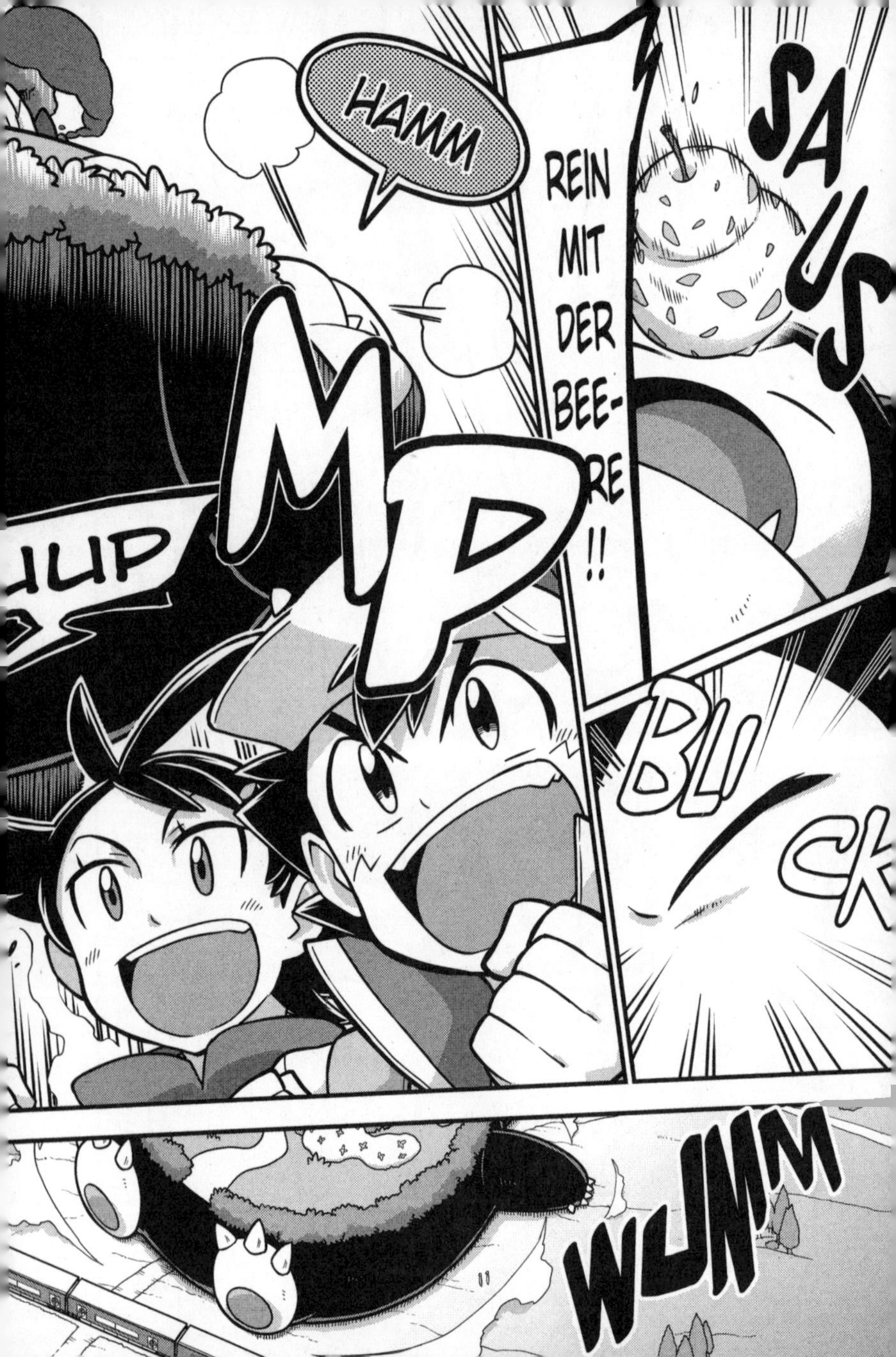
SAUS
REIN MIT DER BEE-RE!!
HAMM
MP
HUP
BLUCK
WUMM

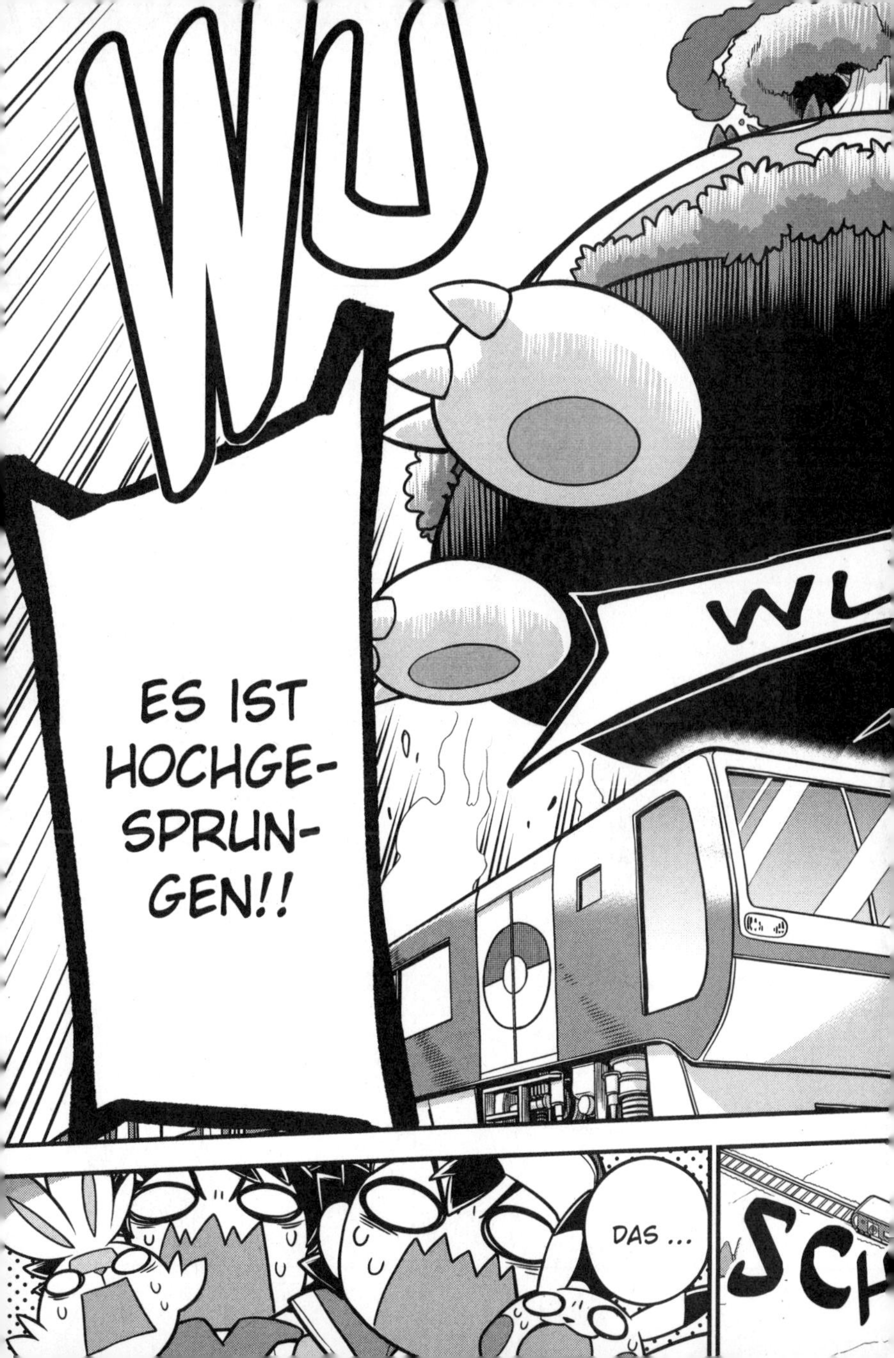

WU
ES IST HOCHGE- SPRUN- GEN!!
DAS ...

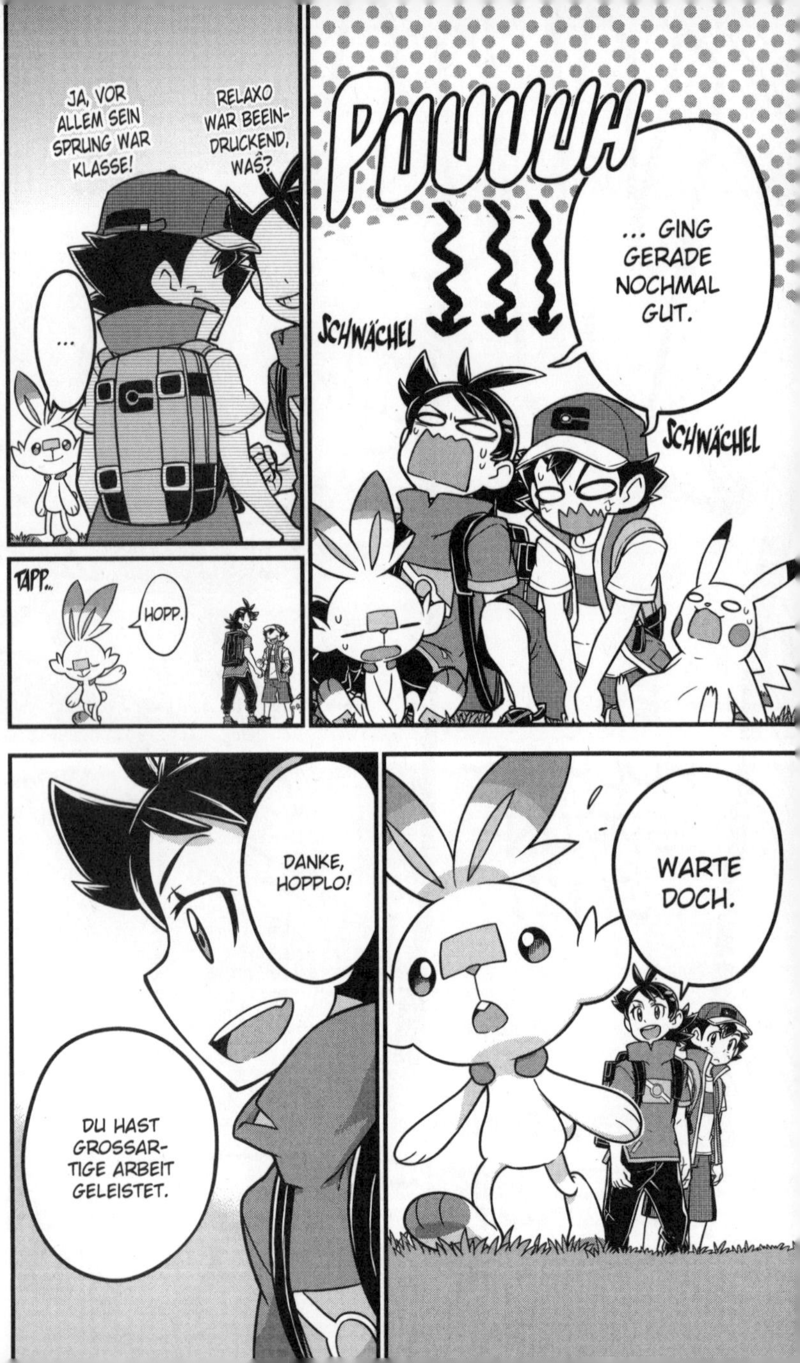

PUUUUH

... GING GERADE NOCHMAL GUT.

SCHWÄCHEL

SCHWÄCHEL

RELAXO WAR BEEIN-DRUCKEND, WAS?

JA, VOR ALLEM SEIN SPRUNG WAR KLASSE!

...

HOPP.

TAPP...

WARTE DOCH.

DANKE, HOPPLO!

DU HAST GROSSAR-TIGE ARBEIT GELEISTET.

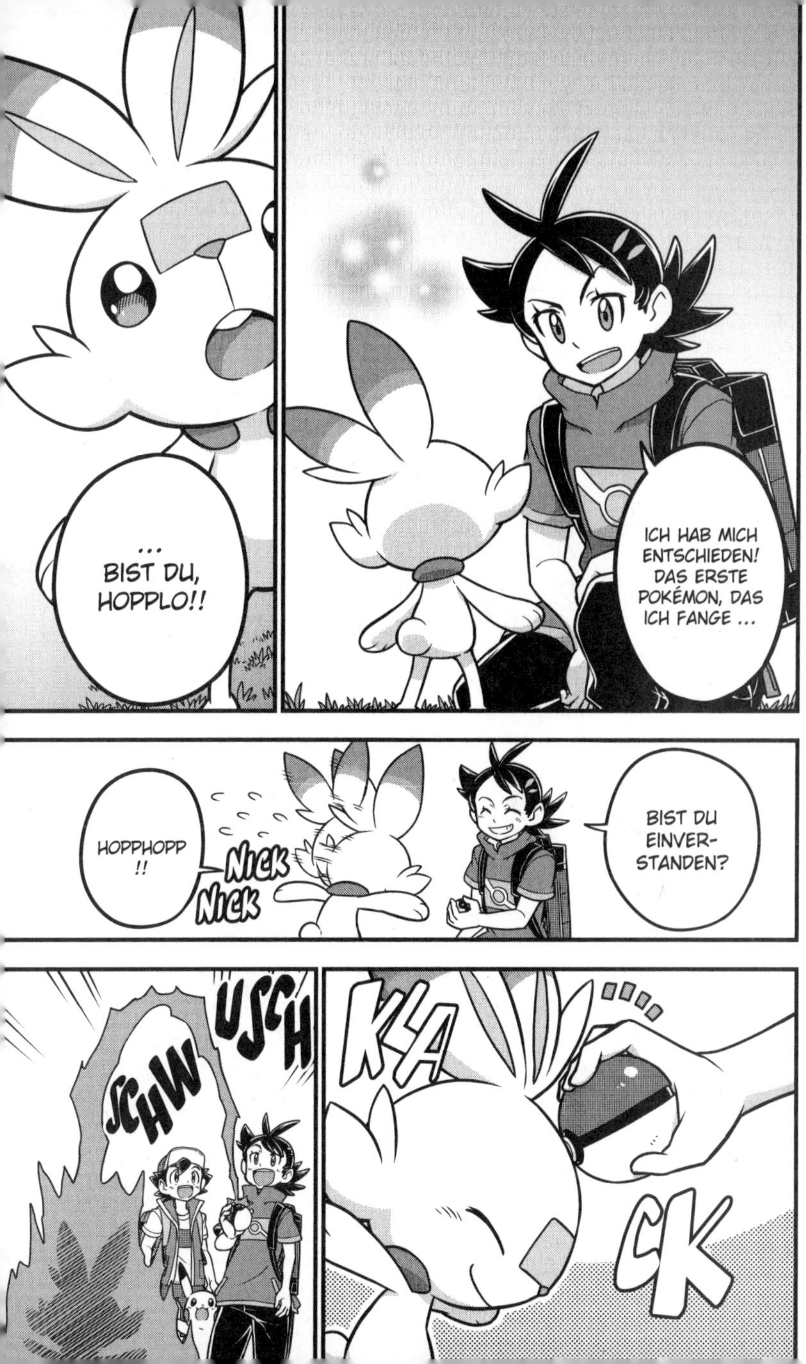

ICH HAB MICH ENTSCHIEDEN! DAS ERSTE POKÉMON, DAS ICH FANGE ...

... BIST DU, HOPPLO!!

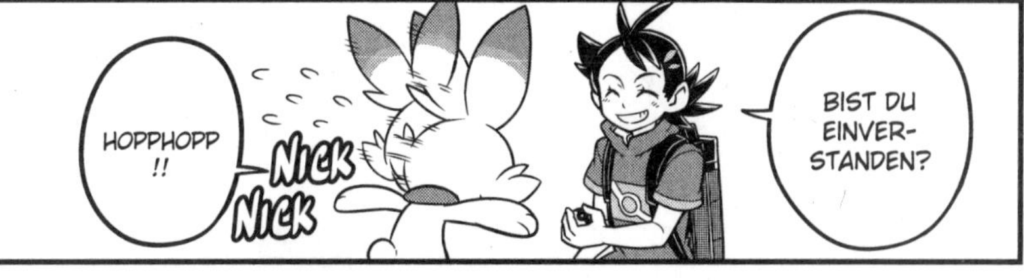

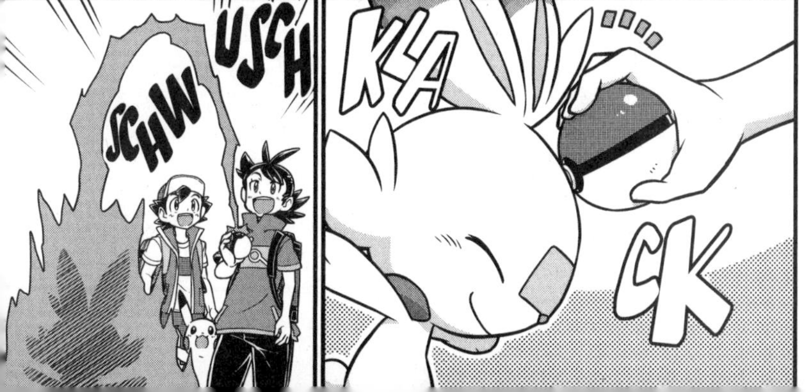

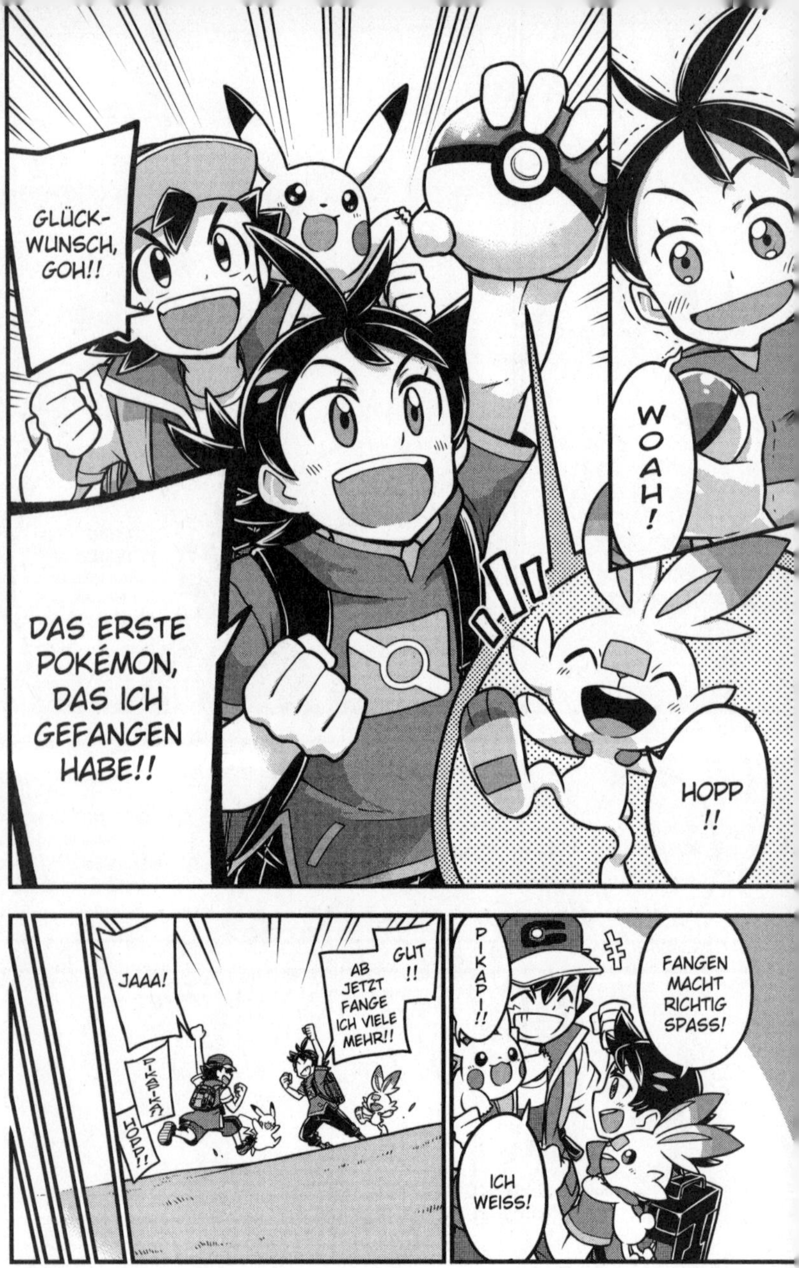

WOAH!

GLÜCK-WUNSCH, GOH!!

DAS ERSTE POKÉMON, DAS ICH GEFANGEN HABE!!

HOPP!!

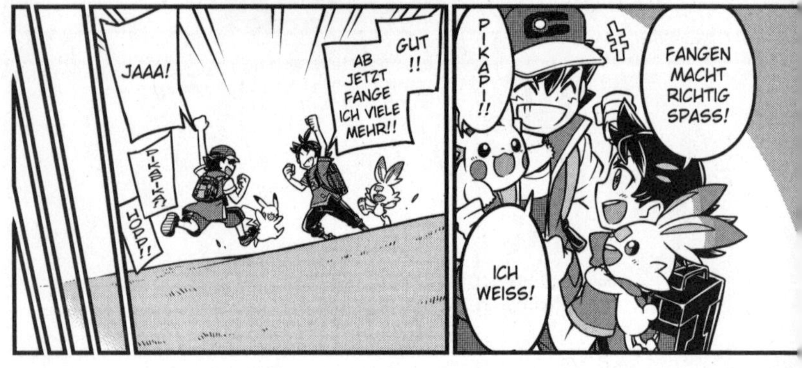

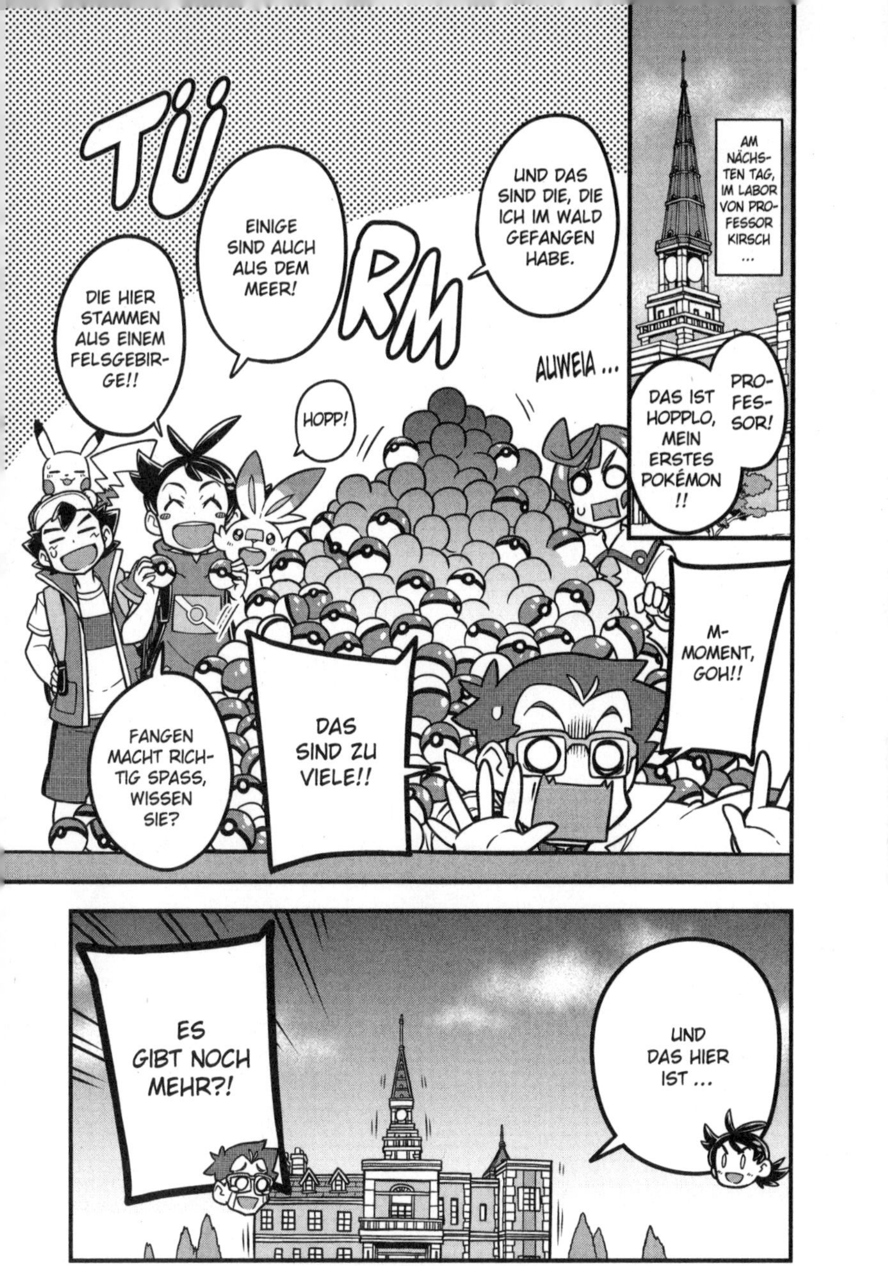

AM NÄCHSTEN TAG, IM LABOR VON PROFESSOR KIRSCH …
PROFESSOR!
DAS IST HOPPLO, MEIN ERSTES POKÉMON!!
M-MOMENT, GOH!!
UND DAS SIND DIE, DIE ICH IM WALD GEFANGEN HABE.
AUWEIA …
TÜRM
EINIGE SIND AUCH AUS DEM MEER!
HOPP!
DIE HIER STAMMEN AUS EINEM FELSGEBIRGE!!
DAS SIND ZU VIELE!!
FANGEN MACHT RICHTIG SPASS, WISSEN SIE?

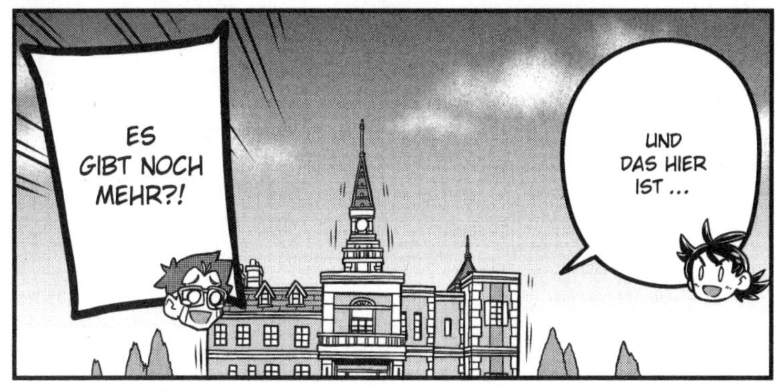

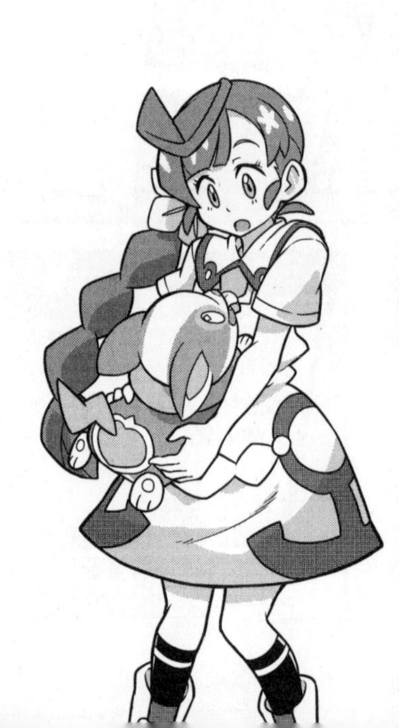

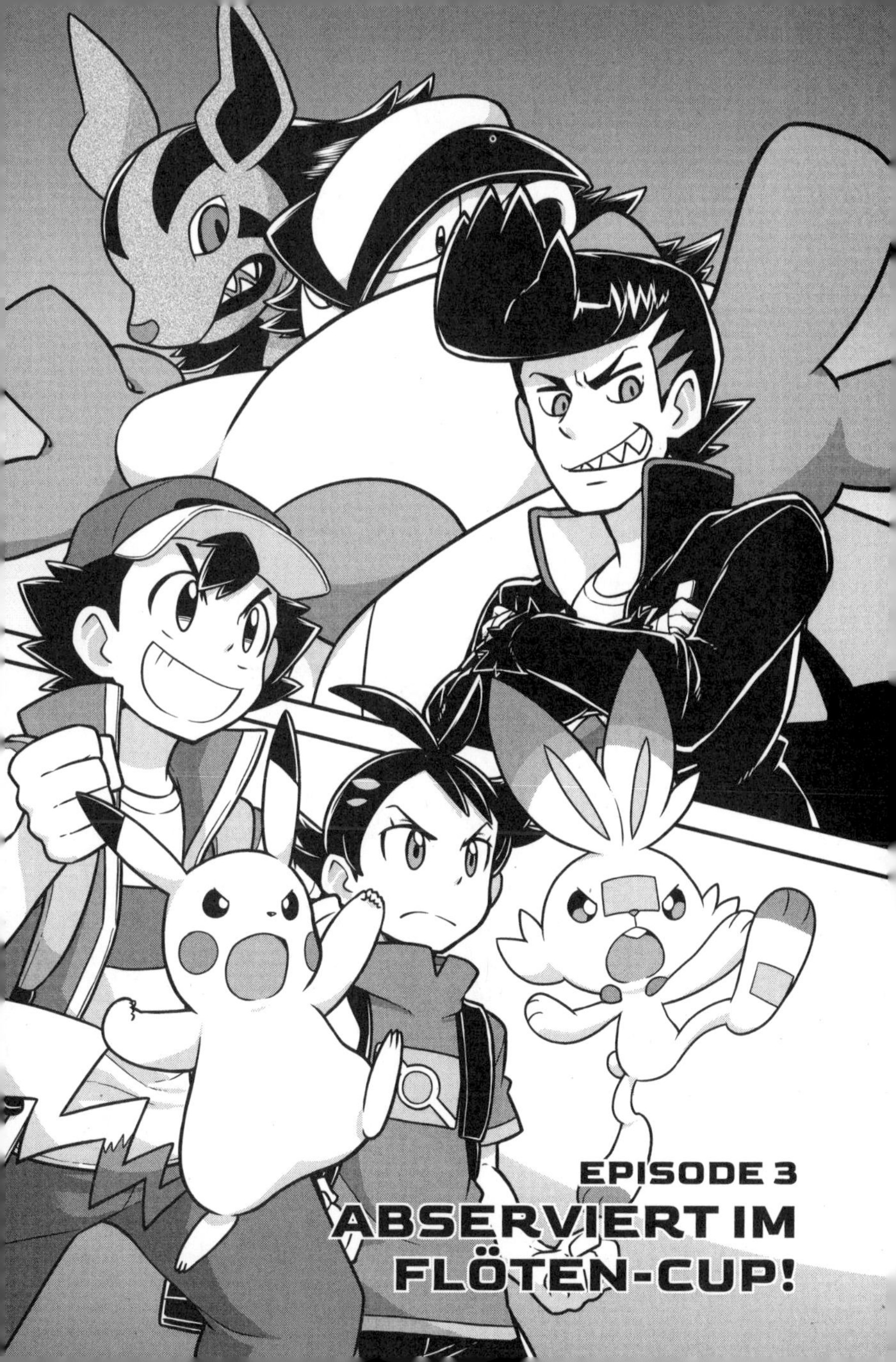
EPISODE 3
ABSERVIERT IM FLÖTEN-CUP!

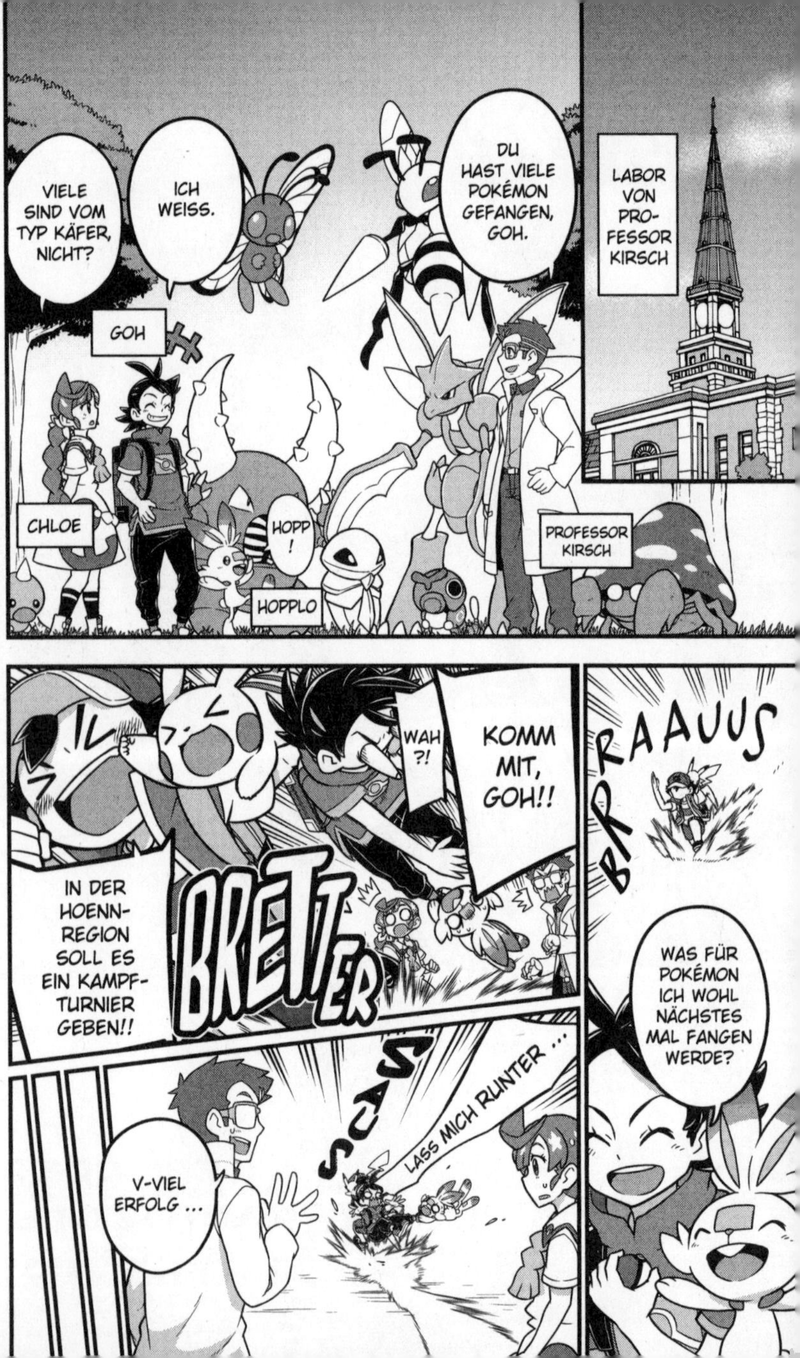

LABOR VON PROFESSOR KIRSCH

DU HAST VIELE POKÉMON GEFANGEN, GOH.

ICH WEISS.

VIELE SIND VOM TYP KÄFER, NICHT?

PROFESSOR KIRSCH

GOH

CHLOE

HOPP!

HOPPLO

BRRAAUUS

KOMM MIT, GOH!!

WAH?!

IN DER HOENN-REGION SOLL ES EIN KAMPFTURNIER GEBEN!!

BRETTER

WAS FÜR POKÉMON ICH WOHL NÄCHSTES MAL FANGEN WERDE?

SCAS

LASS MICH RUNTER …

V-VIEL ERFOLG …

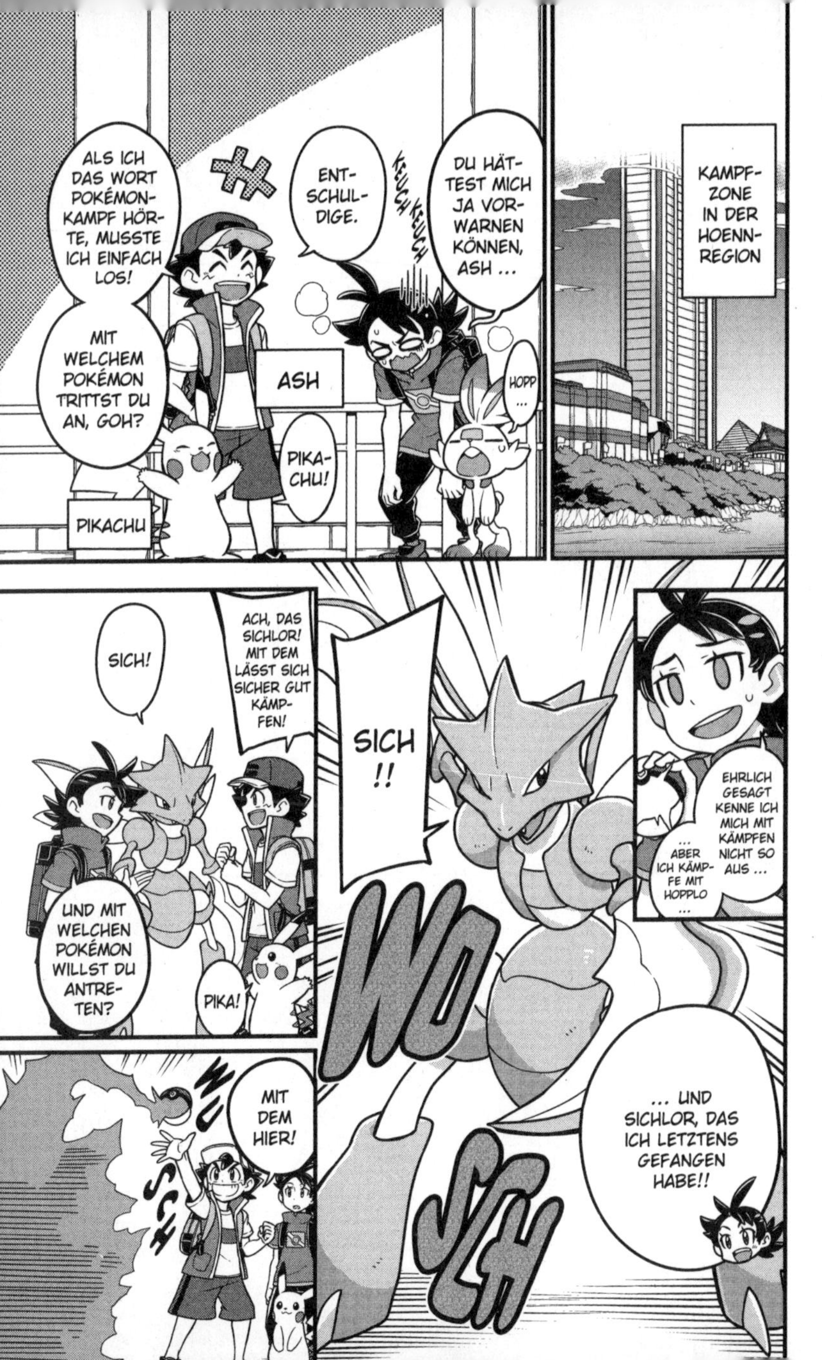
KAMPFZONE IN DER HOENN-REGION
DU HÄTTEST MICH JA VORWARNEN KÖNNEN, ASH …
KEUCH KEUCH
ENTSCHULDIGE.
ALS ICH DAS WORT POKÉMON-KAMPF HÖRTE, MUSSTE ICH EINFACH LOS!
MIT WELCHEM POKÉMON TRITTST DU AN, GOH?
HOPP …
PIKA-CHU!
ASH
PIKACHU
EHRLICH GESAGT KENNE ICH MICH MIT KÄMPFEN NICHT SO AUS …
… ABER ICH KÄMPFE MIT HOPPLO …
… UND SICHLOR, DAS ICH LETZTENS GEFANGEN HABE!!
SICH !!
WO
SCH
ACH, DAS SICHLOR! MIT DEM LÄSST SICH SICHER GUT KÄMPFEN!
SICH!
UND MIT WELCHEN POKÉMON WILLST DU ANTRETEN?
PIKA!
MIT DEM HIER!
WU
SCH

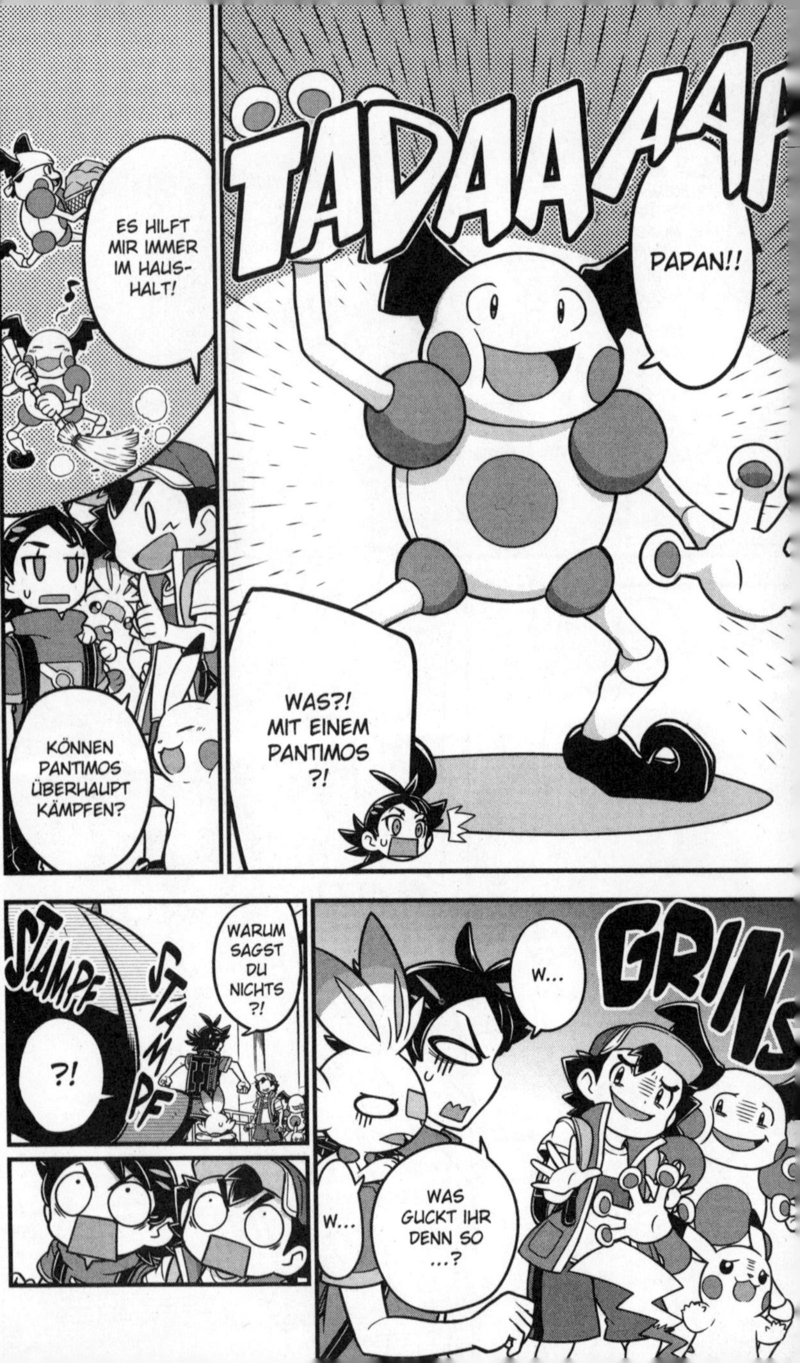

TADAAAA
PAPAN!!
WAS?! MIT EINEM PANTIMOS ?!
ES HILFT MIR IMMER IM HAUS-HALT!
KÖNNEN PANTIMOS ÜBERHAUPT KÄMPFEN?

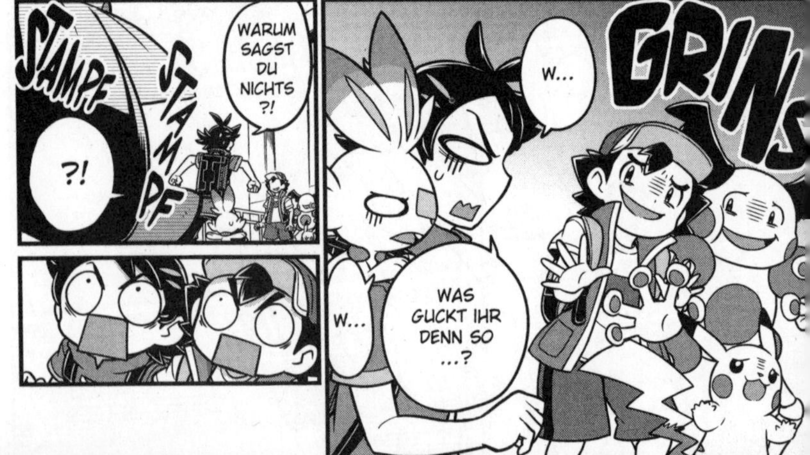

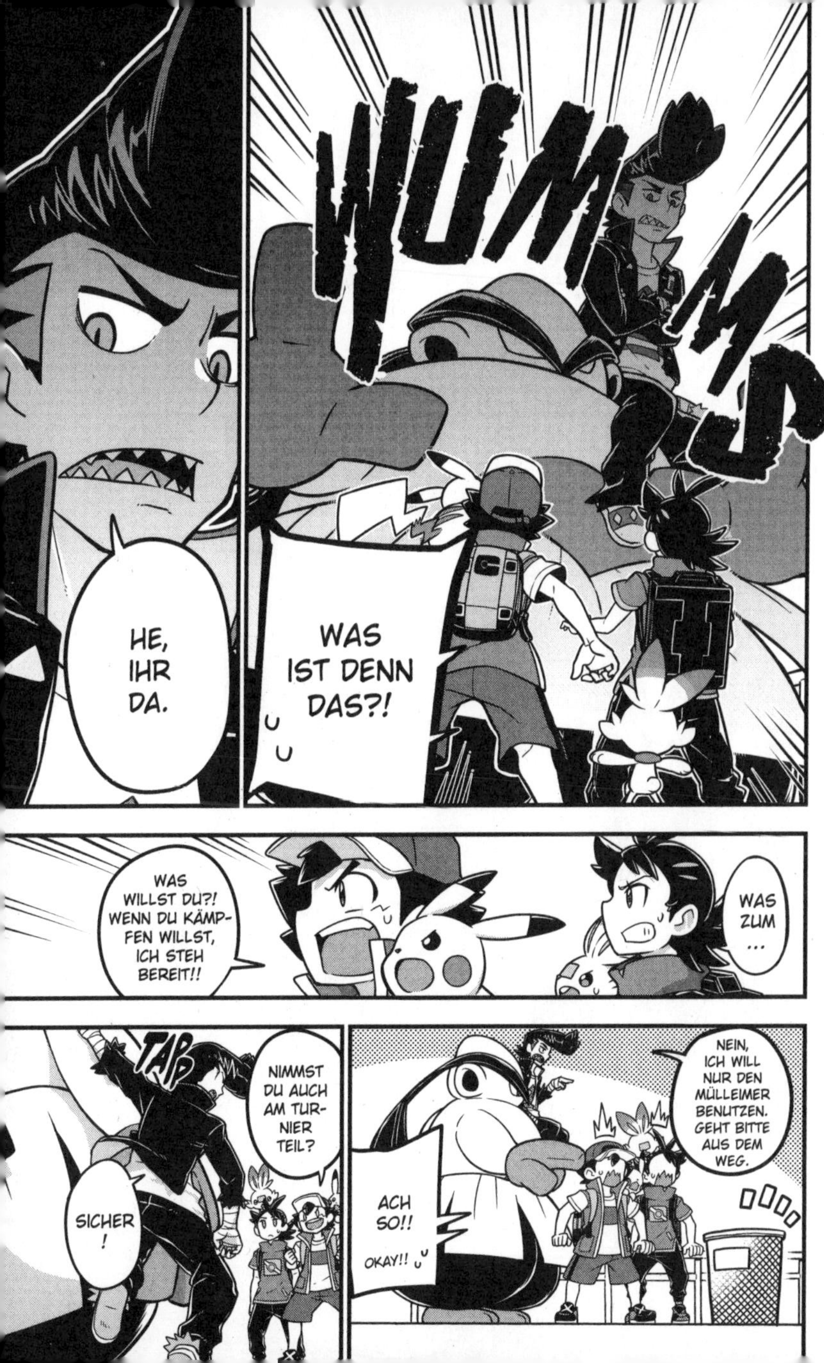

WUMMS

WAS IST DENN DAS?!

HE, IHR DA.

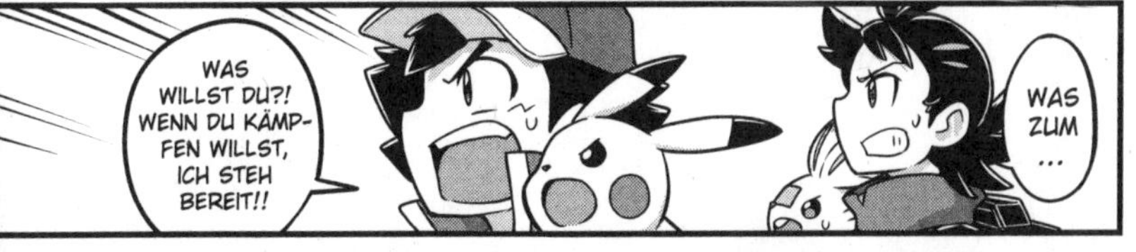

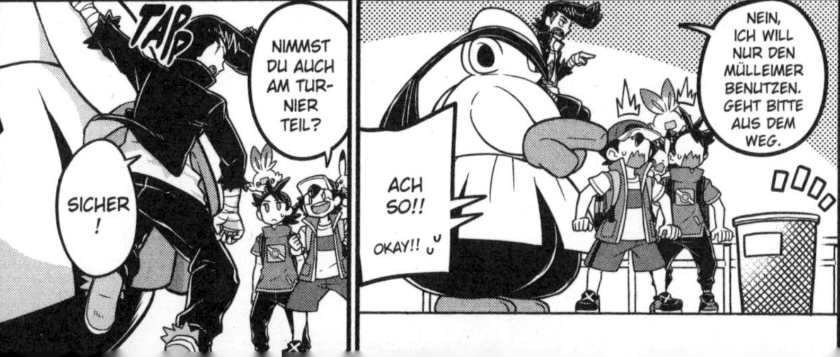

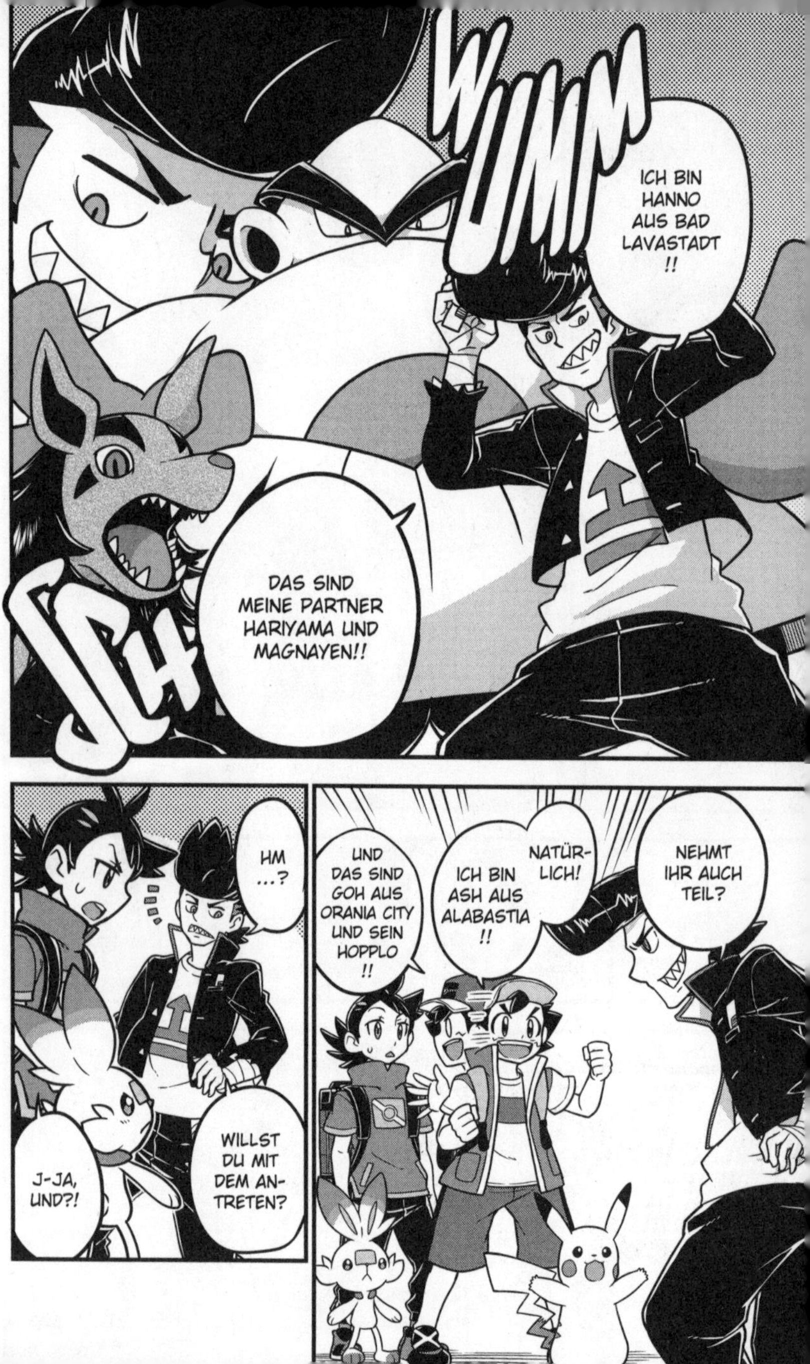

WUMM
ICH BIN HANNO AUS BAD LAVASTADT!!
DAS SIND MEINE PARTNER HARIYAMA UND MAGNAYEN!!
SCH

NEHMT IHR AUCH TEIL?
NATÜRLICH!
ICH BIN ASH AUS ALABASTIA!!
UND DAS SIND GOH AUS ORANIA CITY UND SEIN HOPPLO!!

HM ...?
WILLST DU MIT DEM ANTRETEN?
J-JA, UND?!

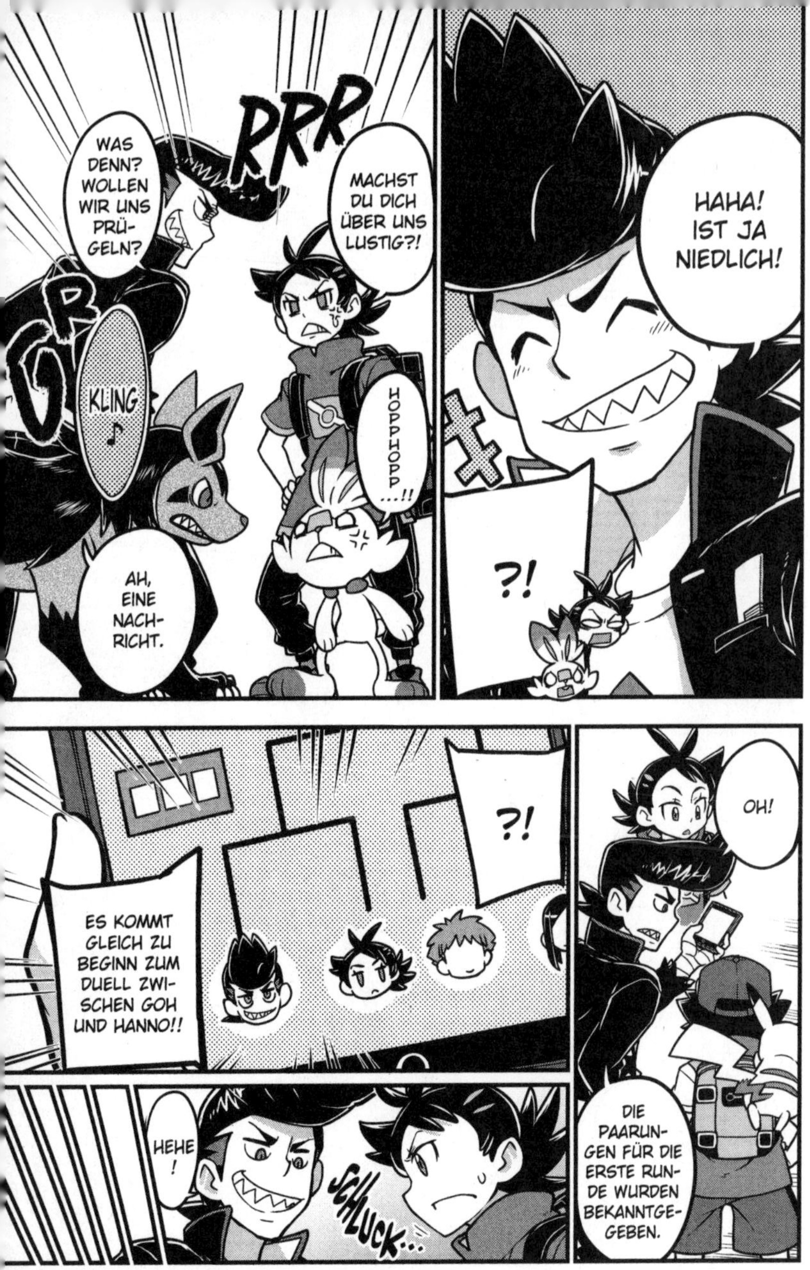

HAHA! IST JA NIEDLICH!
?!
MACHST DU DICH ÜBER UNS LUSTIG?!
RRR
WAS DENN? WOLLEN WIR UNS PRÜ-GELN?
HOPPHOPP ...!!
GR
KLING ♪
AH, EINE NACH-RICHT.
OH!
DIE PAARUN-GEN FÜR DIE ERSTE RUN-DE WURDEN BEKANNTGE-GEBEN.
?!
ES KOMMT GLEICH ZU BEGINN ZUM DUELL ZWI-SCHEN GOH UND HANNO!!
SCHLUCK ...
HEHE !

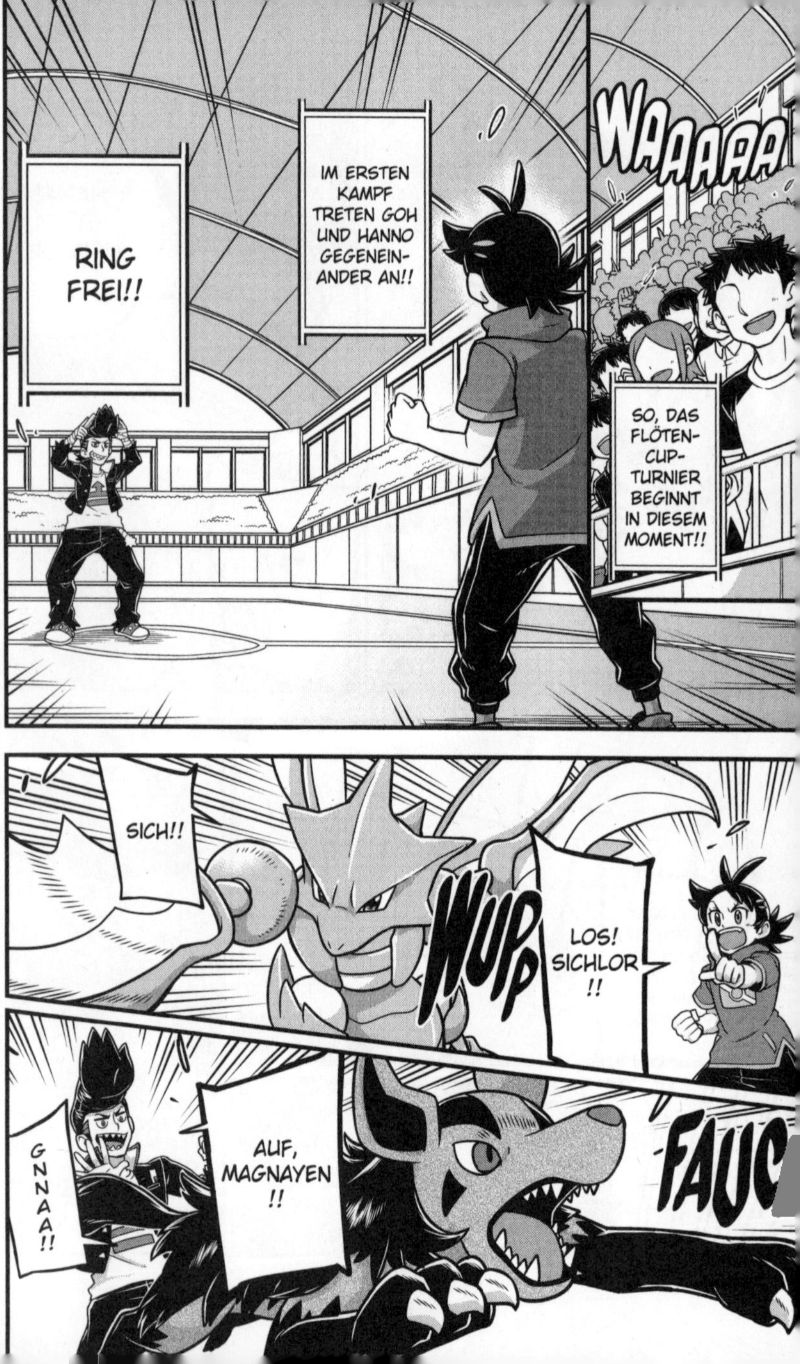

WAAAAA

SO, DAS FLÖTEN-CUP-TURNIER BEGINNT IN DIESEM MOMENT!!

IM ERSTEN KAMPF TRETEN GOH UND HANNO GEGENEINANDER AN!!

RING FREI!!

LOS! SICHLOR!!

WUPP

SICH!!

FAUC

AUF, MAGNAYEN!!

GNNAA!!

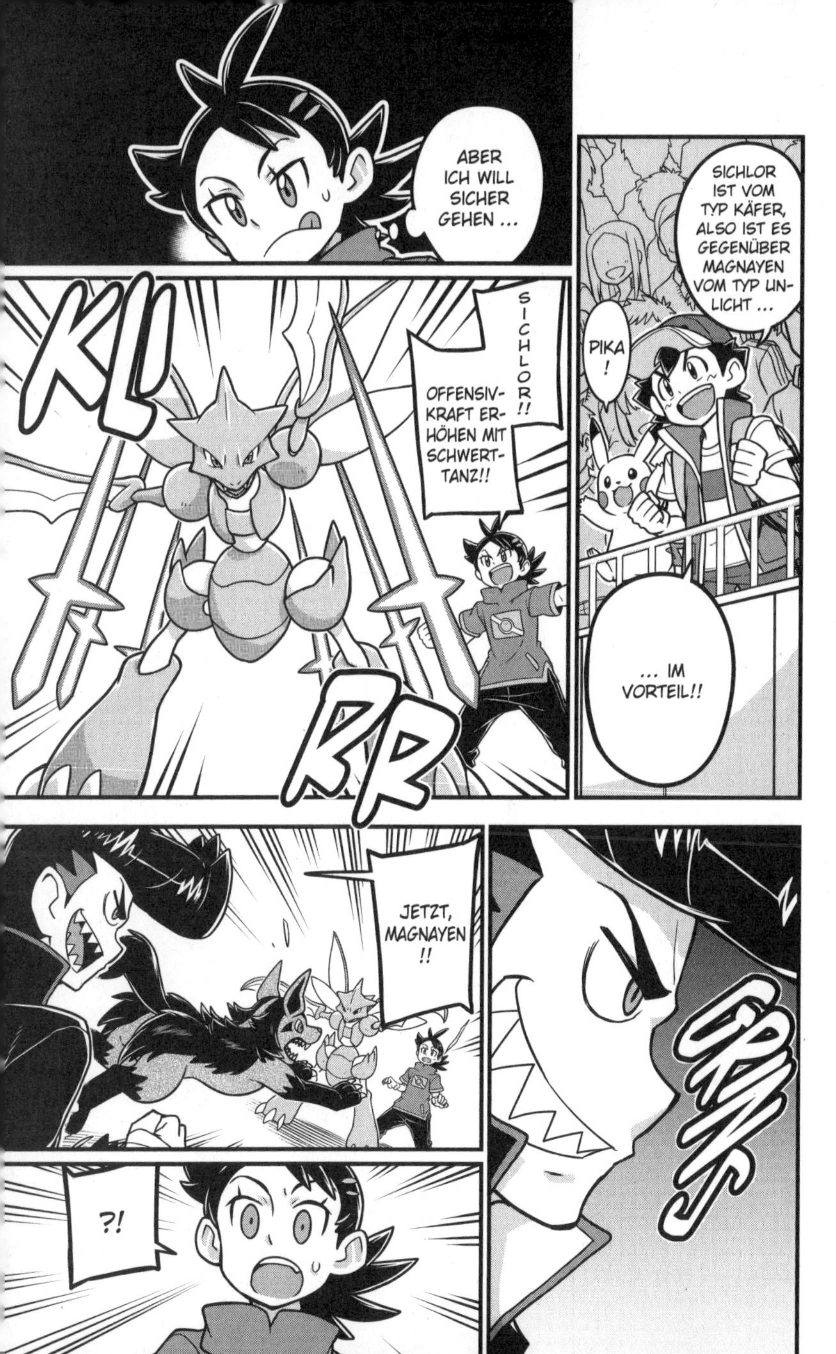

ABER ICH WILL SICHER GEHEN …
SICHLOR!!
OFFENSIVKRAFT ERHÖHEN MIT SCHWERTTANZ!!
KLIRR
SICHLOR IST VOM TYP KÄFER, ALSO IST ES GEGENÜBER MAGNAYEN VOM TYP UNLICHT …
PIKA!
… IM VORTEIL!!
JETZT, MAGNAYEN!!
?!

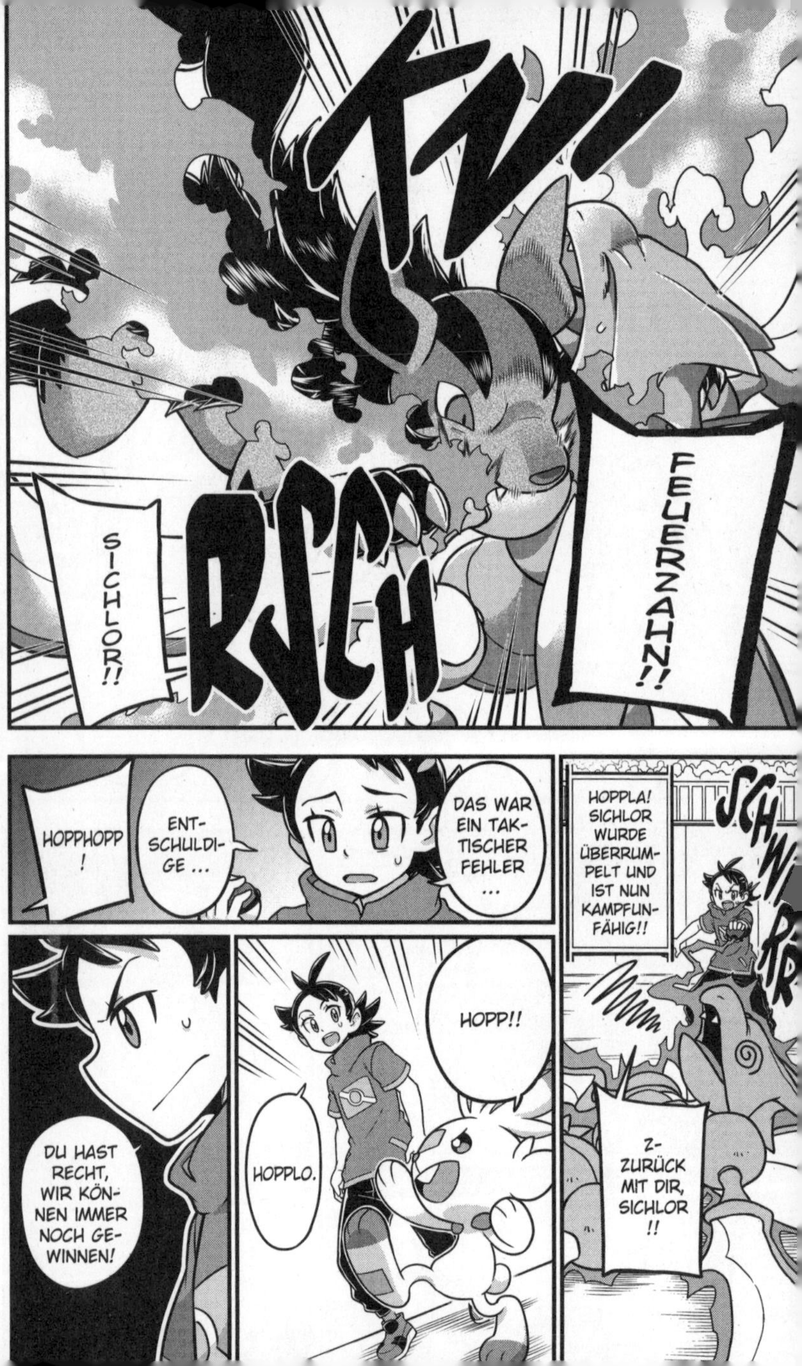

FEUERZAHN!!

SICHLOR!!

HOPPLA! SICHLOR WURDE ÜBERRUMPELT UND IST NUN KAMPFUNFÄHIG!!

DAS WAR EIN TAKTISCHER FEHLER …

ENT-SCHULDIGE …

HOPPHOPP!

Z-ZURÜCK MIT DIR, SICHLOR!!

HOPP!!

HOPPLO.

DU HAST RECHT, WIR KÖNNEN IMMER NOCH GEWINNEN!

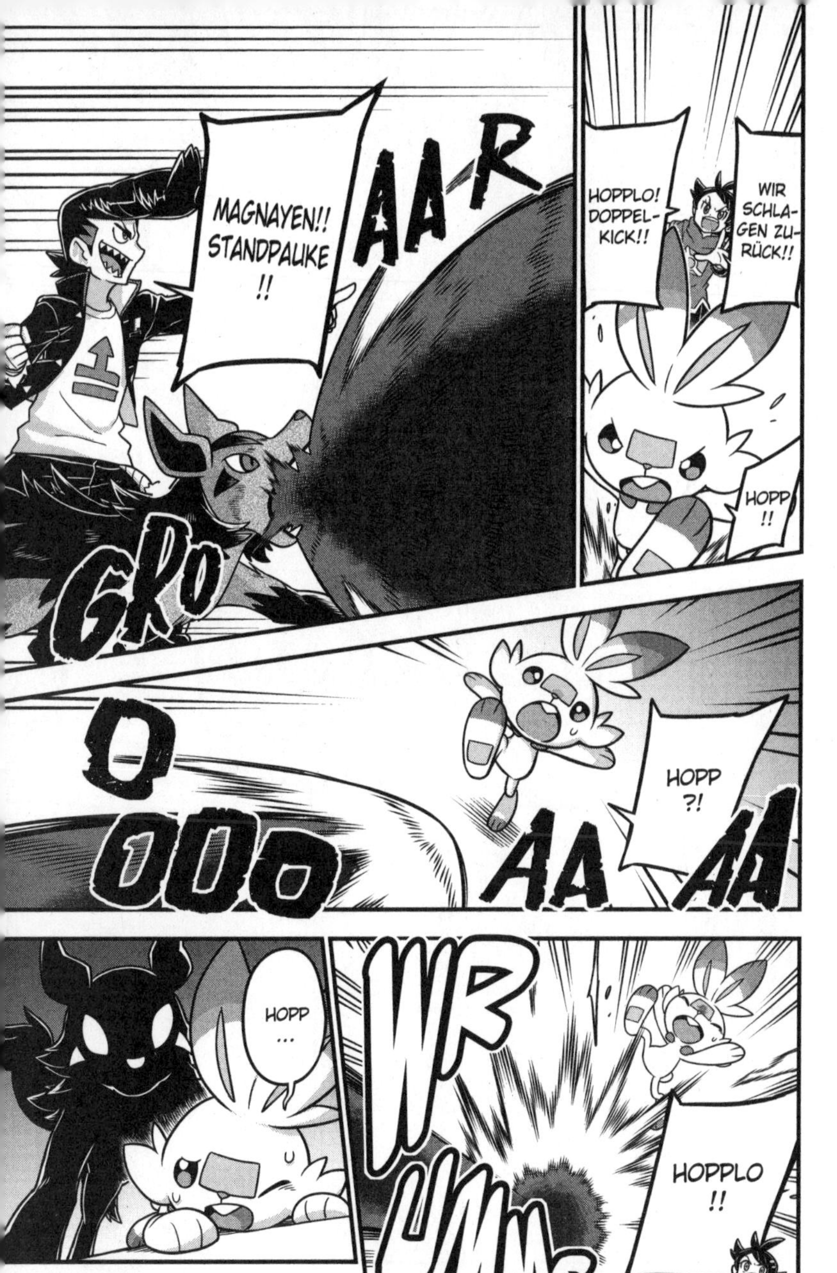

WIR SCHLA-GEN ZU-RÜCK!!
HOPPLO! DOPPEL-KICK!!
HOPP !!
MAGNAYEN!! STANDPAUKE !!
AA-R
GRO
O
OOO
HOPP ?!
AA
AA
HOPPLO !!
WR
UMMS
HOPP ...

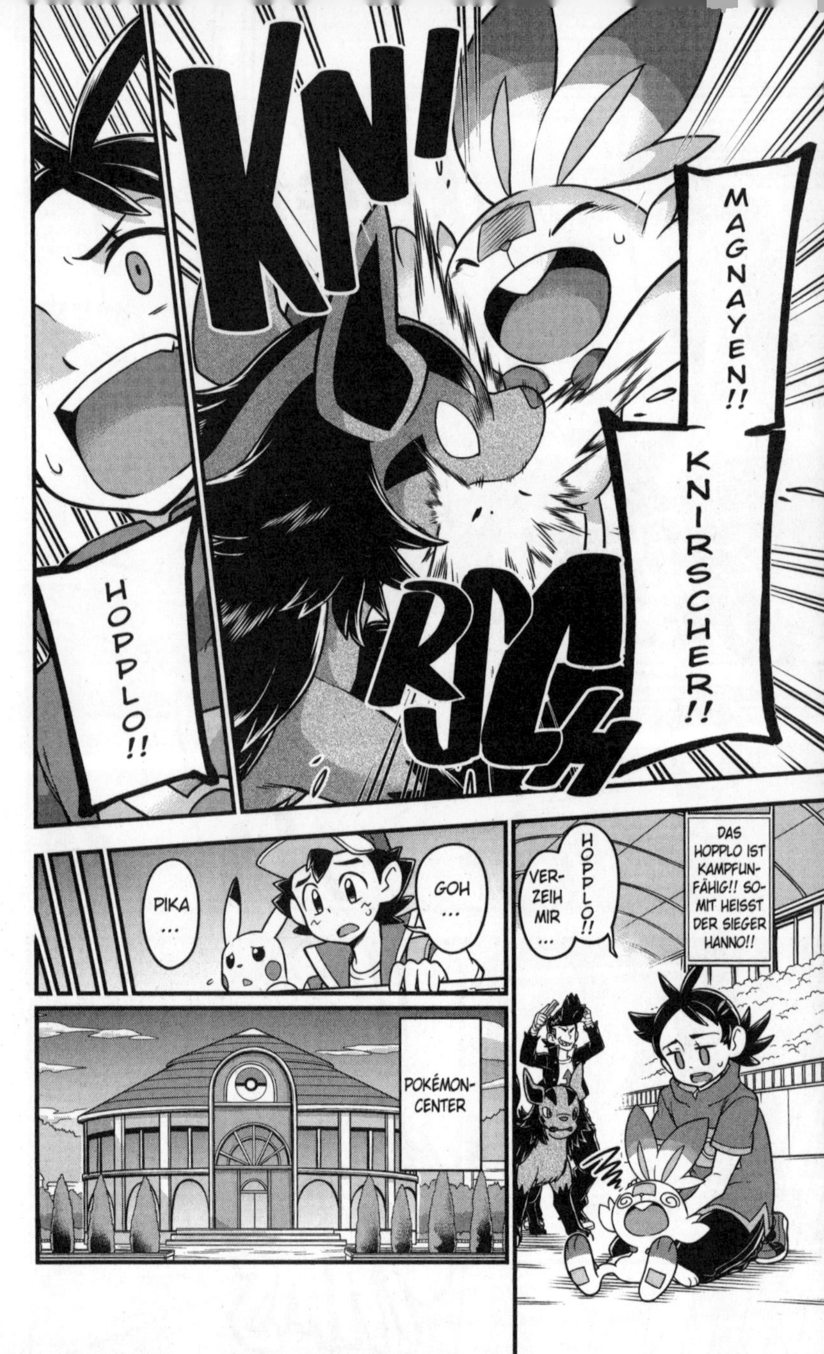
MAGNAYEN!!
KNIRSCHER!!
HOPPLO!!
DAS HOPPLO IST KAMPFUN-FÄHIG!! SO-MIT HEISST DER SIEGER HANNO!!
HOPPLO!!
VER-ZEIH MIR ...
GOH ...
PIKA ...
POKÉMON-CENTER

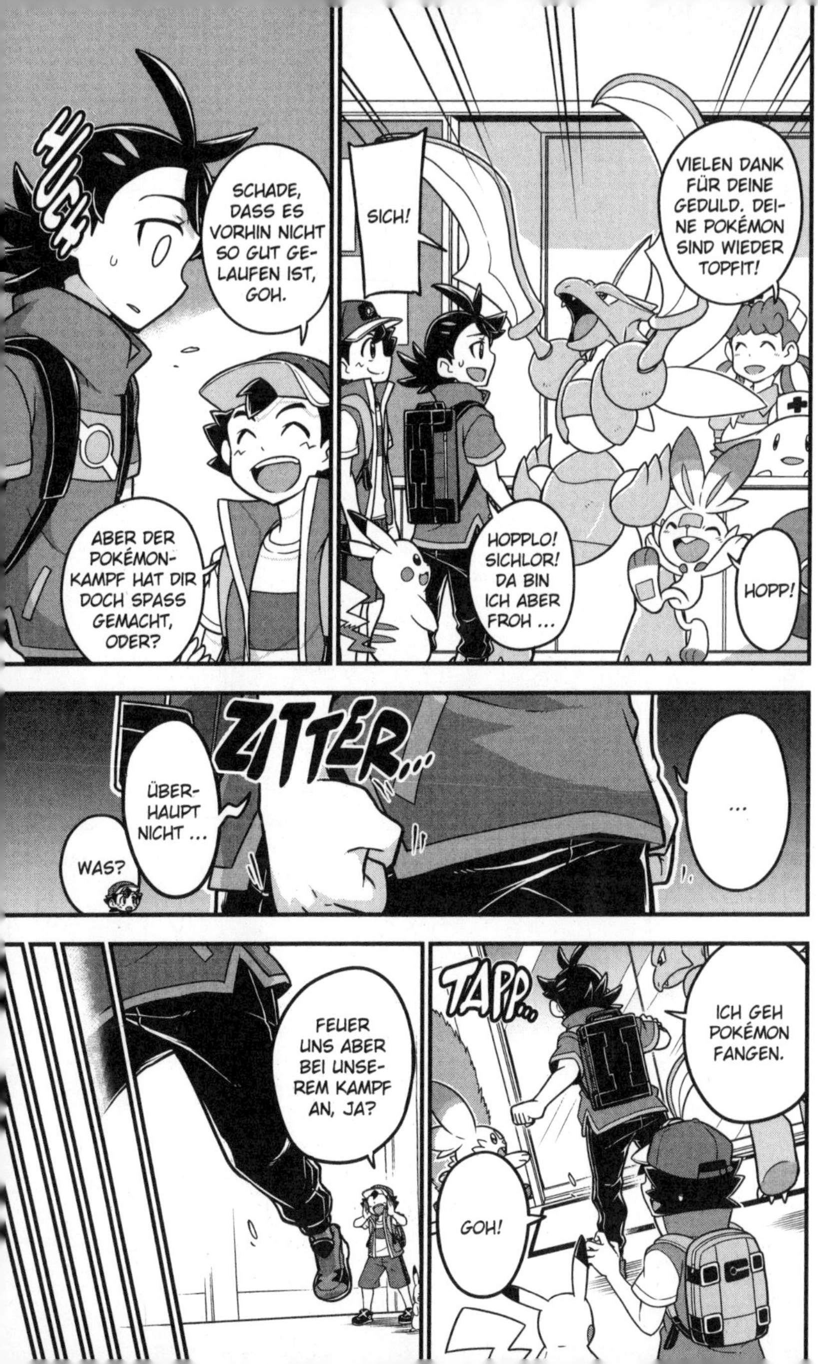

VIELEN DANK FÜR DEINE GEDULD. DEINE POKÉMON SIND WIEDER TOPFIT!
SICH!
HOPP!
HOPPLO! SICHLOR! DA BIN ICH ABER FROH …
HUCH
SCHADE, DASS ES VORHIN NICHT SO GUT GELAUFEN IST, GOH.
ABER DER POKÉMON-KAMPF HAT DIR DOCH SPASS GEMACHT, ODER?

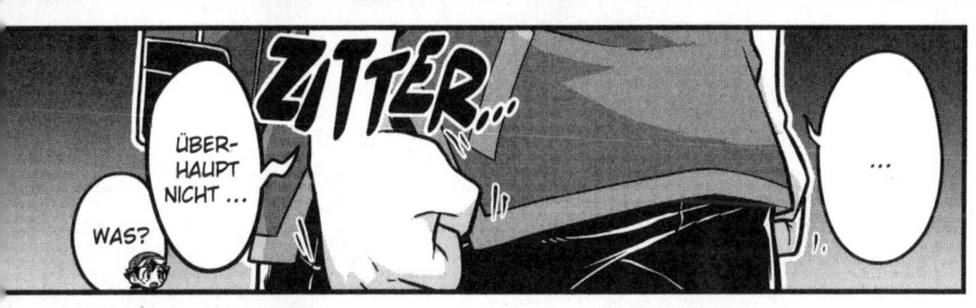

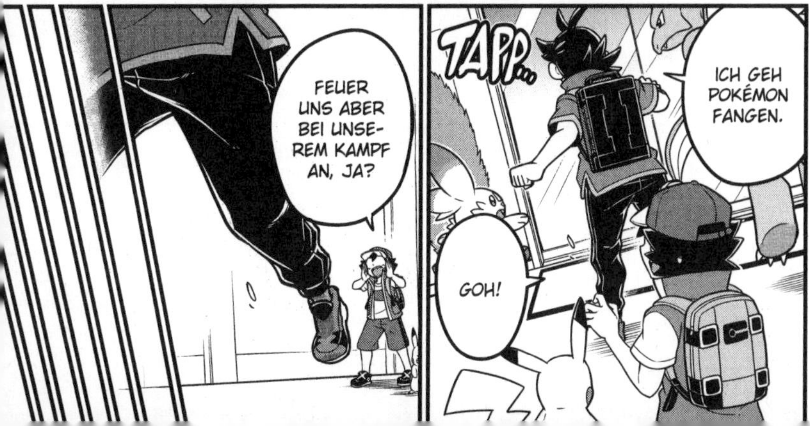

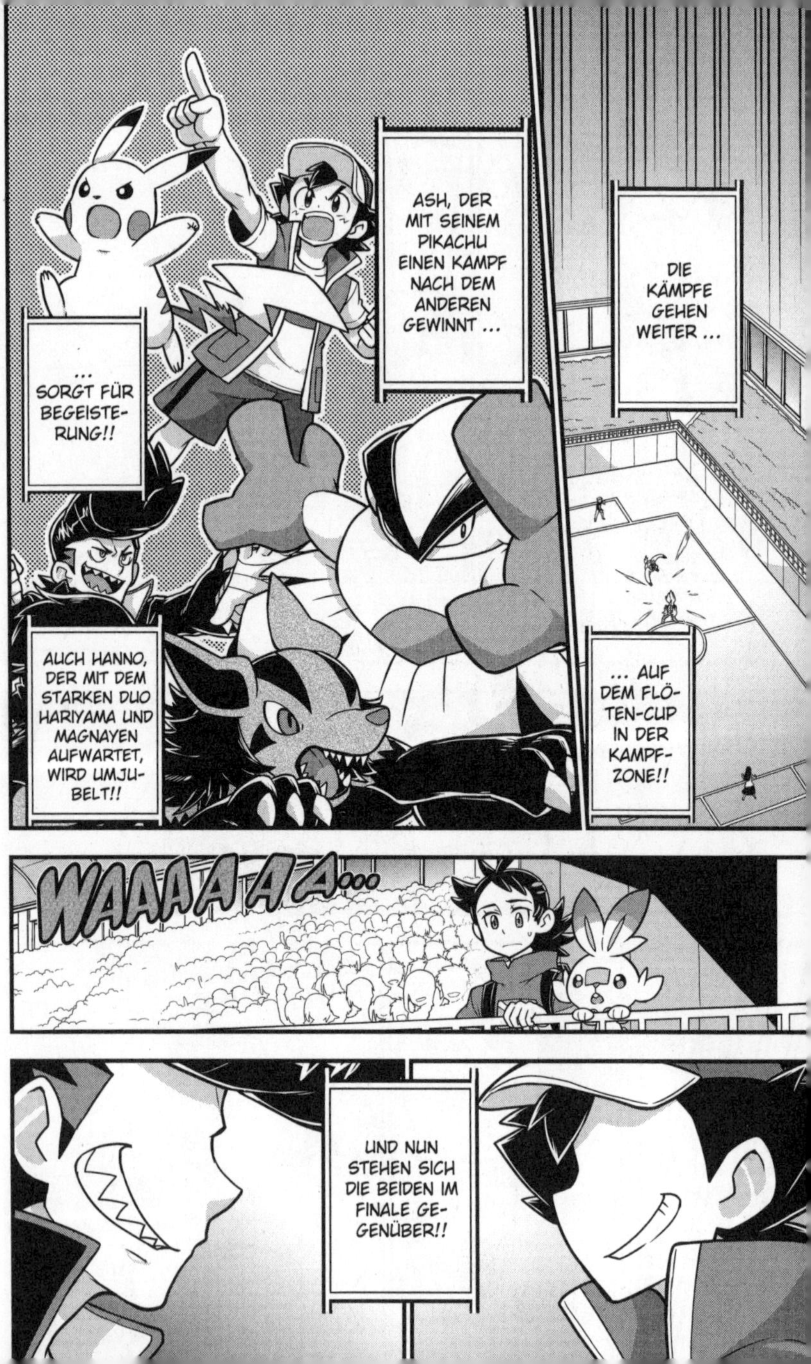

DIE KÄMPFE GEHEN WEITER ...

... AUF DEM FLÖTEN-CUP IN DER KAMPFZONE!!

ASH, DER MIT SEINEM PIKACHU EINEN KAMPF NACH DEM ANDEREN GEWINNT ...

... SORGT FÜR BEGEISTERUNG!!

AUCH HANNO, DER MIT DEM STARKEN DUO HARIYAMA UND MAGNAYEN AUFWARTET, WIRD UMJUBELT!!

WAAAAA A A...

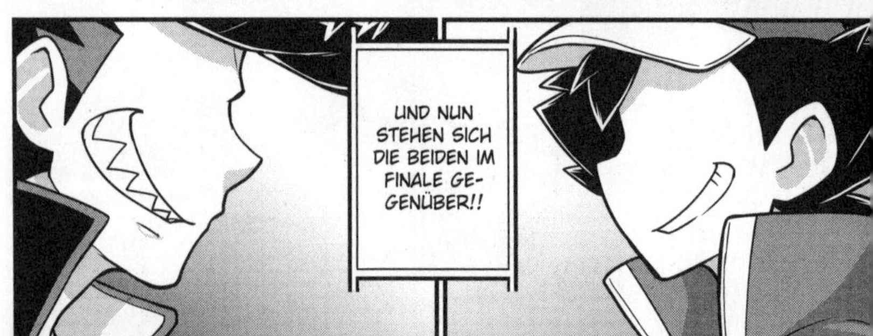

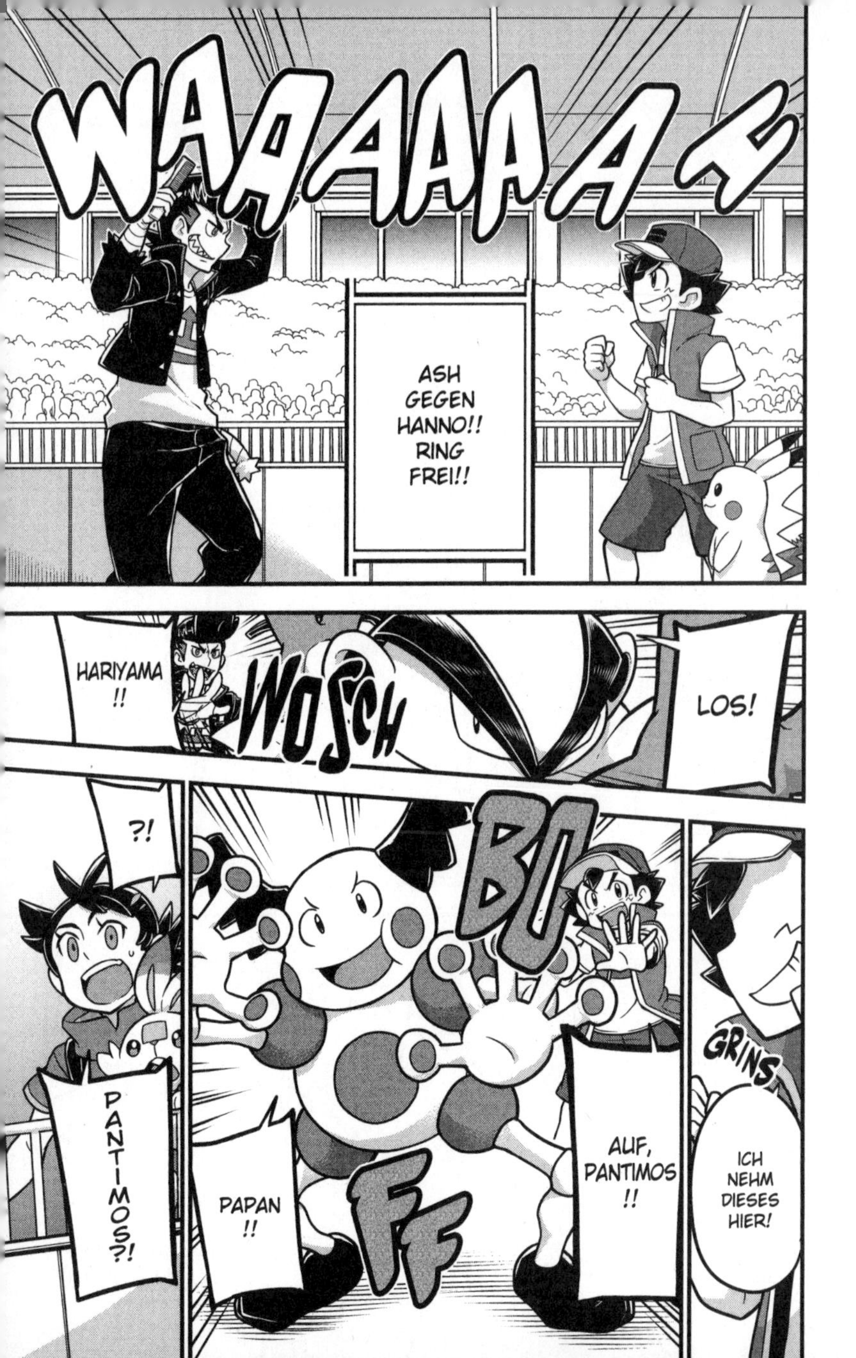

WAAAAAAH
ASH GEGEN HANNO!! RING FREI!!
LOS!
WOSCH
HARIYAMA!!
GRINS
ICH NEHM DIESES HIER!
AUF, PANTIMOS!!
BOFF
PAPAN!!
?!
PANTIMOS?!

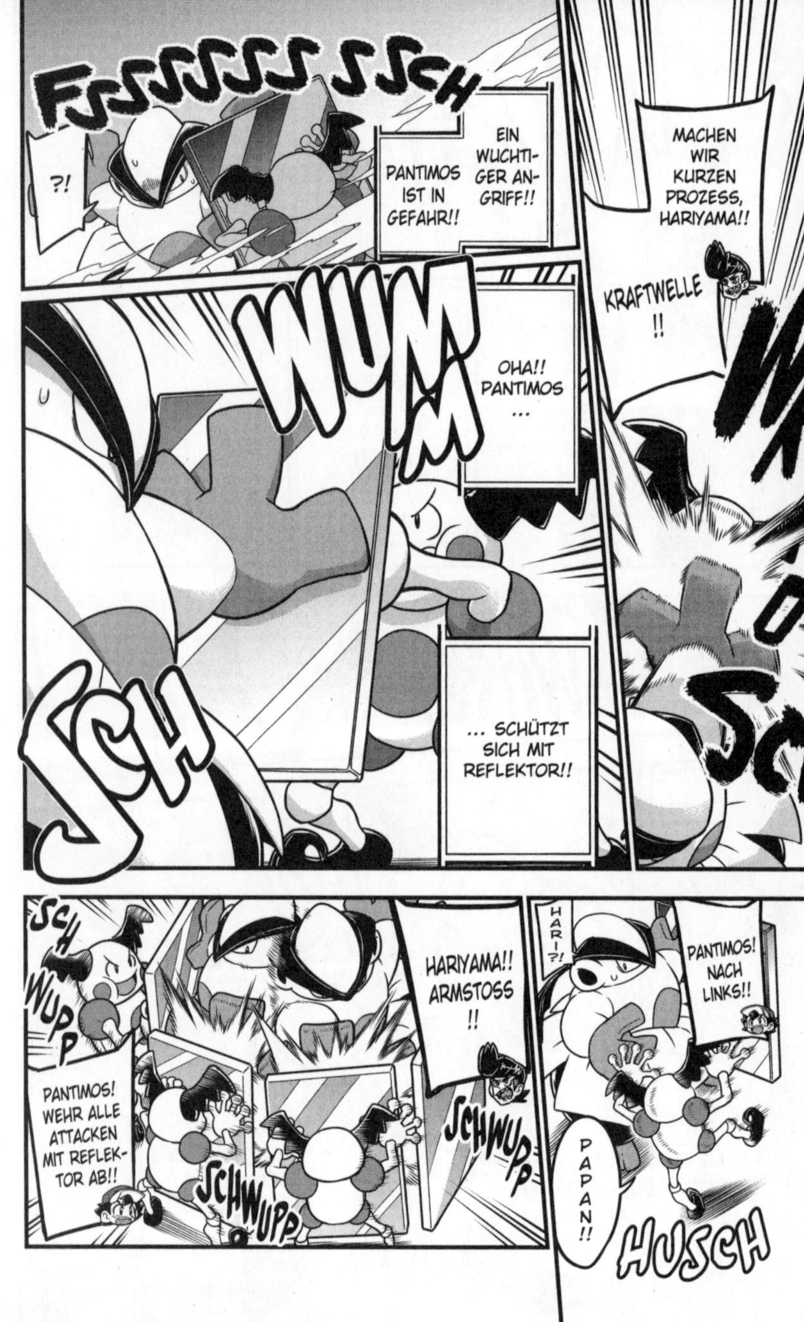
MACHEN WIR KURZEN PROZESS, HARIYAMA!!
KRAFTWELLE!!
EIN WUCHTIGER ANGRIFF!!
PANTIMOS IST IN GEFAHR!!
FSSSSSS SSCH
?!
OHA!! PANTIMOS …
WUMM
… SCHÜTZT SICH MIT REFLEKTOR!!
SCH
PANTIMOS! NACH LINKS!!
HARI-?!
HUSCH
PAPAN!!
HARIYAMA!! ARMSTOSS!!
SCHWUPP
SCHWUPP
PANTIMOS! WEHR ALLE ATTACKEN MIT REFLEKTOR AB!!
SCHWUPP

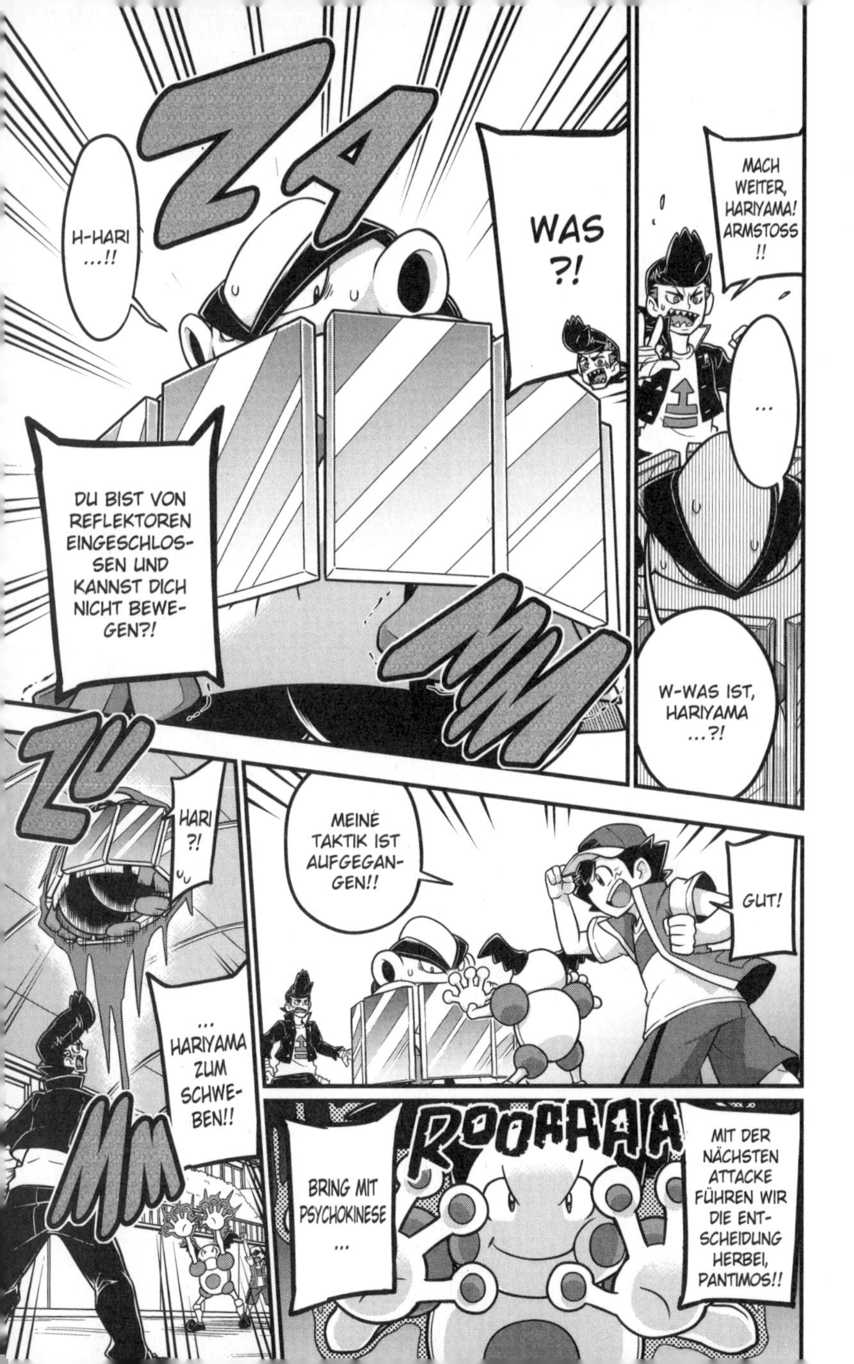
MACH WEITER, HARIYAMA! ARMSTOSS!!
...
W-WAS IST, HARIYAMA ...?!
WAS?!
H-HARI ...!!
ZA
DU BIST VON REFLEKTOREN EINGESCHLOSSEN UND KANNST DICH NICHT BEWEGEN?!
MM
GUT!
MEINE TAKTIK IST AUFGEGANGEN!!
ZU
HARI?!
MIT DER NÄCHSTEN ATTACKE FÜHREN WIR DIE ENTSCHEIDUNG HERBEI, PANTIMOS!!
ROOAAAAA
BRING MIT PSYCHOKINESE ...
... HARIYAMA ZUM SCHWEBEN!!
MM

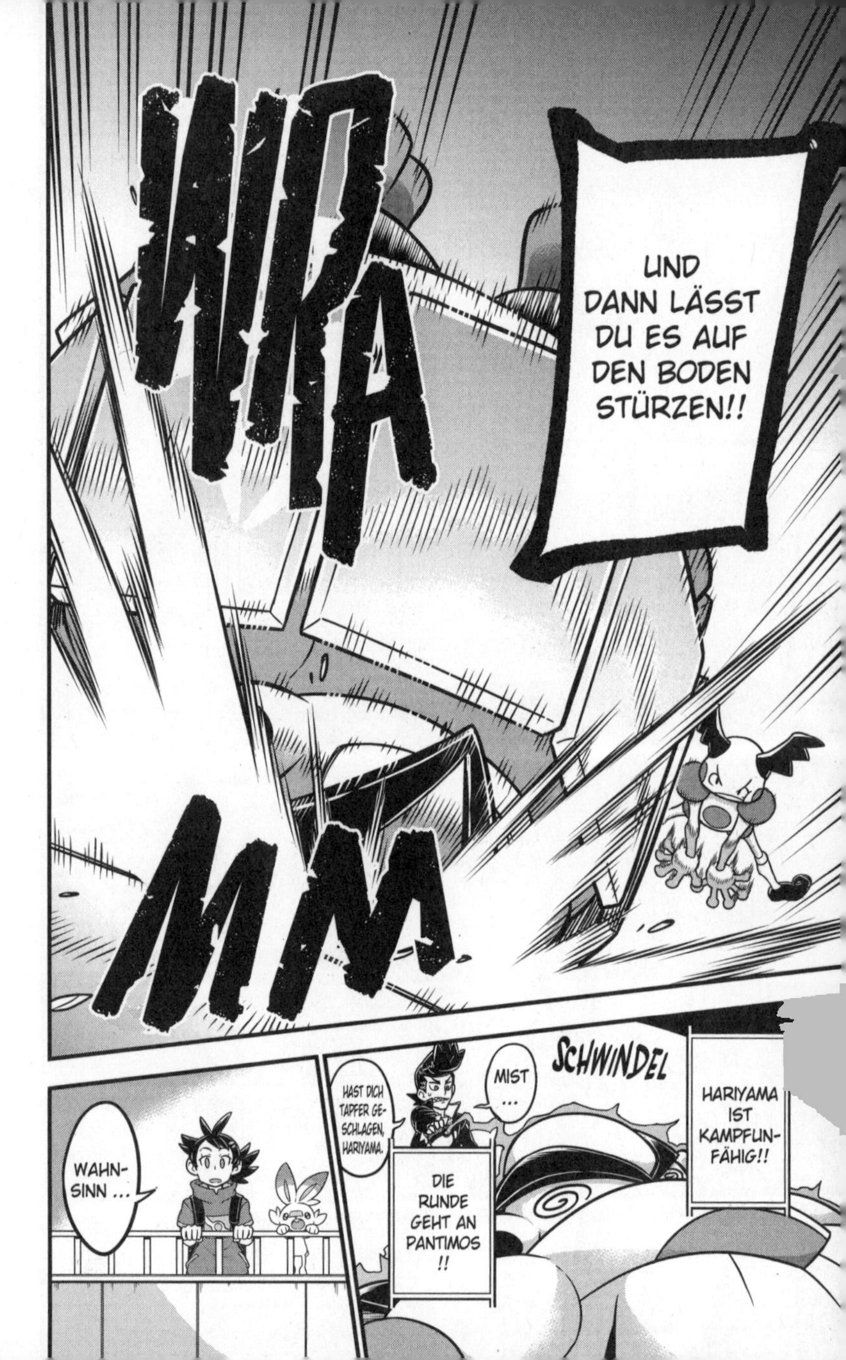
UND DANN LÄSST DU ES AUF DEN BODEN STÜRZEN!!
HARIYAMA IST KAMPFUN-FÄHIG!!
SCHWINDEL
MIST ...
HAST DICH TAPFER GE-SCHLAGEN, HARIYAMA.
DIE RUNDE GEHT AN PANTIMOS !!
WAHN-SINN ...

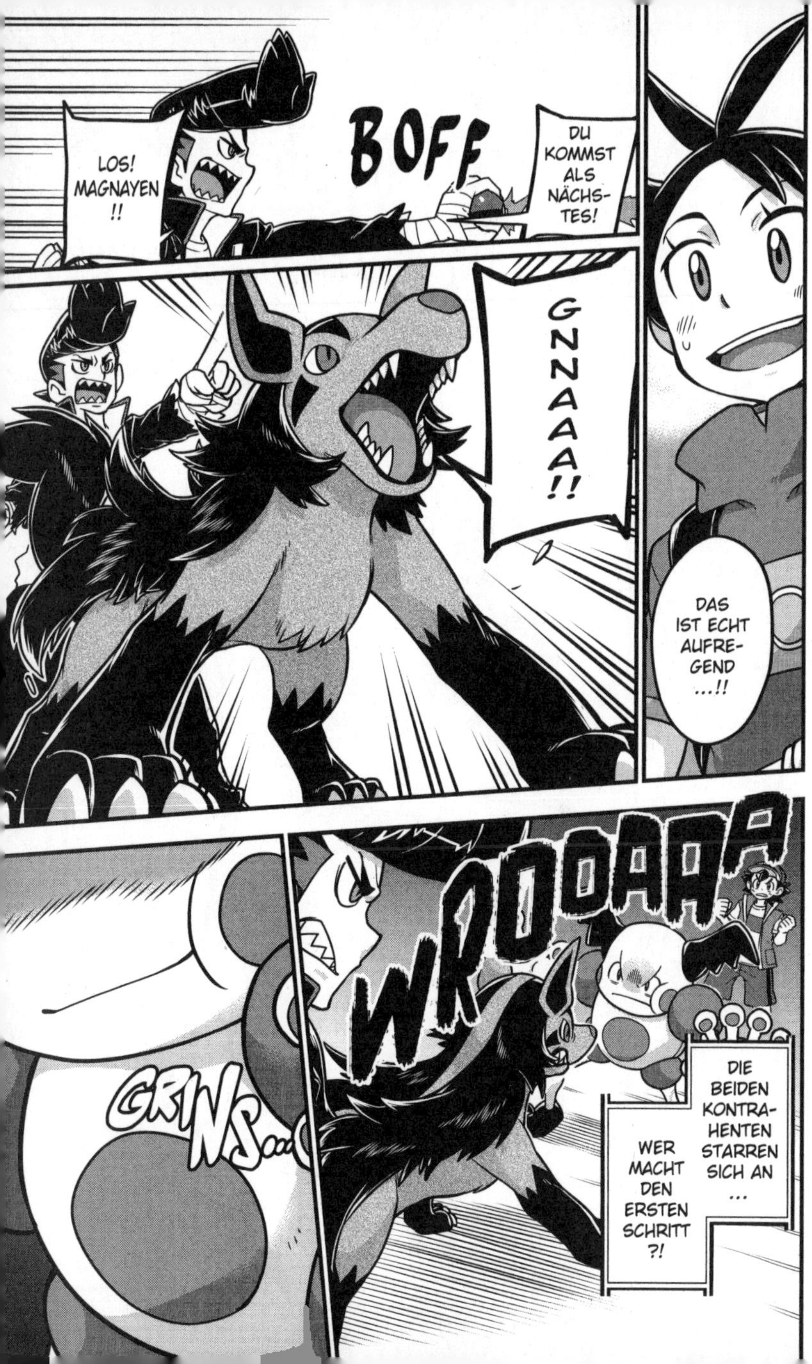

LOS! MAGNAYEN !!
BOFF
DU KOMMST ALS NÄCHSTES!
GNNAAAA!!
DAS IST ECHT AUFREGEND ...!!
GRINS...
WROOAAA
DIE BEIDEN KONTRAHENTEN STARREN SICH AN ...
WER MACHT DEN ERSTEN SCHRITT ?!

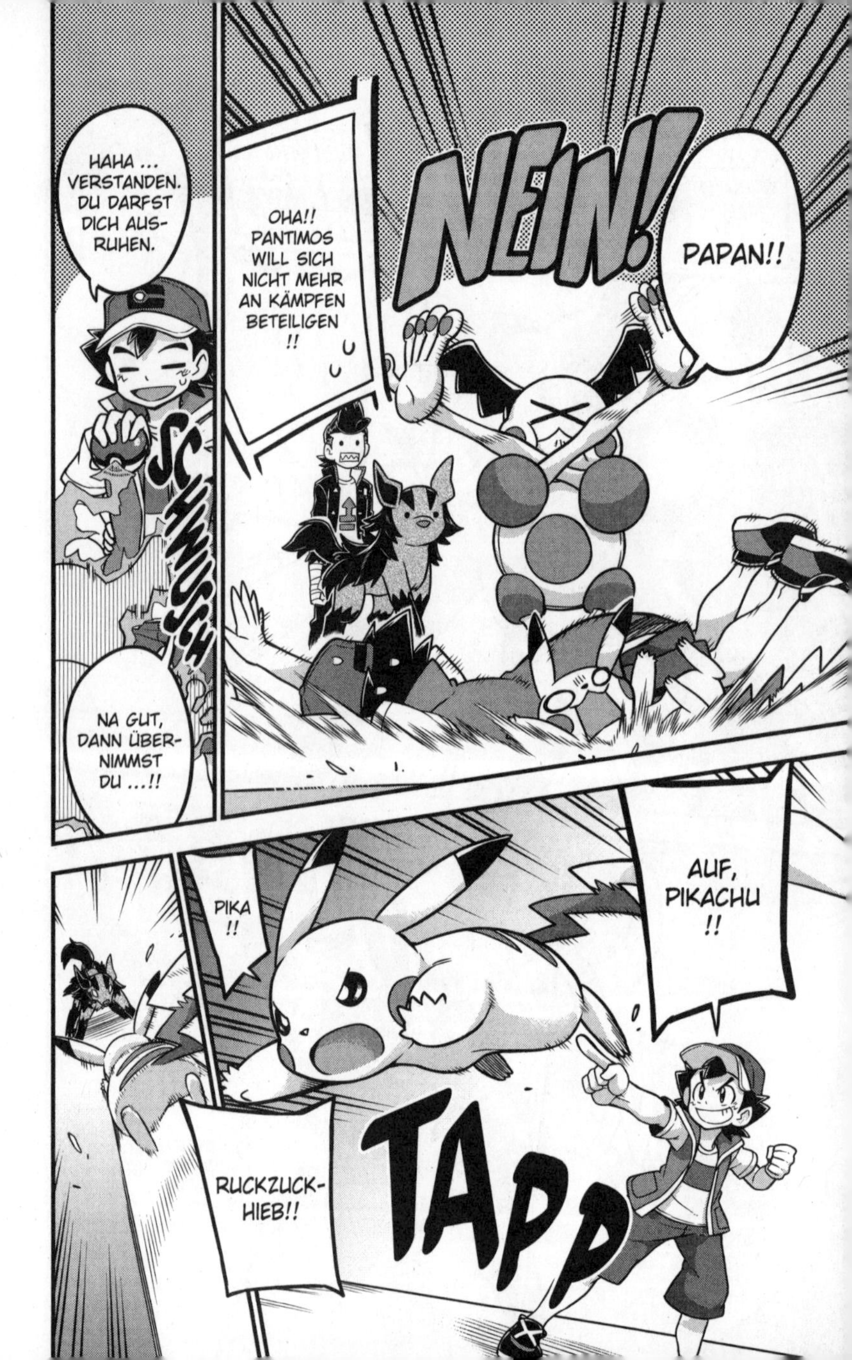
NEIN!
PAPAN!!
OHA!! PANTIMOS WILL SICH NICHT MEHR AN KÄMPFEN BETEILIGEN !!
HAHA … VERSTANDEN. DU DARFST DICH AUS-RUHEN.
SCHWUSCH
NA GUT, DANN ÜBER-NIMMST DU …!!
AUF, PIKACHU !!
PIKA !!
RUCKZUCK-HIEB!!
TAPP

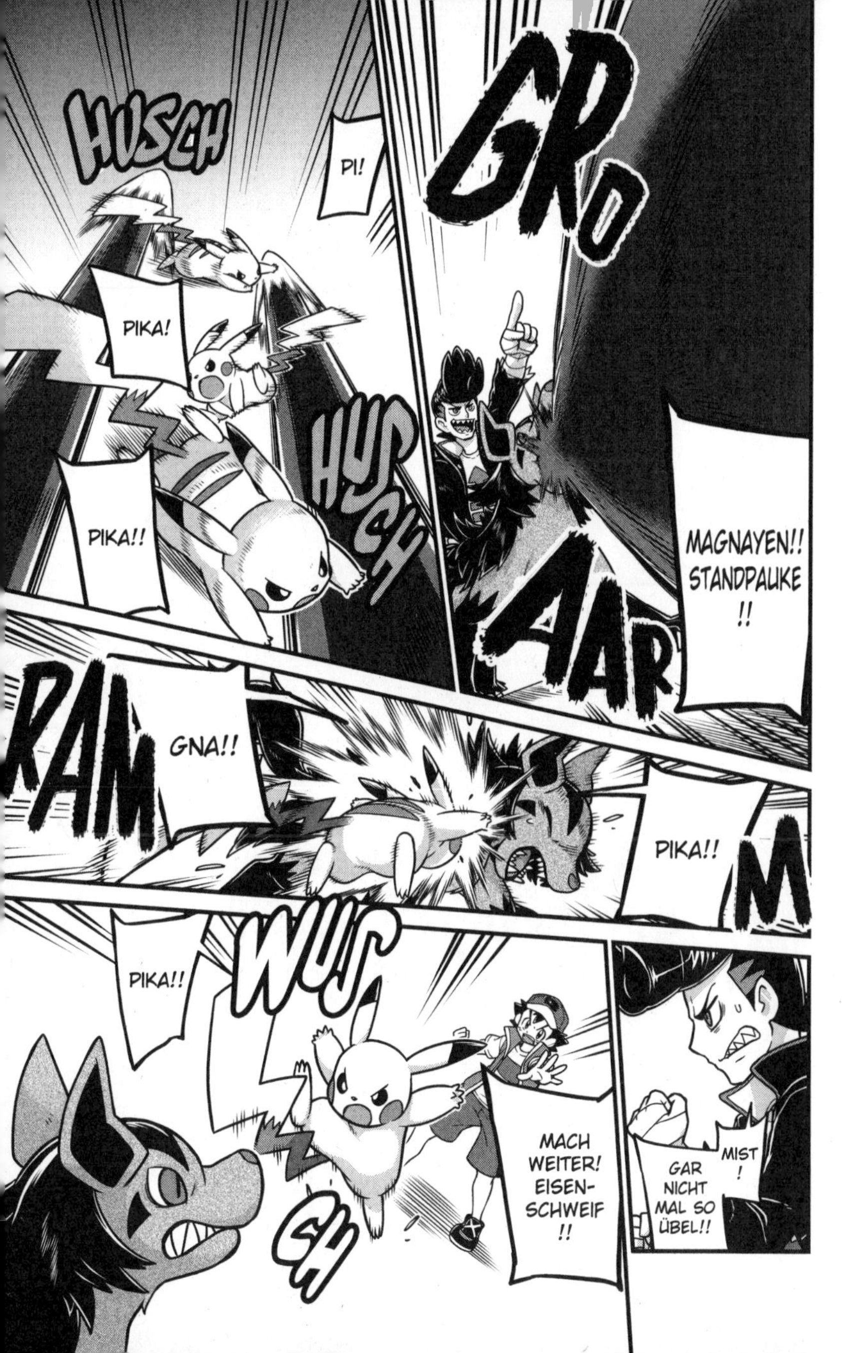

GRO
AAR
MAGNAYEN!! STANDPAUKE!!
PI!
HUSCH
PIKA!
HUSCH
PIKA!!
M
PIKA!!
GNA!!
RAM
MIST!
GAR NICHT MAL SO ÜBEL!!
MACH WEITER! EISEN-SCHWEIF!!
WUS
CH
PIKA!!

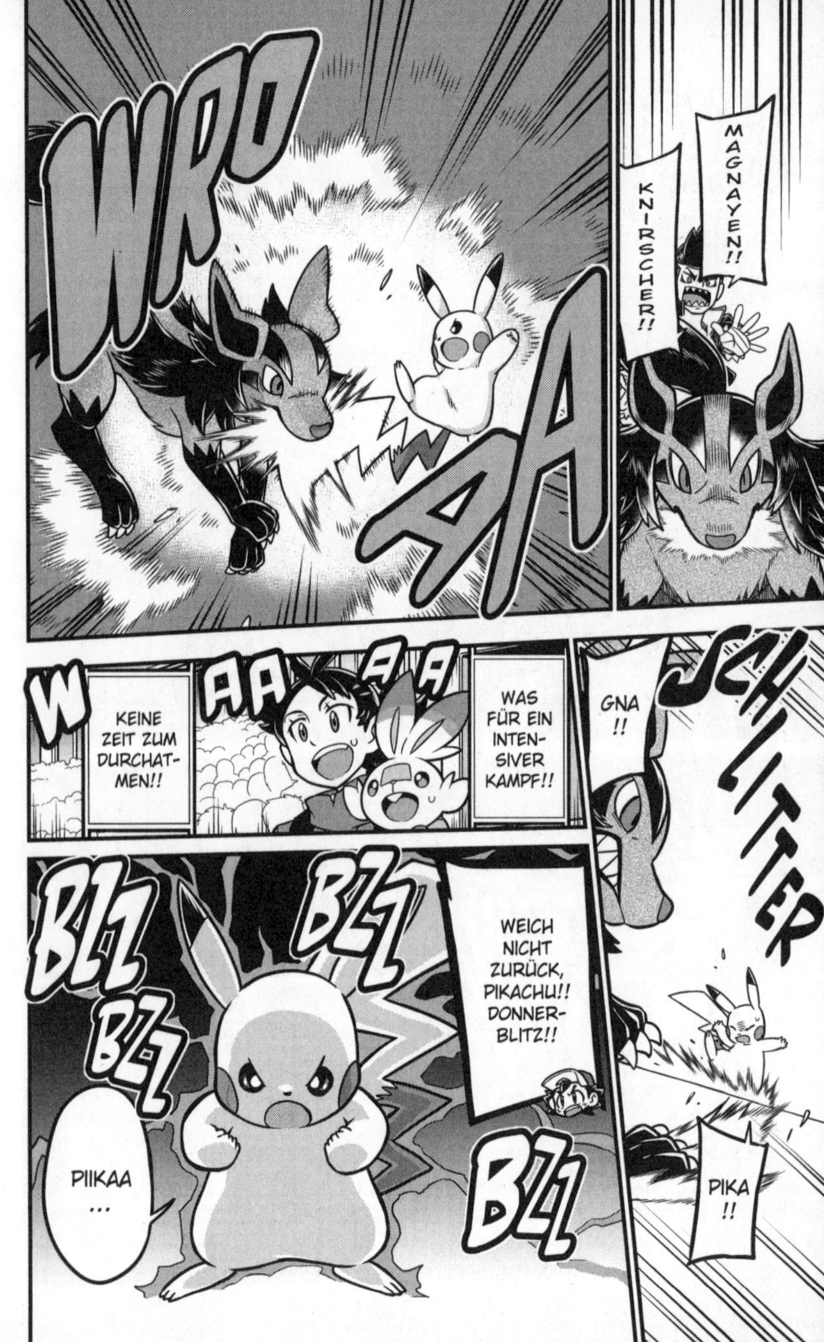

MAGNAYEN!!
KNIRSCHER!!
WROO
AA
SCHLITTER
GNA !!
WAS FÜR EIN INTEN-SIVER KAMPF!!
KEINE ZEIT ZUM DURCHAT-MEN!!
W AA A A
PIKA !!
WEICH NICHT ZURÜCK, PIKACHU!! DONNER-BLITZ!!
BZZ
BZZ
BZZ
BZZ
PIIKAA ...

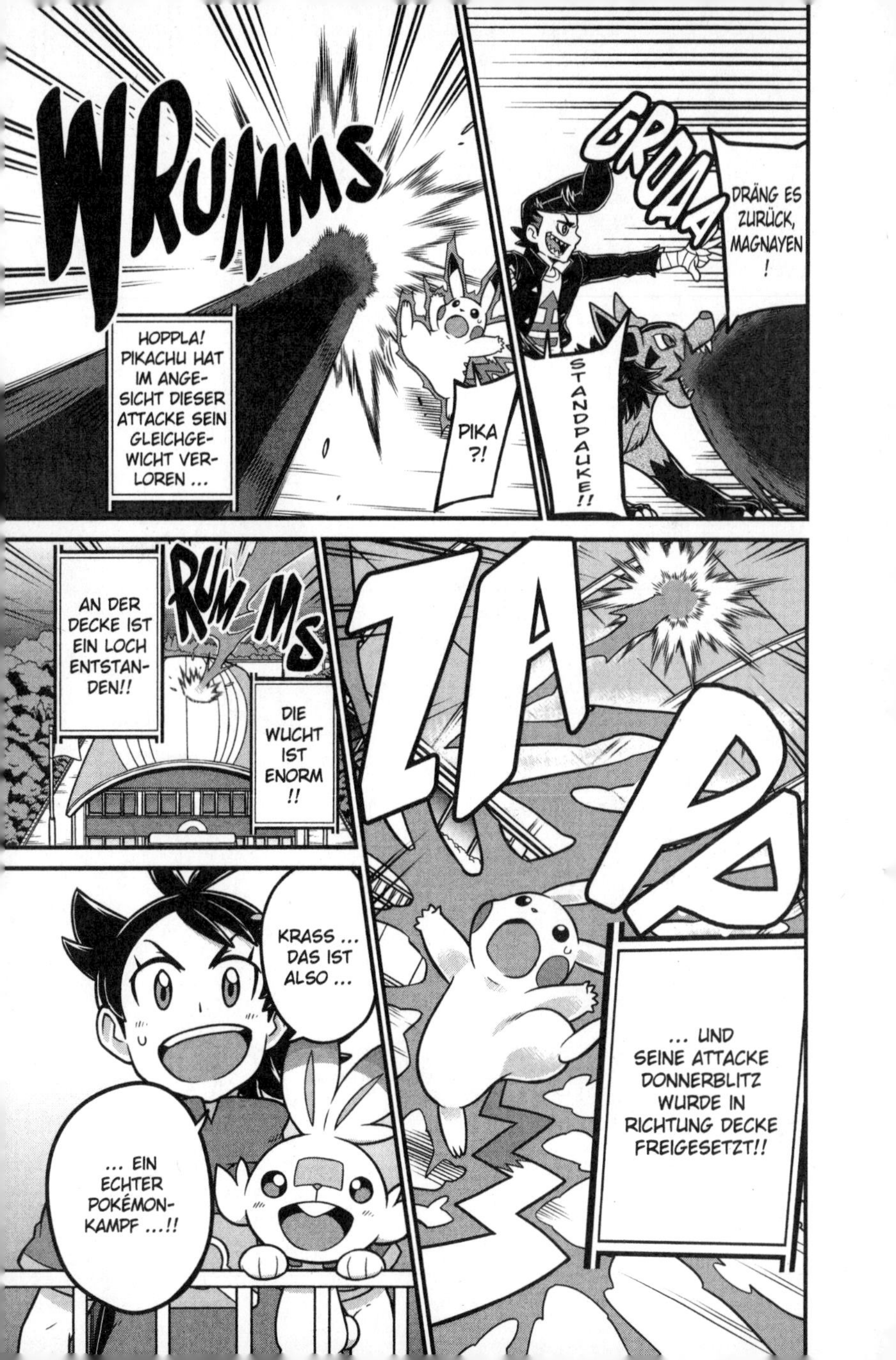

GROAA

DRÄNG ES ZURÜCK, MAGNAYEN!

STANDPAUKE!!

WRUMMS

PIKA?!

HOPPLA! PIKACHU HAT IM ANGESICHT DIESER ATTACKE SEIN GLEICHGEWICHT VERLOREN …

ZAPP

… UND SEINE ATTACKE DONNERBLITZ WURDE IN RICHTUNG DECKE FREIGESETZT!!

RUMMS

AN DER DECKE IST EIN LOCH ENTSTANDEN!!

DIE WUCHT IST ENORM!!

KRASS … DAS IST ALSO …

… EIN ECHTER POKÉMON-KAMPF …!!

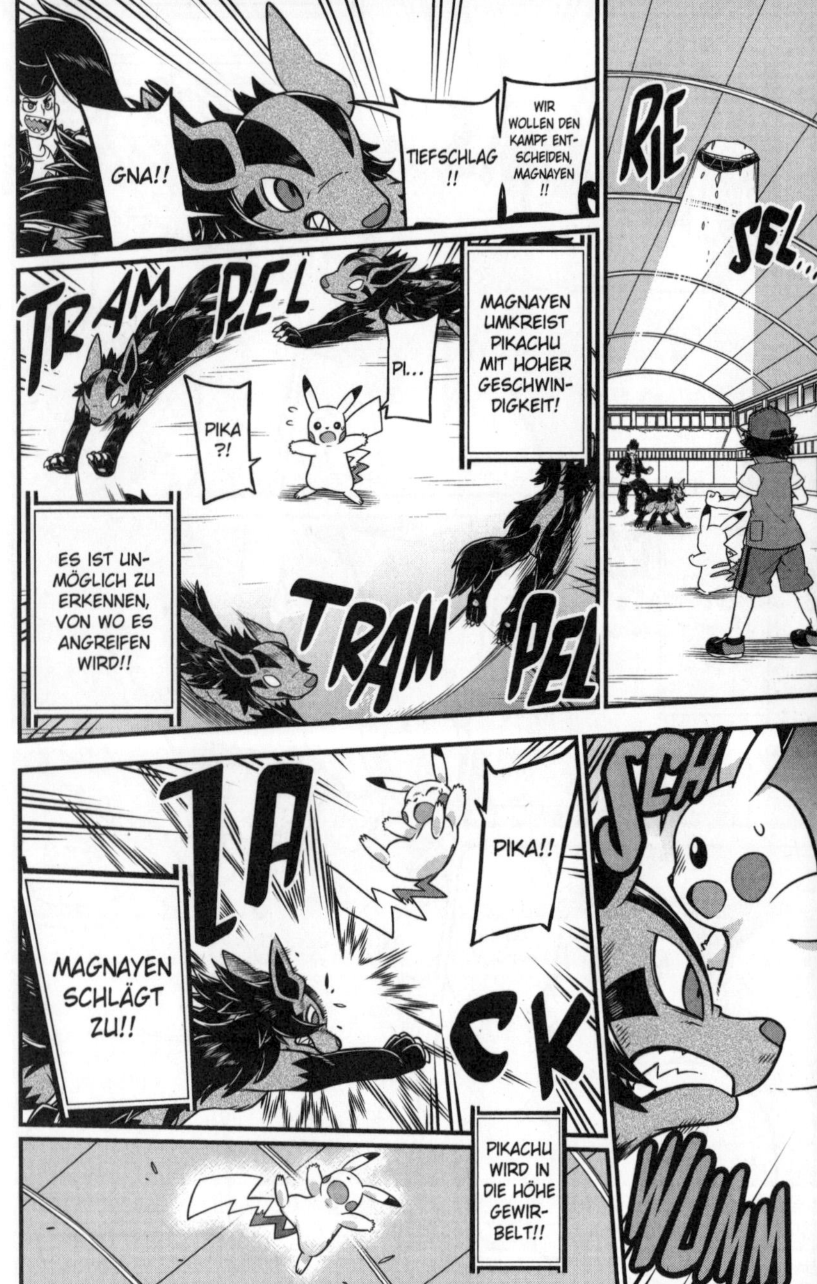
RIE
SEL...
WIR WOLLEN DEN KAMPF ENT-SCHEIDEN, MAGNAYEN!!
TIEFSCHLAG!!
GNA!!
MAGNAYEN UMKREIST PIKACHU MIT HOHER GESCHWIN-DIGKEIT!
TRAM PEL
PI...
PIKA?!
ES IST UN-MÖGLICH ZU ERKENNEN, VON WO ES ANGREIFEN WIRD!!
TRAM PEL
SCH
PIKA!!
ZA
CK
MAGNAYEN SCHLÄGT ZU!!
WUMM
PIKACHU WIRD IN DIE HÖHE GEWIR-BELT!!

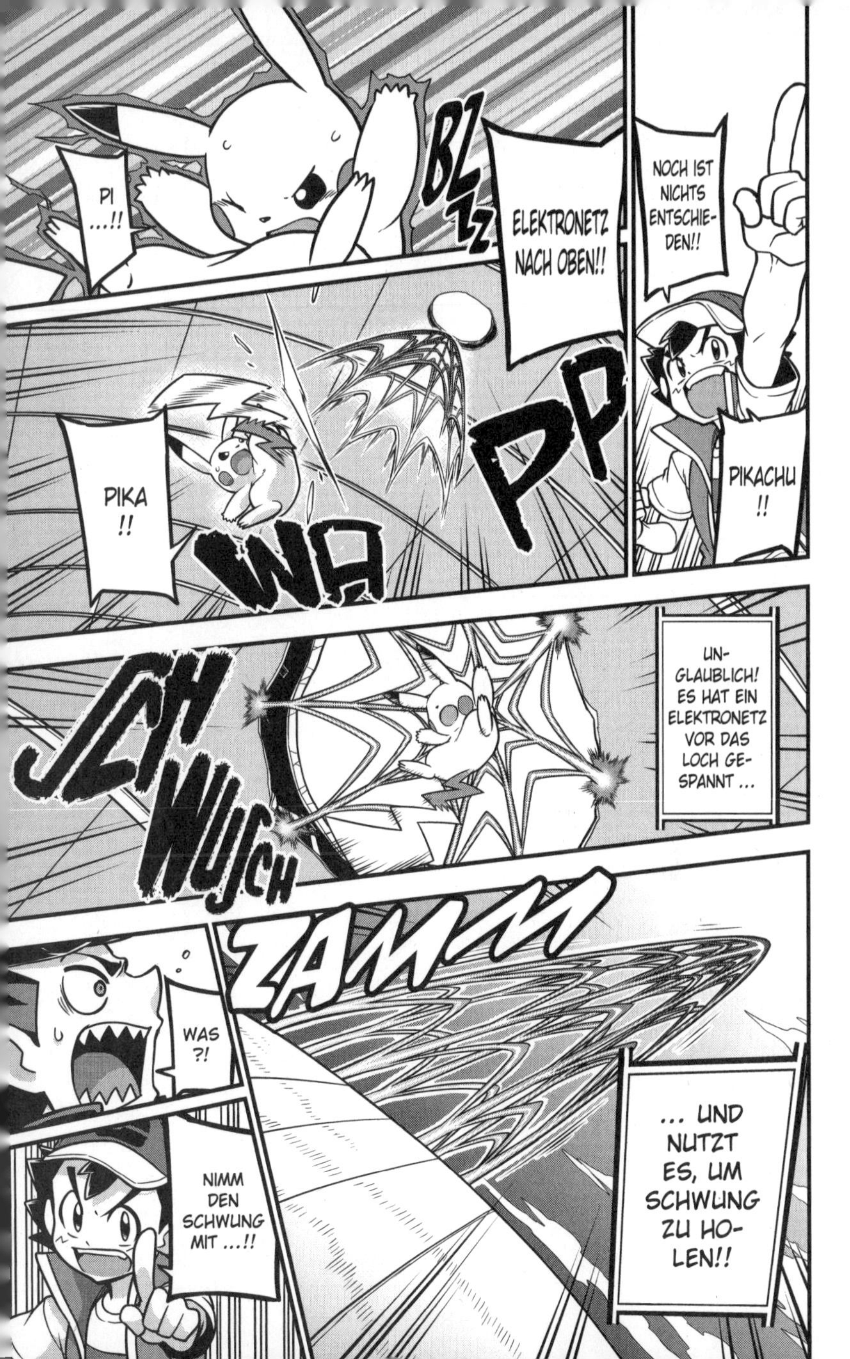
NOCH IST NICHTS ENTSCHIEDEN!!
ELEKTRONETZ NACH OBEN!!
BZZZ
PI ...!!
PIKACHU !!
WAPP
PIKA !!
UNGLAUBLICH! ES HAT EIN ELEKTRONETZ VOR DAS LOCH GESPANNT ...
SCHWUSCH
ZAMM
... UND NUTZT ES, UM SCHWUNG ZU HOLEN!!
WAS ?!
NIMM DEN SCHWUNG MIT ...!!

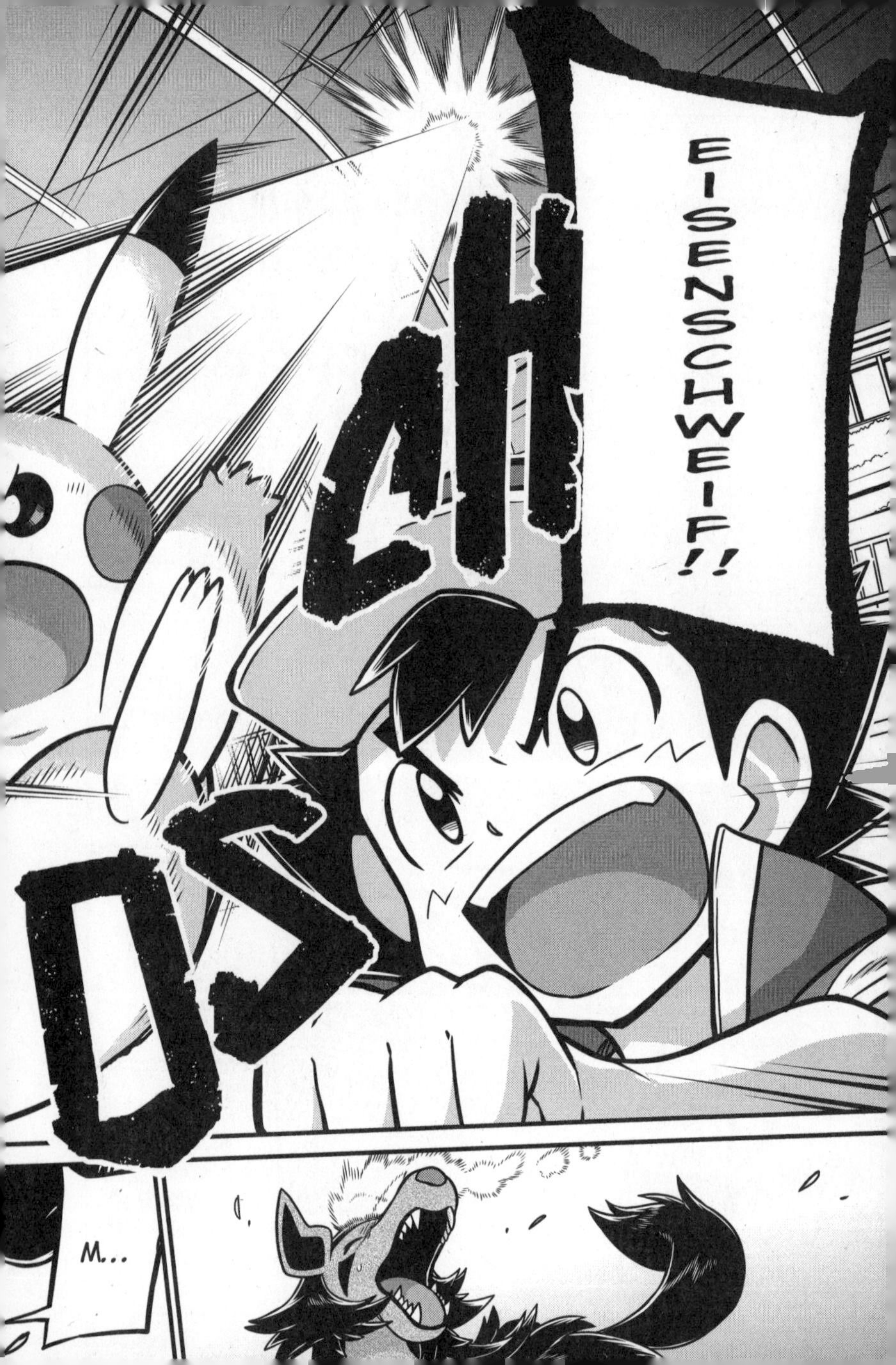
EISENSCHWEIF!!
M...

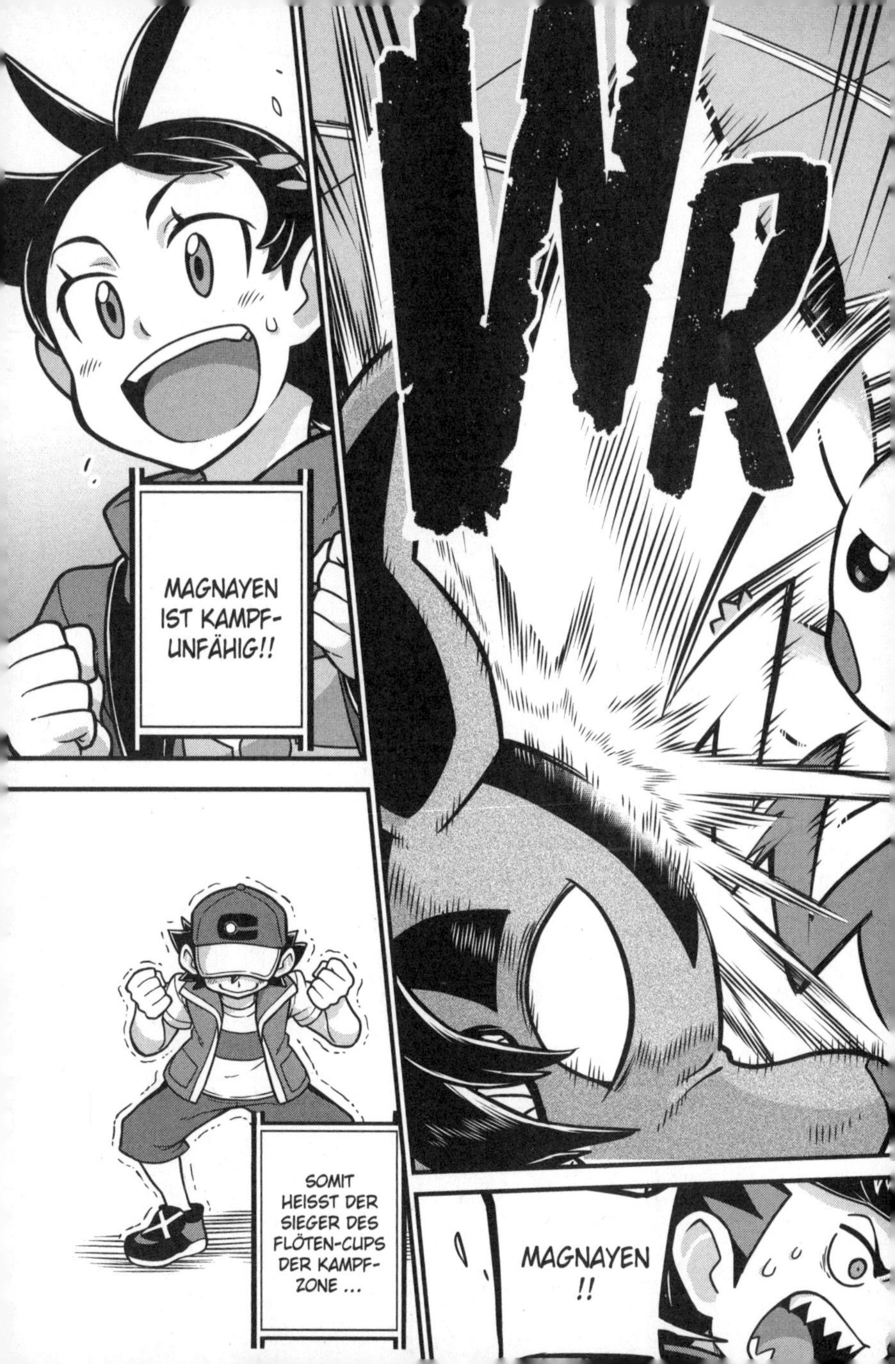
WR
MAGNAYEN IST KAMPF-UNFÄHIG!!
SOMIT HEISST DER SIEGER DES FLÖTEN-CUPS DER KAMPF-ZONE …
MAGNAYEN !!

... ASH!!

JAWOHL!!

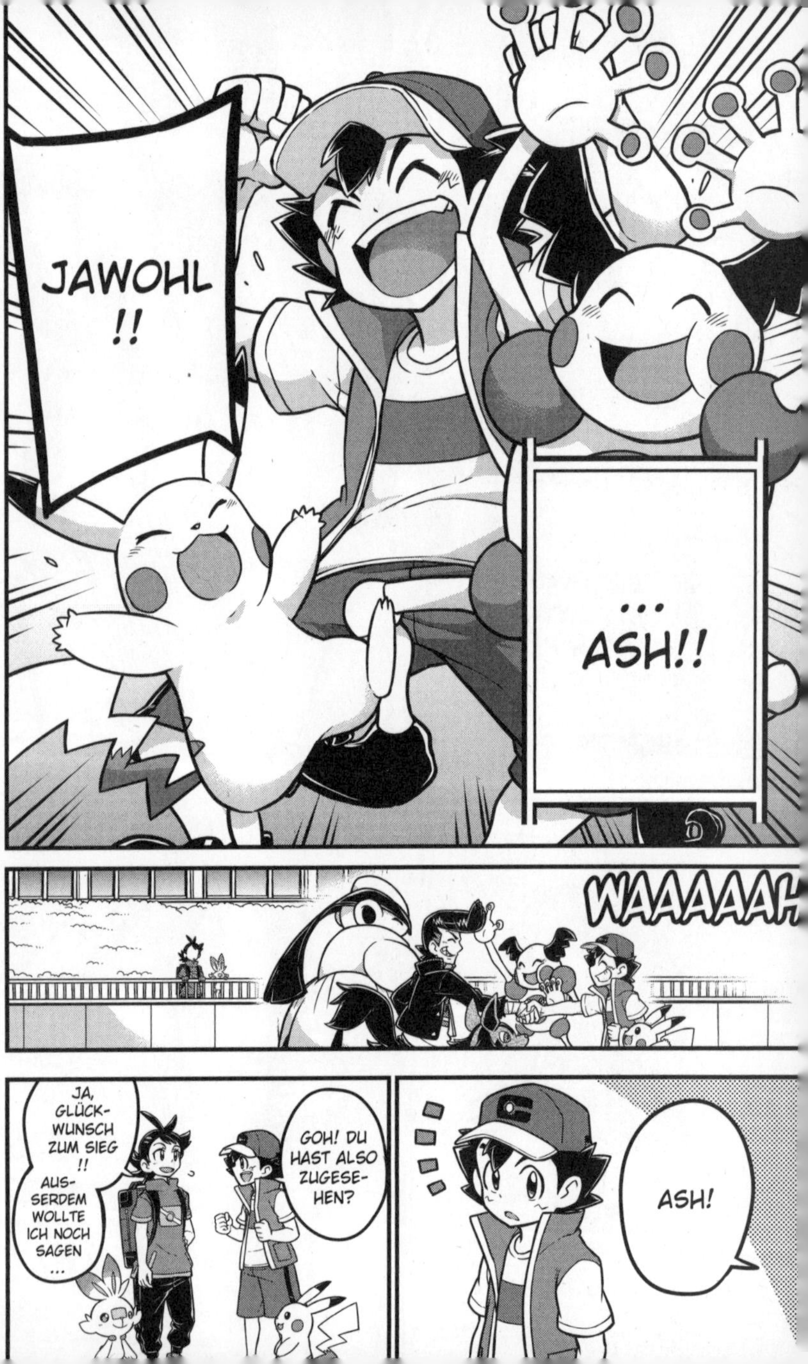

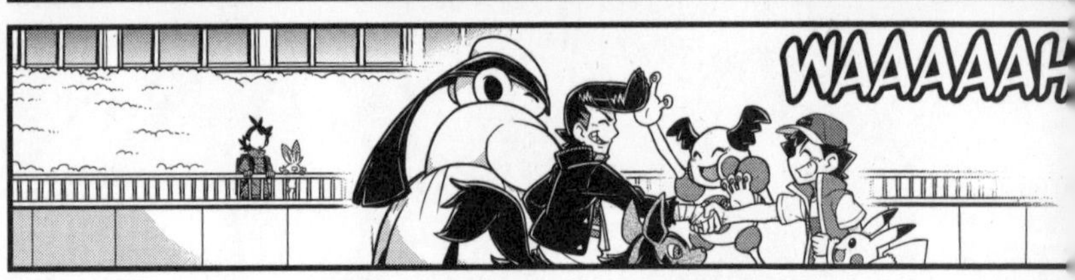
WAAAAAH

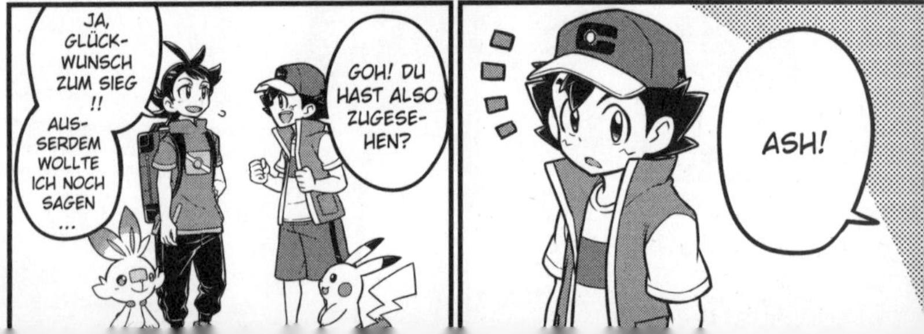
ASH!
GOH! DU HAST ALSO ZUGESEHEN?
JA, GLÜCKWUNSCH ZUM SIEG!!
AUSSERDEM WOLLTE ICH NOCH SAGEN ...

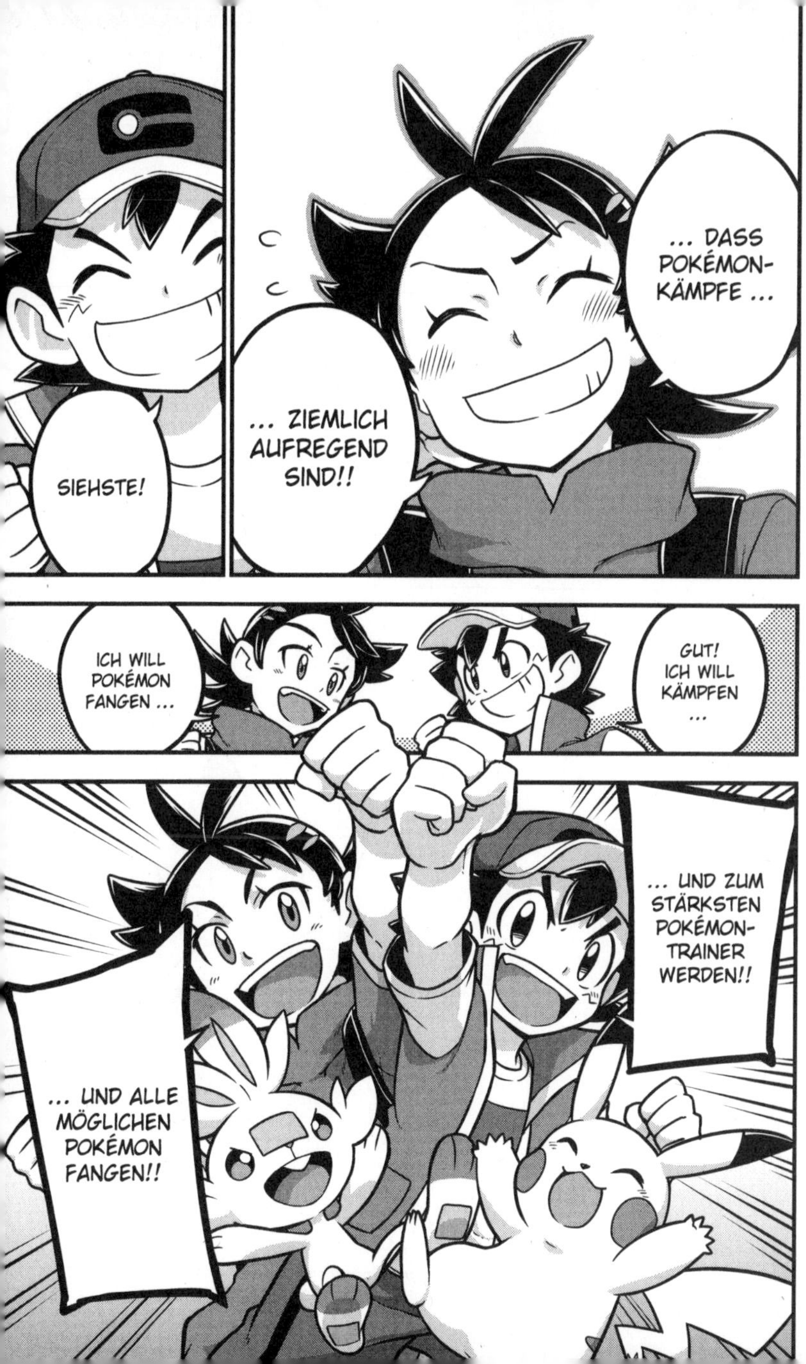

... DASS POKÉMON-KÄMPFE ...
... ZIEMLICH AUFREGEND SIND!!
SIEHSTE!
GUT! ICH WILL KÄMPFEN ...
ICH WILL POKÉMON FANGEN ...
... UND ZUM STÄRKSTEN POKÉMON-TRAINER WERDEN!!
... UND ALLE MÖGLICHEN POKÉMON FANGEN!!

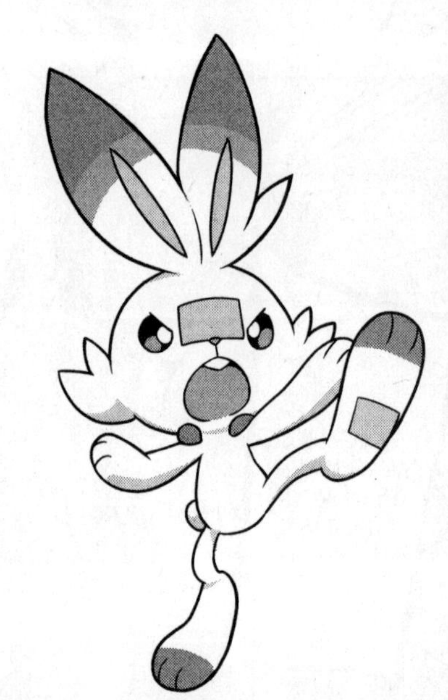

EPISODE 4
AUFTRITT DER TITANEN!

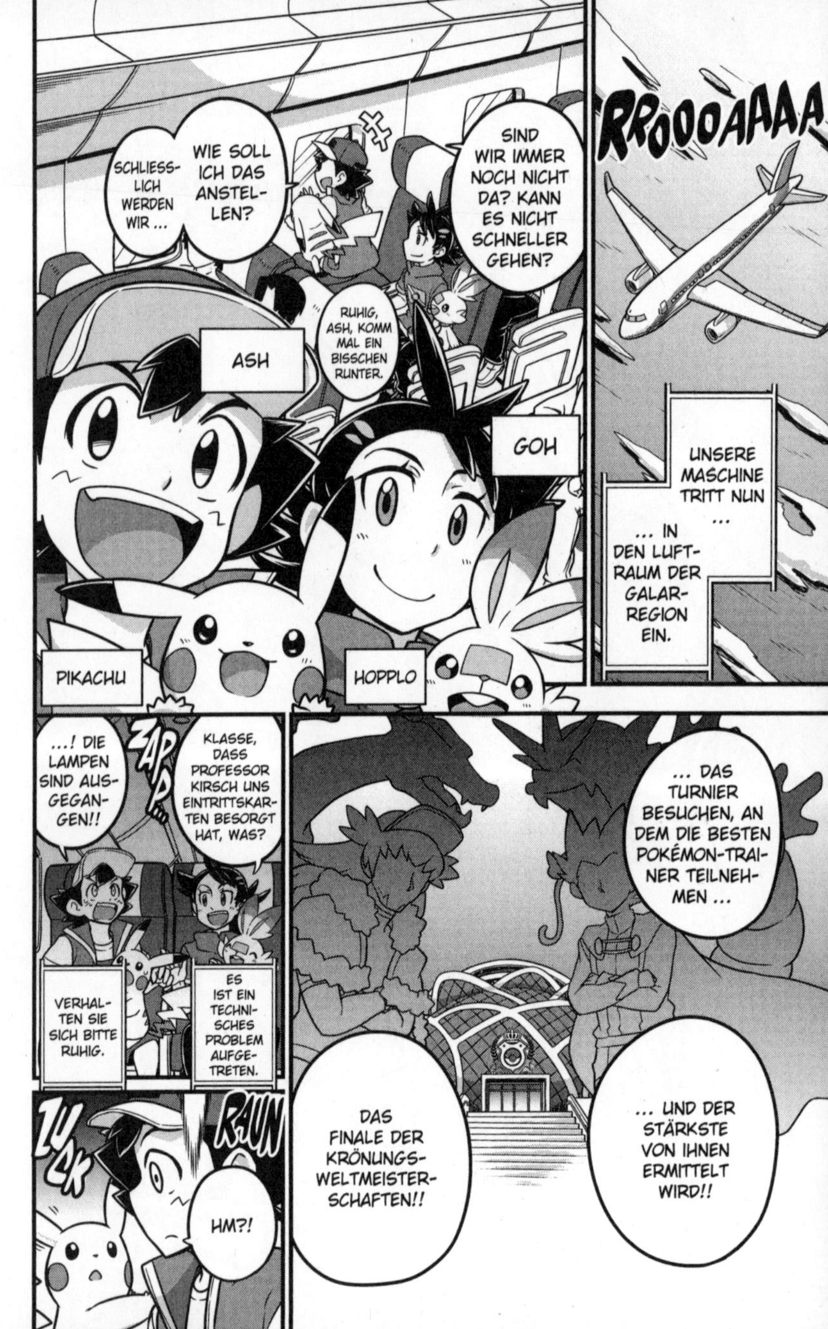
RROOOAAAA
UNSERE MASCHINE TRITT NUN ...
... IN DEN LUFTRAUM DER GALAR-REGION EIN.
SIND WIR IMMER NOCH NICHT DA? KANN ES NICHT SCHNELLER GEHEN?
RUHIG, ASH, KOMM MAL EIN BISSCHEN RUNTER.
WIE SOLL ICH DAS ANSTELLEN?
SCHLIESS-LICH WERDEN WIR ...
ASH
GOH
PIKACHU
HOPPLO
... DAS TURNIER BESUCHEN, AN DEM DIE BESTEN POKÉMON-TRAINER TEILNEHMEN ...
... UND DER STÄRKSTE VON IHNEN ERMITTELT WIRD!!
DAS FINALE DER KRÖNUNGS-WELTMEISTERSCHAFTEN!!
KLASSE, DASS PROFESSOR KIRSCH UNS EINTRITTSKARTEN BESORGT HAT, WAS?
ZAPP...
...! DIE LAMPEN SIND AUSGEGANGEN!!
ES IST EIN TECHNISCHES PROBLEM AUFGETRETEN.
VERHALTEN SIE SICH BITTE RUHIG.
RAUN
ZUCK
HM?!

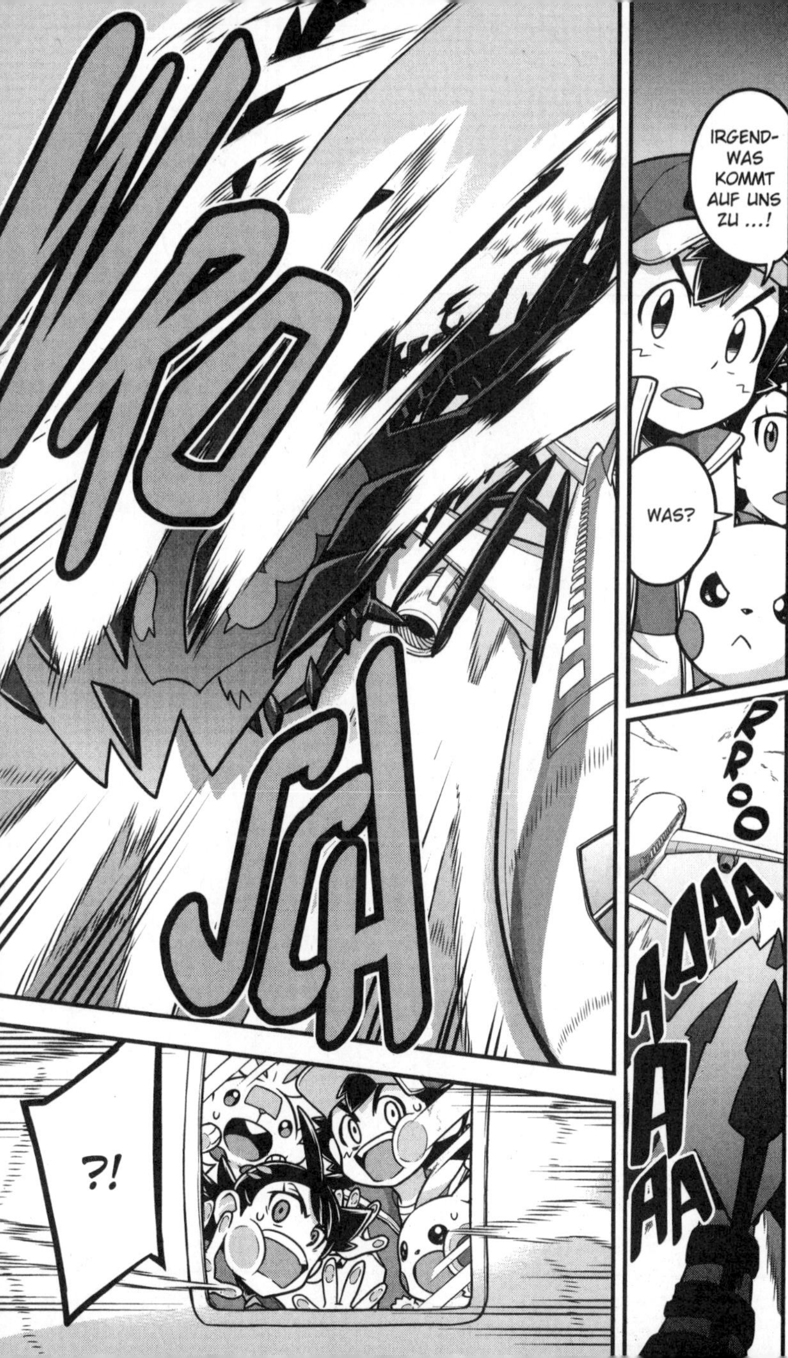
IRGEND-
WAS
KOMMT
AUF UNS
ZU ...!
WAS?
RROOAAAAAAAA
WUSCH
?!

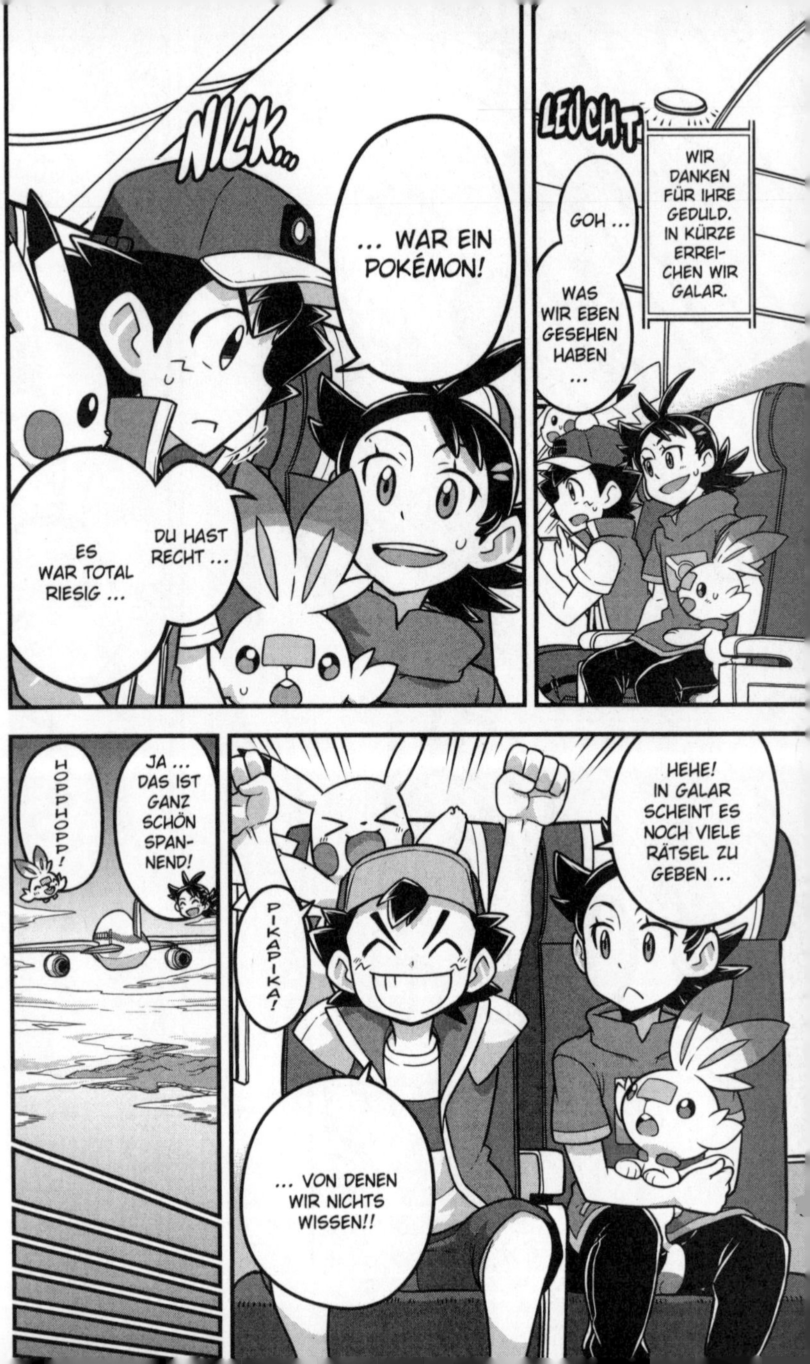

LEUCHT
WIR DANKEN FÜR IHRE GEDULD. IN KÜRZE ERREI-CHEN WIR GALAR.
GOH ...
WAS WIR EBEN GESEHEN HABEN ...
... WAR EIN POKÉMON!
NICK...
DU HAST RECHT ...
ES WAR TOTAL RIESIG ...
HEHE! IN GALAR SCHEINT ES NOCH VIELE RÄTSEL ZU GEBEN ...
... VON DENEN WIR NICHTS WISSEN!!
PIKAPIKA!
JA ... DAS IST GANZ SCHÖN SPAN-NEND!
HOPPHOPP!

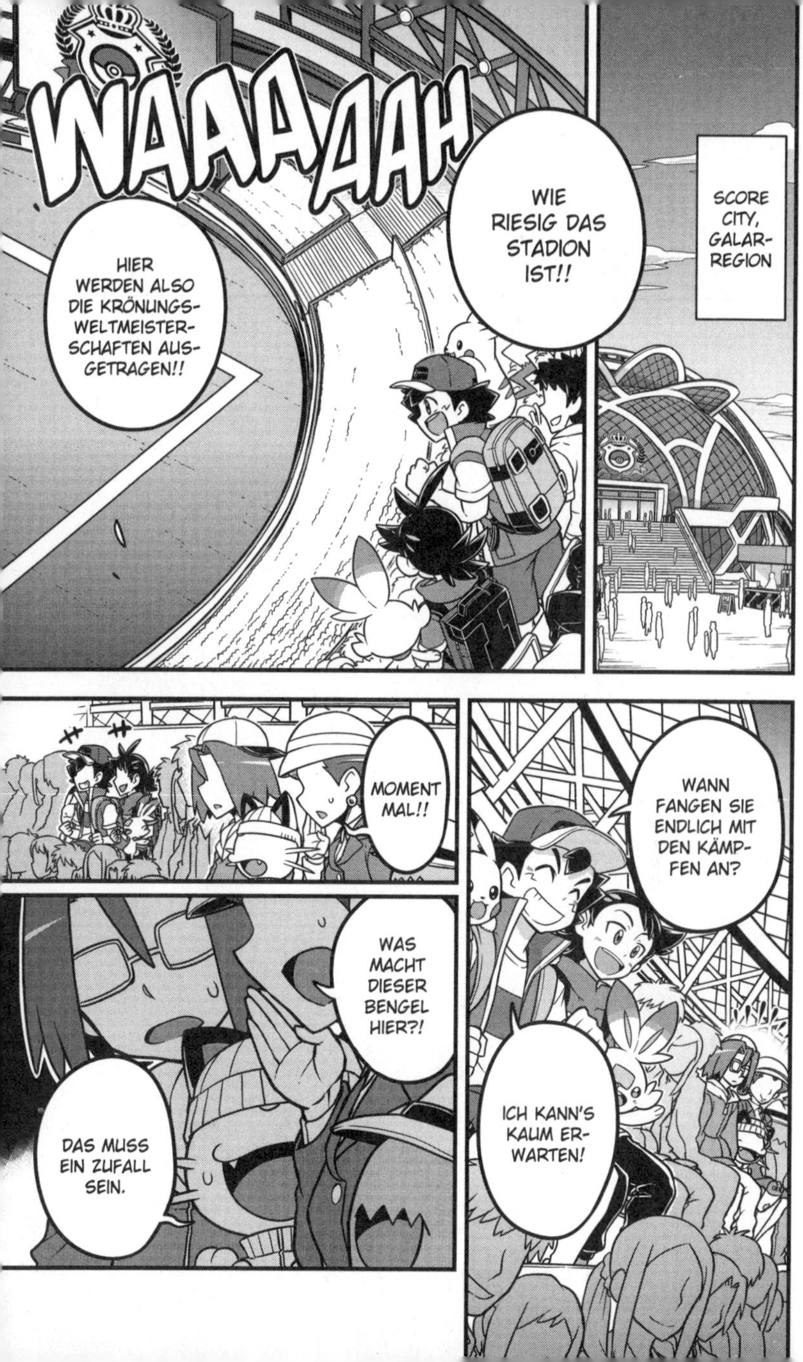

SCORE CITY, GALAR-REGION

WIE RIESIG DAS STADION IST!!

WAAAAAH

HIER WERDEN ALSO DIE KRÖNUNGS-WELTMEISTER-SCHAFTEN AUS-GETRAGEN!!

WANN FANGEN SIE ENDLICH MIT DEN KÄMP-FEN AN?

ICH KANN'S KAUM ER-WARTEN!

MOMENT MAL!!

WAS MACHT DIESER BENGEL HIER?!

DAS MUSS EIN ZUFALL SEIN.

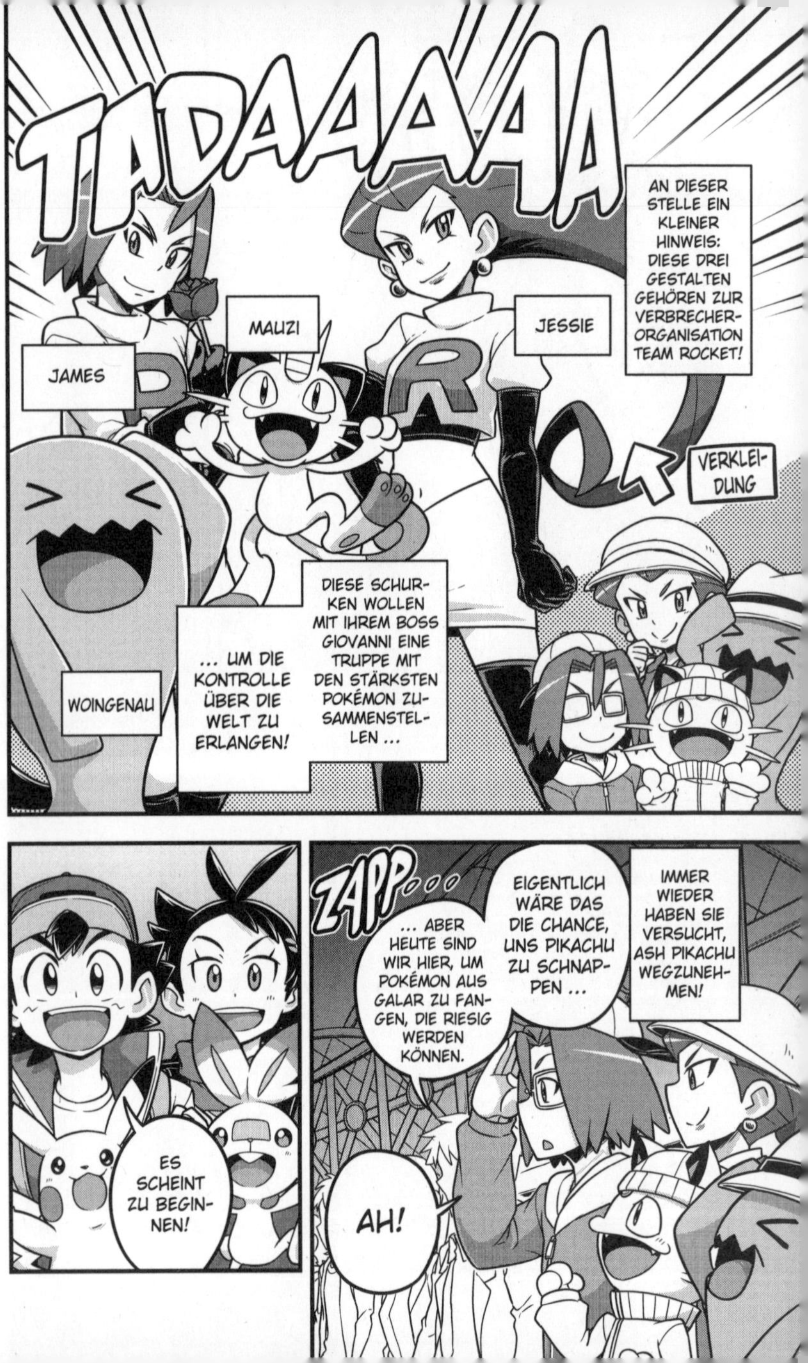

TADAAAAA
AN DIESER STELLE EIN KLEINER HINWEIS: DIESE DREI GESTALTEN GEHÖREN ZUR VERBRECHER-ORGANISATION TEAM ROCKET!
JAMES
MAUZI
JESSIE
VERKLEI-DUNG
WOINGENAU
DIESE SCHUR-KEN WOLLEN MIT IHREM BOSS GIOVANNI EINE TRUPPE MIT DEN STÄRKSTEN POKÉMON ZU-SAMMENSTEL-LEN …
… UM DIE KONTROLLE ÜBER DIE WELT ZU ERLANGEN!
ES SCHEINT ZU BEGIN-NEN!
ZAPP…
IMMER WIEDER HABEN SIE VERSUCHT, ASH PIKACHU WEGZUNEH-MEN!
EIGENTLICH WÄRE DAS DIE CHANCE, UNS PIKACHU ZU SCHNAP-PEN …
… ABER HEUTE SIND WIR HIER, UM POKÉMON AUS GALAR ZU FAN-GEN, DIE RIESIG WERDEN KÖNNEN.
AH!

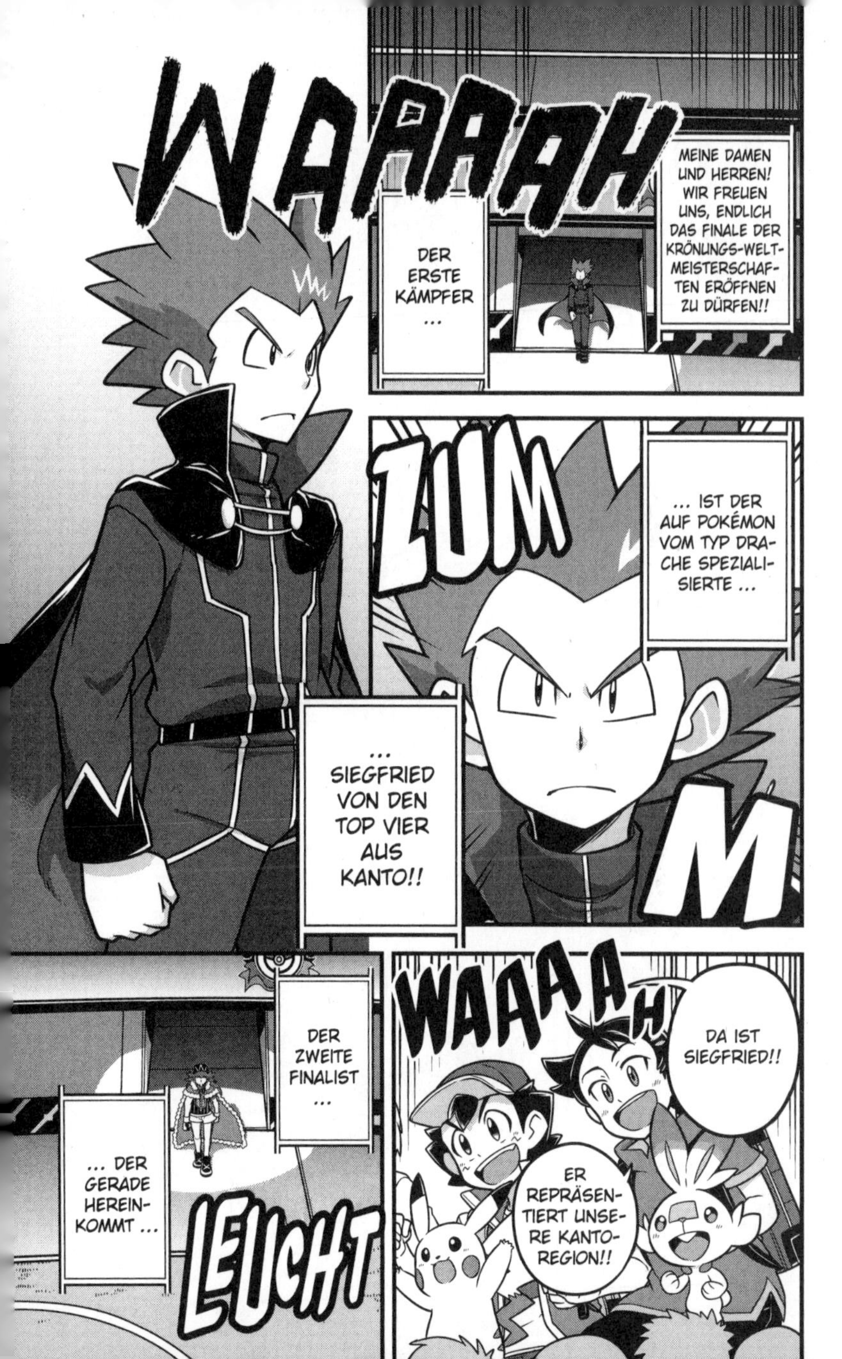
WAAAAH
MEINE DAMEN UND HERREN! WIR FREUEN UNS, ENDLICH DAS FINALE DER KRÖNUNGS-WELT-MEISTERSCHAFTEN ERÖFFNEN ZU DÜRFEN!!
DER ERSTE KÄMPFER …
… IST DER AUF POKÉMON VOM TYP DRACHE SPEZIALISIERTE …
ZUMM
… SIEGFRIED VON DEN TOP VIER AUS KANTO!!
WAAAAH
DA IST SIEGFRIED!!
ER REPRÄSENTIERT UNSERE KANTO-REGION!!
DER ZWEITE FINALIST …
… DER GERADE HEREINKOMMT …
LEUCHT

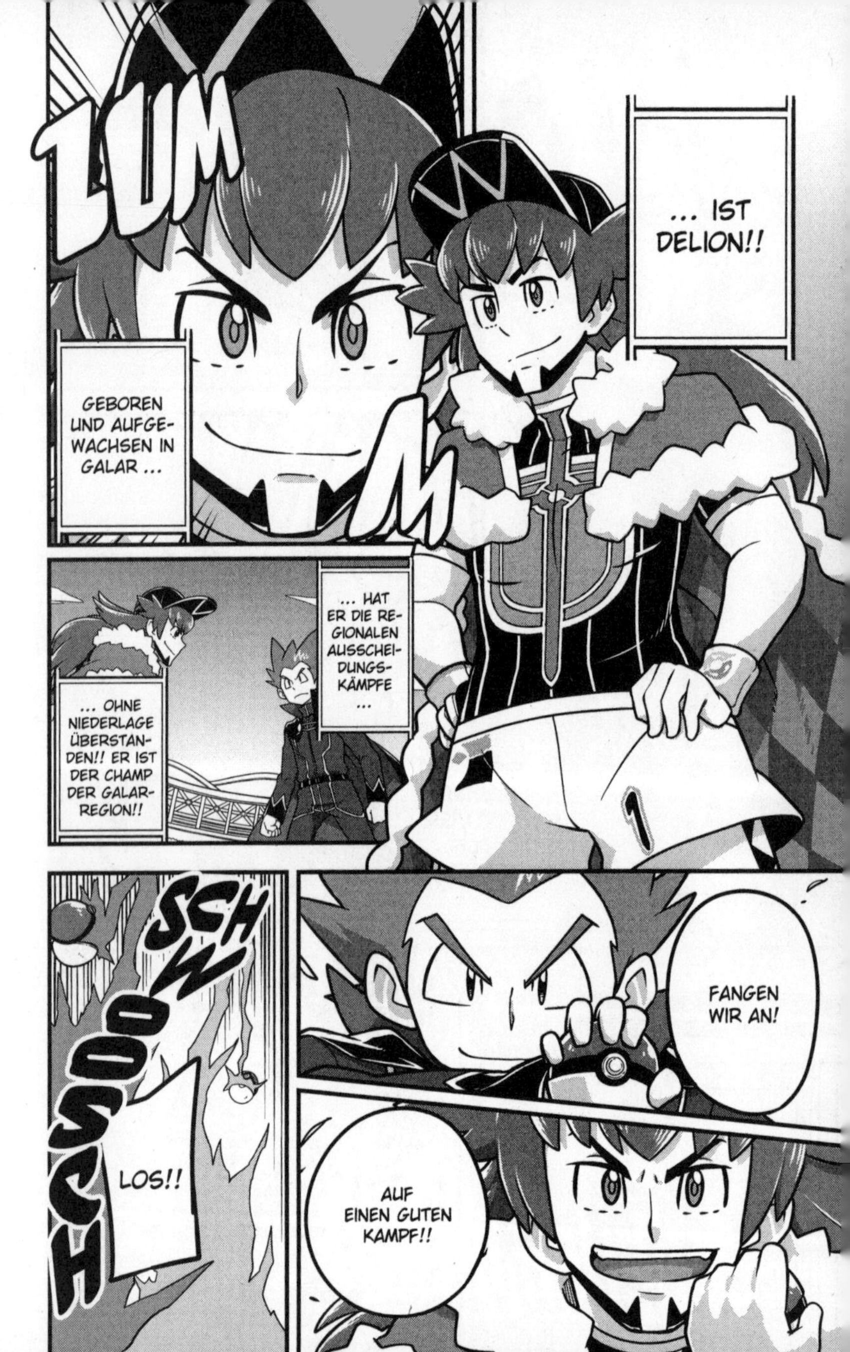
ZUM
... IST DELION!!
GEBOREN UND AUFGE-WACHSEN IN GALAR ...
... HAT ER DIE REGIONALEN AUSSCHEIDUNGSKÄMPFE ...
... OHNE NIEDERLAGE ÜBERSTANDEN!! ER IST DER CHAMP DER GALAR-REGION!!
FANGEN WIR AN!
SCHWOOSH
LOS!!
AUF EINEN GUTEN KAMPF!!

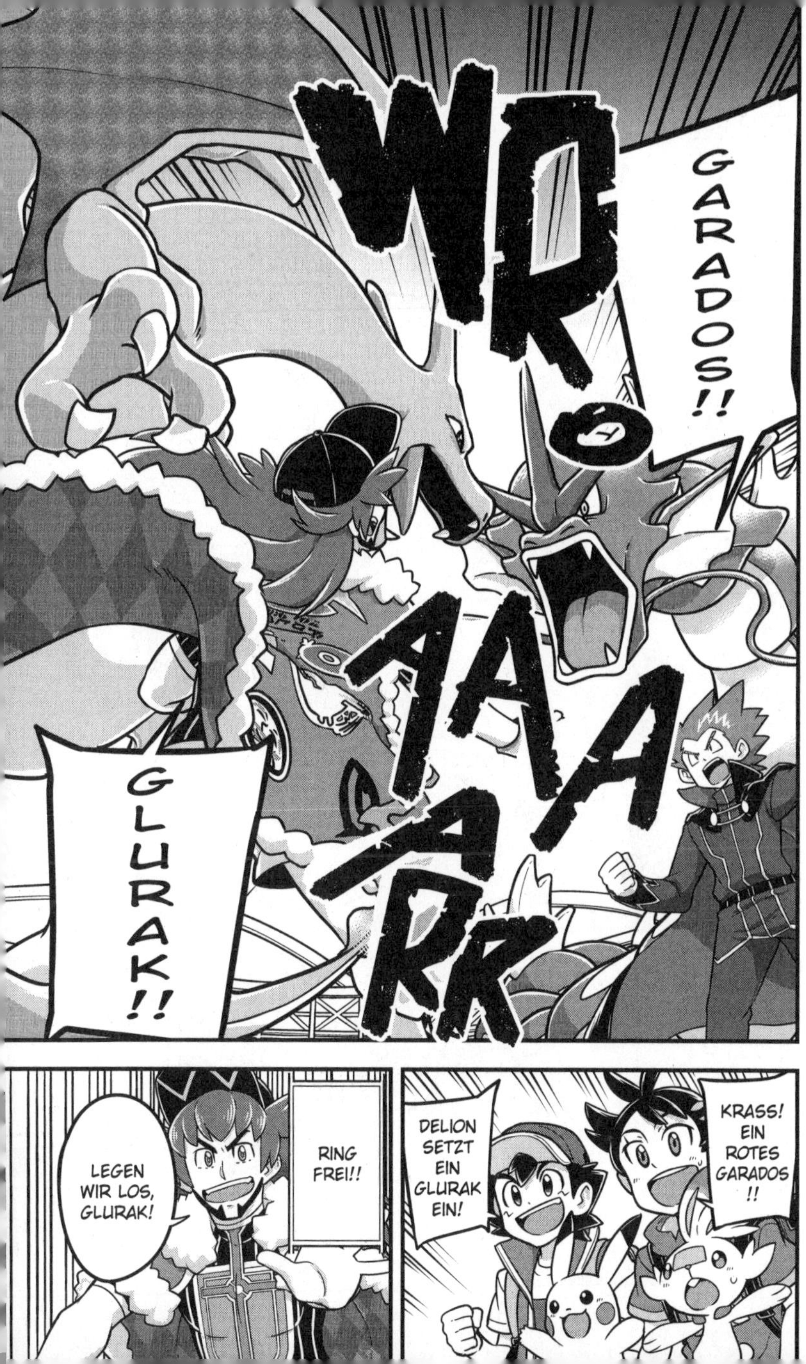

GARADOS!!

WROAAAARR

GLURAK!!

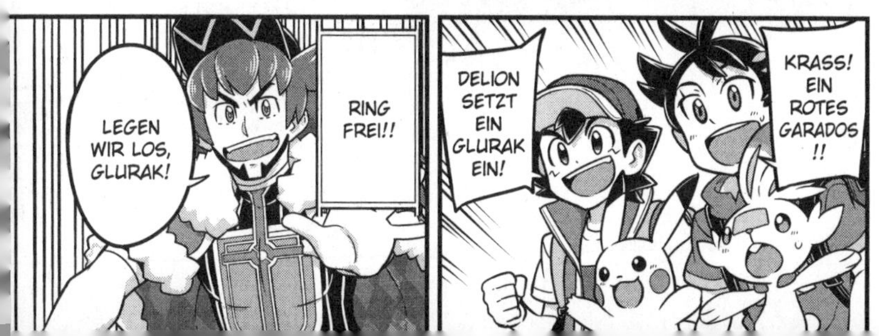

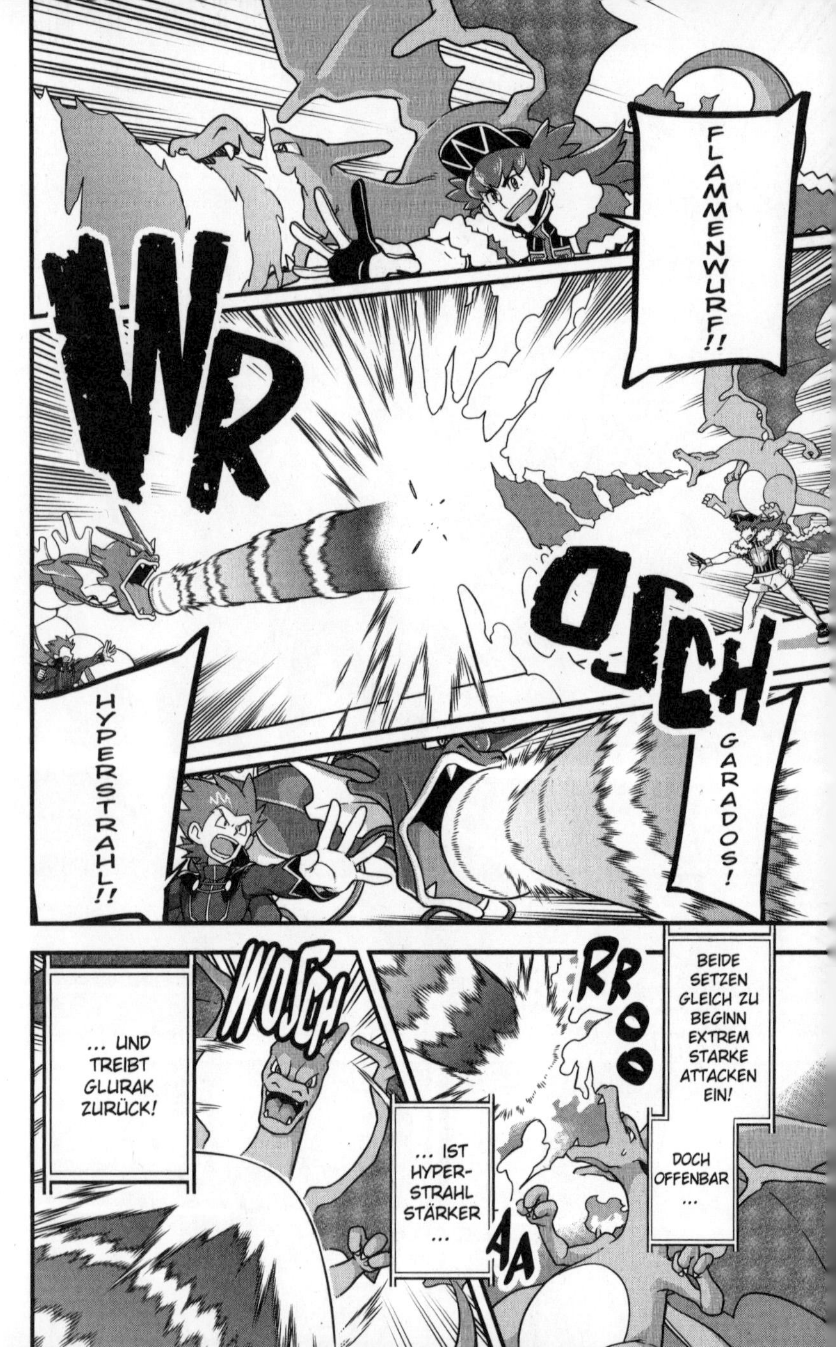
FLAMMENWURF!!
WR
OSCH
GARADOS!
HYPERSTRAHL!!
BEIDE SETZEN GLEICH ZU BEGINN EXTREM STARKE ATTACKEN EIN!
DOCH OFFENBAR ...
RROOO
AA
... IST HYPER-STRAHL STÄRKER ...
WOSCH
... UND TREIBT GLURAK ZURÜCK!

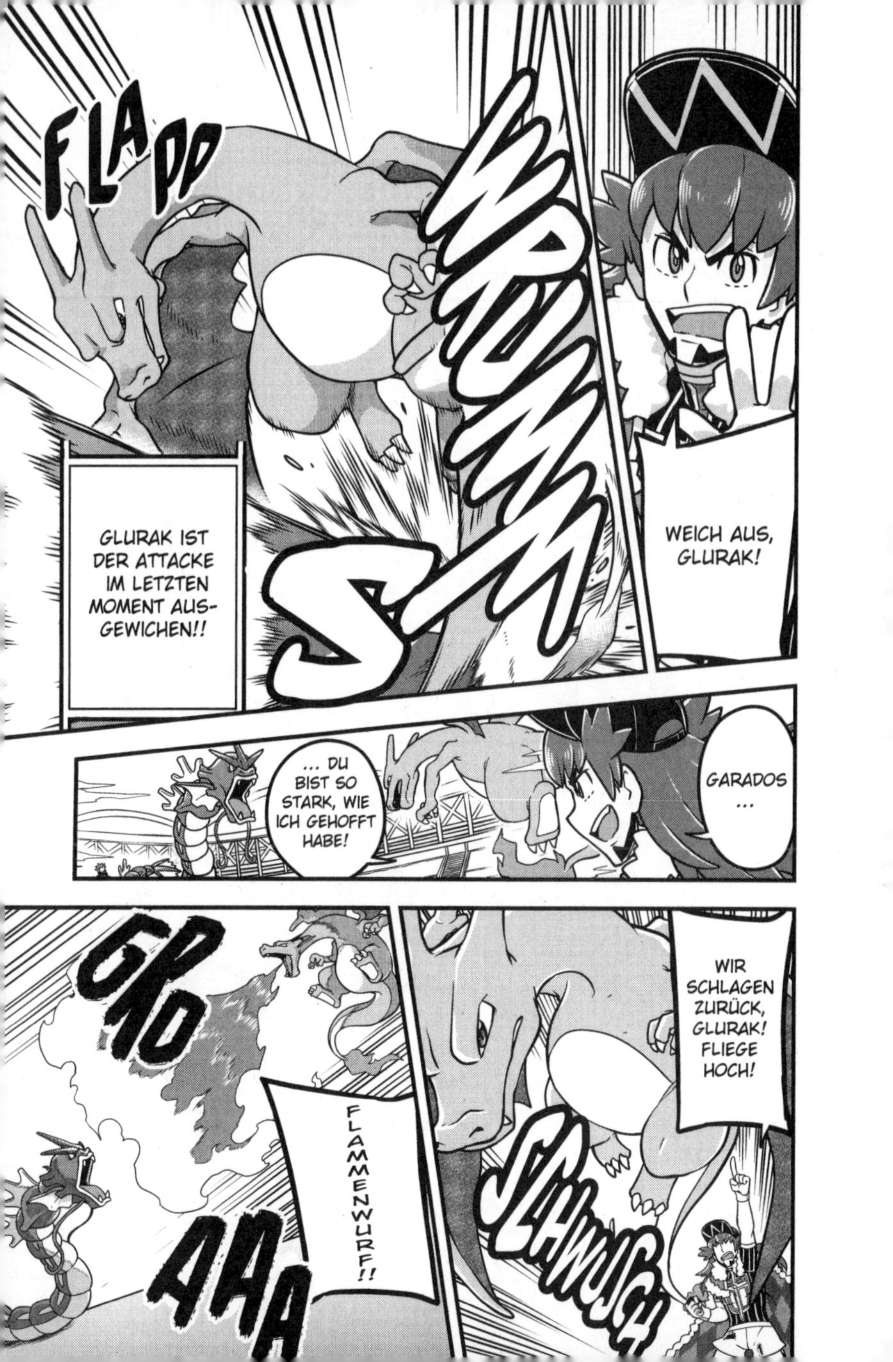

WEICH AUS, GLURAK!

GLURAK IST DER ATTACKE IM LETZTEN MOMENT AUS-GEWICHEN!!

GARADOS ...

... DU BIST SO STARK, WIE ICH GEHOFFT HABE!

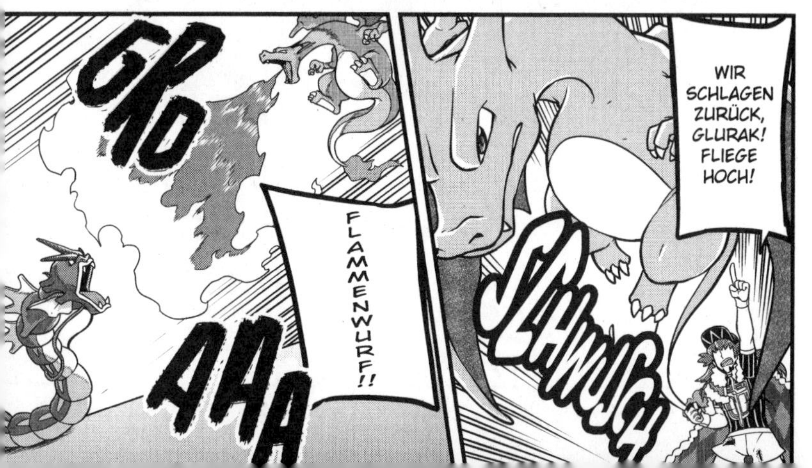

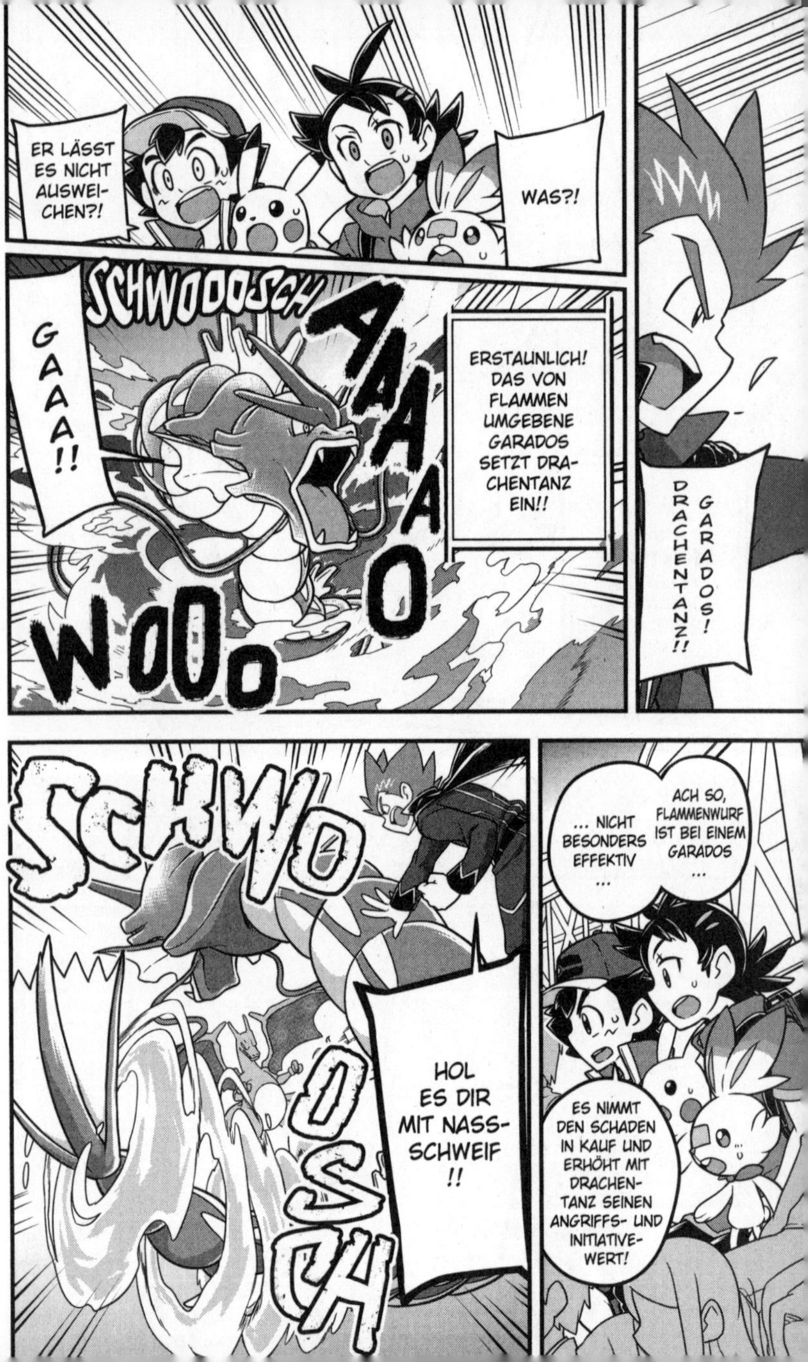

GARADOS! DRACHENTANZ!!

WAS?!

ER LÄSST ES NICHT AUSWEICHEN?!

SCHWOOOSCH

ERSTAUNLICH! DAS VON FLAMMEN UMGEBENE GARADOS SETZT DRACHENTANZ EIN!!

AAAAO

GAAAA!!

WOOO

ACH SO, FLAMMENWURF IST BEI EINEM GARADOS …

… NICHT BESONDERS EFFEKTIV …

ES NIMMT DEN SCHADEN IN KAUF UND ERHÖHT MIT DRACHENTANZ SEINEN ANGRIFFS- UND INITIATIVE-WERT!

SCHWO

HOL ES DIR MIT NASSSCHWEIF!!

OOSCH

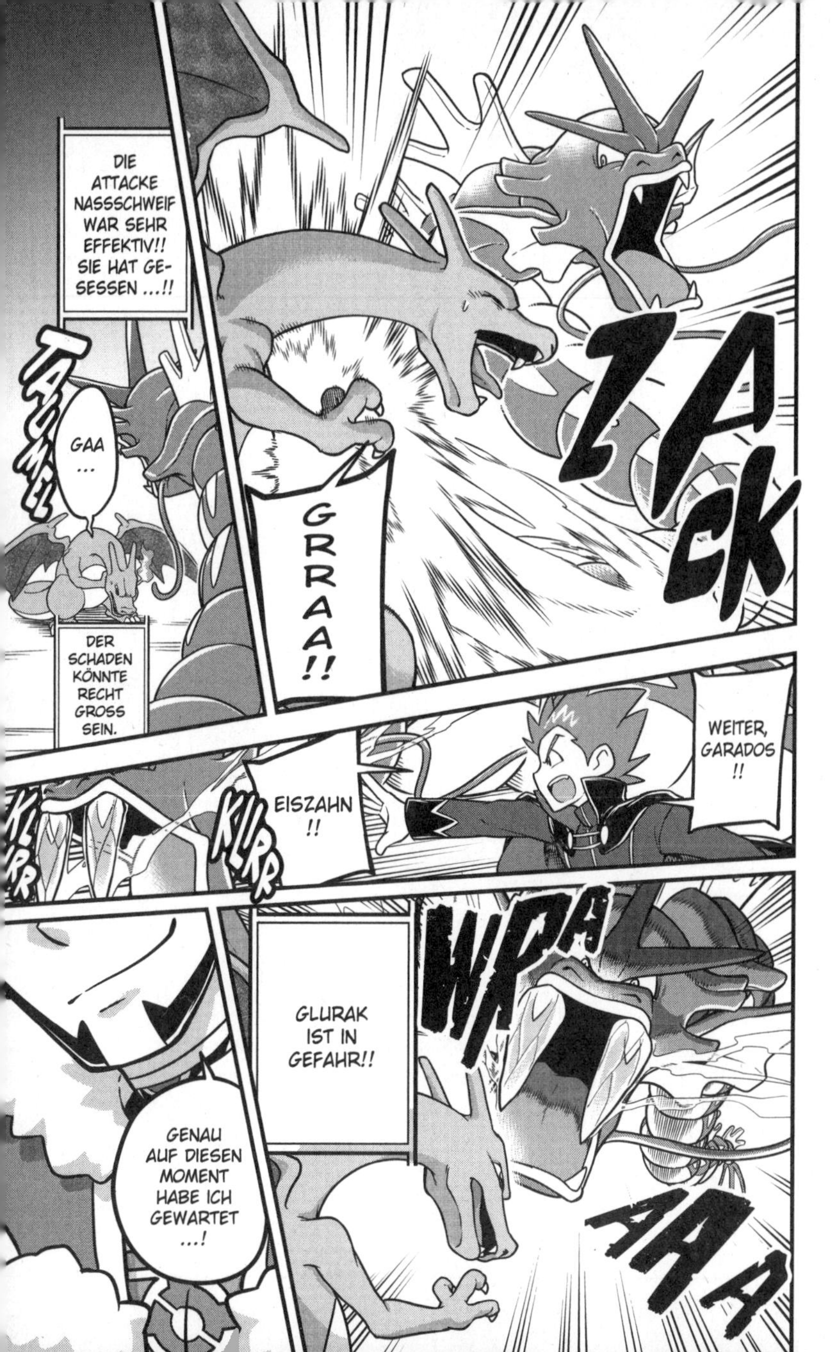

DIE ATTACKE NASSSCHWEIF WAR SEHR EFFEKTIV!! SIE HAT GESESSEN ...!!
ZACK
GRRAAA!!
TAUMEL
GAA ...
DER SCHADEN KÖNNTE RECHT GROSS SEIN.
WEITER, GARADOS !!
EISZAHN !!
KLIRR
KLIRR
WPA
GLURAK IST IN GEFAHR!!
AAAA
GENAU AUF DIESEN MOMENT HABE ICH GEWARTET ...!

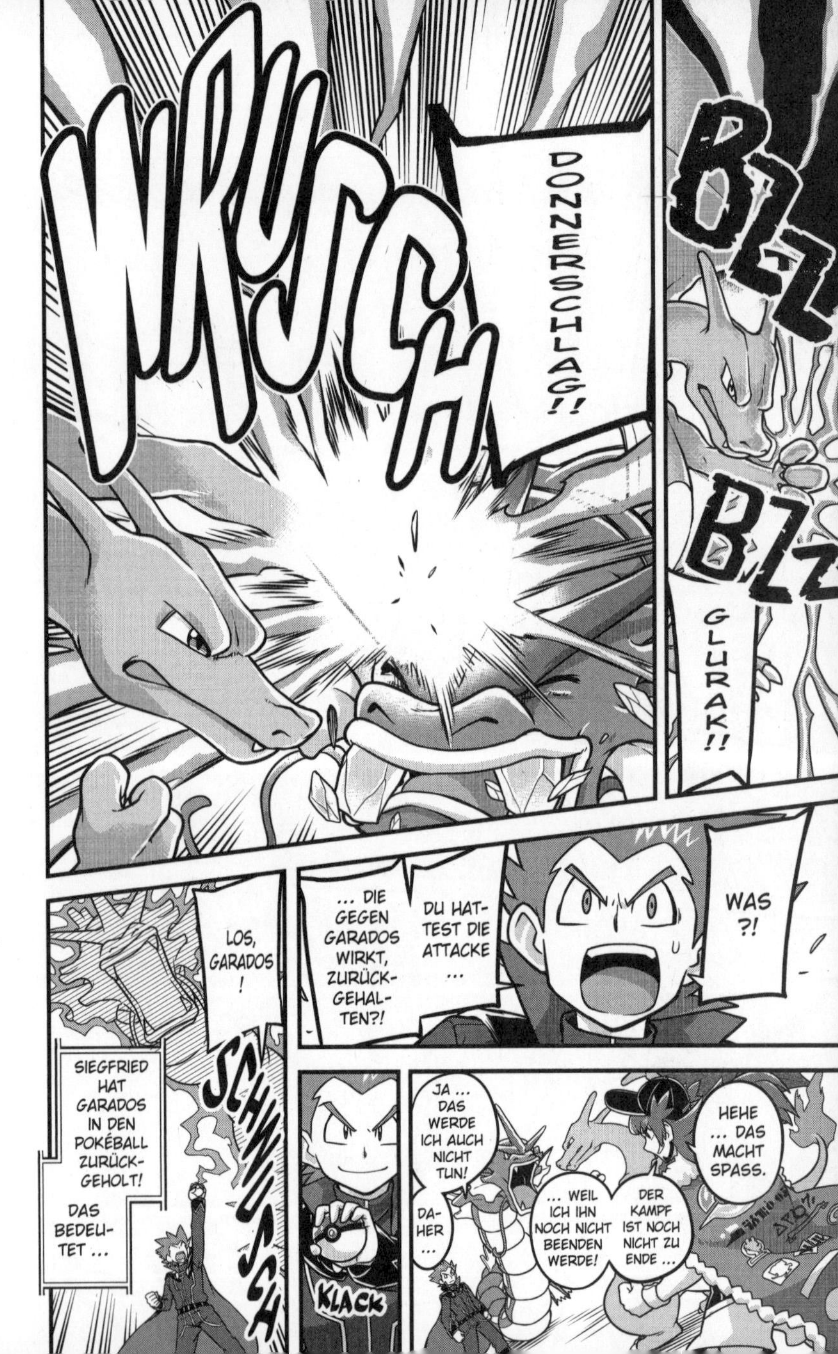
BZZ
BZZ
GLURAK!!
DONNERSCHLAG!!
WAS ?!
DU HAT-TEST DIE ATTACKE ...
... DIE GEGEN GARADOS WIRKT, ZURÜCK-GEHAL-TEN?!
LOS, GARADOS !
HEHE ... DAS MACHT SPASS.
DER KAMPF IST NOCH NICHT ZU ENDE ...
... WEIL ICH IHN NOCH NICHT BEENDEN WERDE!
JA ... DAS WERDE ICH AUCH NICHT TUN!
DA-HER ...
KLACK
SIEGFRIED HAT GARADOS IN DEN POKÉBALL ZURÜCK-GEHOLT!
DAS BEDEU-TET ...

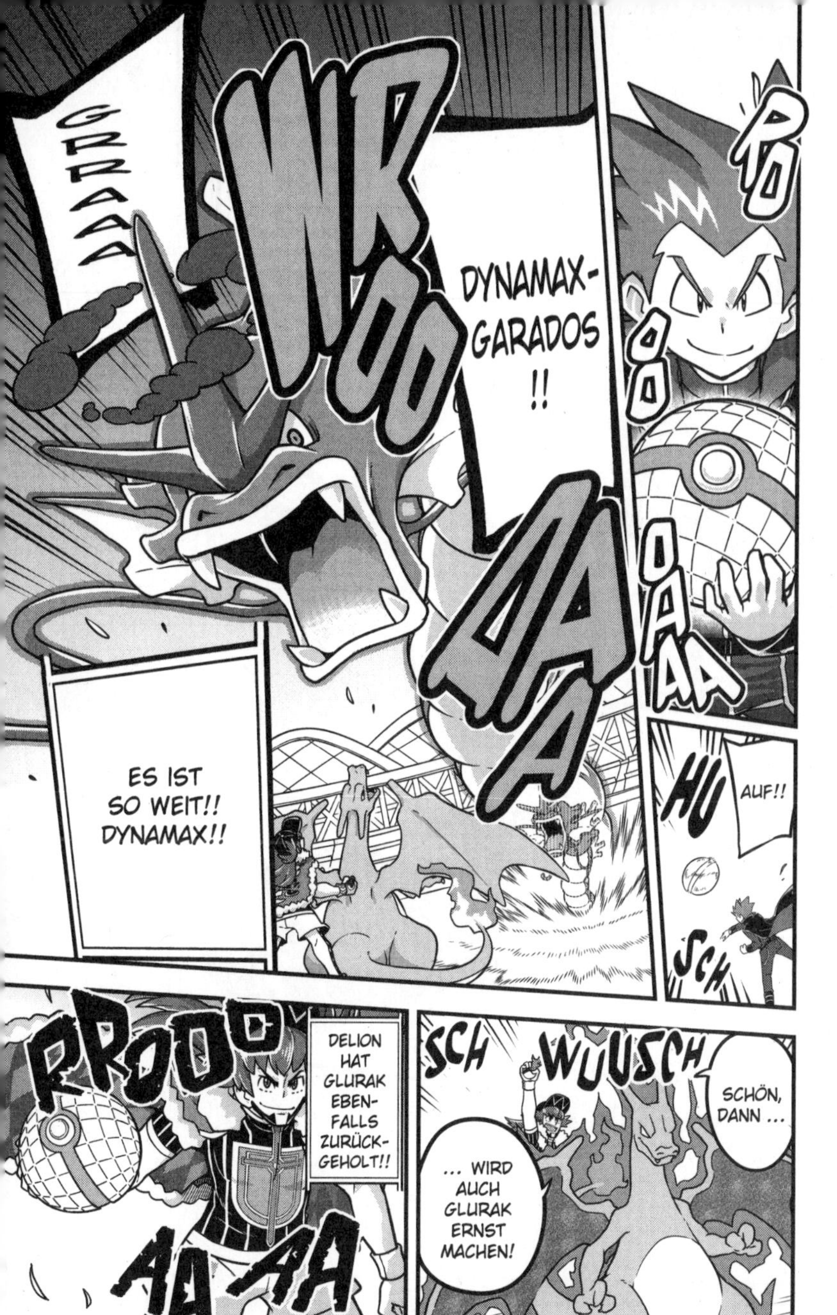

DYNAMAX-GARADOS!!
GRRAAAA
WROOAAA
ES IST SO WEIT!! DYNAMAX!!
AUF!!
HU
SCH
SCHÖN, DANN ...
... WIRD AUCH GLURAK ERNST MACHEN!
SCH
WUUSCH
DELION HAT GLURAK EBENFALLS ZURÜCKGEHOLT!!
RROOO
AAAA

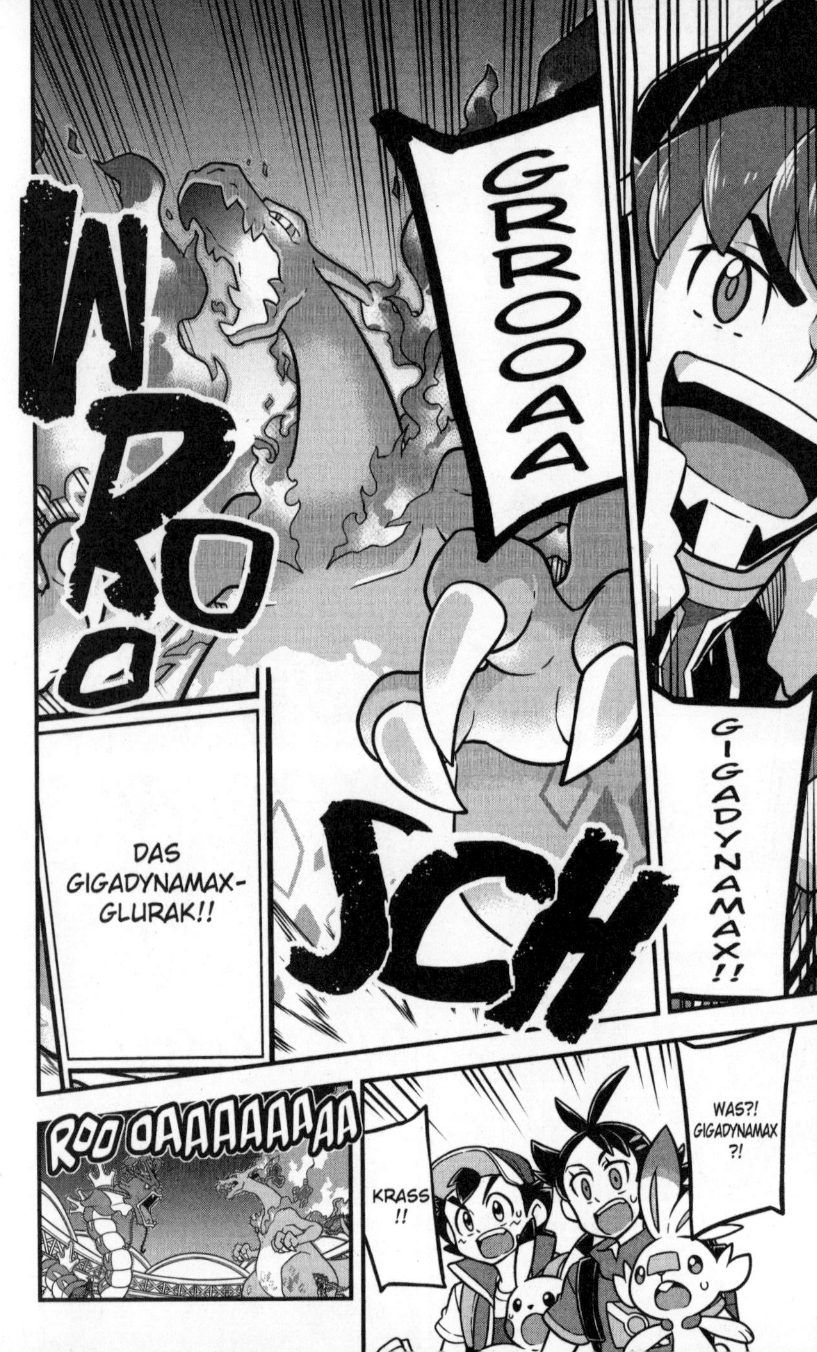
GRROOAA
WROO
DAS GIGADYNAMAX-GLURAK!!
SCH
GIGADYNAMAX!!
ROO OAAAAAAAAA
WAS?! GIGADYNAMAX?!
KRASS!!

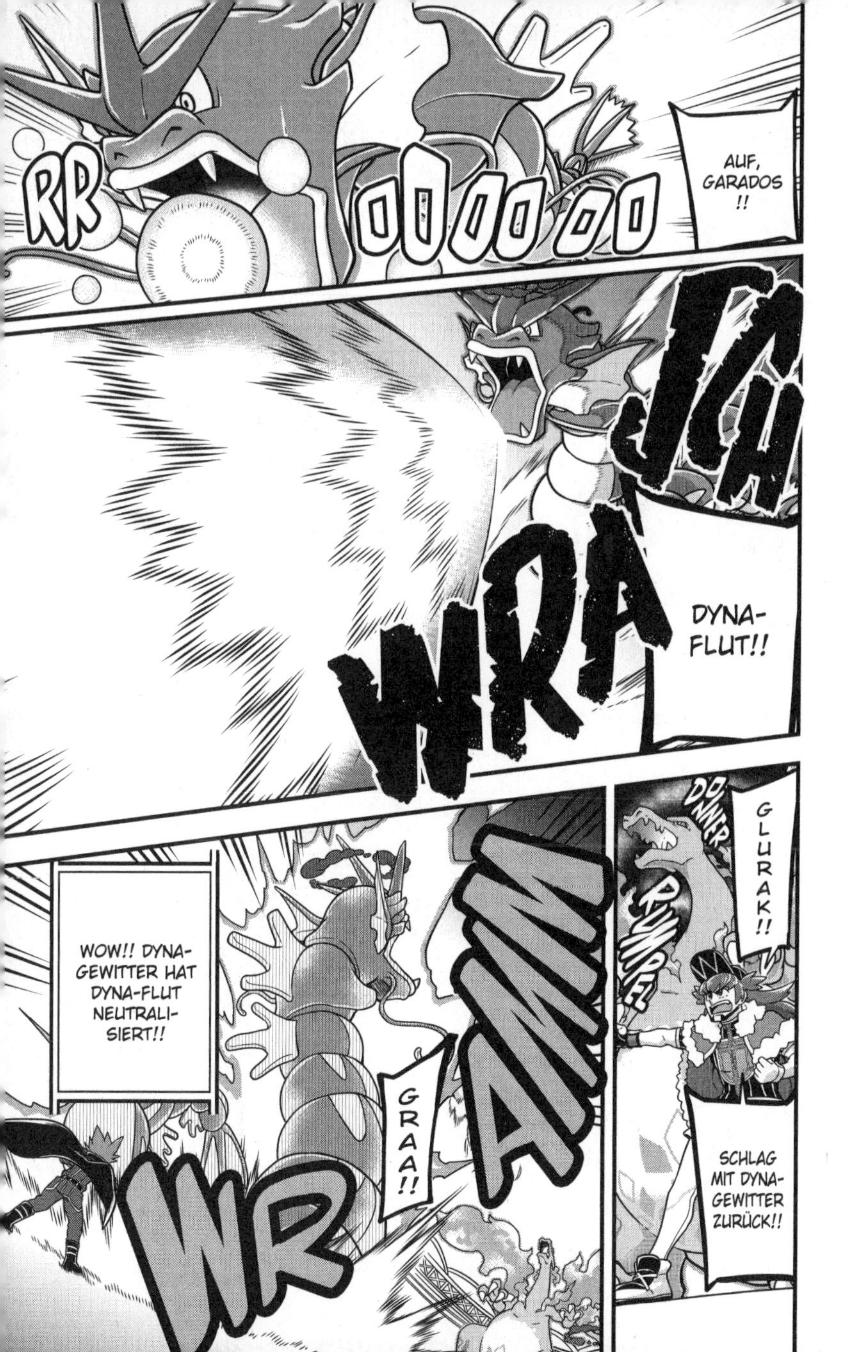
AUF, GARADOS !!
RR
OOOOOO
JA
WRA
DYNA-FLUT!!
GLURAK!!
DONNER
RUMPEL
SCHLAG MIT DYNA-GEWITTER ZURÜCK!!
WOW!! DYNA-GEWITTER HAT DYNA-FLUT NEUTRALI-SIERT!!
GRAA!!
WRAAAMM

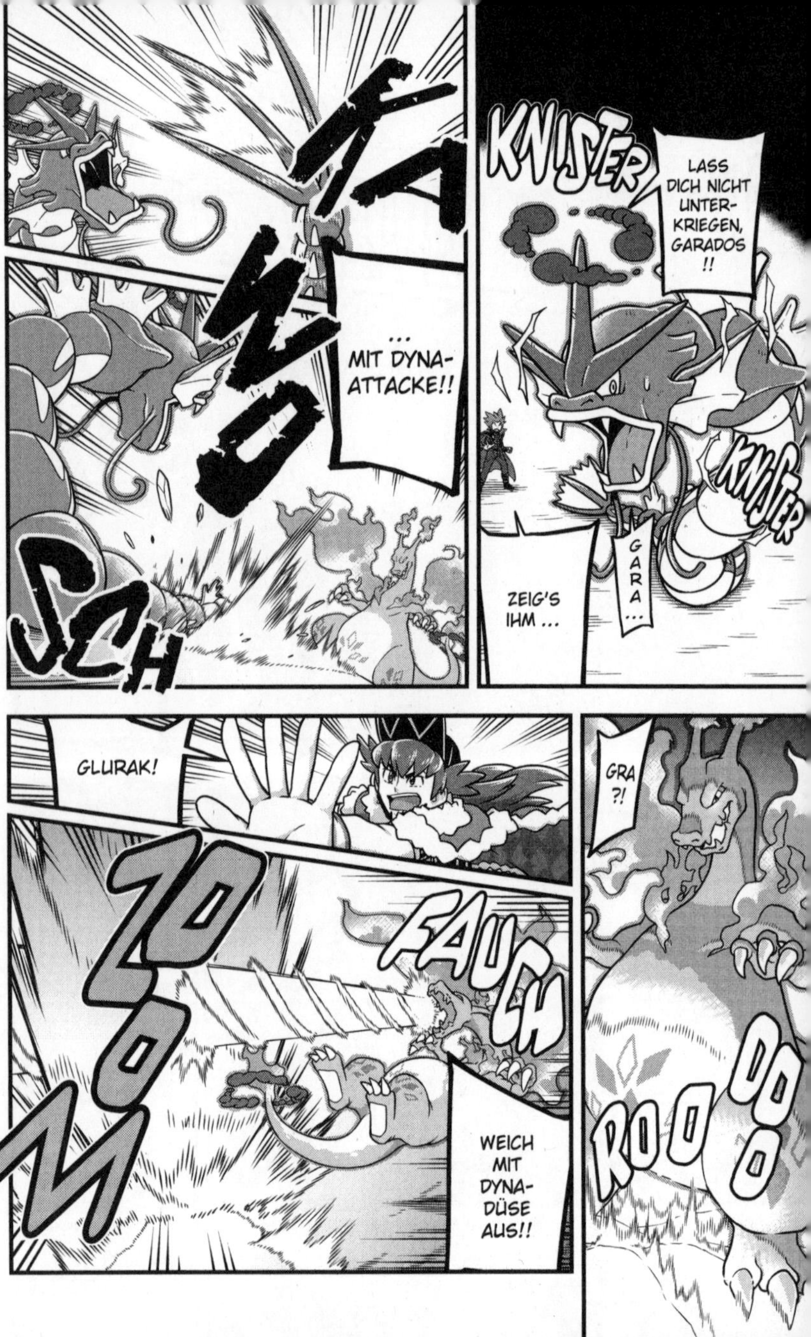

KNISTER
LASS DICH NICHT UNTER-KRIEGEN, GARADOS!!
KNISTER
GARA ...
ZEIG'S IHM ...
... MIT DYNA-ATTACKE!!
GRA ?!
GLURAK!
FAUCH
WEICH MIT DYNA-DÜSE AUS!!
ZOOOM

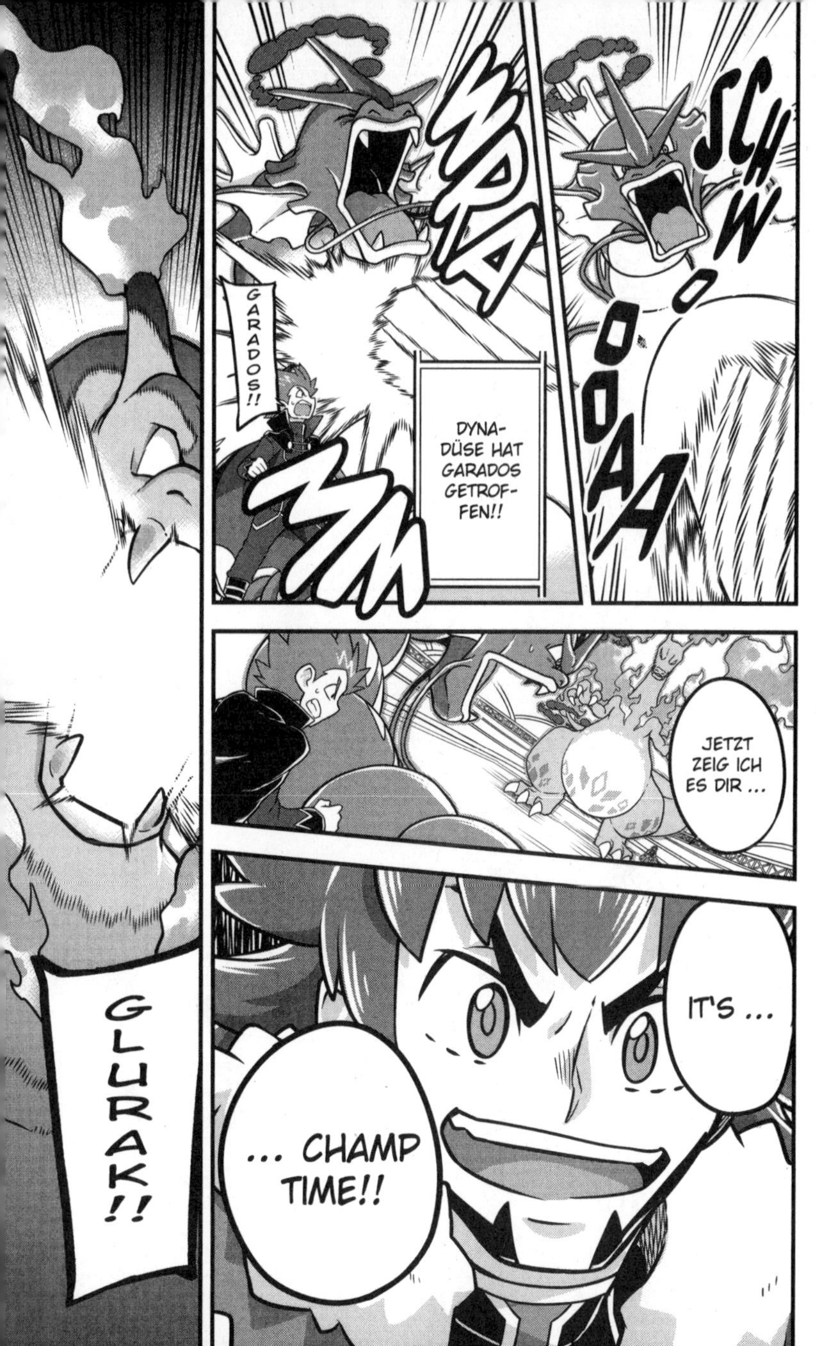
SCHWOOOAA
WRAMM
DYNA-DÜSE HAT GARADOS GETROFFEN!!
GARADOS!!
JETZT ZEIG ICH ES DIR ...
IT'S ...
... CHAMP TIME!!
GLURAK!!

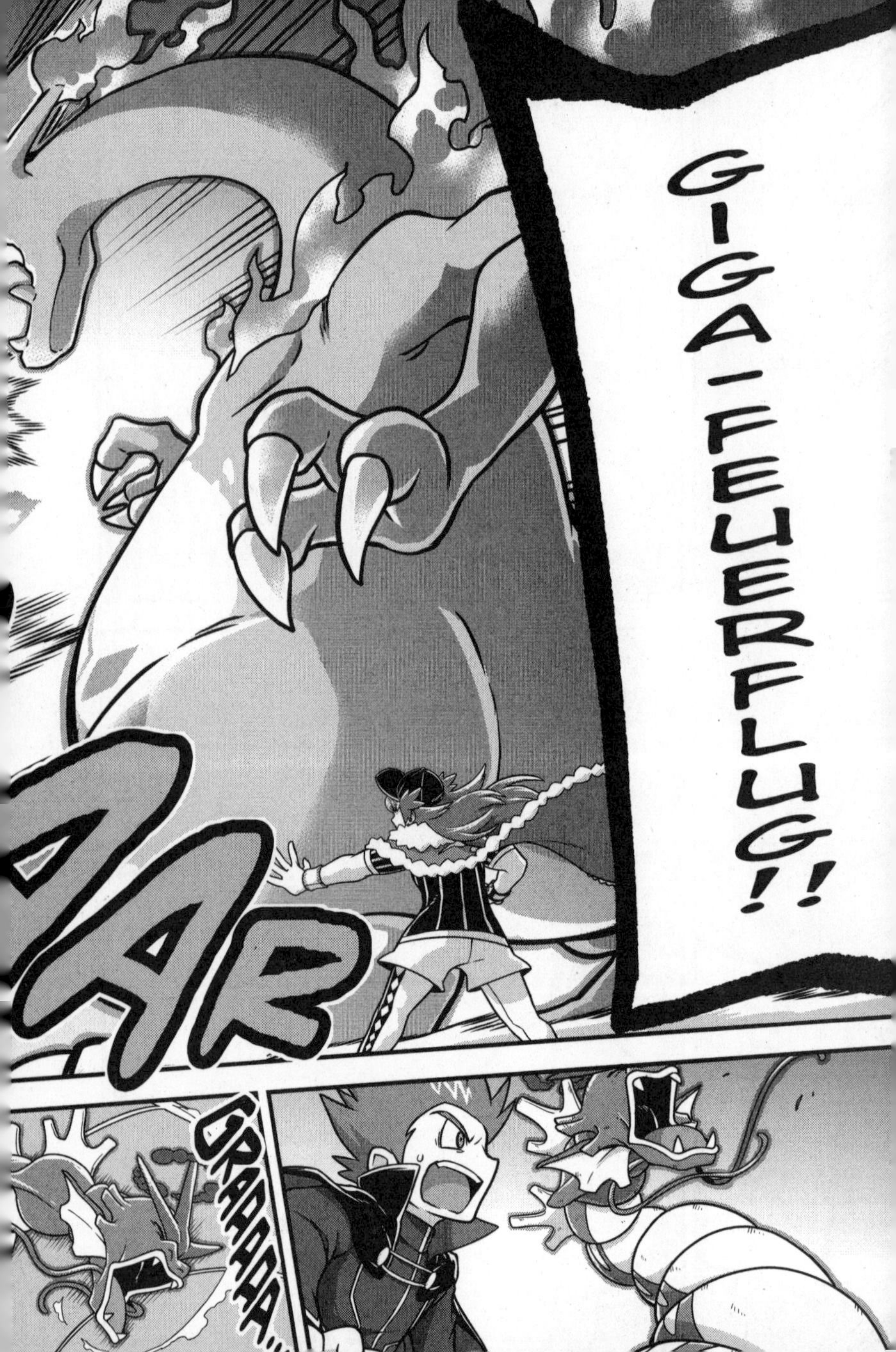
GIGA-FEUERFLUG!!
ZAR
GRAAAAA...

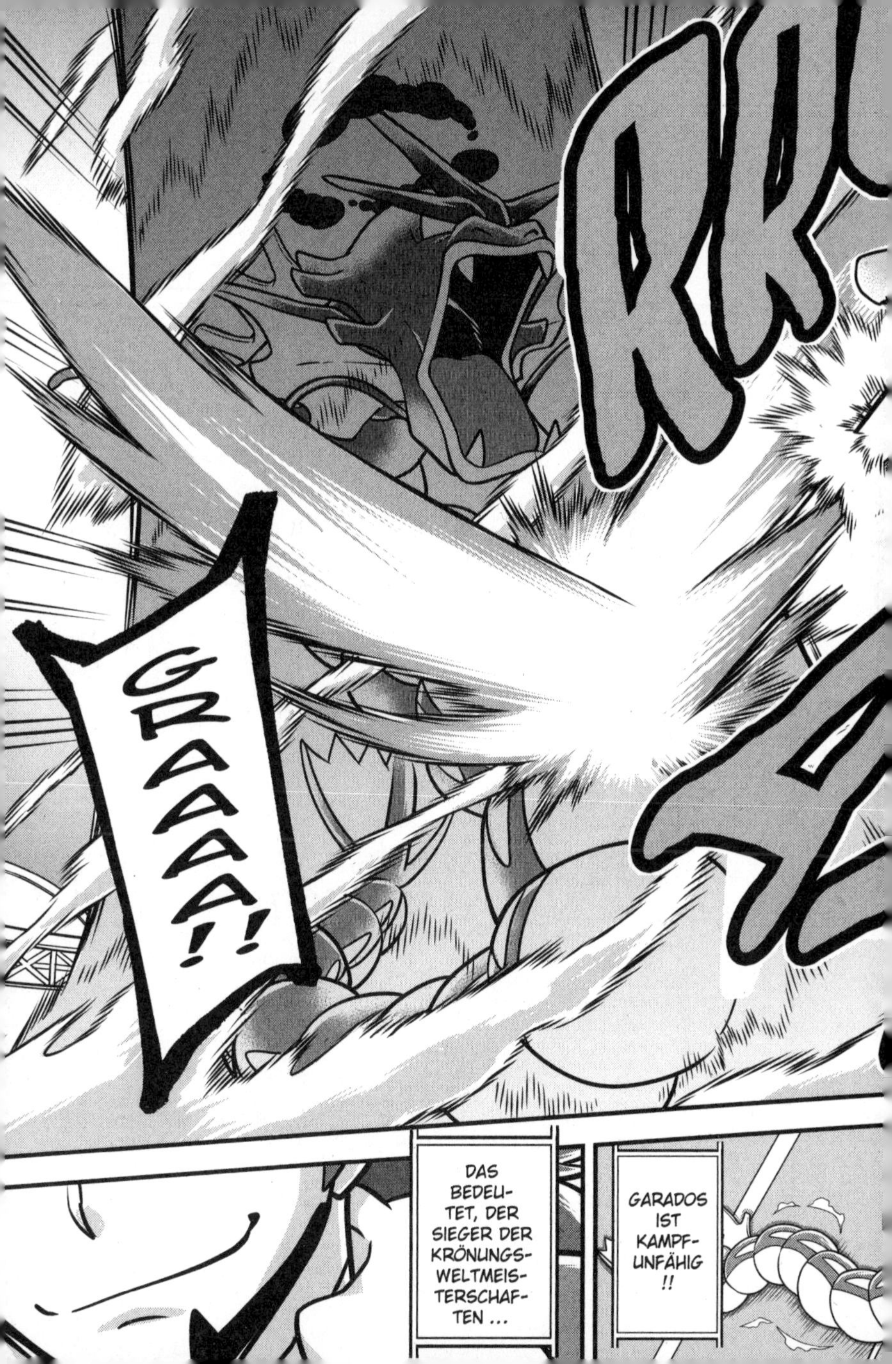
GRAAAA!!
GARADOS IST KAMPF-UNFÄHIG !!
DAS BEDEU-TET, DER SIEGER DER KRÖNUNGS-WELTMEIS-TERSCHAF-TEN …

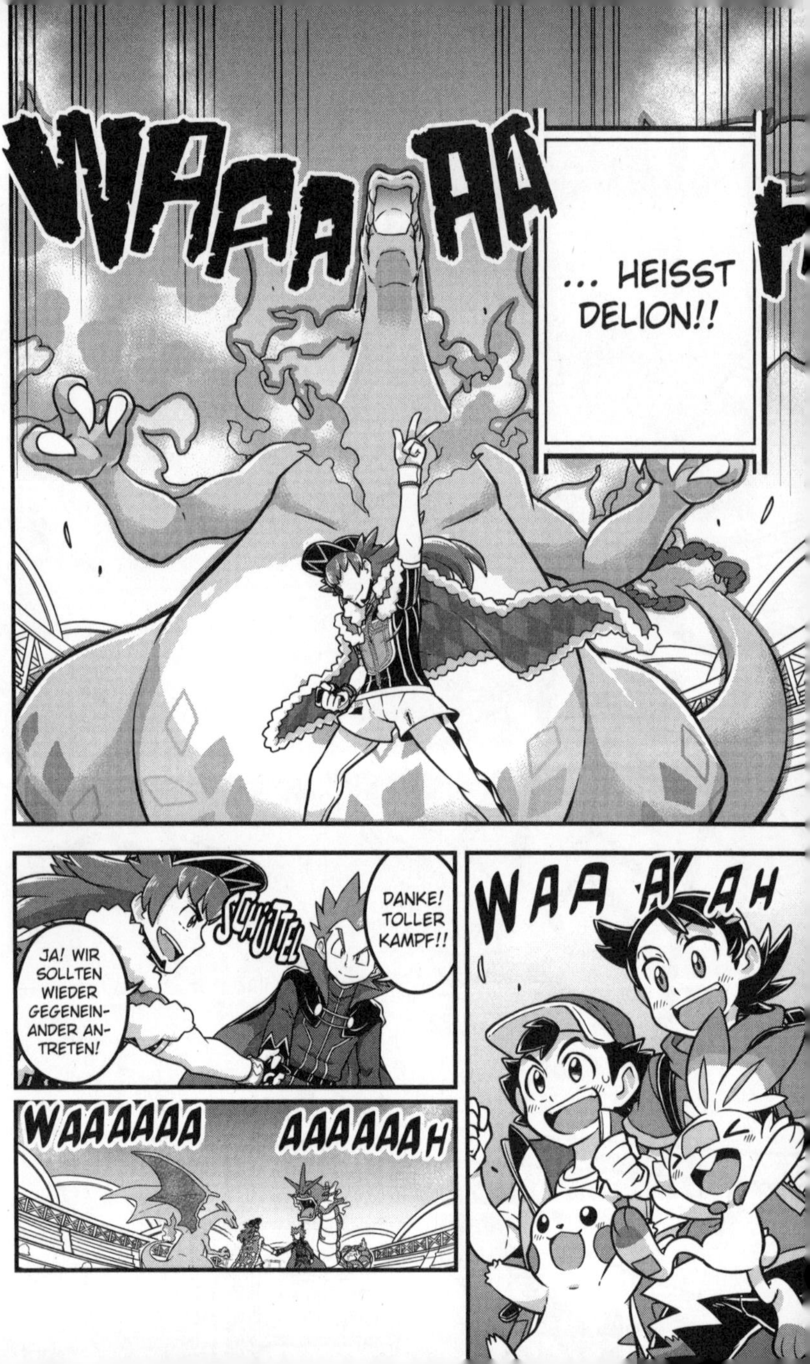

WAAAAAA

… HEISST DELION!!

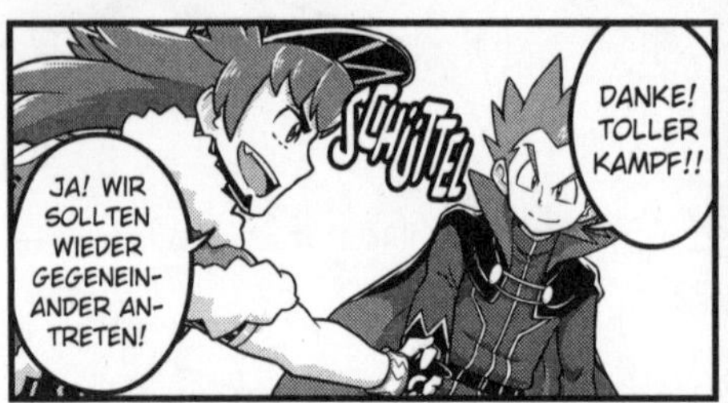

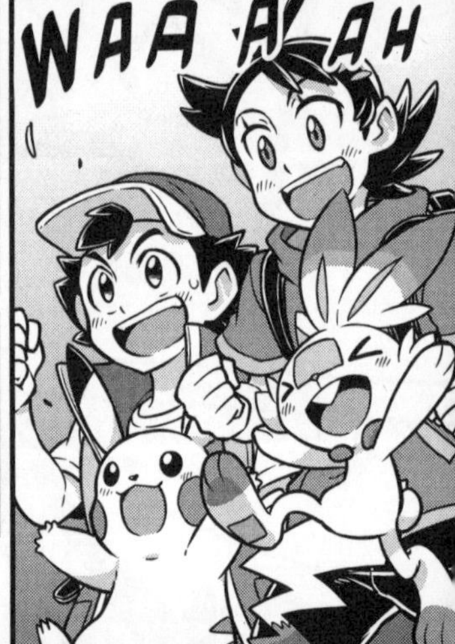

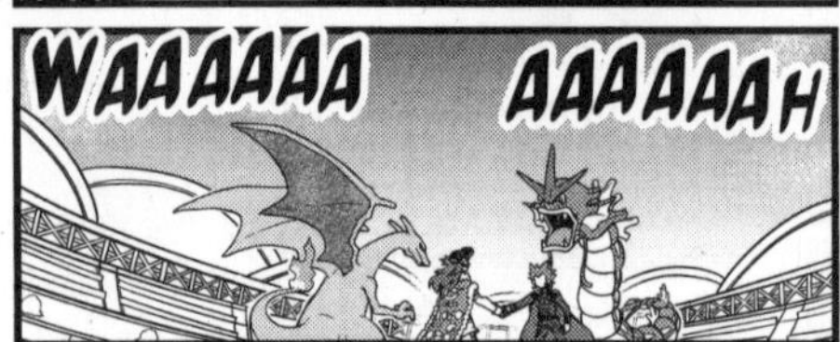

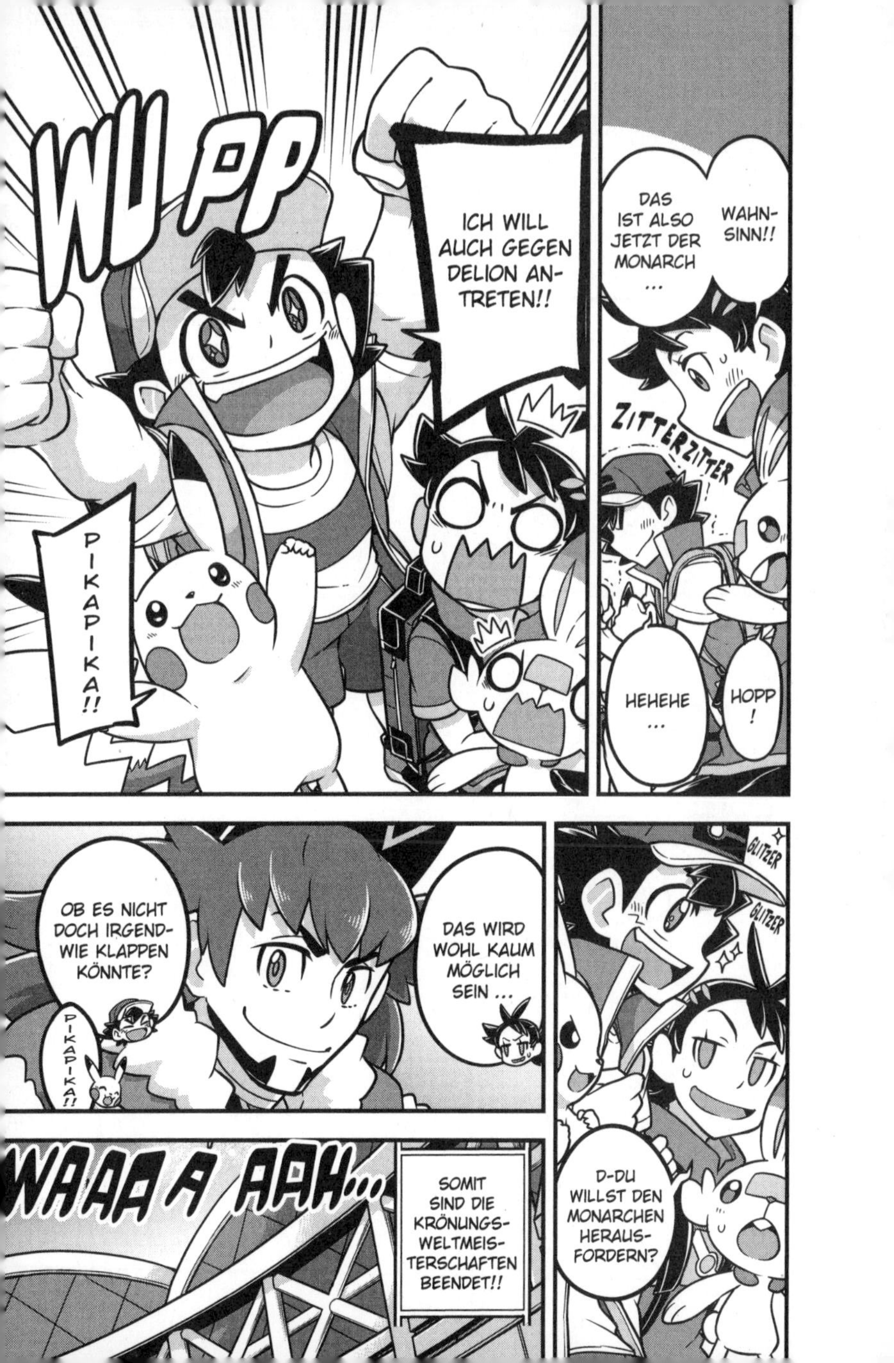

WAHNSINN!!
DAS IST ALSO JETZT DER MONARCH ...
ZITTERZITTER
HOPP!
HEHEHE ...
ICH WILL AUCH GEGEN DELION ANTRETEN!!
WUPP
PIKAPIKA!!

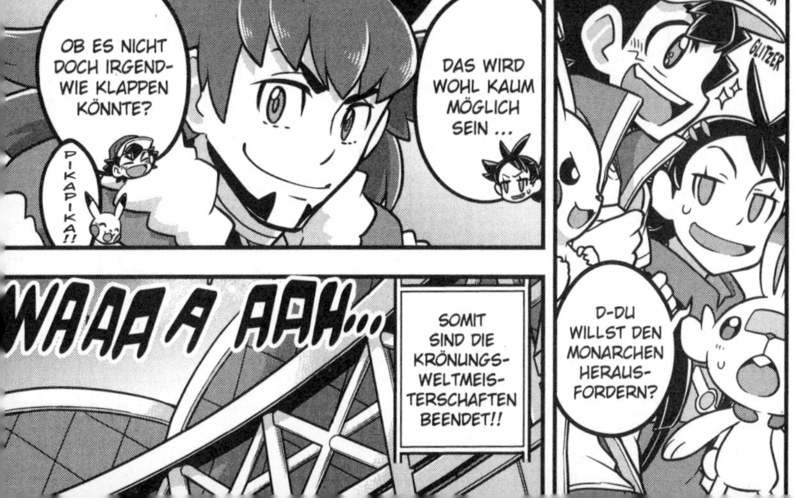

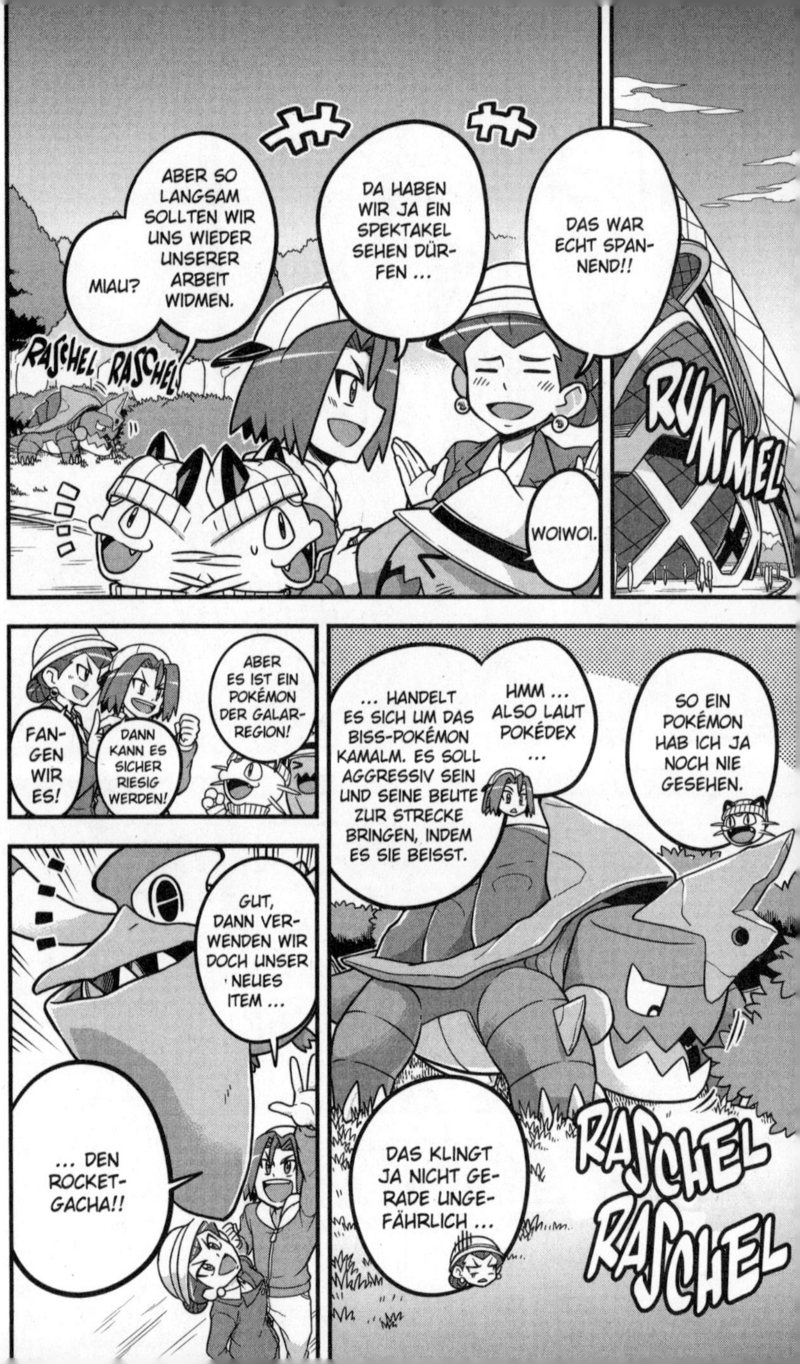

RUMMEL
DAS WAR ECHT SPANNEND!!
WOIWOI.
DA HABEN WIR JA EIN SPEKTAKEL SEHEN DÜRFEN ...
ABER SO LANGSAM SOLLTEN WIR UNS WIEDER UNSERER ARBEIT WIDMEN.
MIAU?
RASCHEL RASCHEL

SO EIN POKÉMON HAB ICH JA NOCH NIE GESEHEN.
HMM ... ALSO LAUT POKÉDEX ...
... HANDELT ES SICH UM DAS BISS-POKÉMON KAMALM. ES SOLL AGGRESSIV SEIN UND SEINE BEUTE ZUR STRECKE BRINGEN, INDEM ES SIE BEISST.
DAS KLINGT JA NICHT GERADE UNGEFÄHRLICH ...
RASCHEL RASCHEL

ABER ES IST EIN POKÉMON DER GALAR-REGION!
DANN KANN ES SICHER RIESIG WERDEN!
FANGEN WIR ES!

GUT, DANN VERWENDEN WIR DOCH UNSER NEUES ITEM ...
... DEN ROCKET-GACHA!!

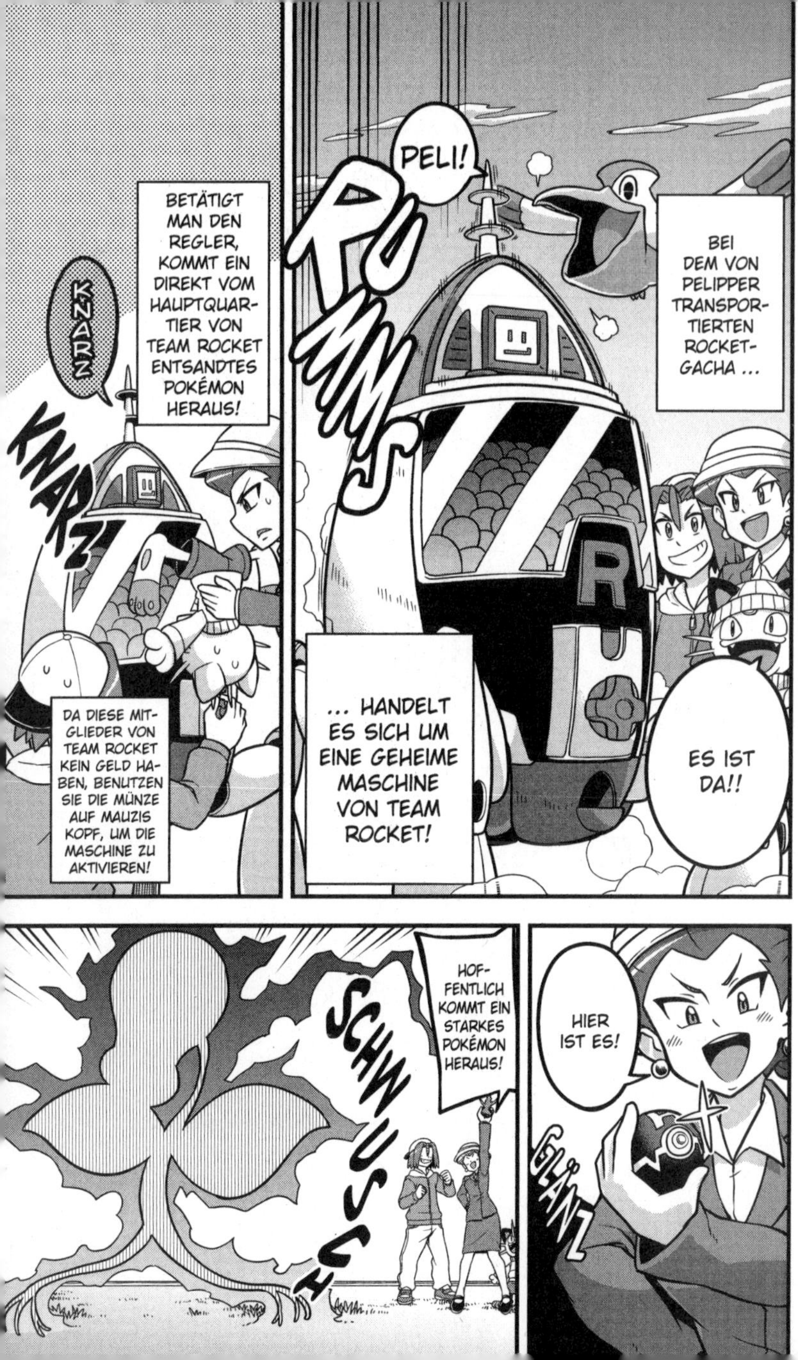

PELI!

RUMMS

BEI DEM VON PELIPPER TRANSPORTIERTEN ROCKET-GACHA ...

ES IST DA!!

... HANDELT ES SICH UM EINE GEHEIME MASCHINE VON TEAM ROCKET!

BETÄTIGT MAN DEN REGLER, KOMMT EIN DIREKT VOM HAUPTQUARTIER VON TEAM ROCKET ENTSANDTES POKÉMON HERAUS!

KNARZ

KNARZ

DA DIESE MITGLIEDER VON TEAM ROCKET KEIN GELD HABEN, BENUTZEN SIE DIE MÜNZE AUF MAUZIS KOPF, UM DIE MASCHINE ZU AKTIVIEREN!

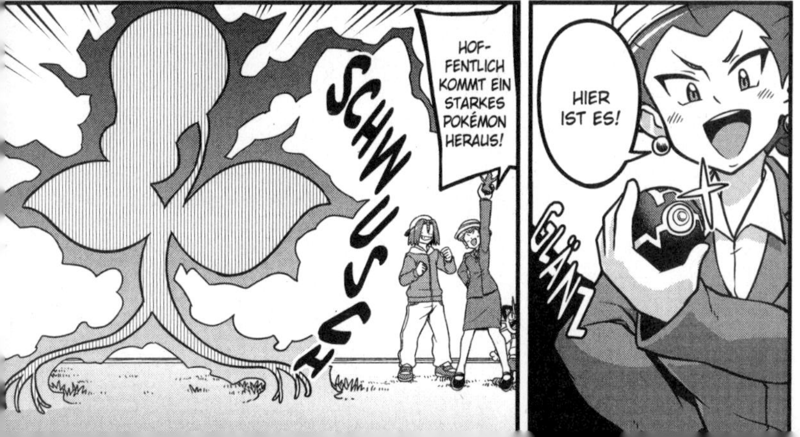

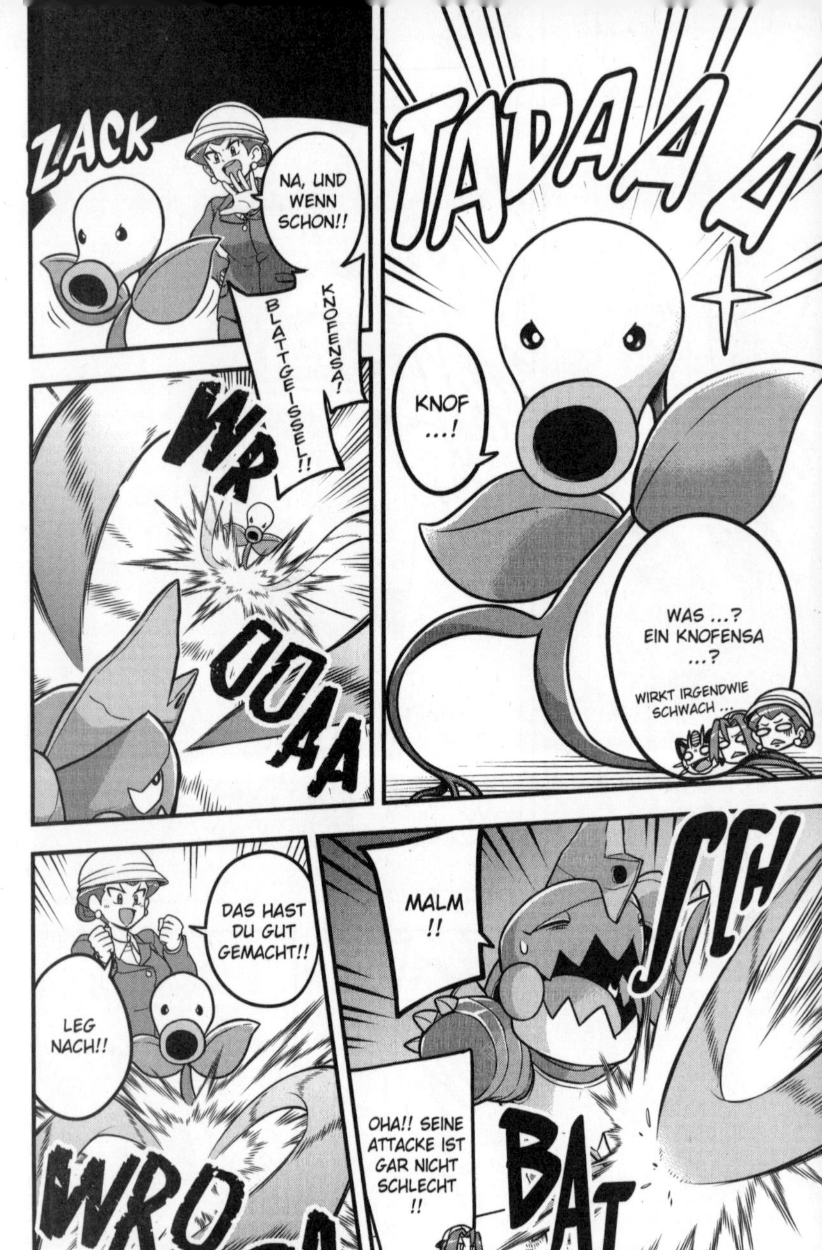
TADAAA
KNOF ...!
WAS ...? EIN KNOFENSA ...?
WIRKT IRGENDWIE SCHWACH ...
ZACK
NA, UND WENN SCHON!!
KNOFENSA! BLATTGEISSEL!!
WR
OOAA
SCH
MALM!!
OHA!! SEINE ATTACKE IST GAR NICHT SCHLECHT!!
BAT
DAS HAST DU GUT GEMACHT!!
LEG NACH!!
WRO
OAA

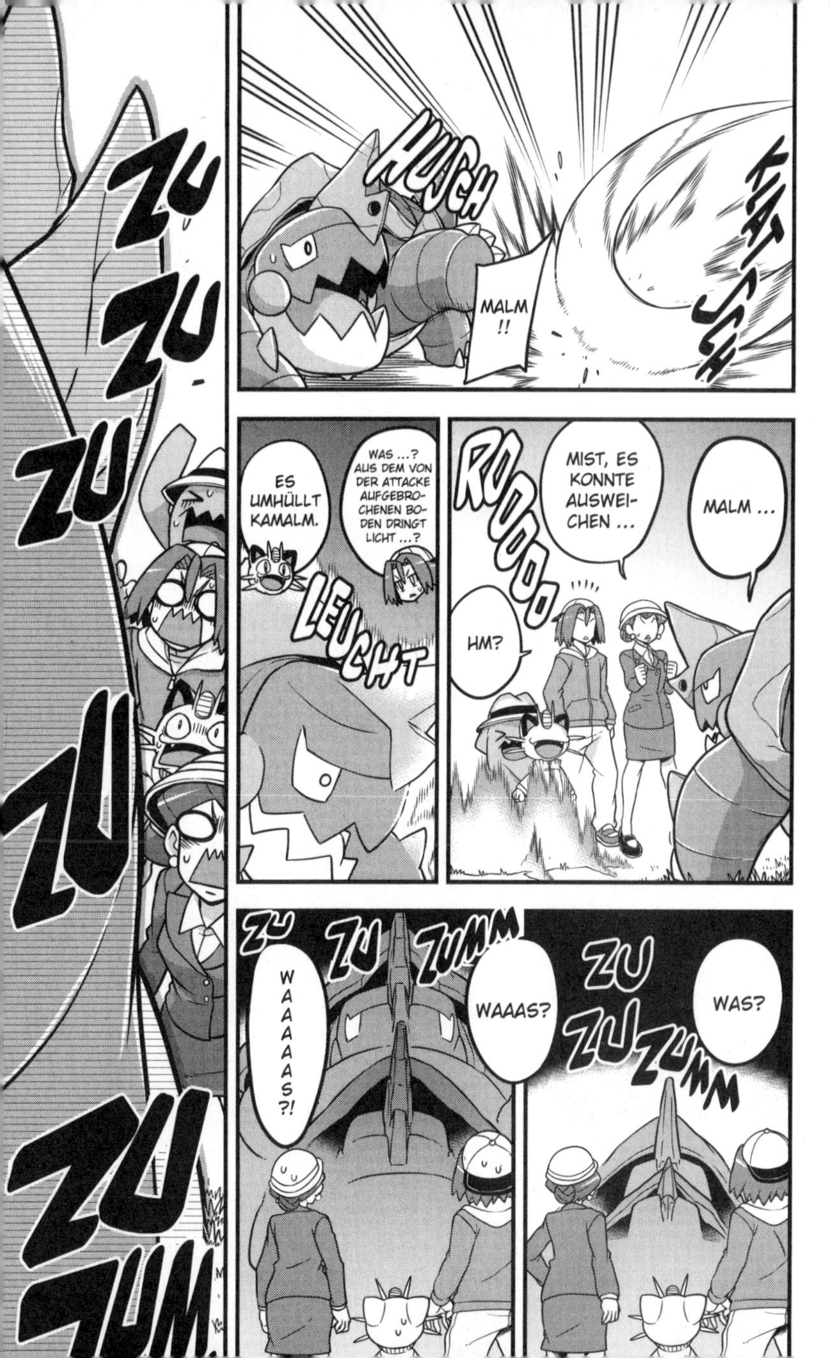
KLATSCH
MALM !!
HUSCH
MALM ...
MIST, ES KONNTE AUSWEICHEN ...
HM?
ROOOOOO
WAS ...? AUS DEM VON DER ATTACKE AUFGEBROCHENEN BODEN DRINGT LICHT ...?
ES UMHÜLLT KAMALM.
LEUCHT
WAS?
ZU ZU ZUZUMM
WAAAS?
ZUMM
ZU ZU
WAAAAAAAS?!
ZU ZU ZU ZU ZU ZU ZU ZUM.

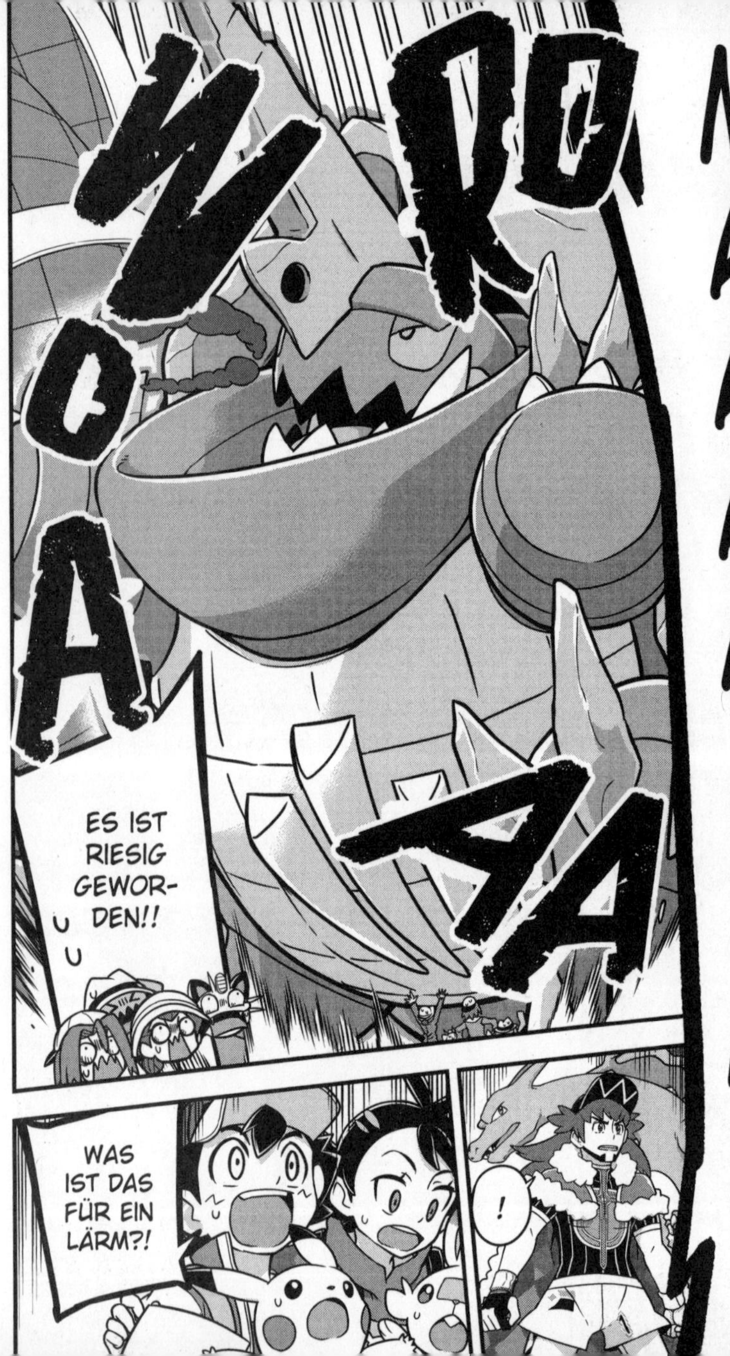
WROOAAA
MAAAALMM!!
ES IST RIESIG GEWOR-DEN!!
WAS IST DAS FÜR EIN LÄRM?!
!

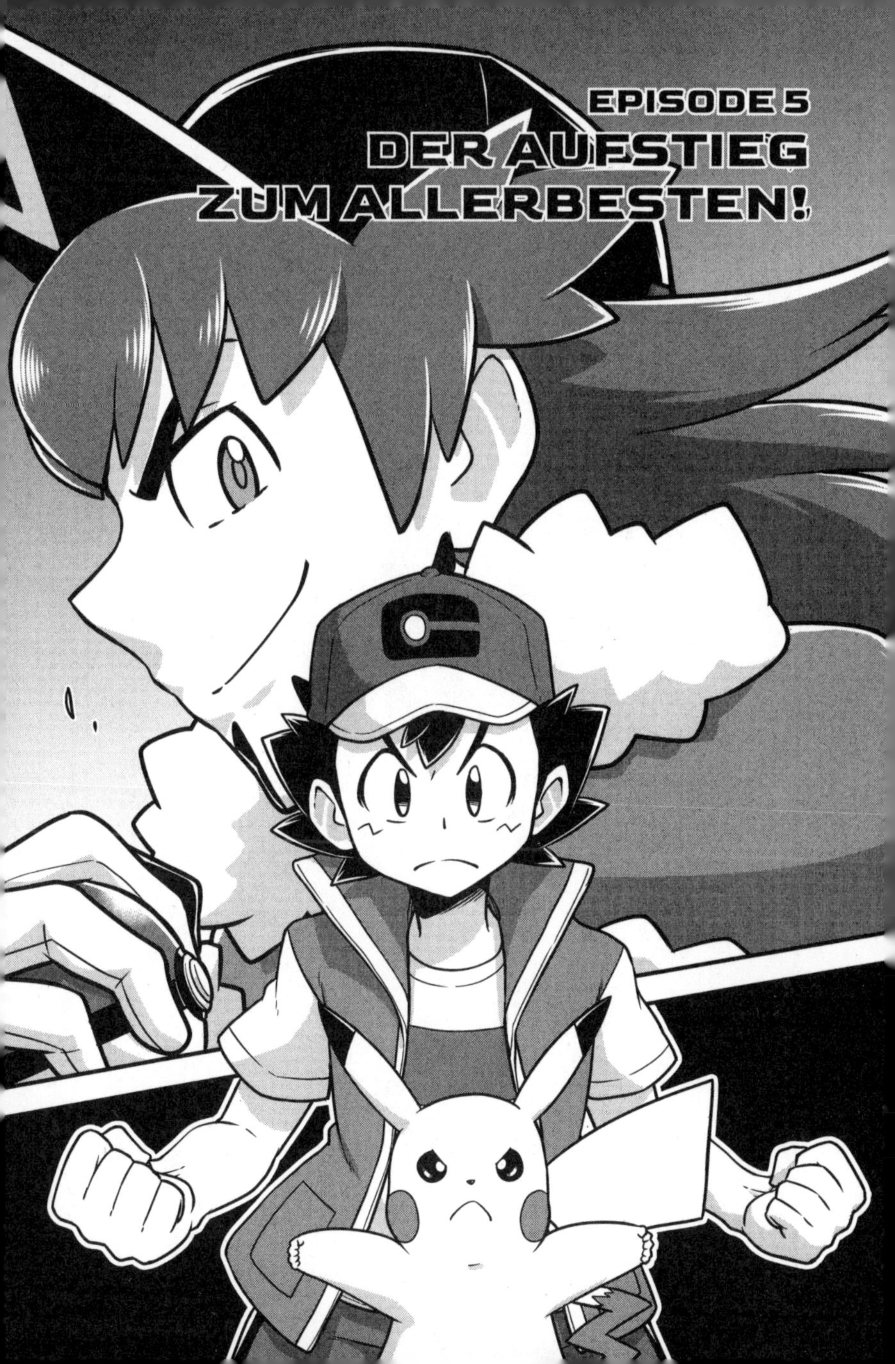
EPISODE 5
DER AUFSTIEG ZUM ALLERBESTEN!

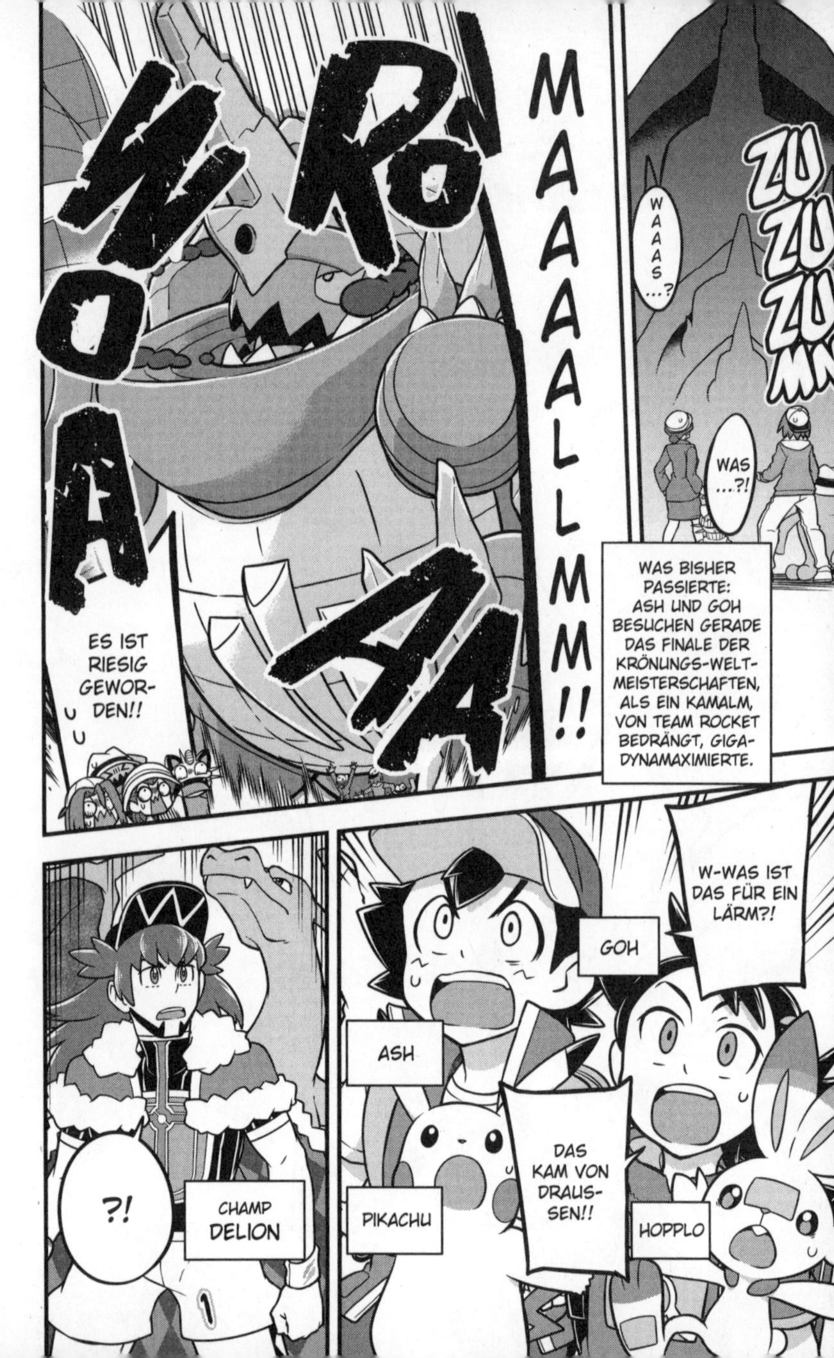
ZU ZU ZU MN
WAAAS ...?
WAS ...?!
WAS BISHER PASSIERTE: ASH UND GOH BESUCHEN GERADE DAS FINALE DER KRÖNUNGS-WELT-MEISTERSCHAFTEN, ALS EIN KAMALM, VON TEAM ROCKET BEDRÄNGT, GIGA-DYNAMAXIMIERTE.
MAAAAALLMM!!
WROOAAAA
ES IST RIESIG GEWOR-DEN!!
W-WAS IST DAS FÜR EIN LÄRM?!
GOH
ASH
DAS KAM VON DRAUS-SEN!!
PIKACHU
HOPPLO
?!
CHAMP DELION

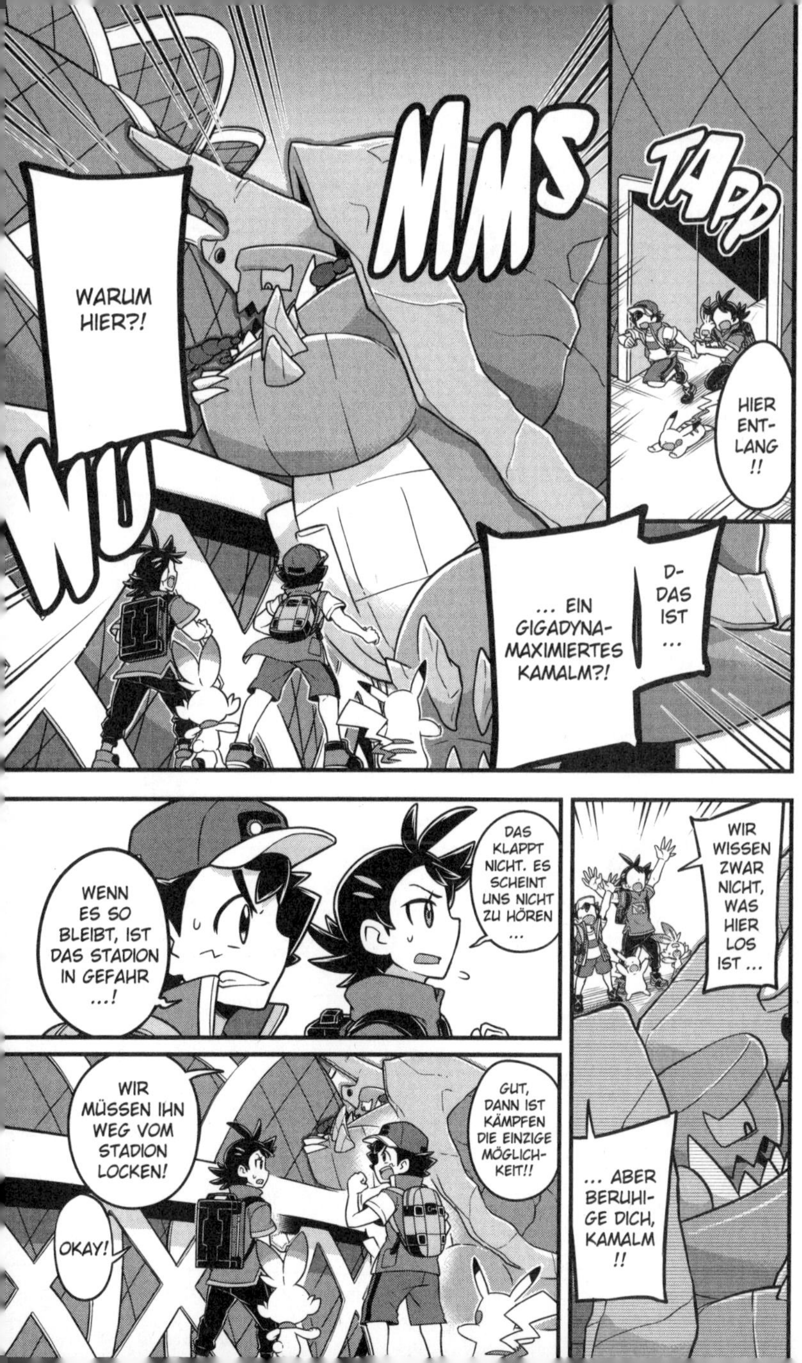

TAPP
HIER ENTLANG!!
MMS
WARUM HIER?!
WUU
D-DAS IST ...
... EIN GIGADYNAMAXIMIERTES KAMALM?!
WIR WISSEN ZWAR NICHT, WAS HIER LOS IST ...
... ABER BERUHIGE DICH, KAMALM!!
DAS KLAPPT NICHT. ES SCHEINT UNS NICHT ZU HÖREN ...
WENN ES SO BLEIBT, IST DAS STADION IN GEFAHR ...!
GUT, DANN IST KÄMPFEN DIE EINZIGE MÖGLICHKEIT!!
WIR MÜSSEN IHN WEG VOM STADION LOCKEN!
OKAY!

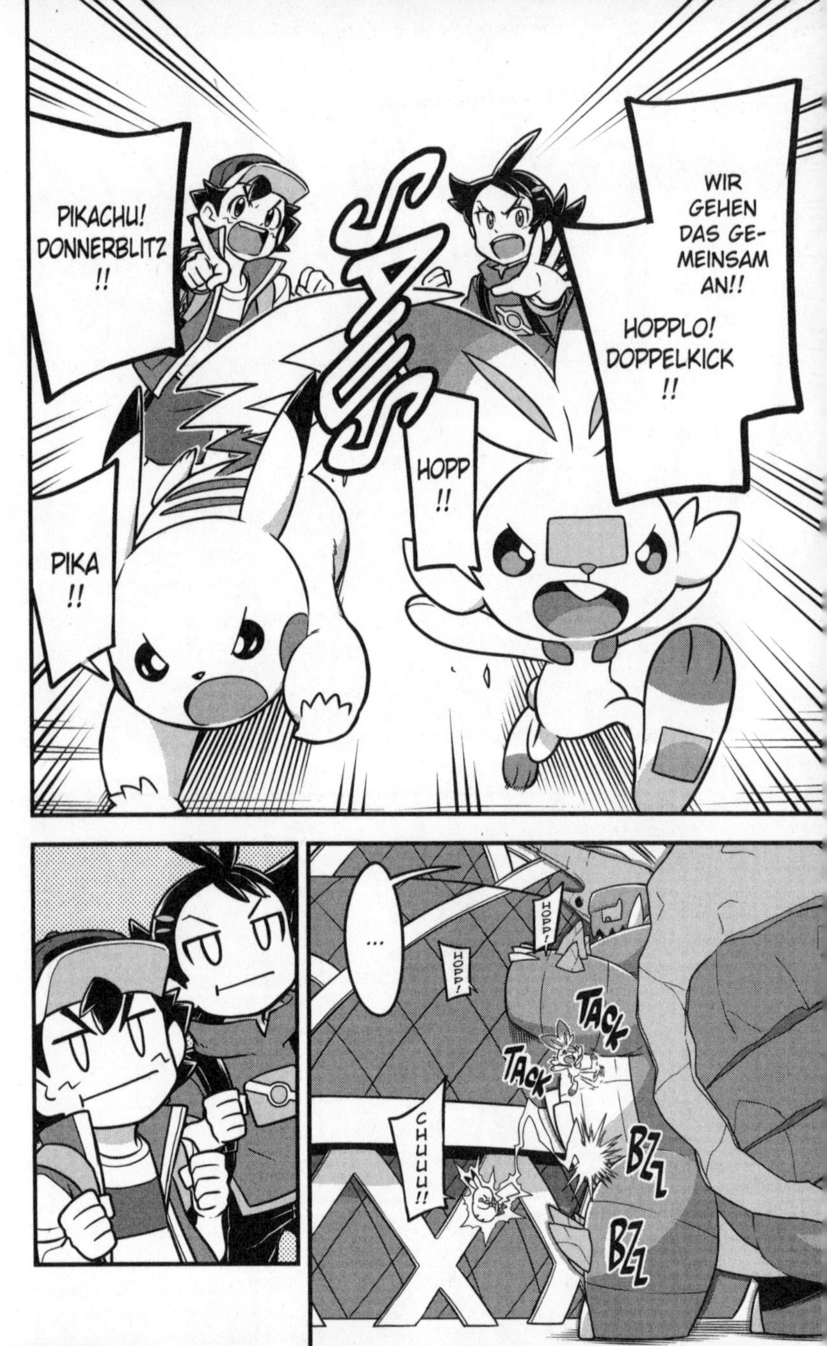
WIR GEHEN DAS GE-MEINSAM AN!!
HOPPLO! DOPPELKICK!!
PIKACHU! DONNERBLITZ!!
SAUS
HOPP!!
PIKA!!
HOPP!
HOPP!
TACK
TACK
BZZ
BZZ
CHUUUU!!
...

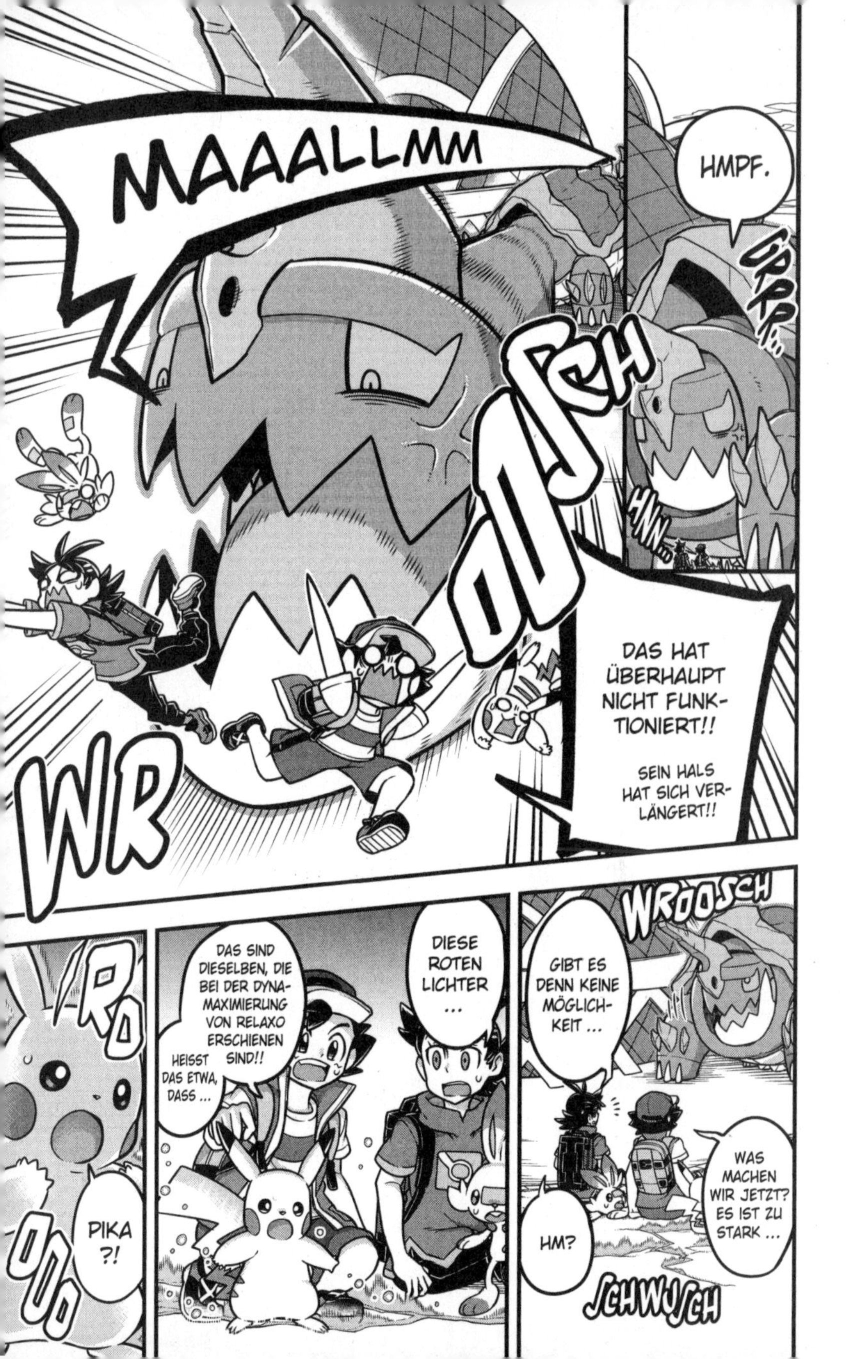
MAAALLMM
HMPF.
GRRR...
HNN...
ODUSCH
WR
DAS HAT ÜBERHAUPT NICHT FUNKTIONIERT!!
SEIN HALS HAT SICH VERLÄNGERT!!
WROOSCH
GIBT ES DENN KEINE MÖGLICHKEIT ...
HM?
WAS MACHEN WIR JETZT? ES IST ZU STARK ...
SCHWUSCH
DIESE ROTEN LICHTER ...
DAS SIND DIESELBEN, DIE BEI DER DYNAMAXIMIERUNG VON RELAXO ERSCHIENEN SIND!!
HEISST DAS ETWA, DASS ...
RO
PIKA ?!
OOO

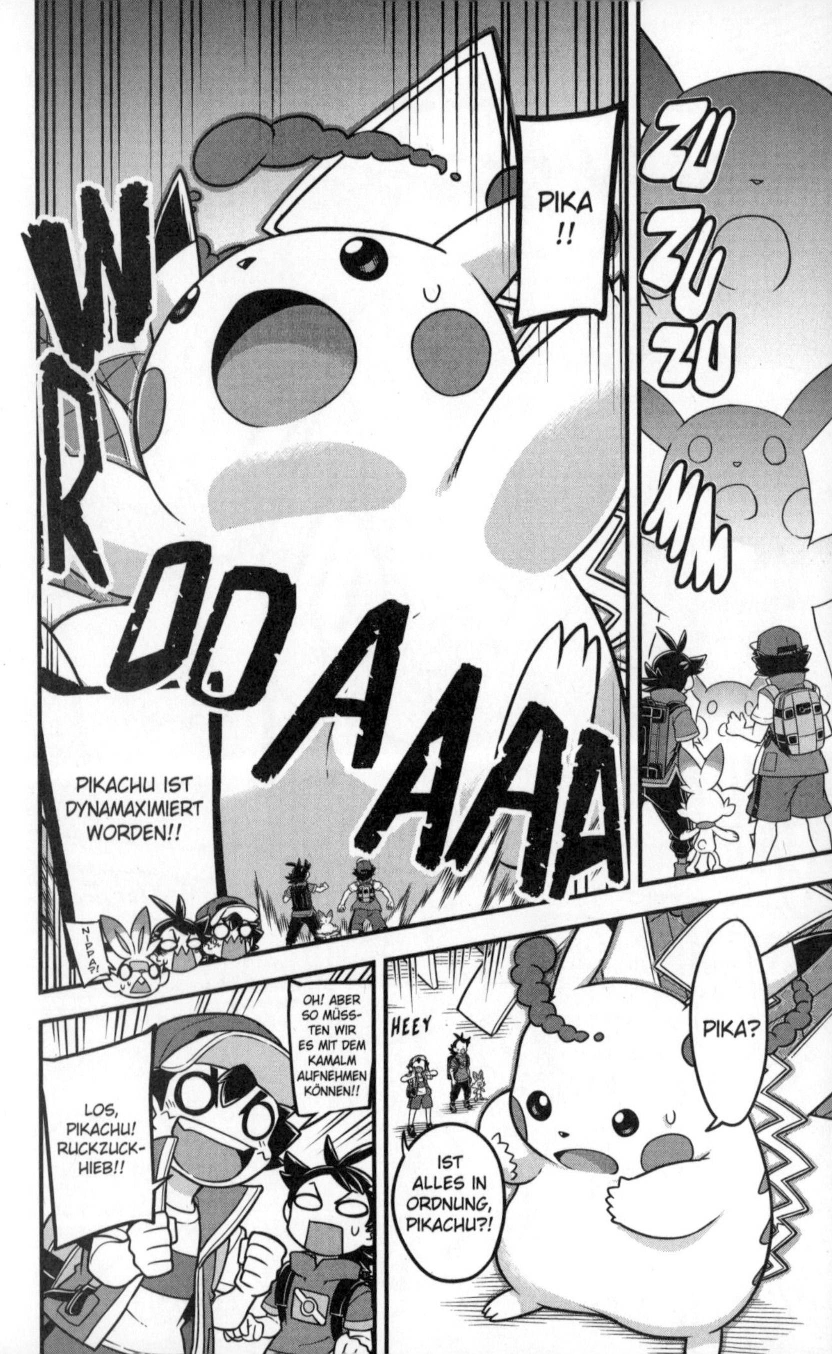
ZU ZU ZU ZU MMM
PIKA !!
WRROOAAAA
PIKACHU IST DYNAMAXIMIERT WORDEN!!
NIPPA?!
PIKA?
HEEY
IST ALLES IN ORDNUNG, PIKACHU?!
OH! ABER SO MÜSSTEN WIR ES MIT DEM KAMALM AUFNEHMEN KÖNNEN!!
LOS, PIKACHU! RUCKZUCK-HIEB!!

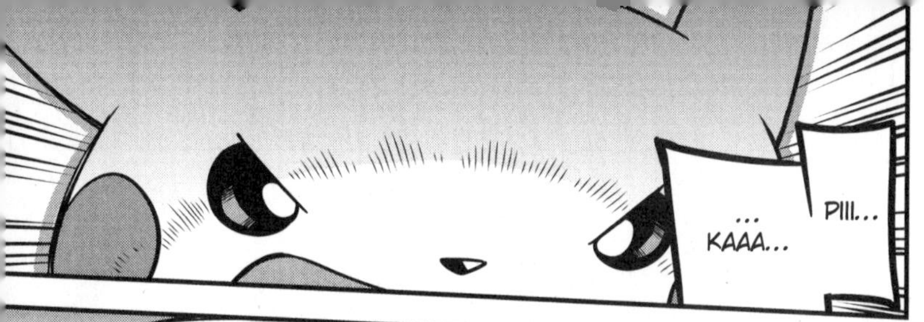
PIII...
...KAAA...

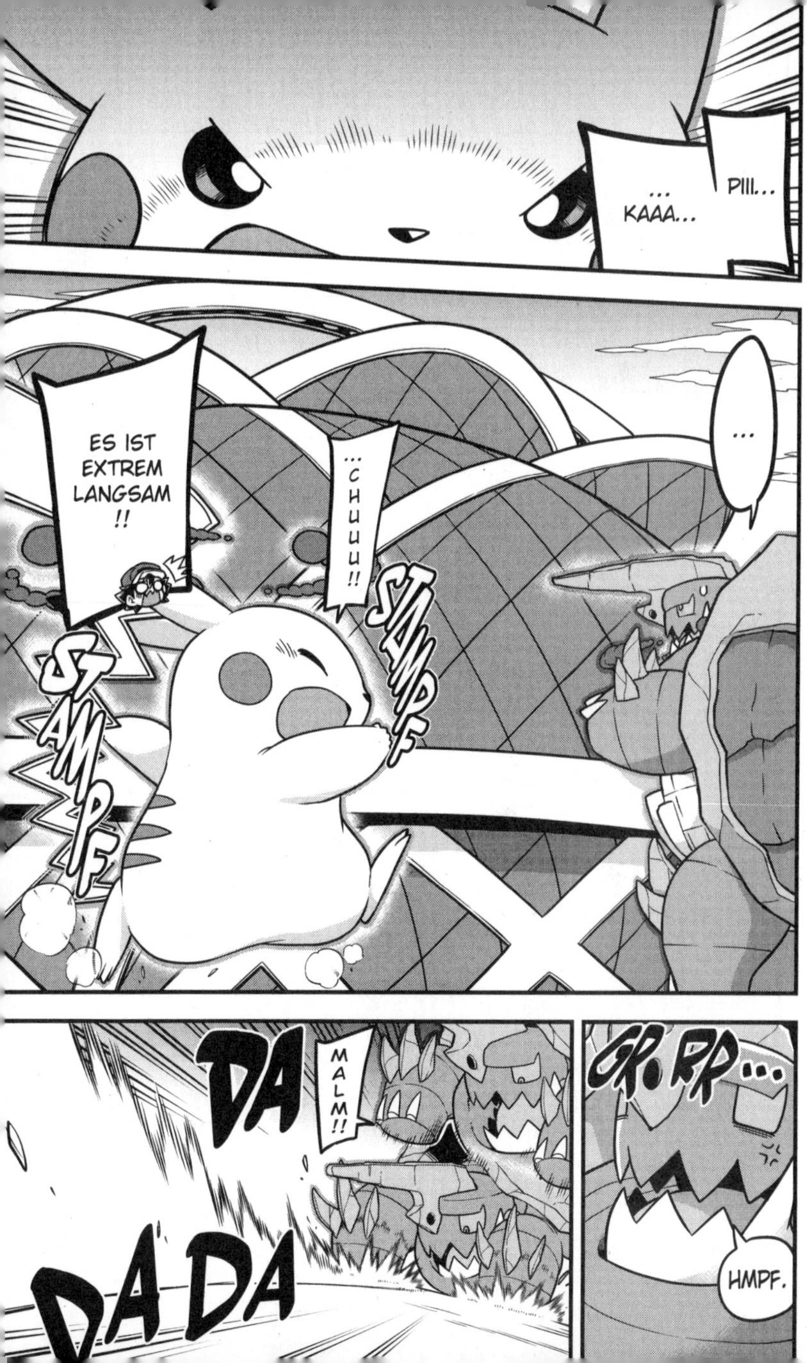

...
...CHUUUU!!
STAMPF
ES IST EXTREM LANGSAM!!
STAMPF

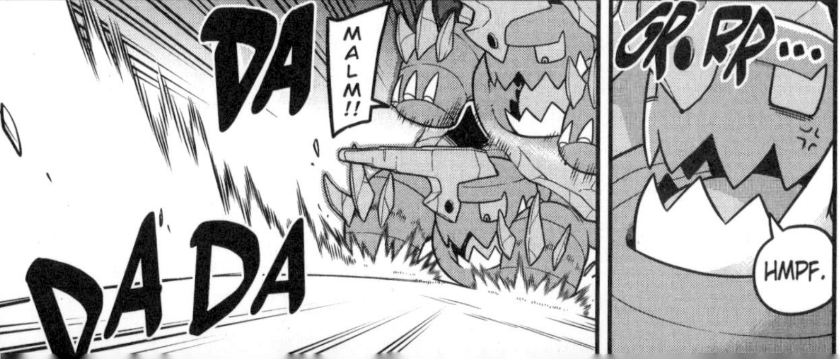
GRRRR...
HMPF.
MALM!!
DA
DA DA

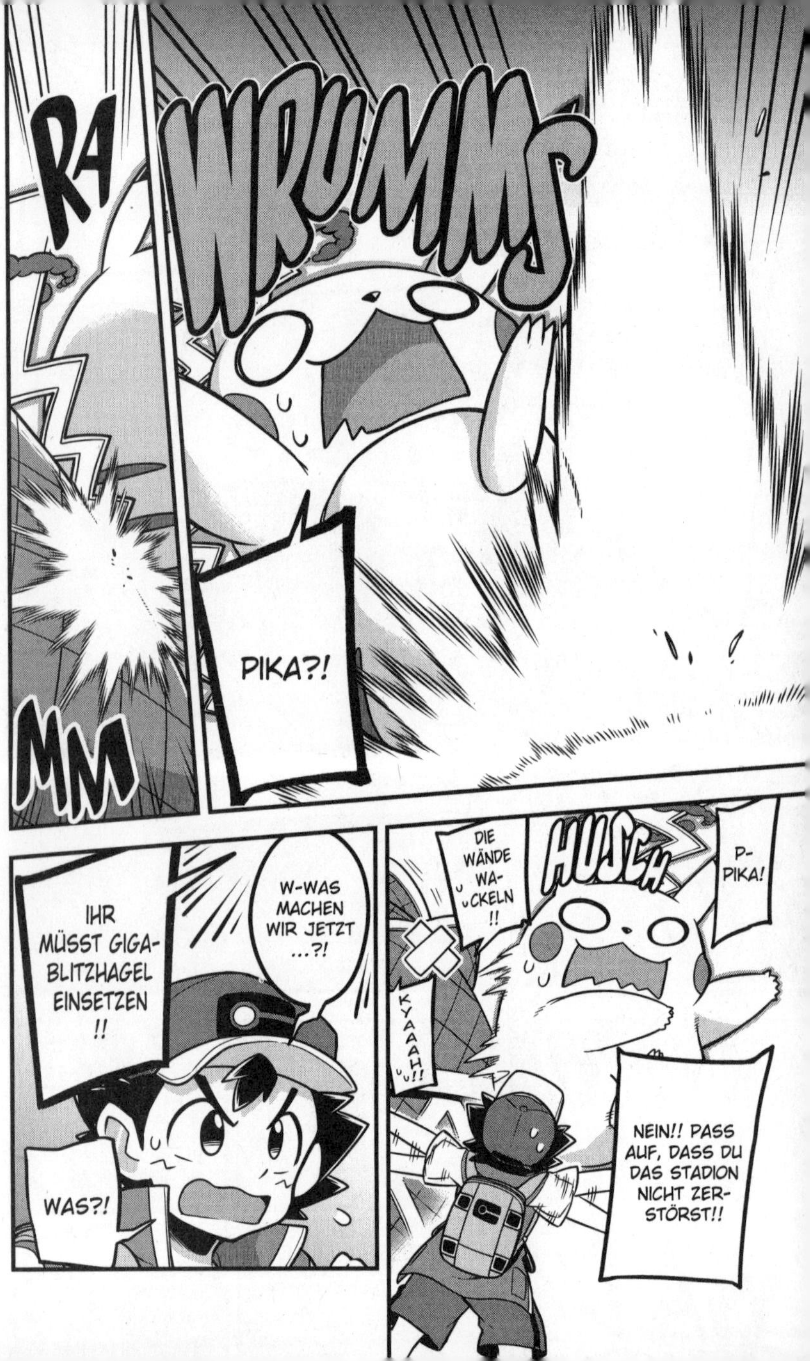

WRUMMS
RA
MM
PIKA?!

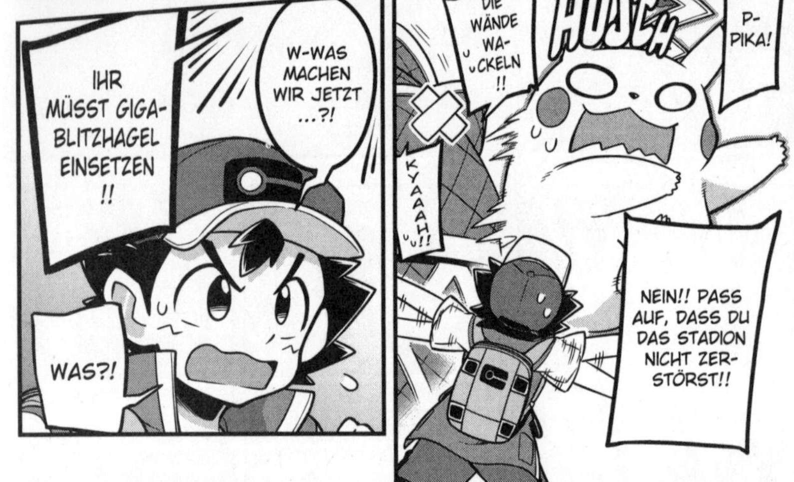

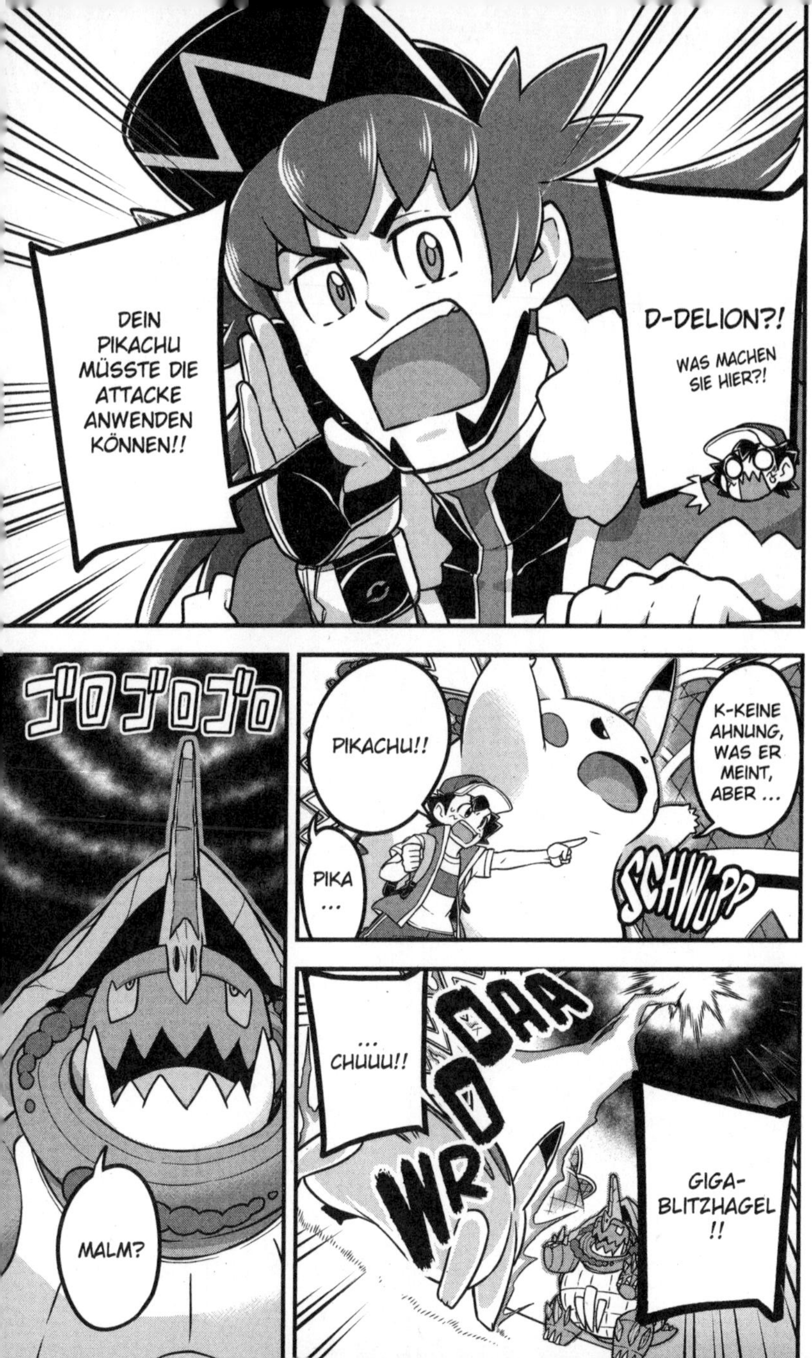

D-DELION?!
WAS MACHEN SIE HIER?!
DEIN PIKACHU MÜSSTE DIE ATTACKE ANWENDEN KÖNNEN!!

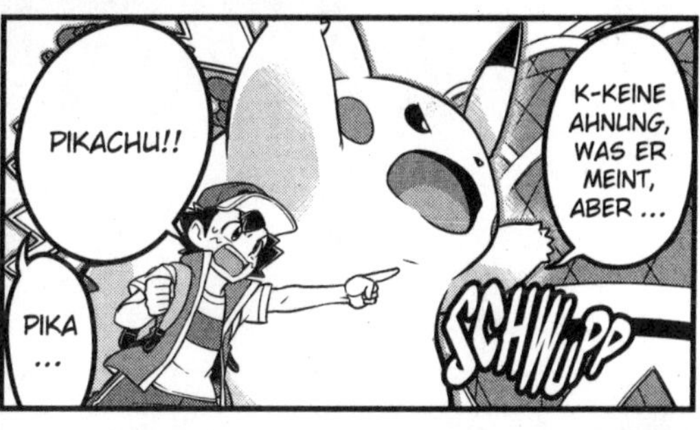

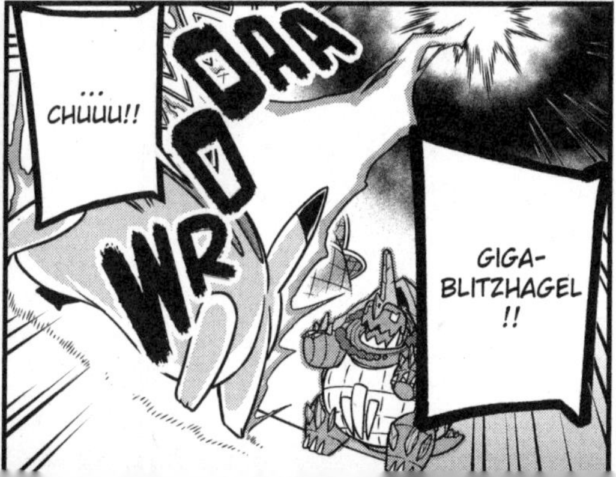

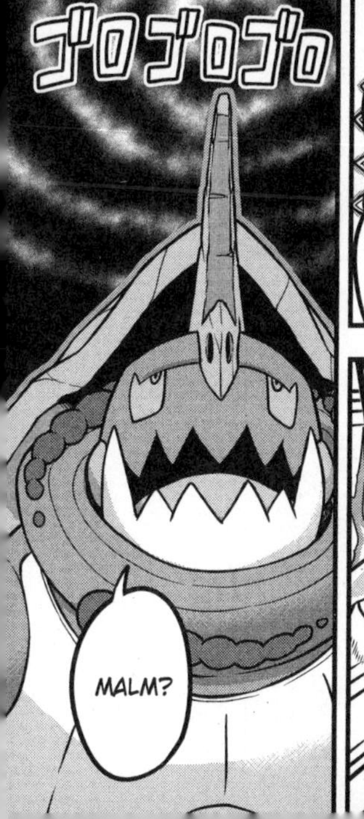

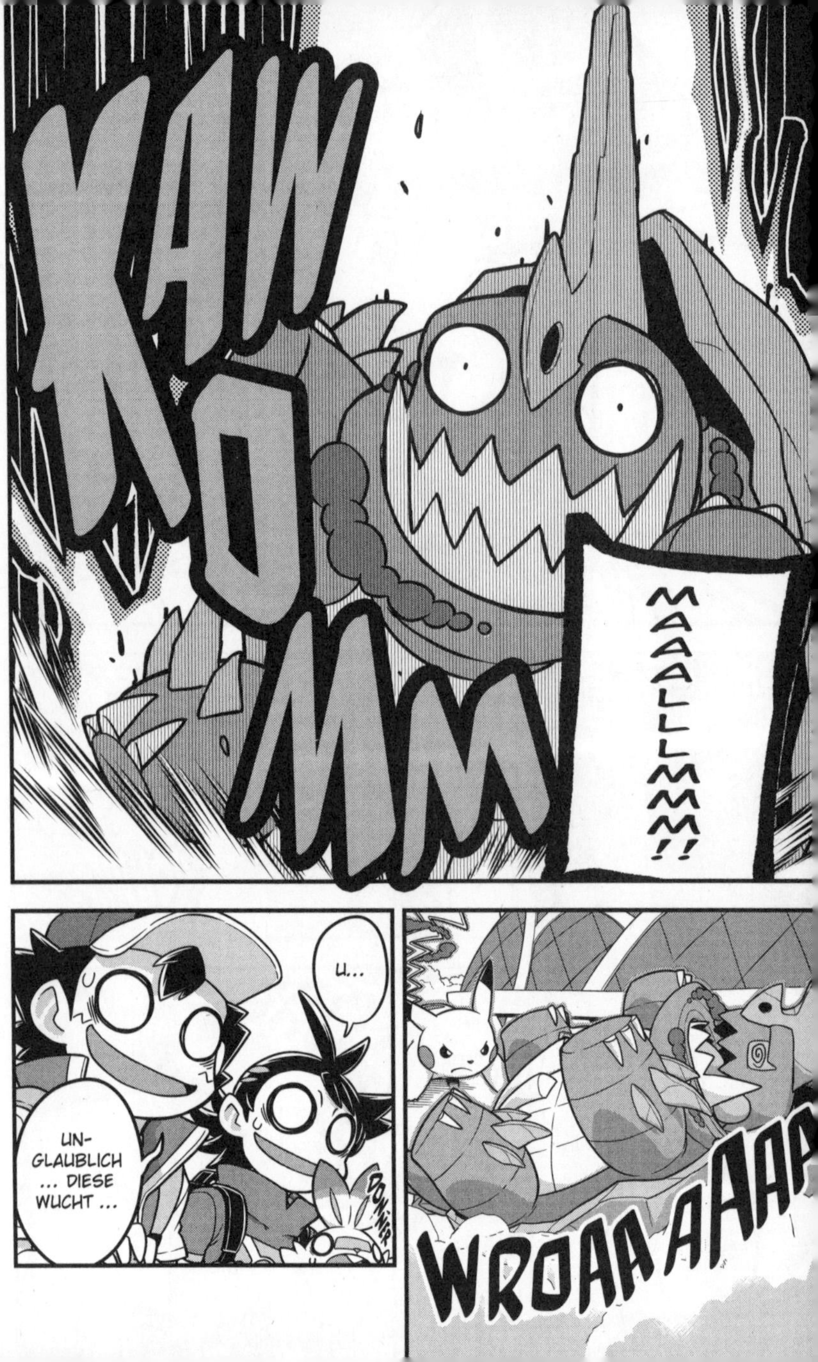

KAWOMM

MAAALLLMMMM!!

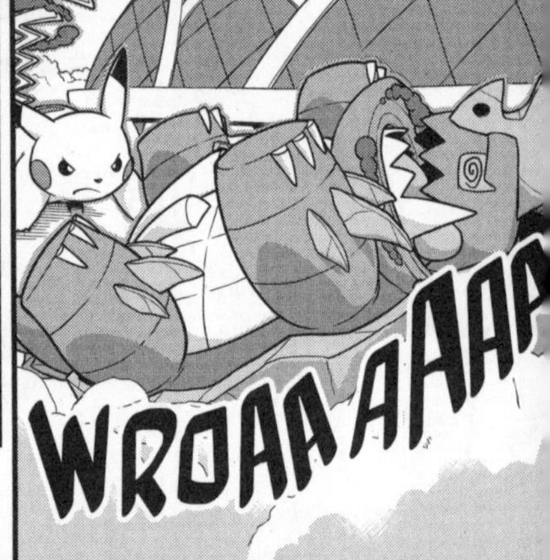

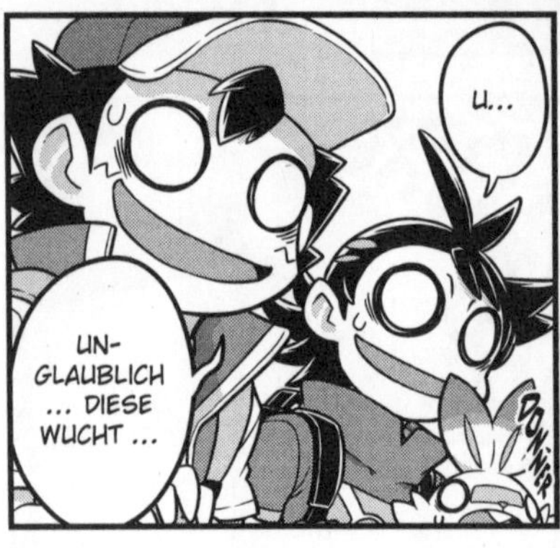

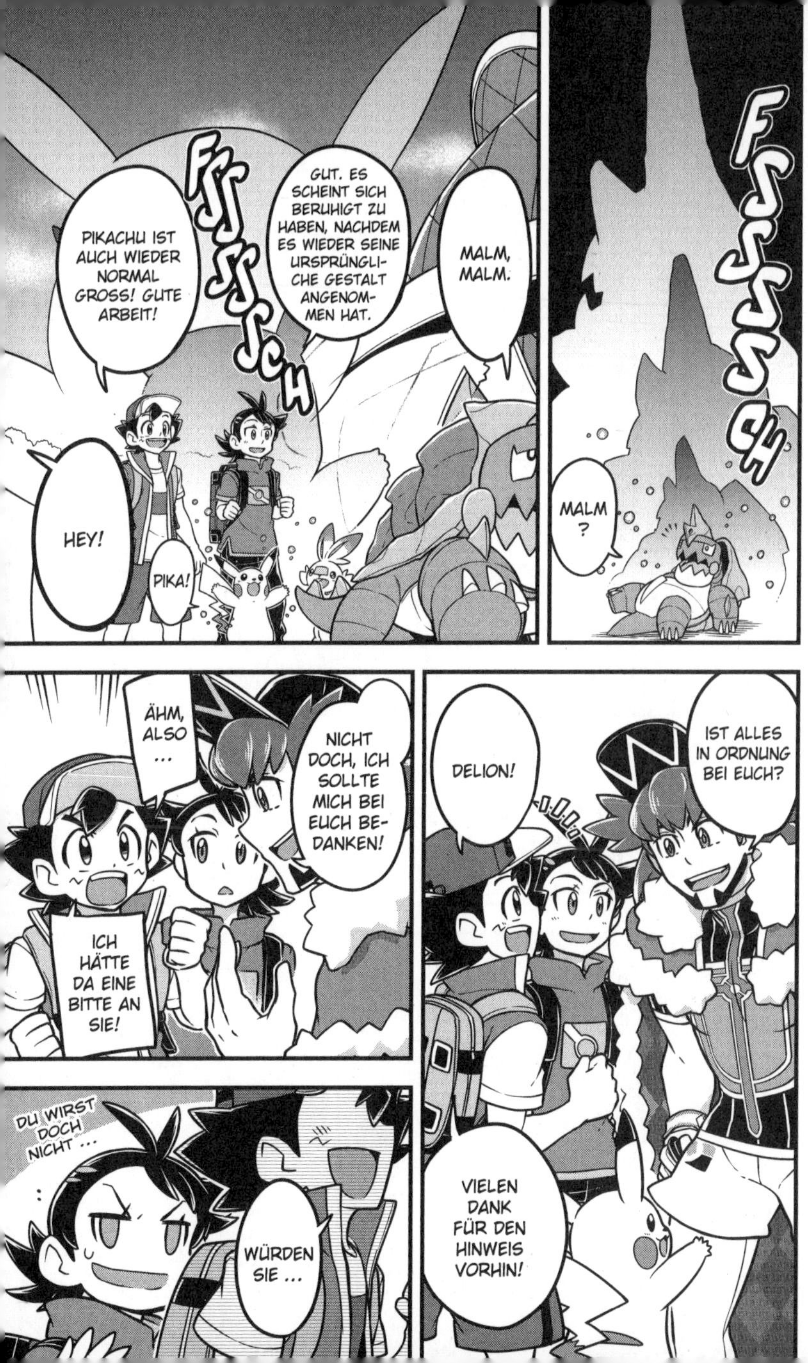

FSSSSCH
MALM ?
MALM, MALM.
GUT. ES SCHEINT SICH BERUHIGT ZU HABEN, NACHDEM ES WIEDER SEINE URSPRÜNGLICHE GESTALT ANGENOMMEN HAT.
FSSSSCH
PIKACHU IST AUCH WIEDER NORMAL GROSS! GUTE ARBEIT!
PIKA!
HEY!
IST ALLES IN ORDNUNG BEI EUCH?
DELION!
VIELEN DANK FÜR DEN HINWEIS VORHIN!
NICHT DOCH, ICH SOLLTE MICH BEI EUCH BEDANKEN!
ÄHM, ALSO …
ICH HÄTTE DA EINE BITTE AN SIE!
WÜRDEN SIE …
DU WIRST DOCH NICHT …

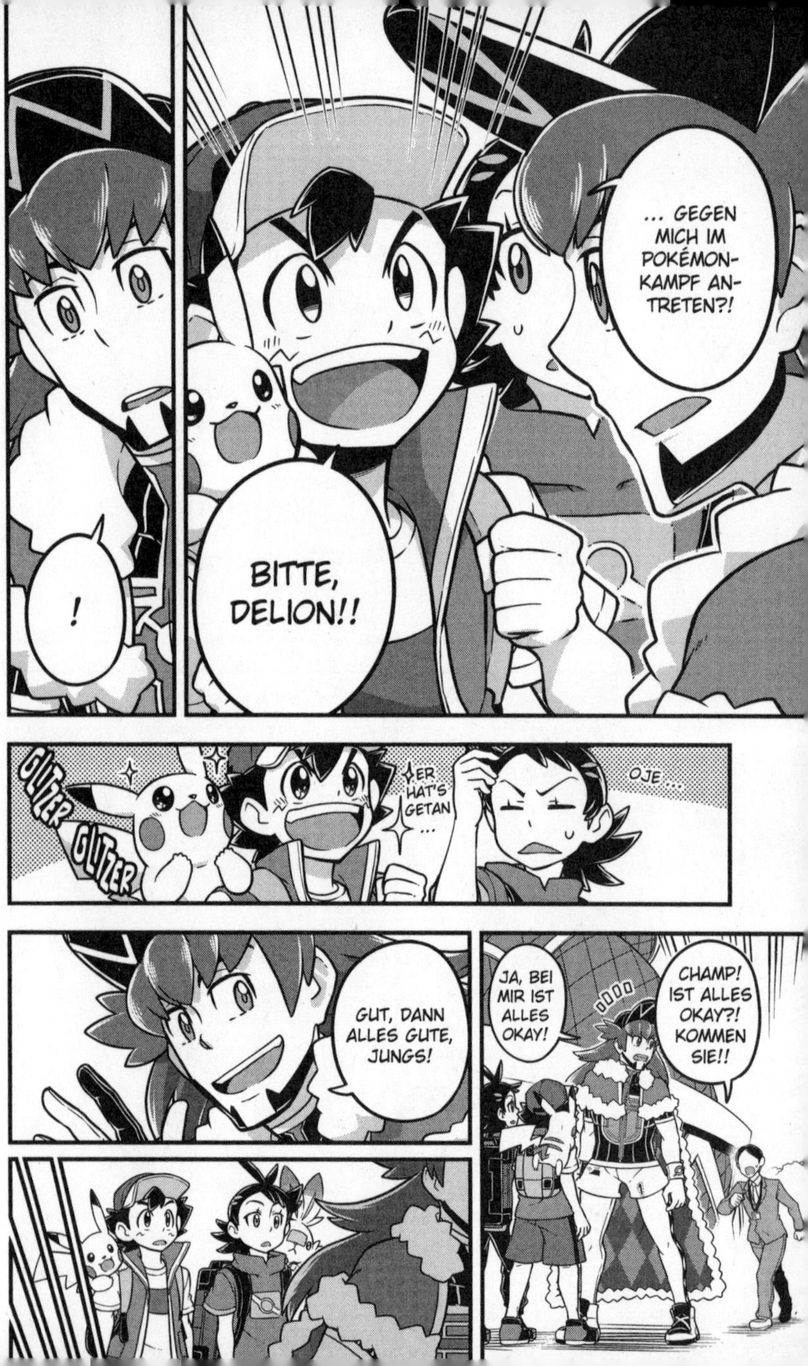

... GEGEN MICH IM POKÉMON-KAMPF ANTRETEN?!

BITTE, DELION!!

!

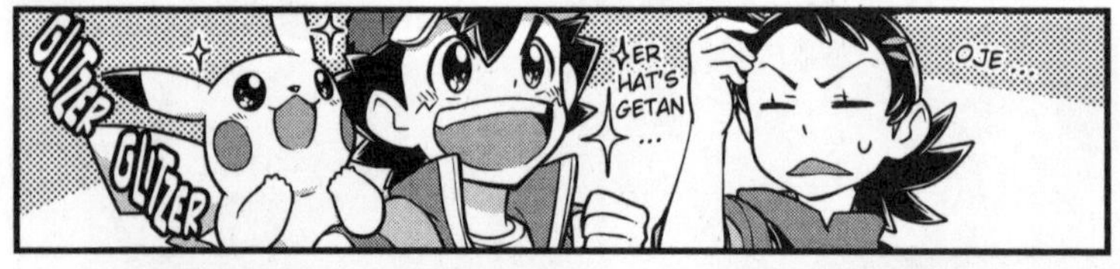

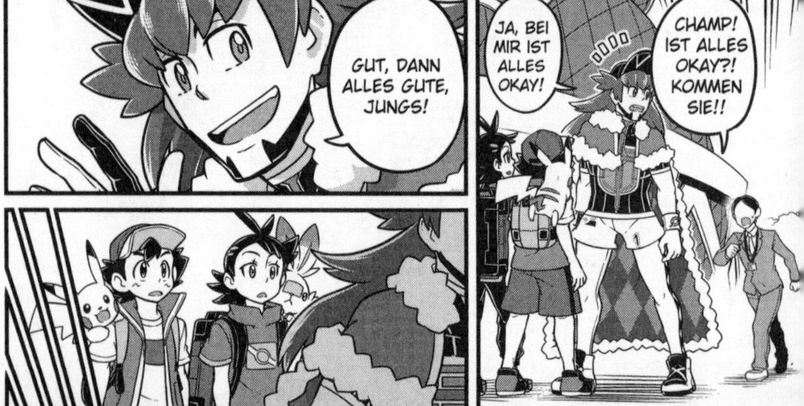

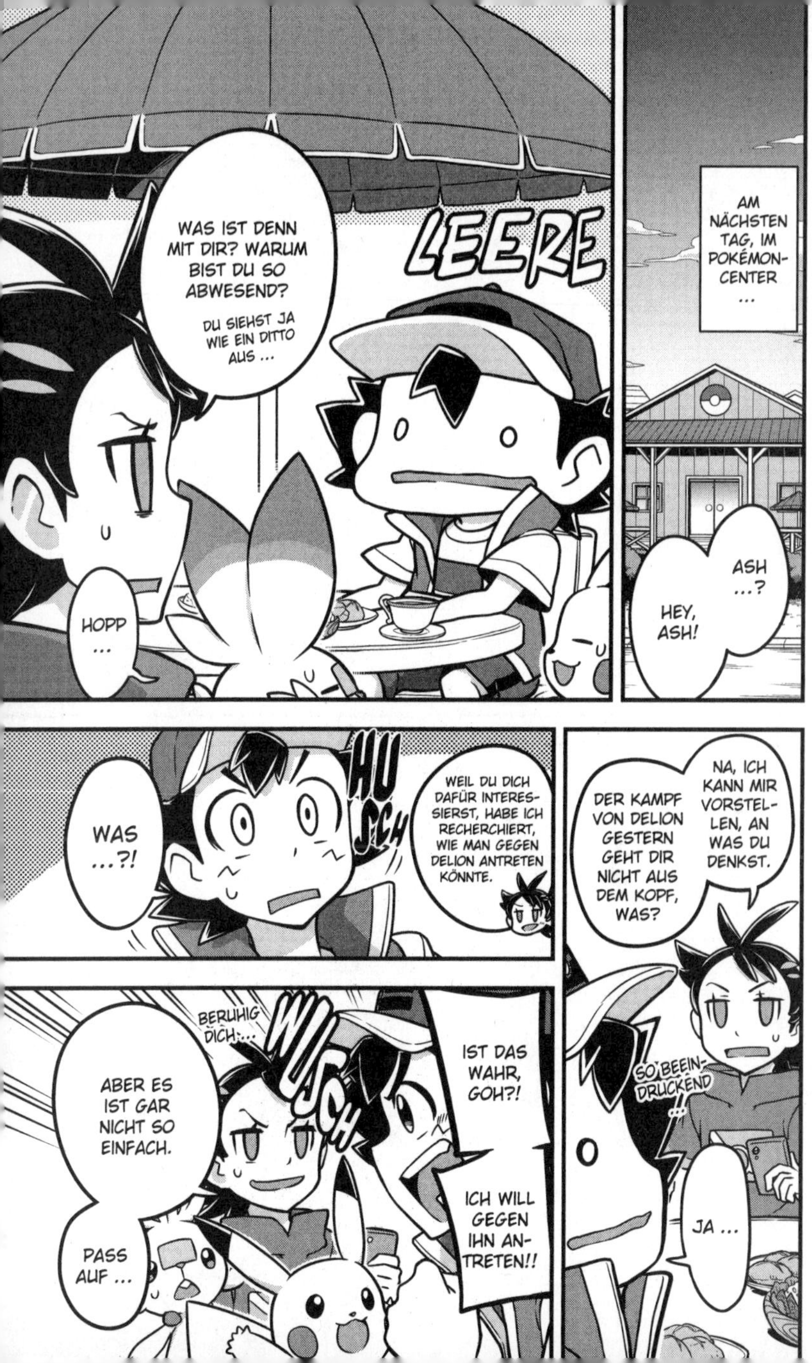

AM NÄCHSTEN TAG, IM POKÉMON-CENTER ...

HEY, ASH!

ASH ...?

LEERE

WAS IST DENN MIT DIR? WARUM BIST DU SO ABWESEND?

DU SIEHST JA WIE EIN DITTO AUS ...

HOPP ...

NA, ICH KANN MIR VORSTELLEN, AN WAS DU DENKST.

DER KAMPF VON DELION GESTERN GEHT DIR NICHT AUS DEM KOPF, WAS?

WEIL DU DICH DAFÜR INTERESSIERST, HABE ICH RECHERCHIERT, WIE MAN GEGEN DELION ANTRETEN KÖNNTE.

HUSCH

WAS ...?!

JA ...

SO BEEINDRUCKEND ...

ICH WILL GEGEN IHN ANTRETEN!!

IST DAS WAHR, GOH?!

WUSCH

BERUHIG DICH ...

ABER ES IST GAR NICHT SO EINFACH.

PASS AUF ...

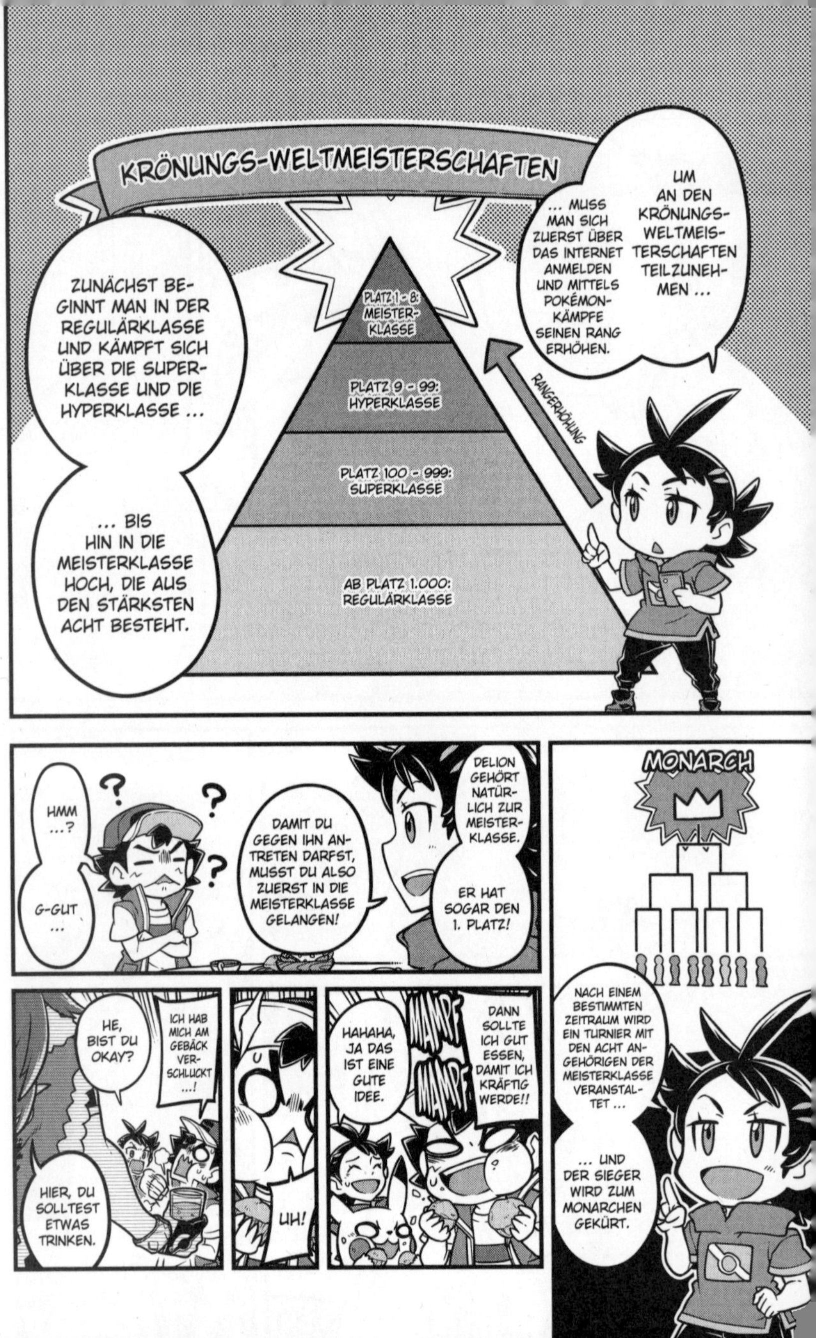

KRÖNUNGS-WELTMEISTERSCHAFTEN

UM AN DEN KRÖNUNGS-WELTMEISTERSCHAFTEN TEILZUNEHMEN ...

... MUSS MAN SICH ZUERST ÜBER DAS INTERNET ANMELDEN UND MITTELS POKÉMON-KÄMPFE SEINEN RANG ERHÖHEN.

RANGERHÖHUNG

PLATZ 1 - 8: MEISTERKLASSE

PLATZ 9 - 99: HYPERKLASSE

PLATZ 100 - 999: SUPERKLASSE

AB PLATZ 1.000: REGULÄRKLASSE

ZUNÄCHST BEGINNT MAN IN DER REGULÄRKLASSE UND KÄMPFT SICH ÜBER DIE SUPERKLASSE UND DIE HYPERKLASSE ...

... BIS HIN IN DIE MEISTERKLASSE HOCH, DIE AUS DEN STÄRKSTEN ACHT BESTEHT.

MONARCH

NACH EINEM BESTIMMTEN ZEITRAUM WIRD EIN TURNIER MIT DEN ACHT ANGEHÖRIGEN DER MEISTERKLASSE VERANSTALTET ...

... UND DER SIEGER WIRD ZUM MONARCHEN GEKÜRT.

DELION GEHÖRT NATÜRLICH ZUR MEISTERKLASSE.

ER HAT SOGAR DEN 1. PLATZ!

DAMIT DU GEGEN IHN ANTRETEN DARFST, MUSST DU ALSO ZUERST IN DIE MEISTERKLASSE GELANGEN!

HMM ...?

G-GUT ...

DANN SOLLTE ICH GUT ESSEN, DAMIT ICH KRÄFTIG WERDE!!

MAMPF

MAMPF

HAHAHA, JA DAS IST EINE GUTE IDEE.

UH!

ICH HAB MICH AM GEBÄCK VERSCHLUCKT ...!

HE, BIST DU OKAY?

HIER, DU SOLLTEST ETWAS TRINKEN.

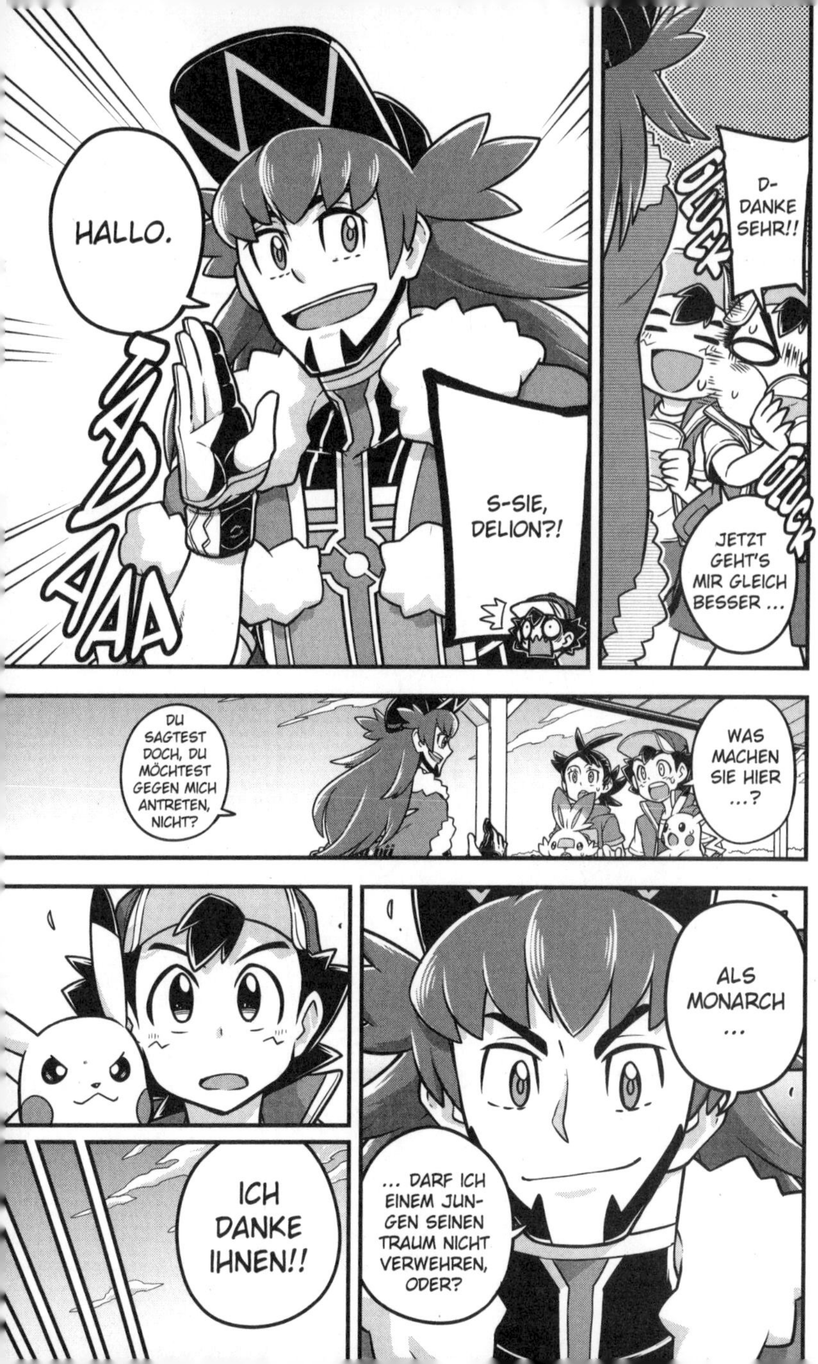

GLUCK
D-DANKE SEHR!!
GLUCK
JETZT GEHT'S MIR GLEICH BESSER …
HALLO.
TÄDAAA
S-SIE, DELION?!

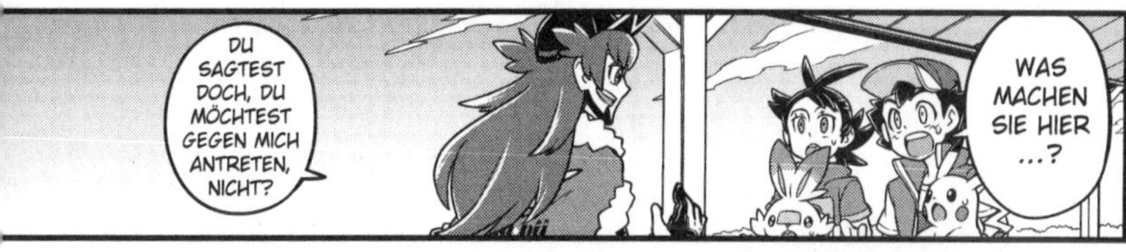

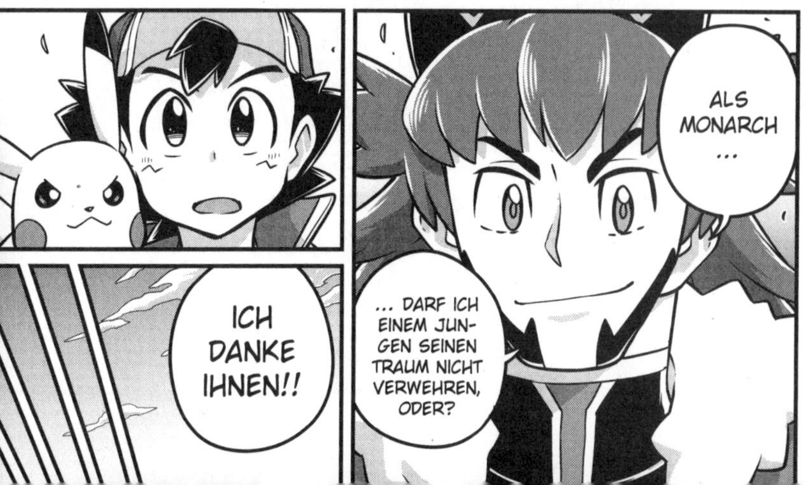

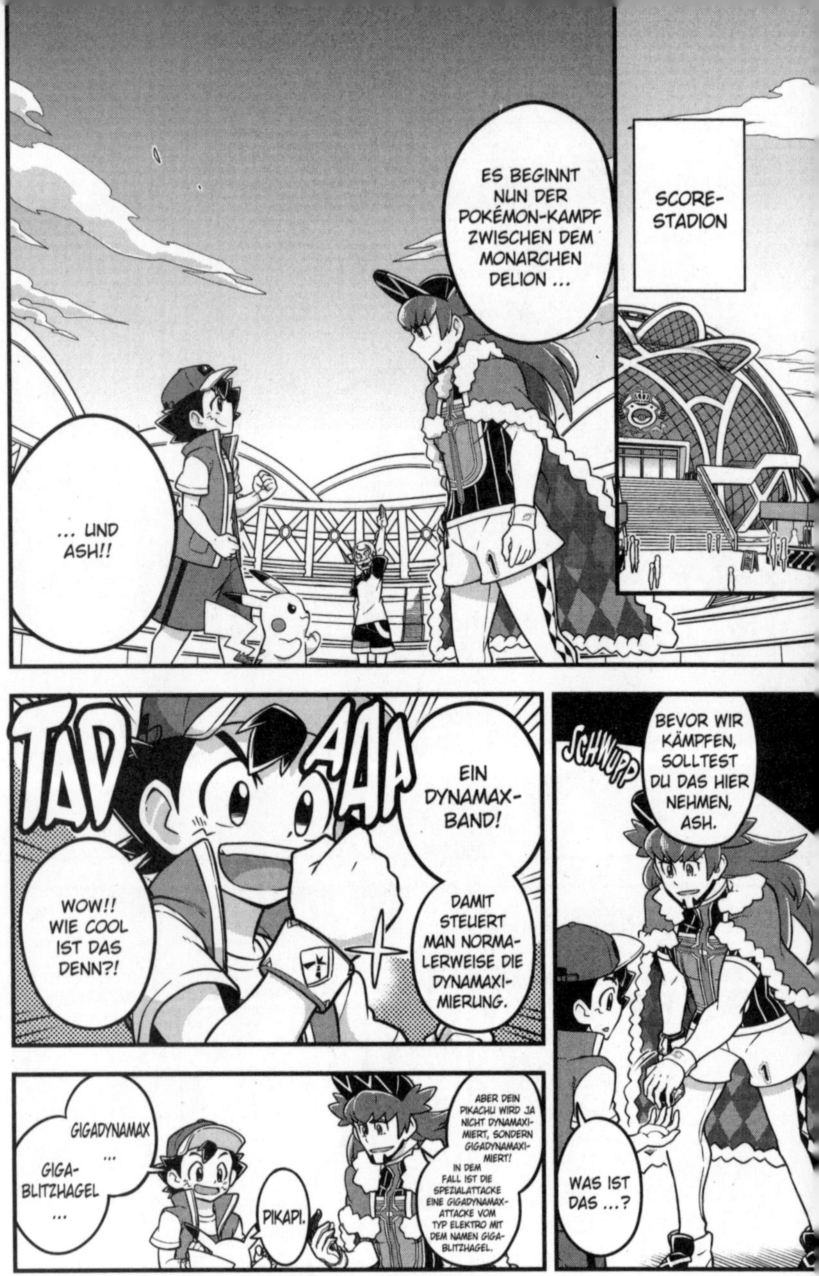

SCORE-STADION

ES BEGINNT NUN DER POKÉMON-KAMPF ZWISCHEN DEM MONARCHEN DELION ...

... UND ASH!!

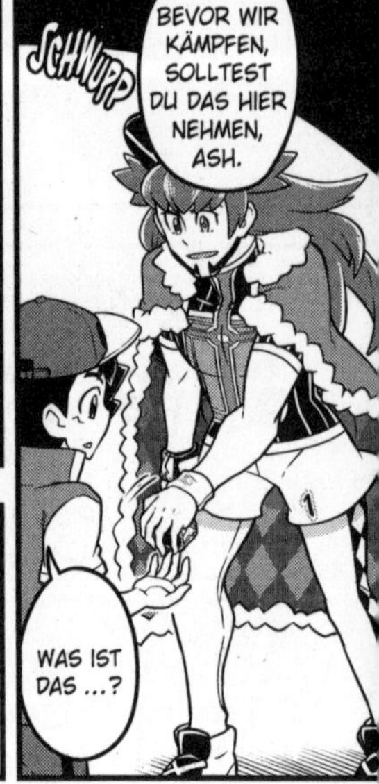

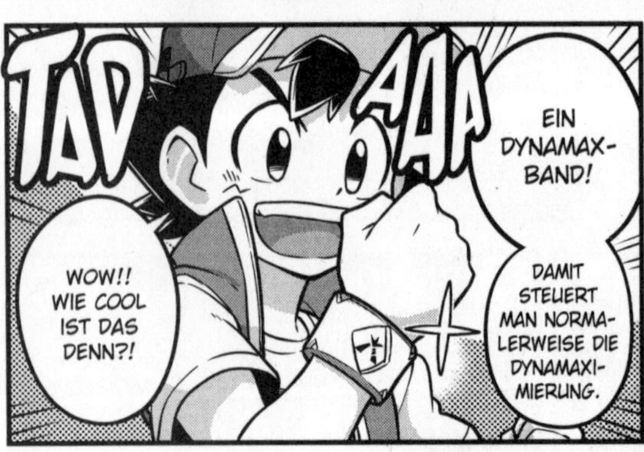

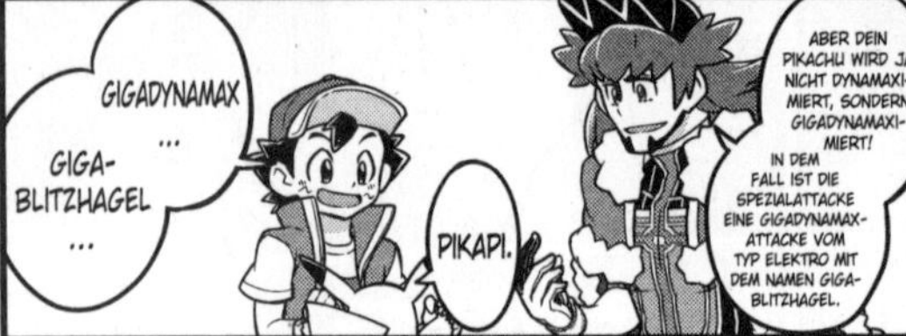

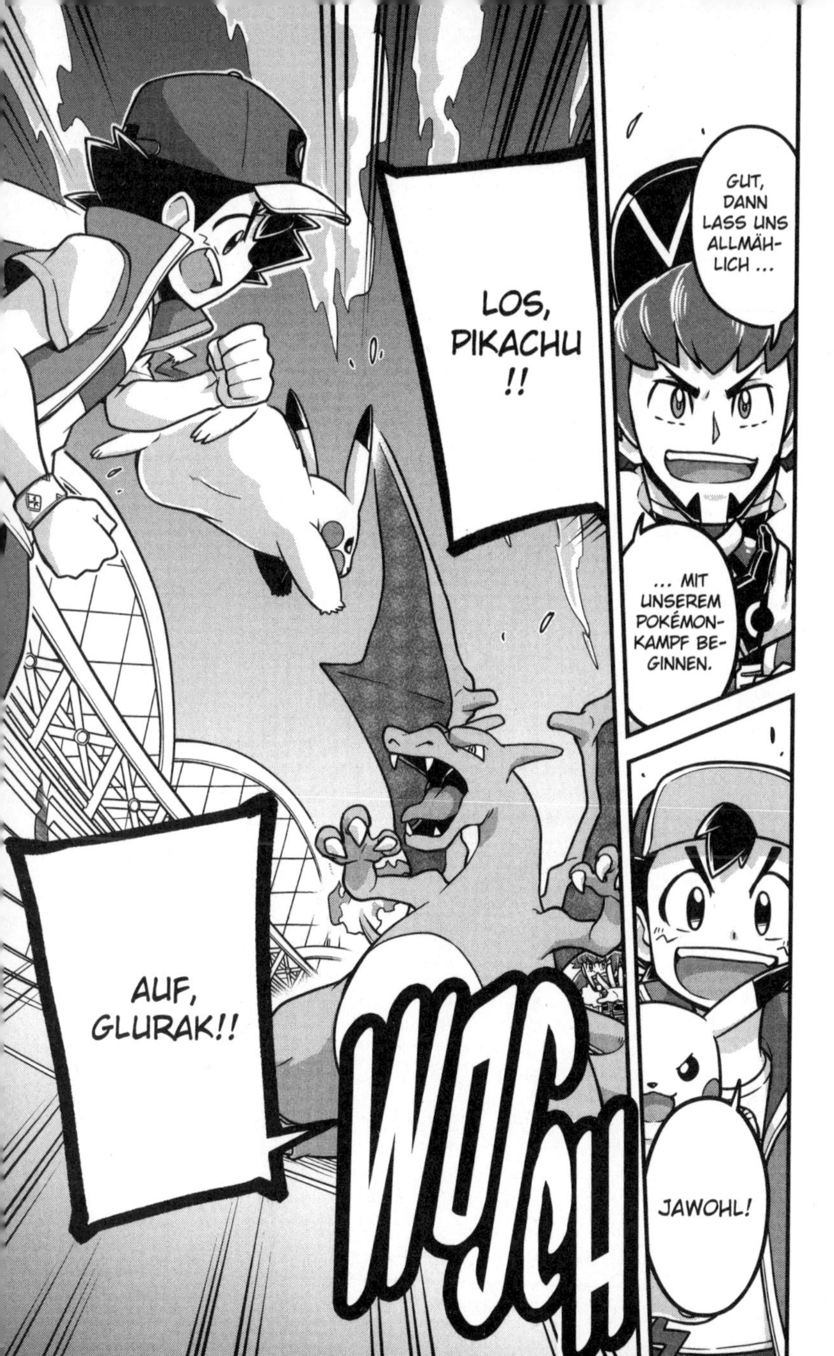
GUT, DANN LASS UNS ALLMÄH-LICH …
… MIT UNSEREM POKÉMON-KAMPF BE-GINNEN.
JAWOHL!
LOS, PIKACHU !!
AUF, GLURAK!!
WUSCH

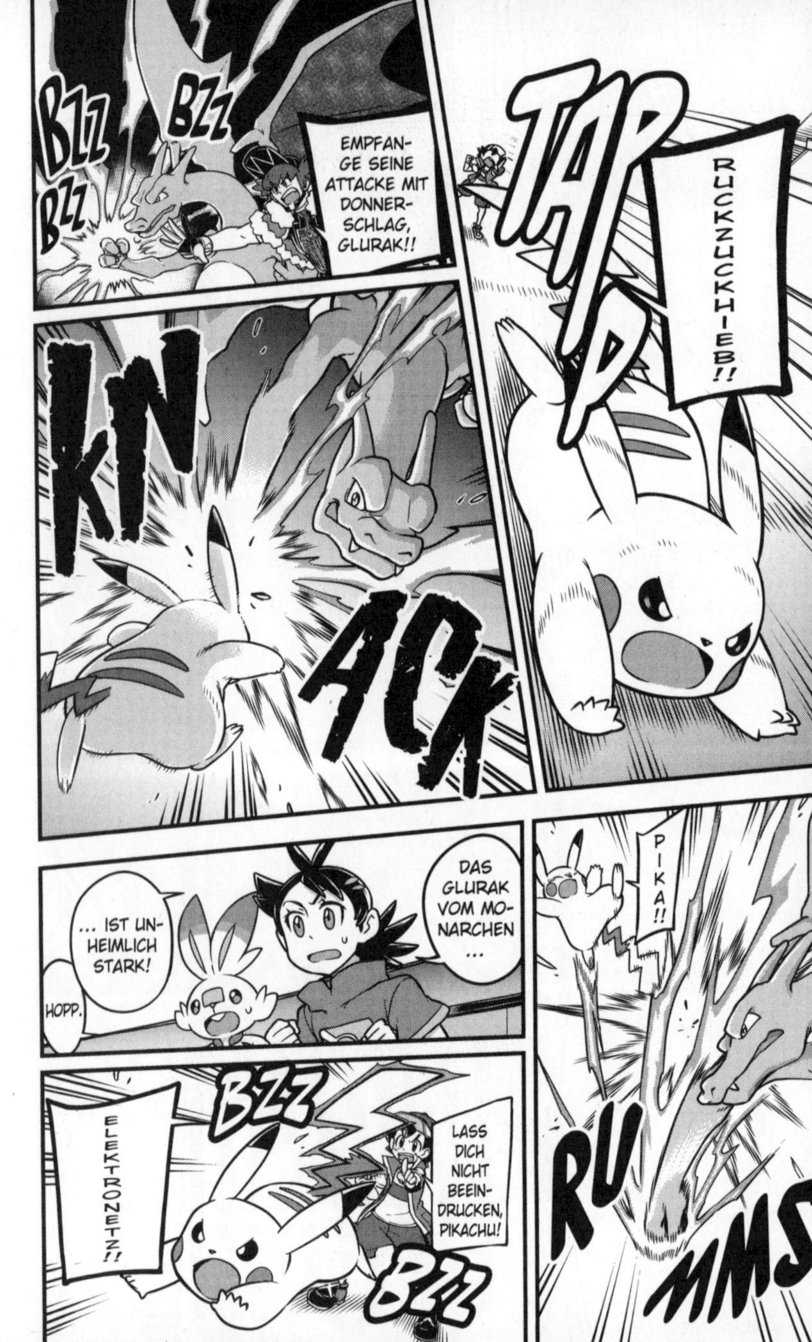
BZZ BZZ
BZZ
EMPFANGE SEINE ATTACKE MIT DONNERSCHLAG, GLURAK!!
TAP
RUCKZUCKHIEB!!
KNACK
DAS GLURAK VOM MONARCHEN ...
... IST UNHEIMLICH STARK!
HOPP.
PIKA!!
BZZ
LASS DICH NICHT BEEINDRUCKEN, PIKACHU!
ELEKTRONETZ!!
BZZ
RUMMS

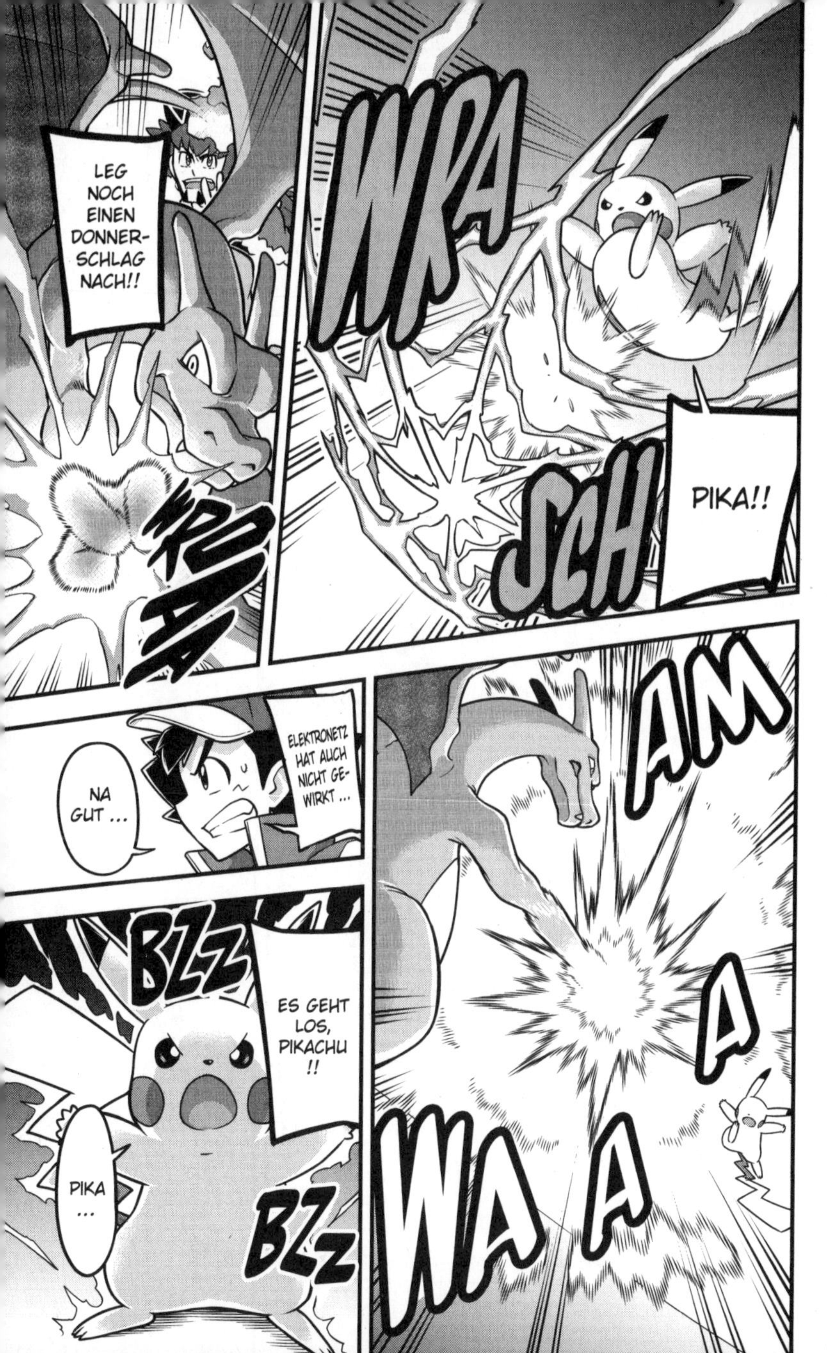
PIKA!!
SCH
LEG NOCH EINEN DONNERSCHLAG NACH!!
ELEKTRONETZ HAT AUCH NICHT GEWIRKT ...
NA GUT ...
BZZ
ES GEHT LOS, PIKACHU!!
PIKA ...
BZZ
AM
A
WA A A

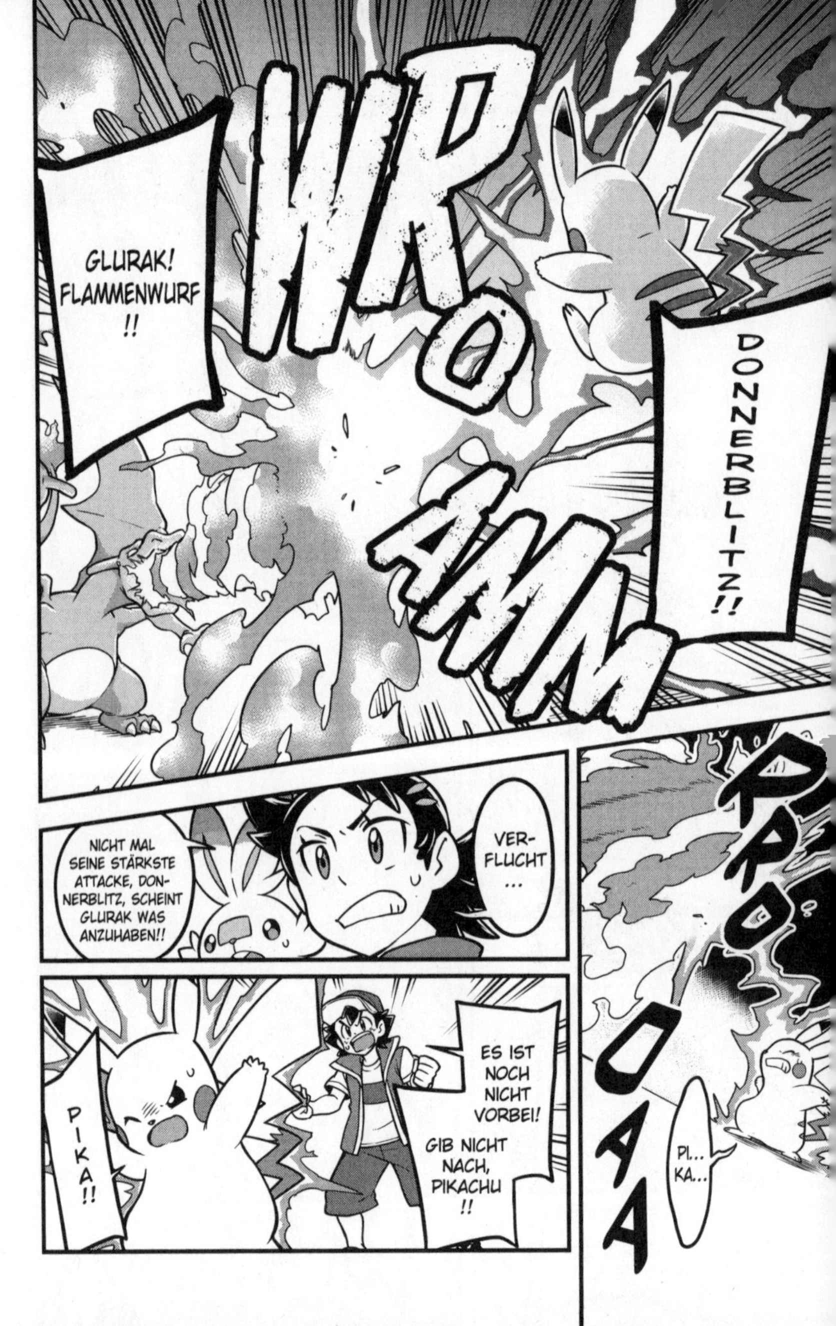

DONNERBLITZ!!
GLURAK! FLAMMENWURF!!
PI... KA...
VERFLUCHT ...
NICHT MAL SEINE STÄRKSTE ATTACKE, DONNERBLITZ, SCHEINT GLURAK WAS ANZUHABEN!!
ES IST NOCH NICHT VORBEI!
GIB NICHT NACH, PIKACHU!!
PIKA!!

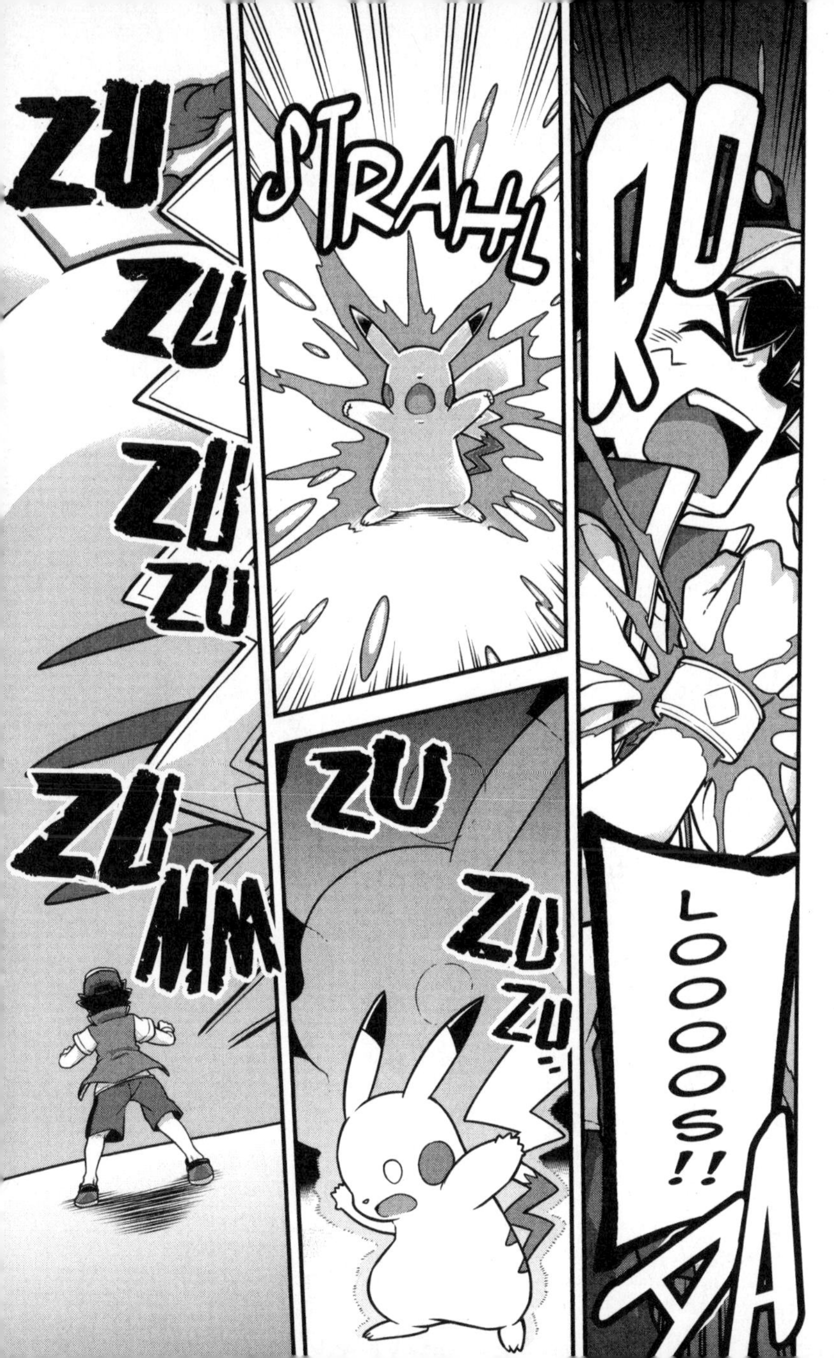
LOOOOOS!!
STRAHL
ZU
ZU
ZU
ZU
ZU
ZU
ZU
ZUMM

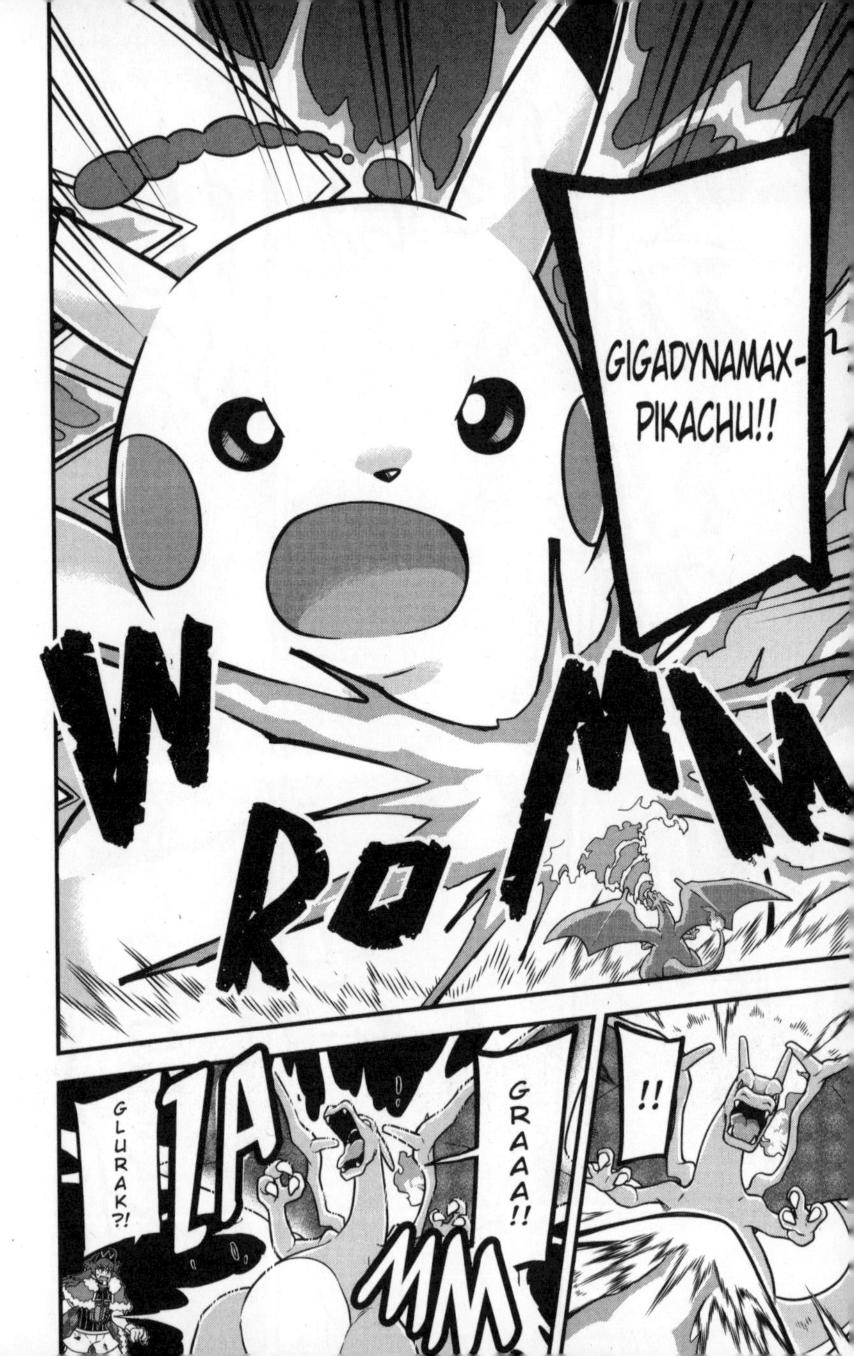
GIGADYNAMAX-PIKACHU!!
WROMM
!!
GRAAAA!!
GLURAK?!
MM

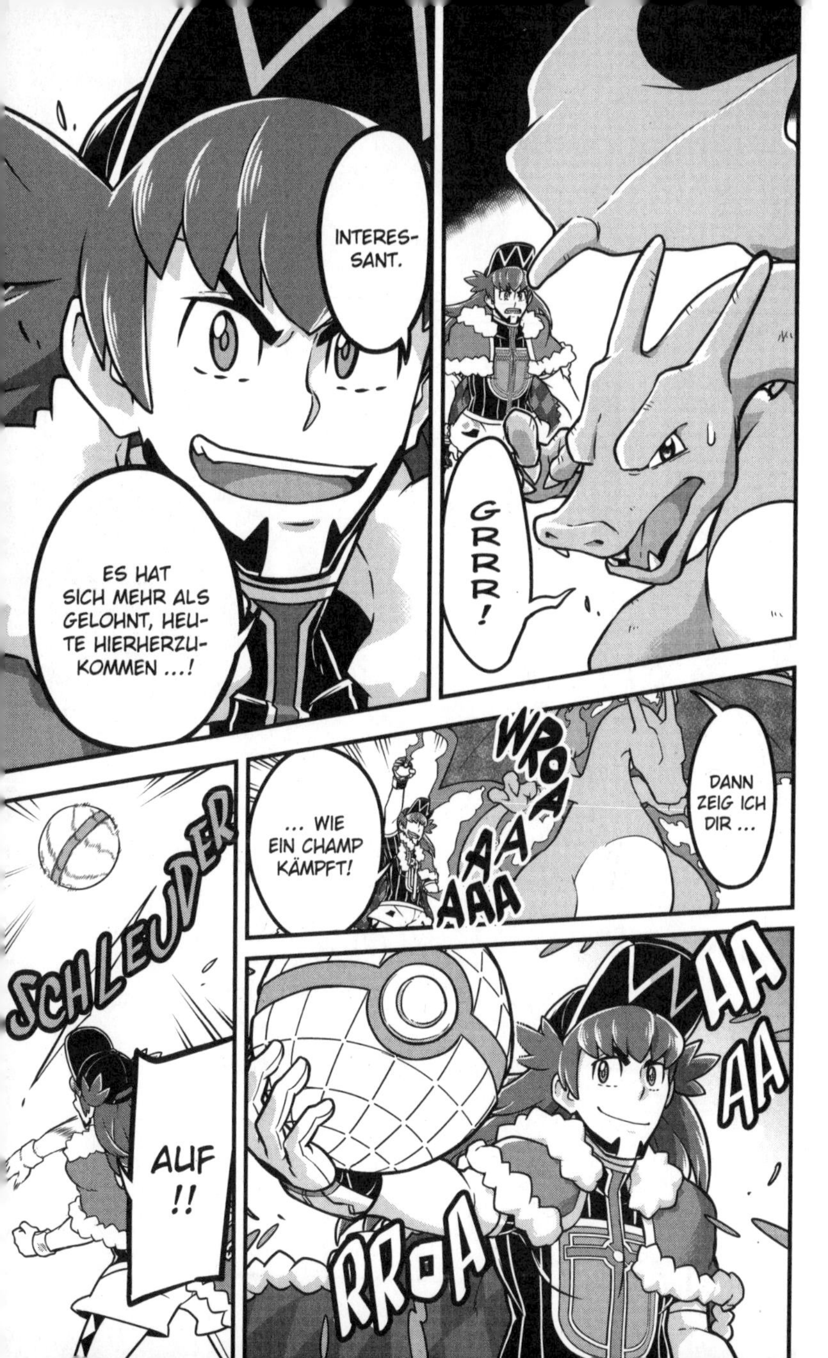
GRRR!
INTERES-SANT.
ES HAT SICH MEHR ALS GELOHNT, HEU-TE HIERHERZU-KOMMEN …!
DANN ZEIG ICH DIR …
WROAAAAAA
… WIE EIN CHAMP KÄMPFT!
SCHLEUDER
AAAA
RROA
AUF!!

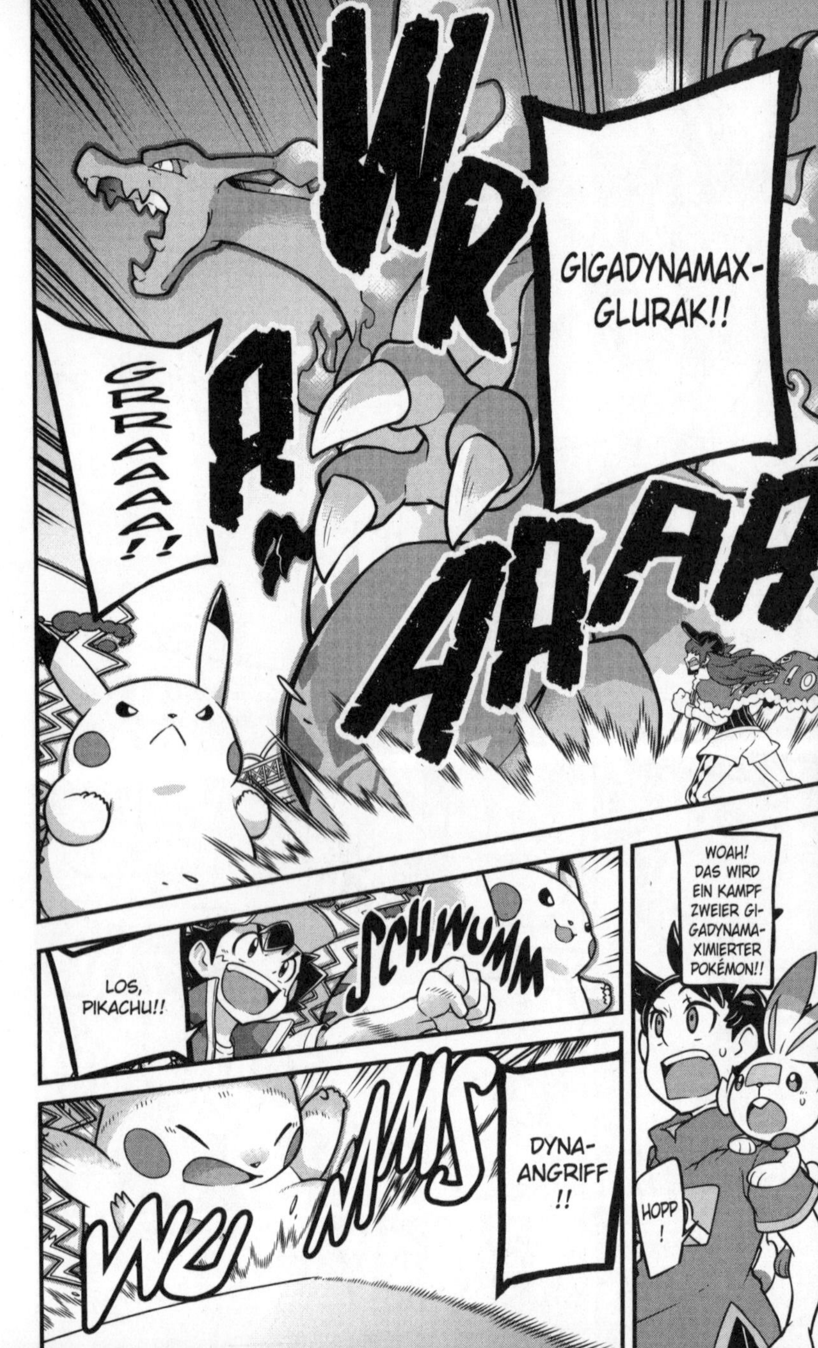
GIGADYNAMAX-GLURAK!!
WRAAAA
GRRAAAA!!
WOAH! DAS WIRD EIN KAMPF ZWEIER GI-GADYNAMA-XIMIERTER POKÉMON!!
SCHWUMM
LOS, PIKACHU!!
HOPP!
DYNA-ANGRIFF!!

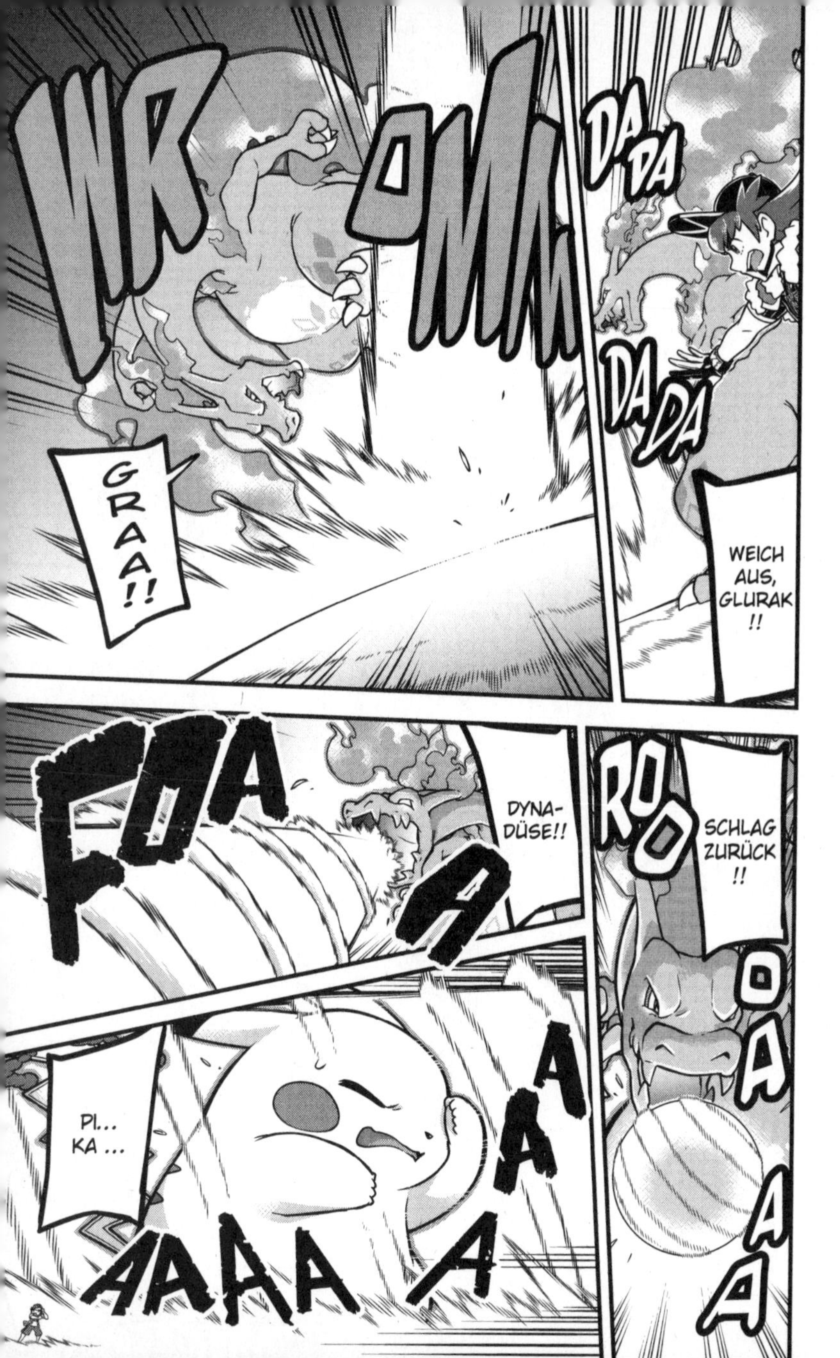
DA DA
DA DA
WEICH AUS, GLURAK!!
WHOOMM
GRAAA!!
ROOOAAAA
SCHLAG ZURÜCK!!
DYNA-DÜSE!!
FOAA
PI... KA ...
AAAAAAA

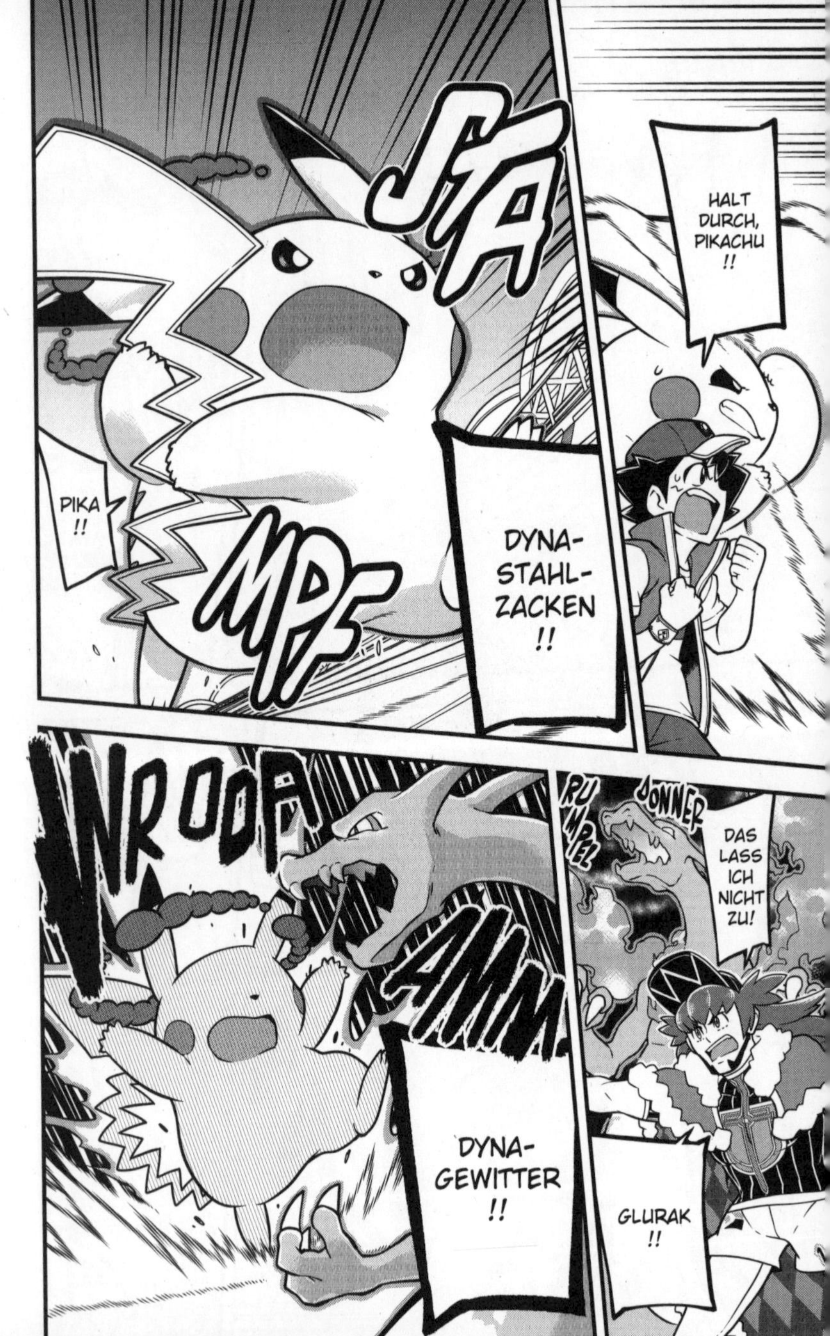
HALT DURCH, PIKACHU!!
DYNA-STAHL-ZACKEN!!
PIKA!!
MPF
RUMPEL
DONNER
DAS LASS ICH NICHT ZU!
GLURAK!!
DYNA-GEWITTER!!

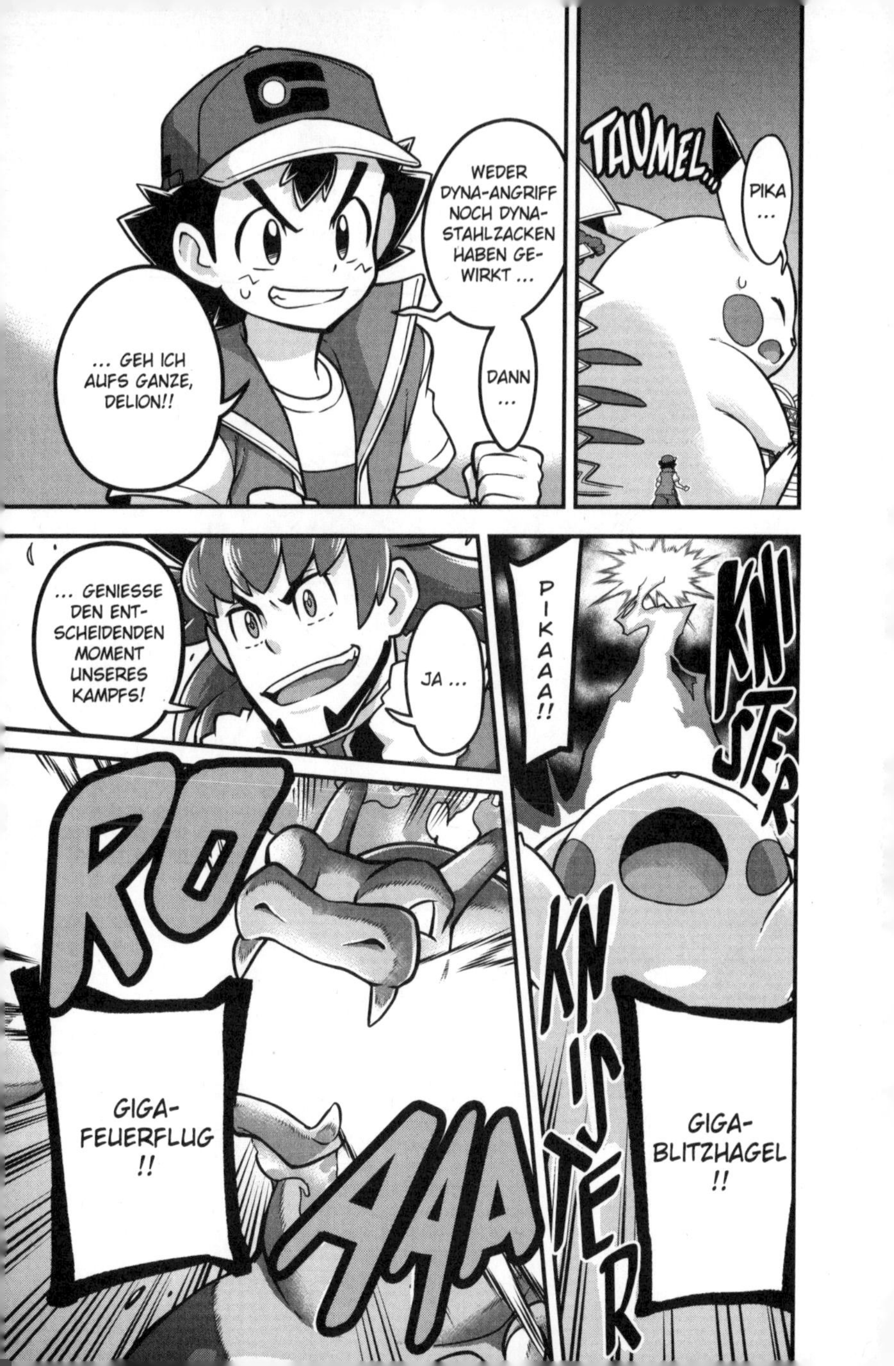

TAUMEL …
PIKA …
WEDER DYNA-ANGRIFF NOCH DYNA-STAHLZACKEN HABEN GEWIRKT …
DANN …
… GEH ICH AUFS GANZE, DELION!!
PIKAAAA!!
KNISTER
JA …
… GENIESSE DEN ENTSCHEIDENDEN MOMENT UNSERES KAMPFS!
GIGA-BLITZHAGEL!!
KNISTER
GIGA-FEUERFLUG!!
ROAAAA

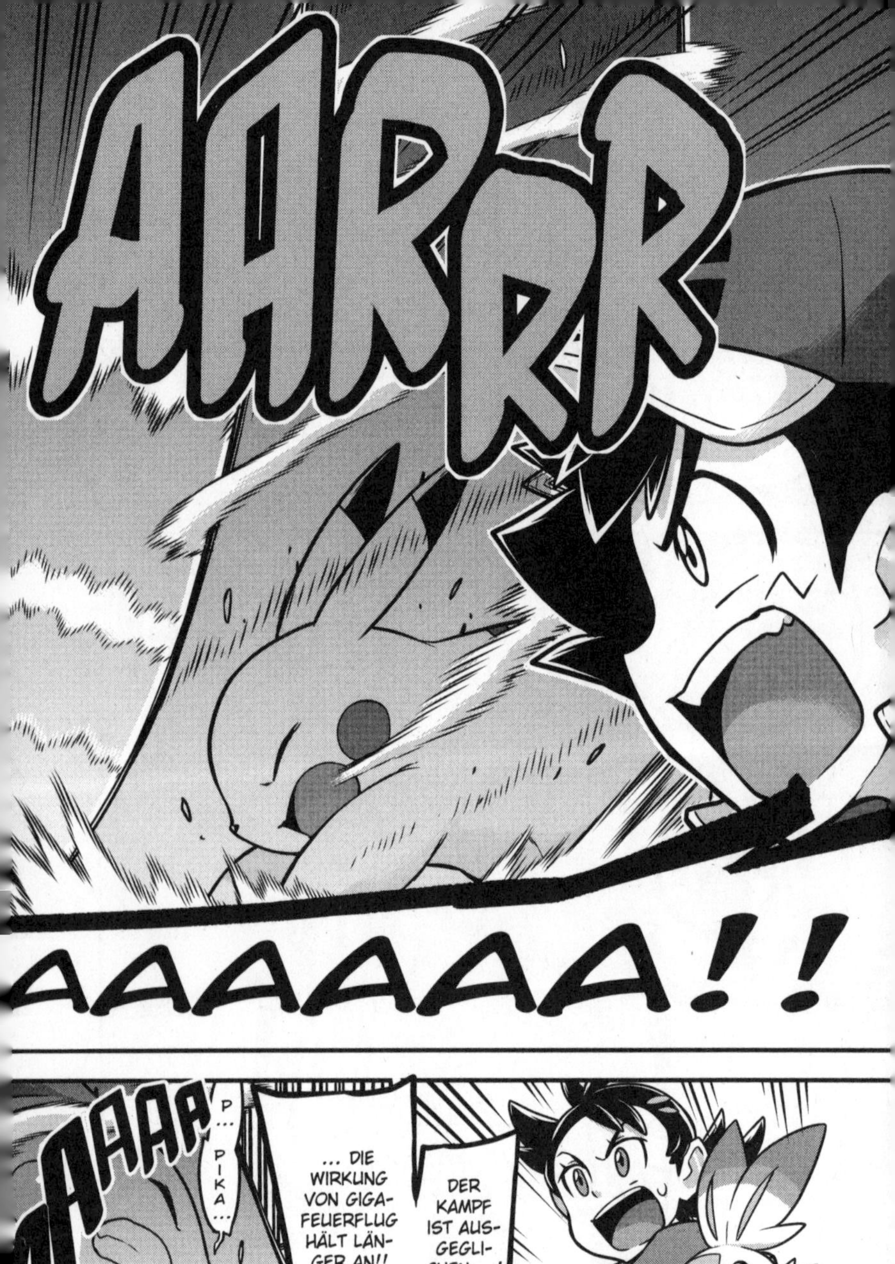
AARRR
AAAAAAA!!
AAAAA
P... PIKA ...
... DIE WIRKUNG VON GIGA-FEUERFLUG HÄLT LÄN-GER AN!!
DER KAMPF IST AUS-GEGLI-CHEN ...! NEIN ...

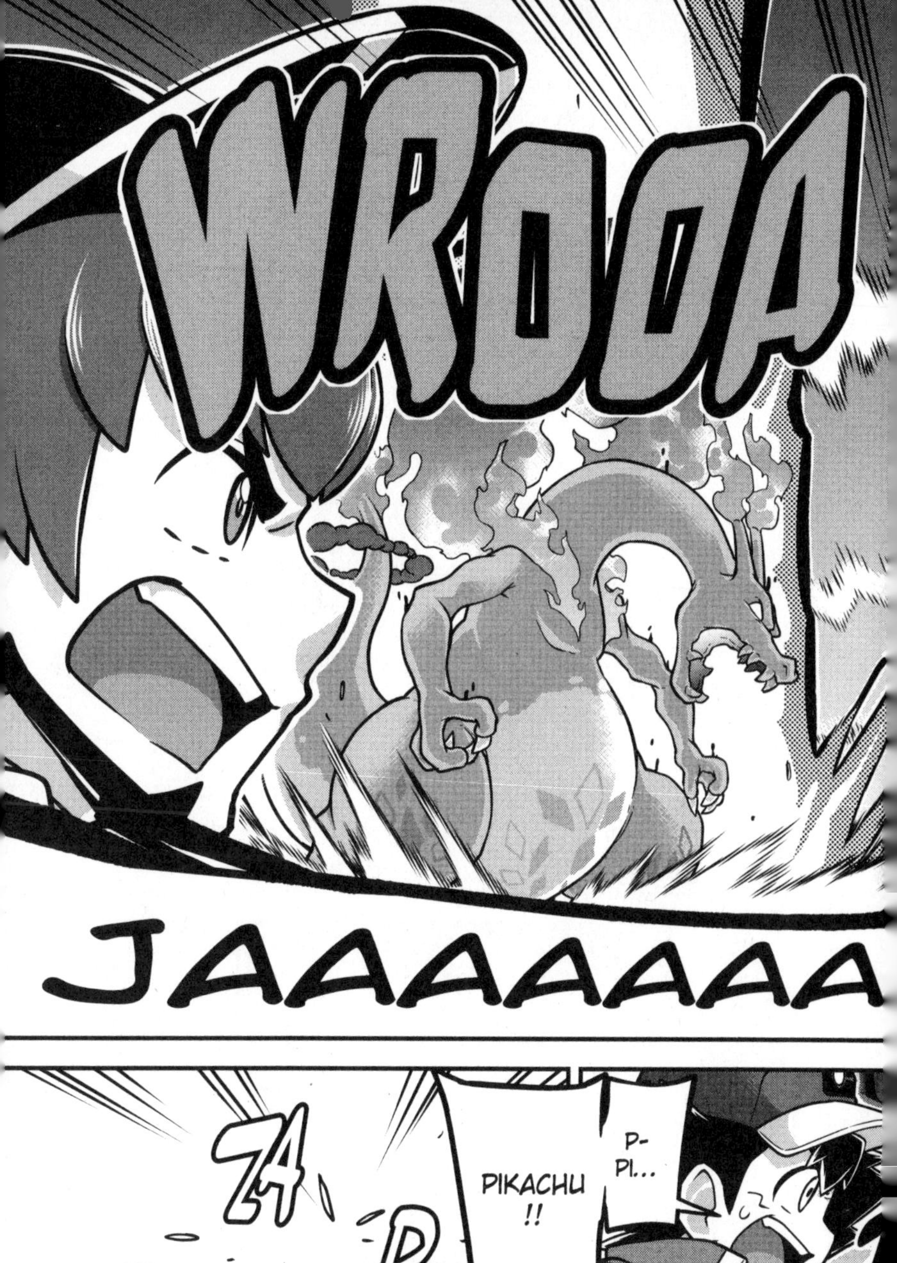

WROOA
JAAAAAAAA
P-PI...
PIKACHU!!
ZA
PP

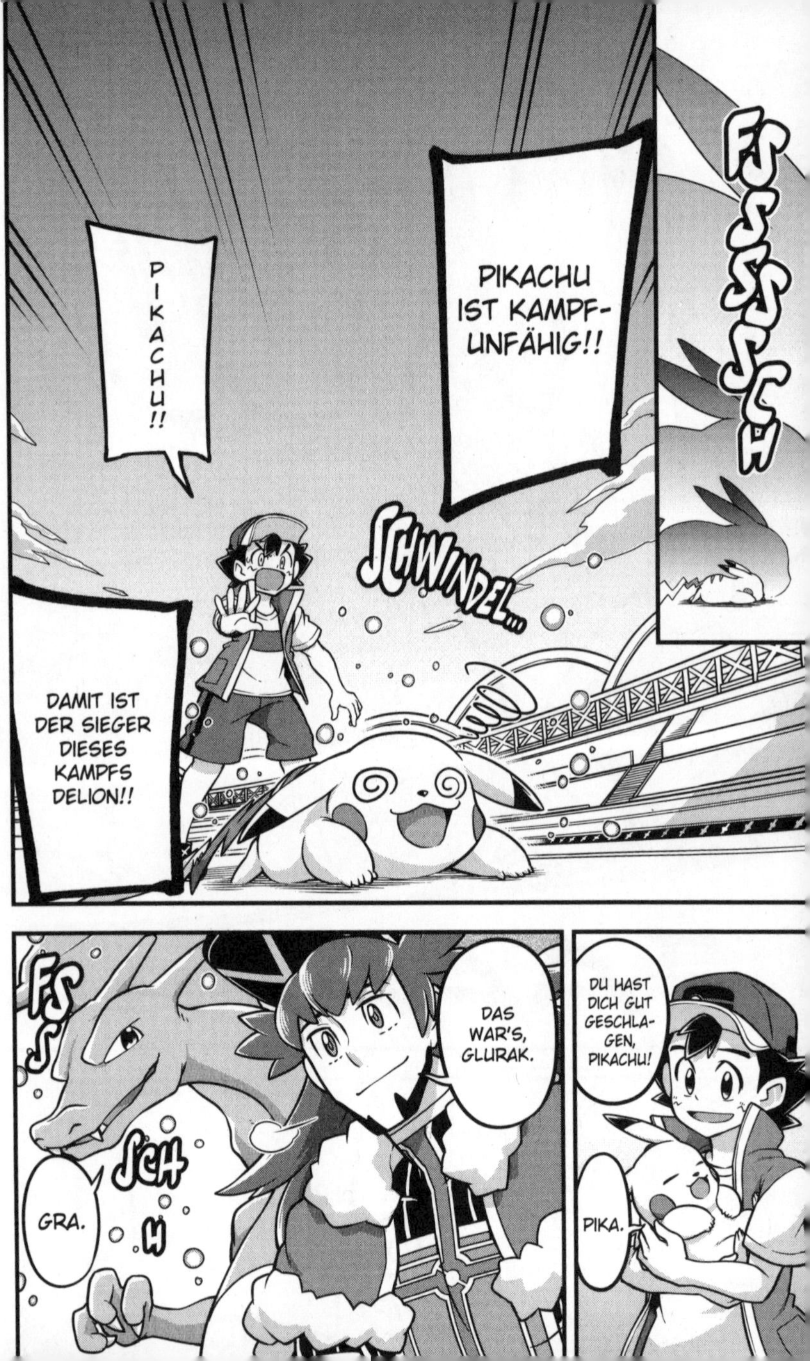

FSSSSSCH

PIKACHU IST KAMPF-UNFÄHIG!!

PIKACHU!!

SCHWINDEL...

DAMIT IST DER SIEGER DIESES KAMPFS DELION!!

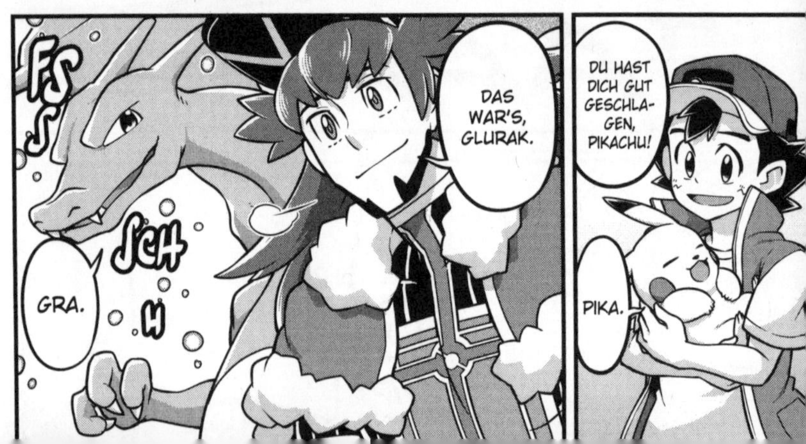

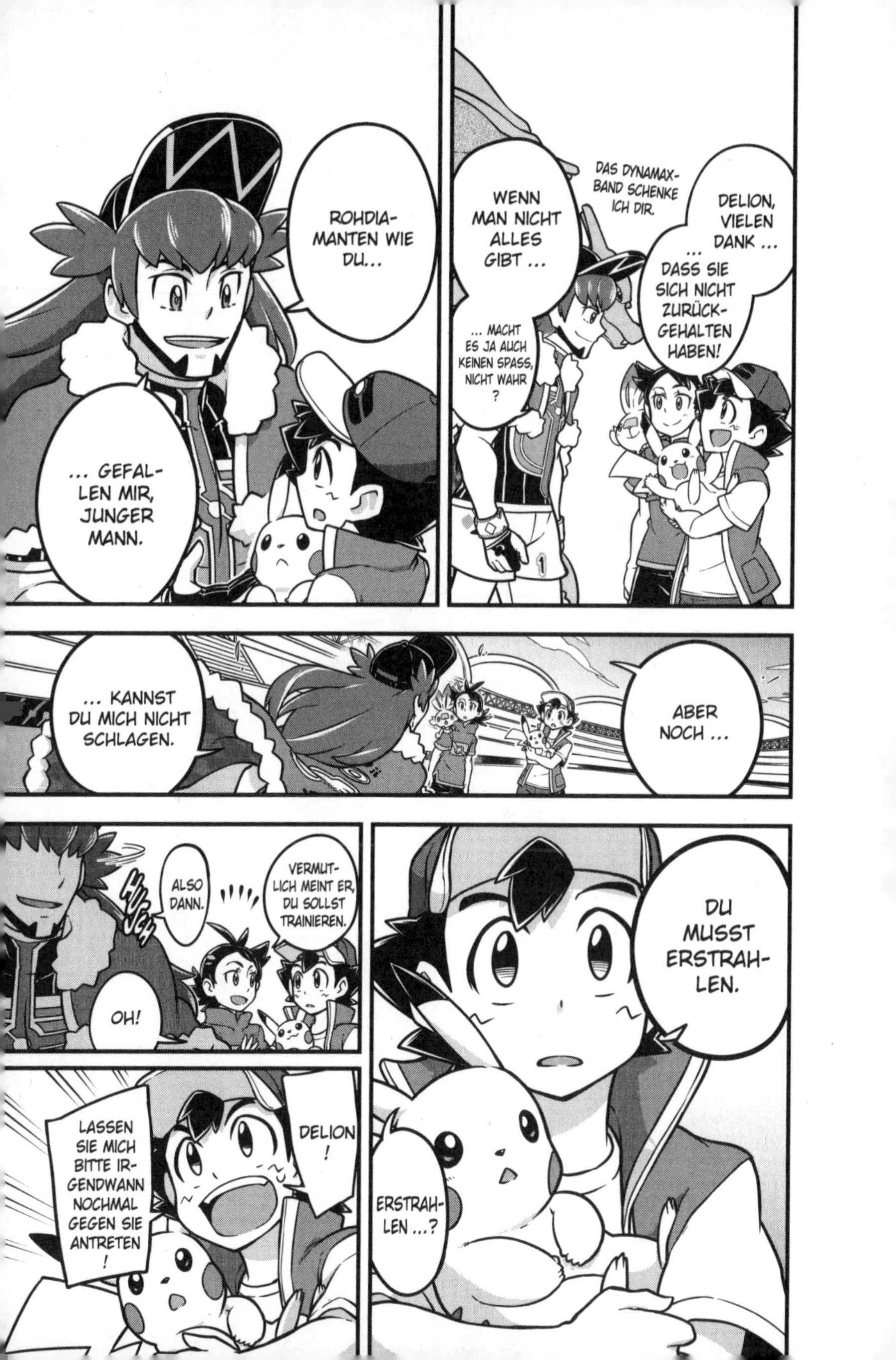

DELION, VIELEN DANK ...
... DASS SIE SICH NICHT ZURÜCKGEHALTEN HABEN!
DAS DYNAMAX-BAND SCHENKE ICH DIR.
WENN MAN NICHT ALLES GIBT ...
... MACHT ES JA AUCH KEINEN SPASS, NICHT WAHR?
ROHDIAMANTEN WIE DU...
... GEFALLEN MIR, JUNGER MANN.

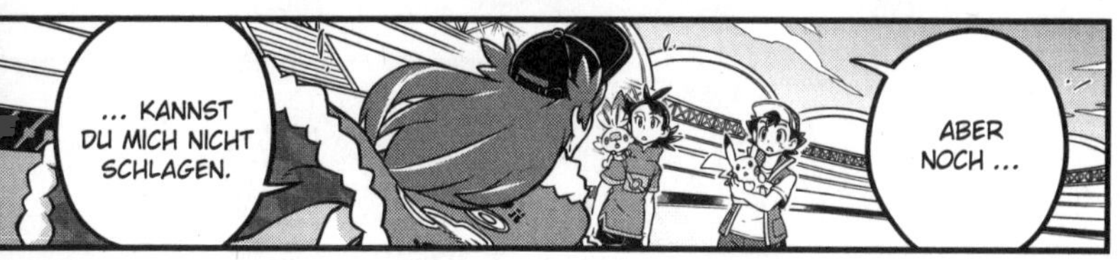

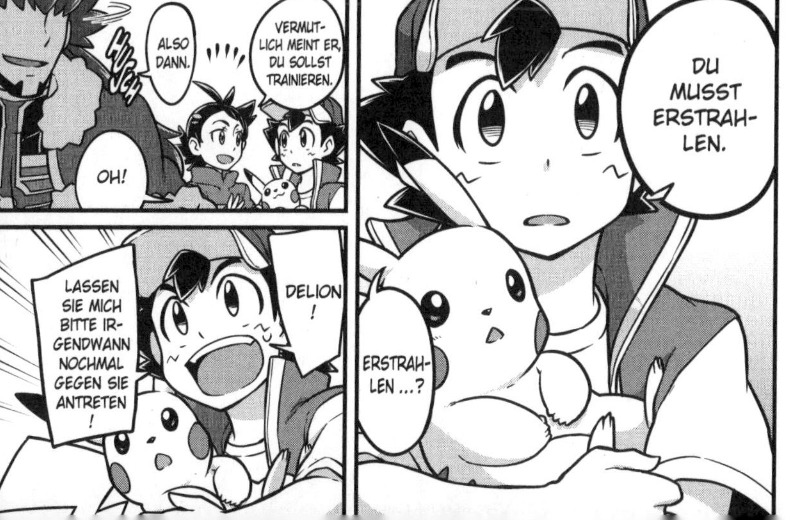

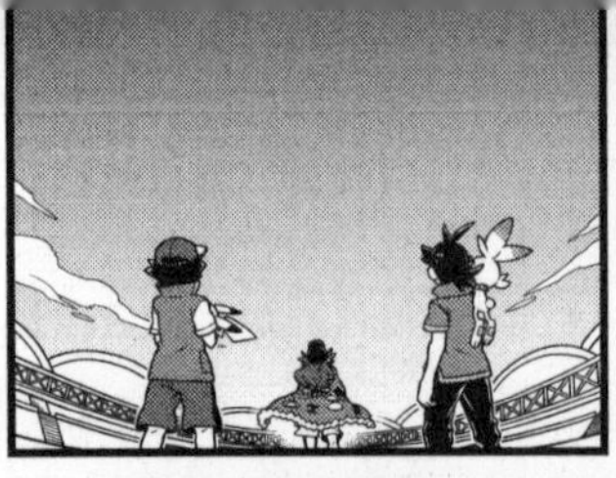

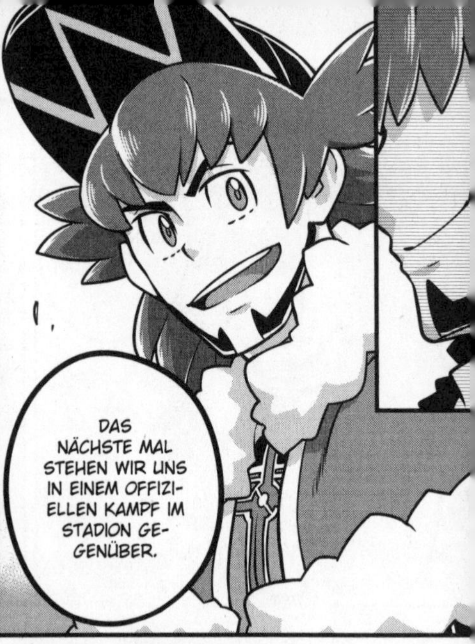
DAS NÄCHSTE MAL STEHEN WIR UNS IN EINEM OFFIZIELLEN KAMPF IM STADION GEGENÜBER.

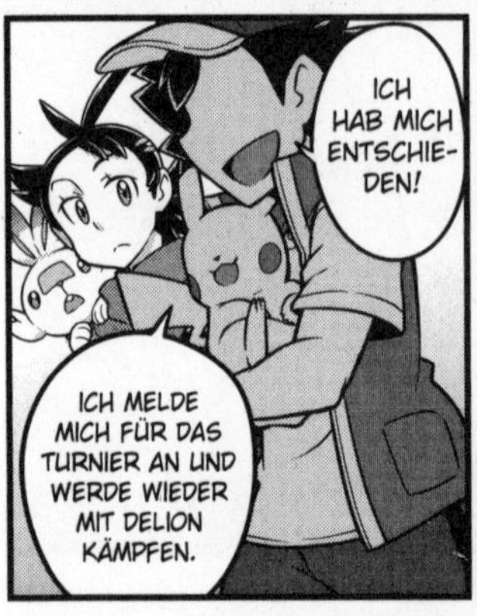
ICH HAB MICH ENTSCHIEDEN!
ICH MELDE MICH FÜR DAS TURNIER AN UND WERDE WIEDER MIT DELION KÄMPFEN.

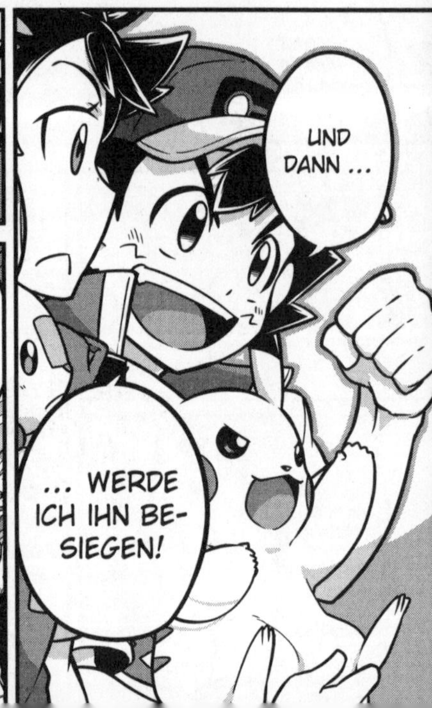
UND DANN ...
... WERDE ICH IHN BESIEGEN!

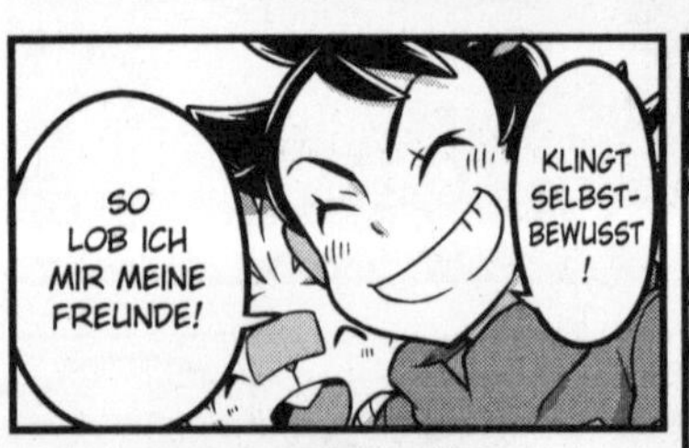
KLINGT SELBSTBEWUSST!
SO LOB ICH MIR MEINE FREUNDE!

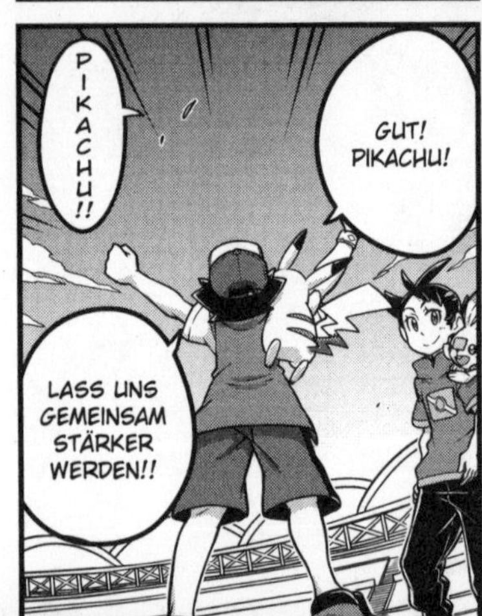
GUT! PIKACHU!
PIKACHU!!
LASS UNS GEMEINSAM STÄRKER WERDEN!!

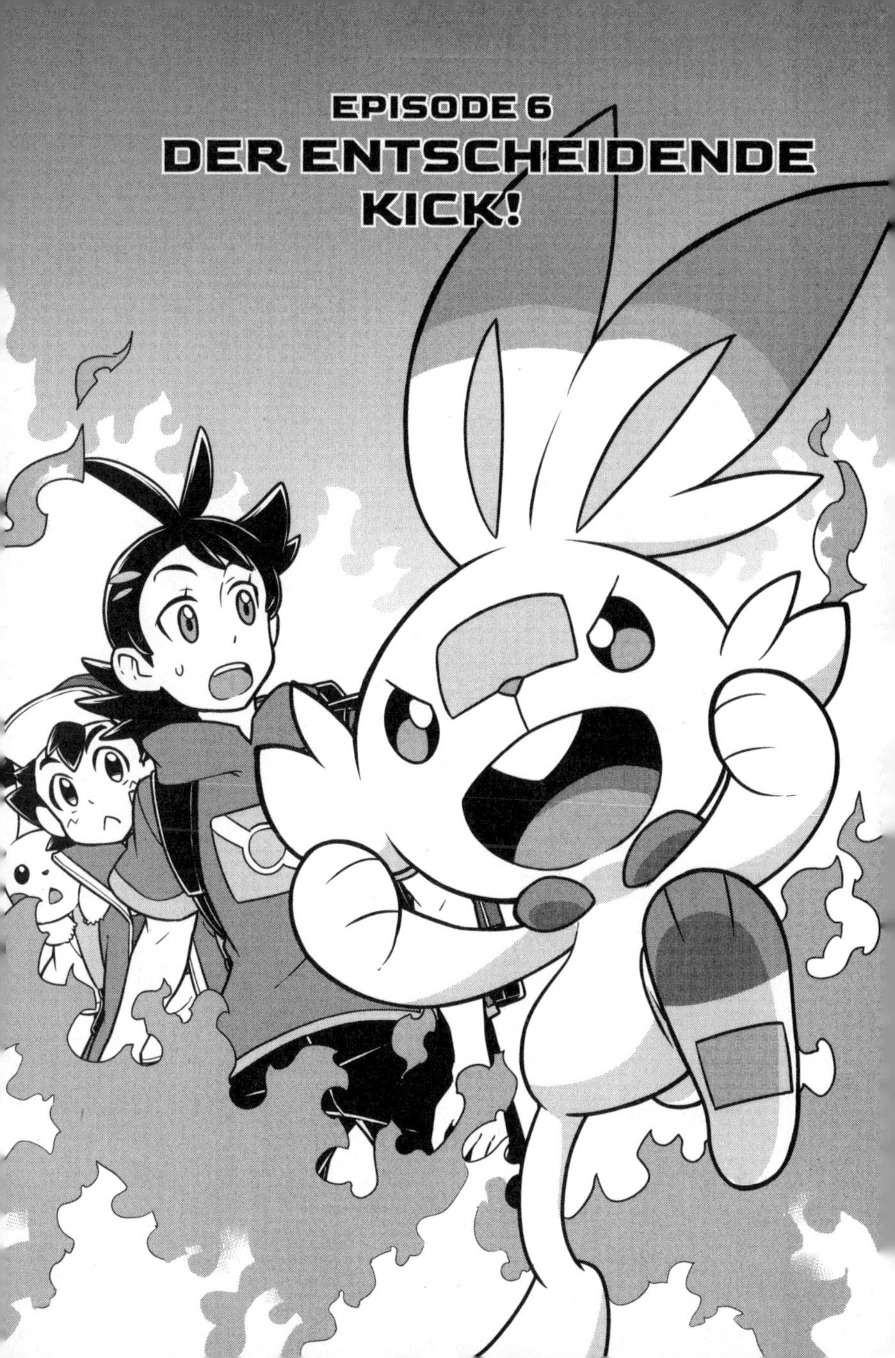
EPISODE 6
DER ENTSCHEIDENDE KICK!

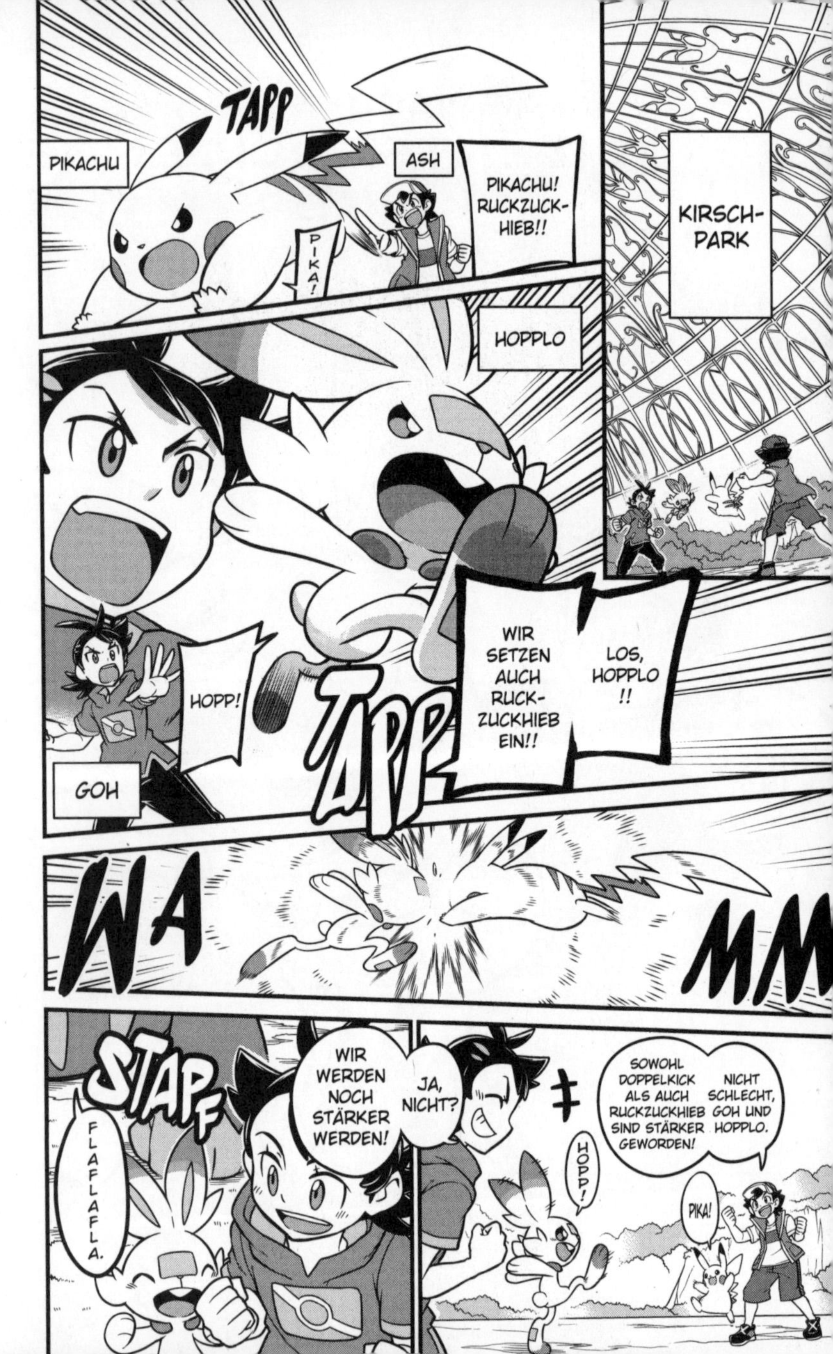
KIRSCH-PARK
ASH
PIKACHU! RUCKZUCKHIEB!!
PIKA!
TAPP
PIKACHU
LOS, HOPPLO!!
WIR SETZEN AUCH RUCKZUCKHIEB EIN!!
HOPPLO
HOPP!
TAPP
GOH
WA MM
NICHT SCHLECHT, GOH UND HOPPLO.
SOWOHL DOPPELKICK ALS AUCH RUCKZUCKHIEB SIND STÄRKER GEWORDEN!
PIKA!
HOPP!
JA, NICHT?
WIR WERDEN NOCH STÄRKER WERDEN!
STAPF
FLAFLAFLA.

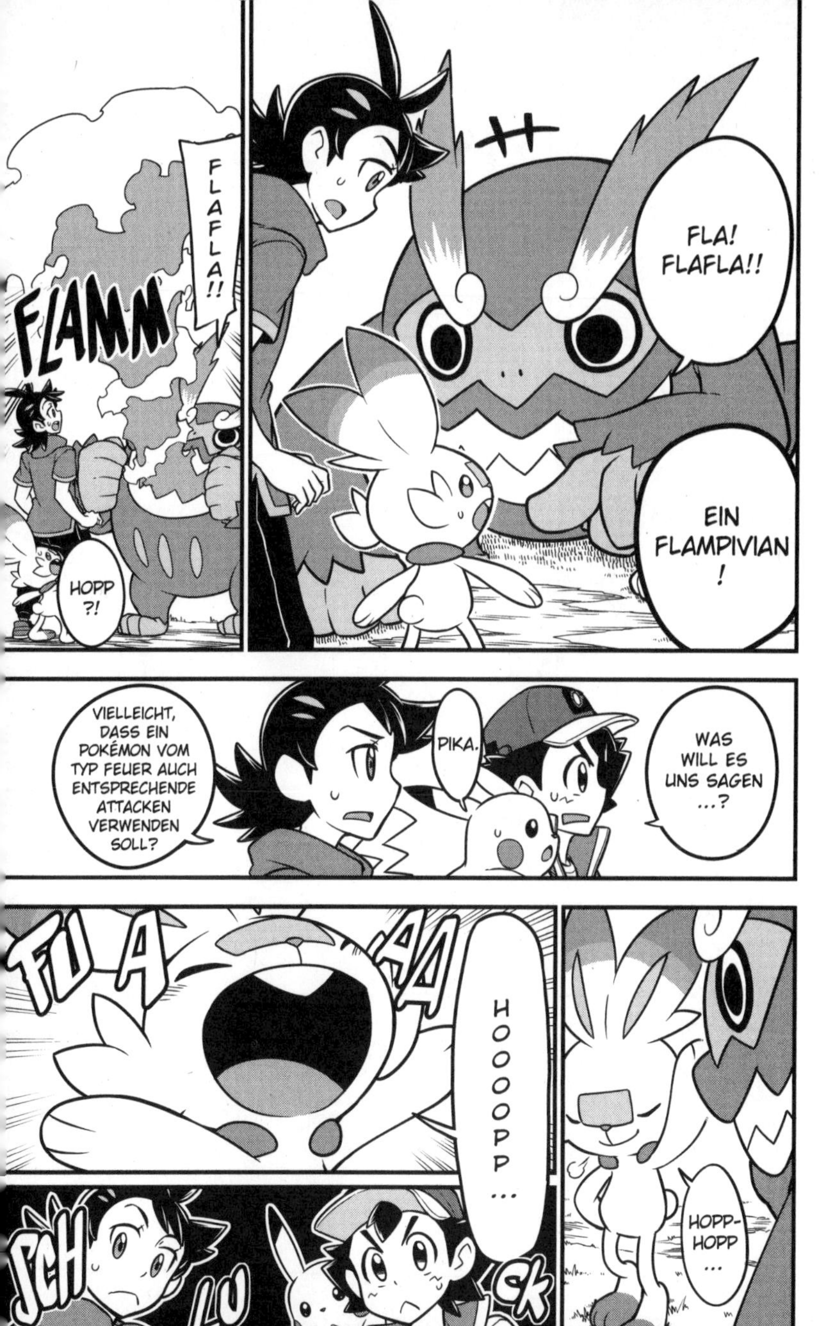
FLA!
FLAFLA!!
EIN FLAMPIVIAN!
FLAFLA!!
FLAMM
HOPP?!
WAS WILL ES UNS SAGEN ...?
PIKA.
VIELLEICHT, DASS EIN POKÉMON VOM TYP FEUER AUCH ENTSPRECHENDE ATTACKEN VERWENDEN SOLL?
HOPP-HOPP ...
HOOOOOPP ...
FU A AA
SCH LU CK

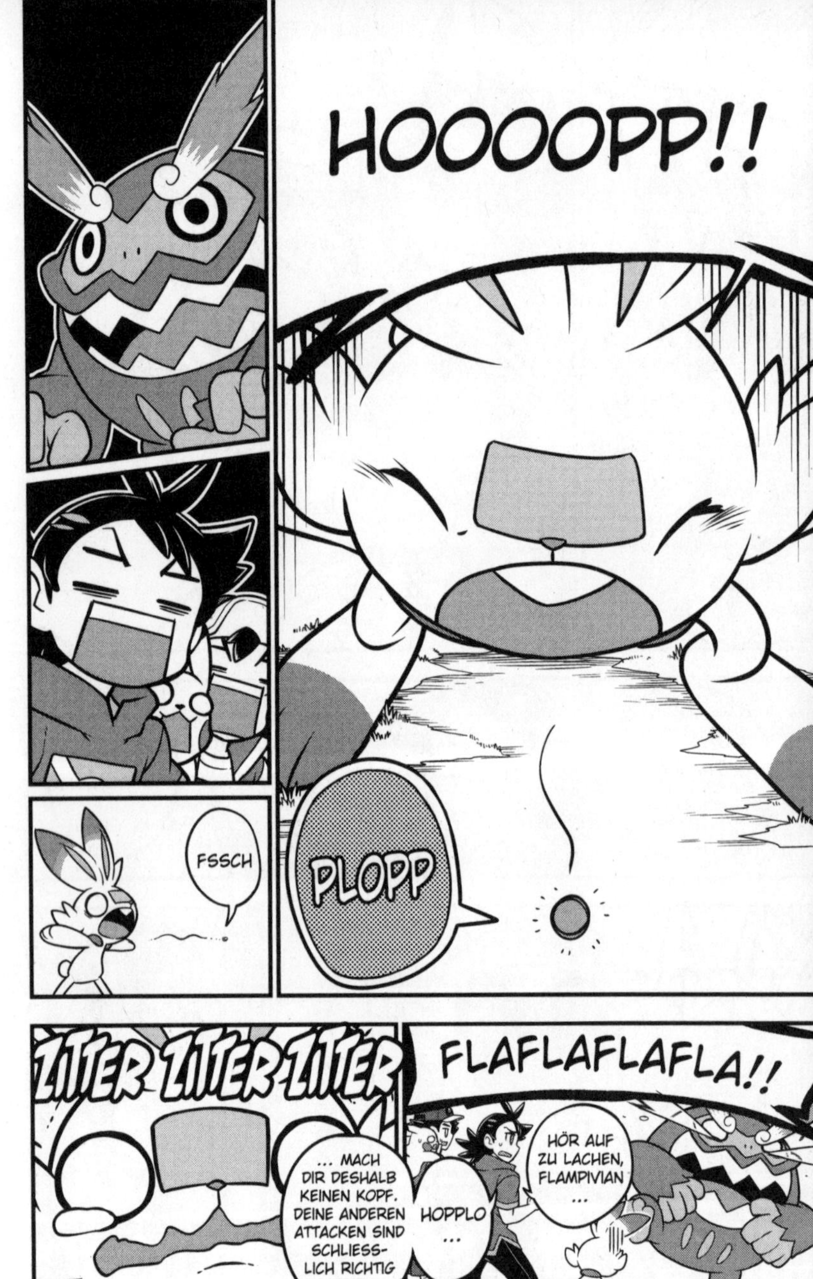
HOOOOPP!!
PLOPP
FSSCH
FLAFLAFLAFLA!!
ZITTER ZITTER ZITTER
HÖR AUF ZU LACHEN, FLAMPIVIAN …
HOPPLO …
… MACH DIR DESHALB KEINEN KOPF. DEINE ANDEREN ATTACKEN SIND SCHLIESS-LICH RICHTIG STARK.

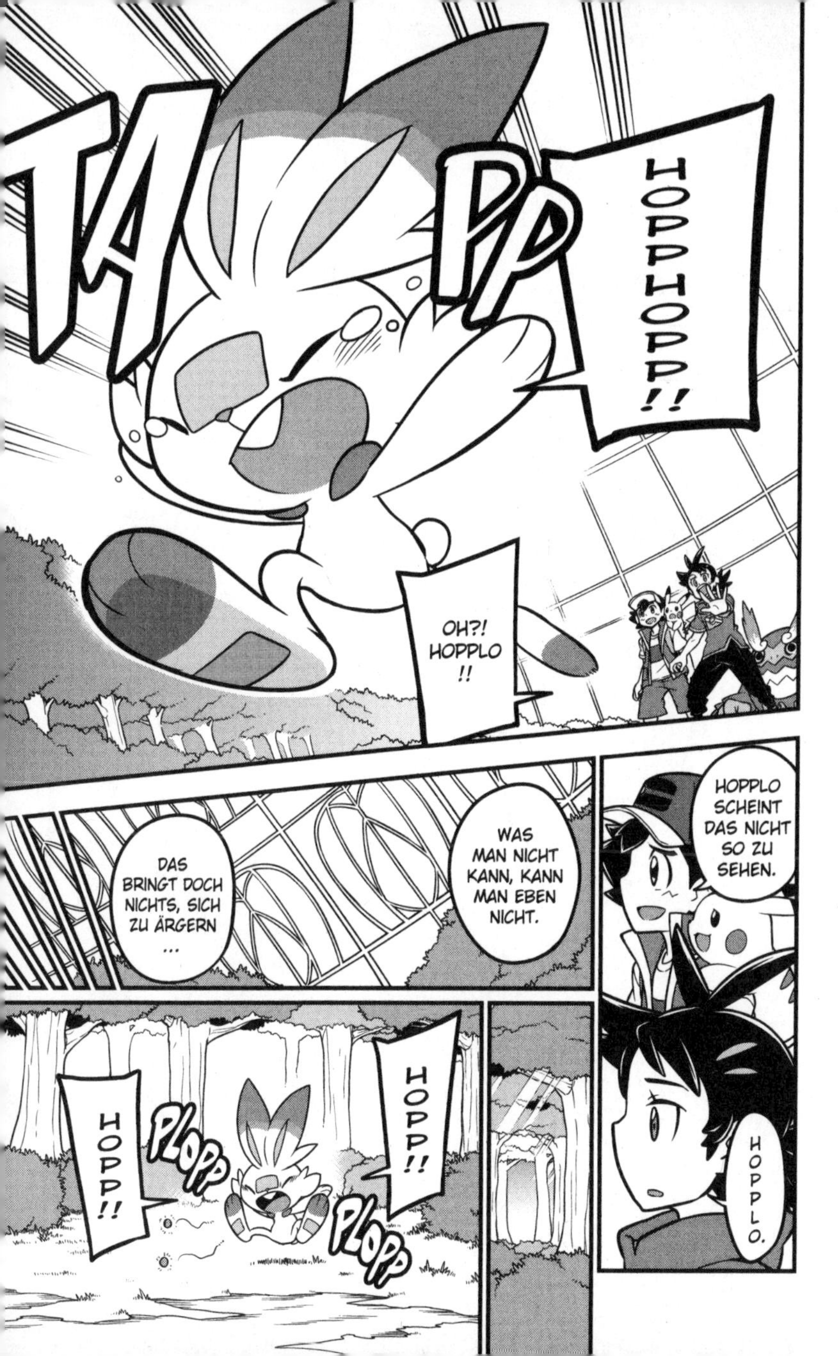
TAPP
HOPPHOPPP!!
OH?! HOPPLO !!
HOPPLO SCHEINT DAS NICHT SO ZU SEHEN.
WAS MAN NICHT KANN, KANN MAN EBEN NICHT.
DAS BRINGT DOCH NICHTS, SICH ZU ÄRGERN ...
HOPPLO.
HOPP!!
PLOPP
PLOPP
HOPP!!

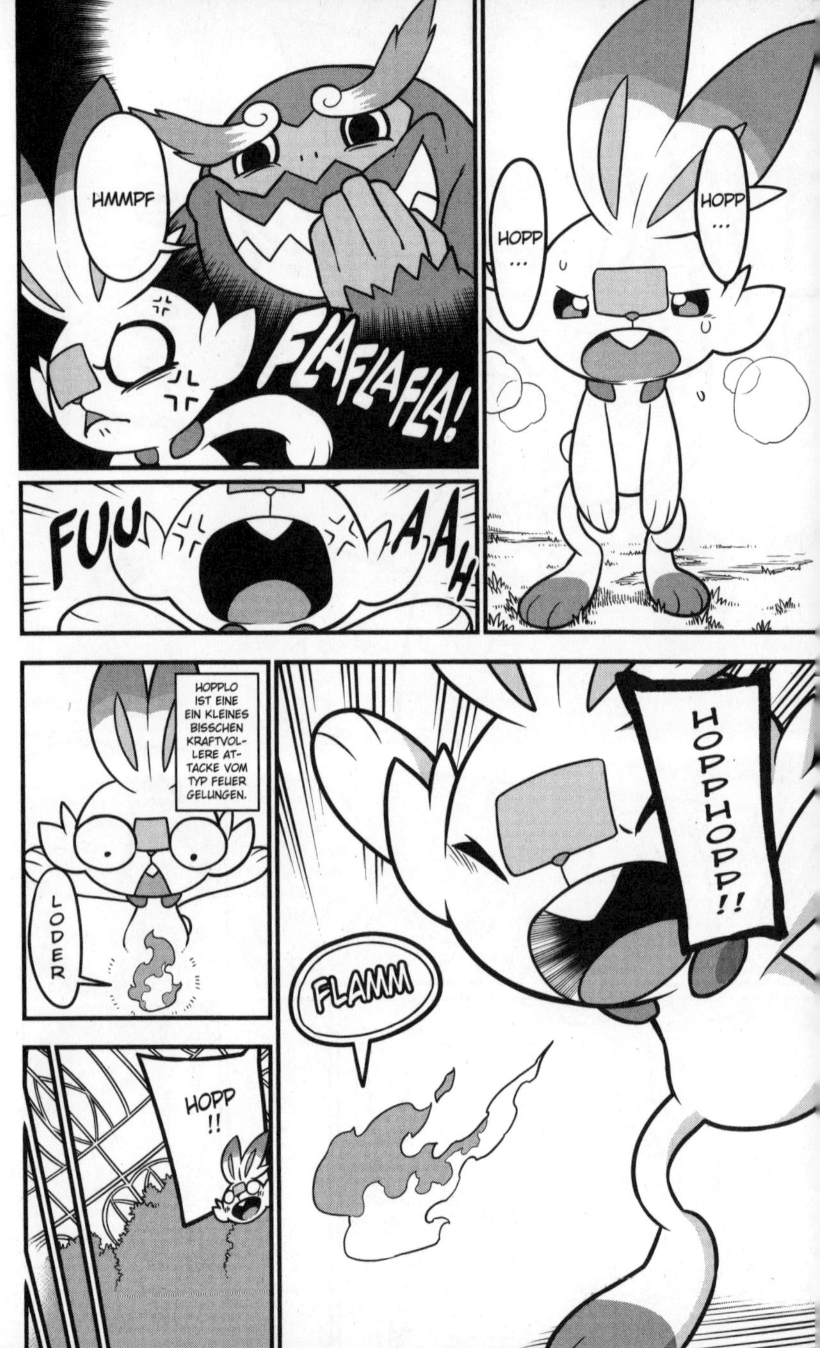
HOPP …
HOPP …
HMMPF
FLAFLAFLA!
FUUAAH
HOPPHOPP!!
FLAMM
HOPPLO IST EINE EIN KLEINES BISSCHEN KRAFTVOLLERE ATTACKE VOM TYP FEUER GELUNGEN.
LODER
HOPP !!

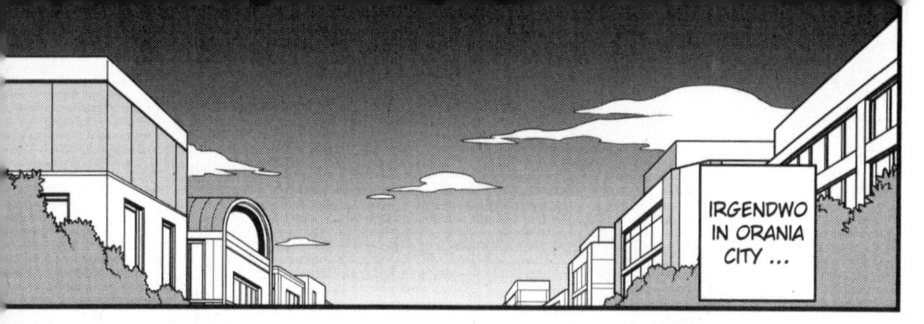
IRGENDWO IN ORANIA CITY …

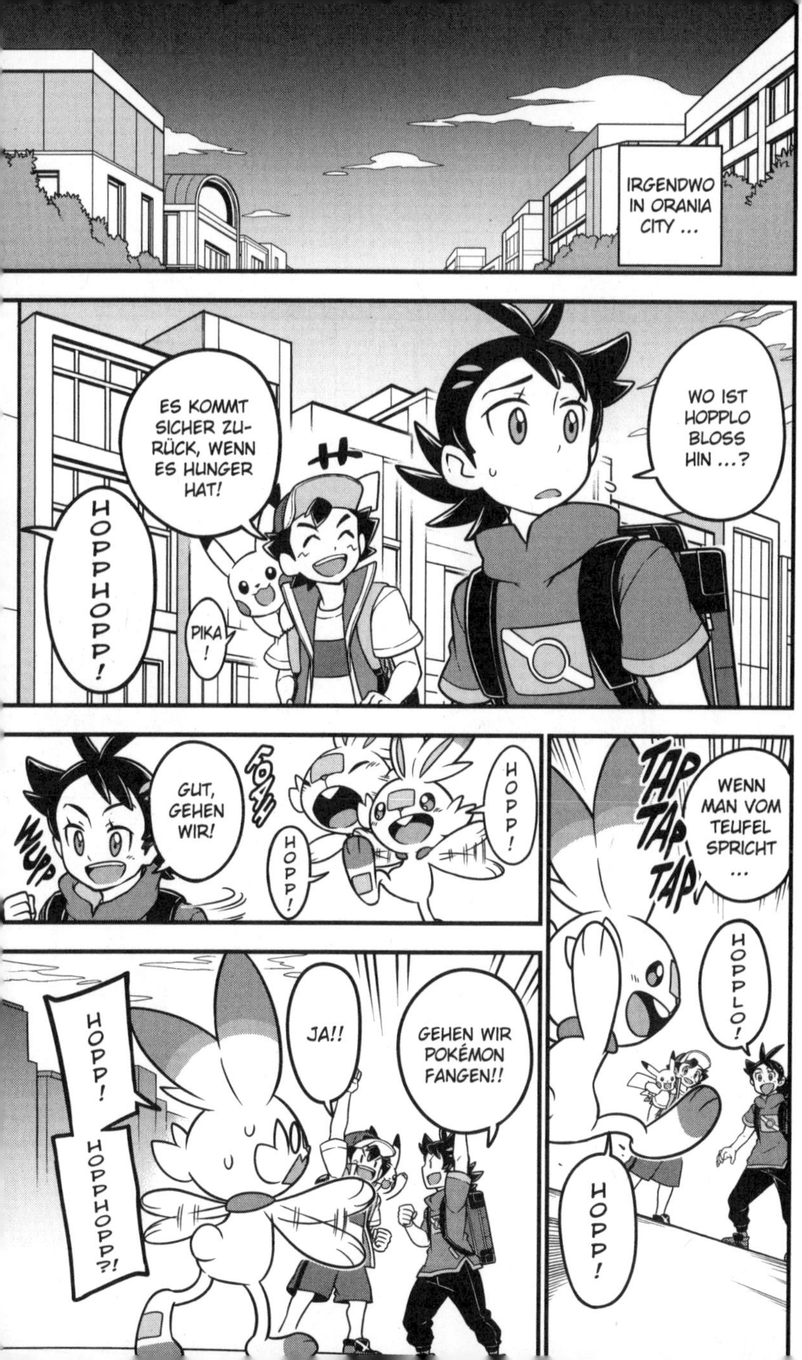

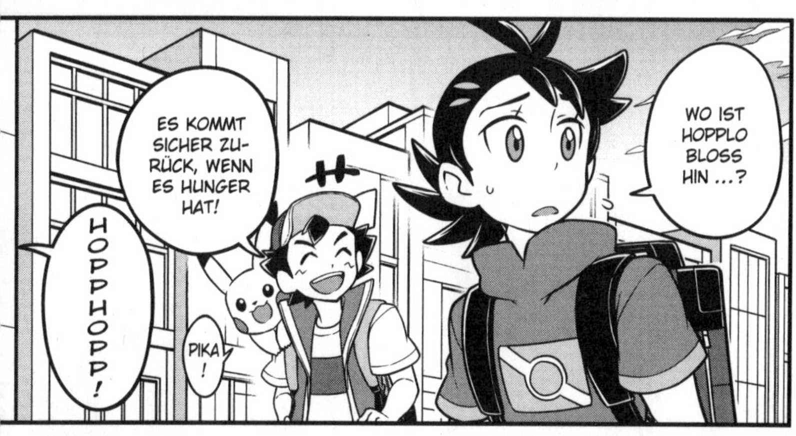
WO IST HOPPLO BLOSS HIN …?
ES KOMMT SICHER ZURÜCK, WENN ES HUNGER HAT!
PIKA!
HOPPHOPP!

TAP TAP TAP
WENN MAN VOM TEUFEL SPRICHT …
HOPPLO!
HOPP!
HOPP!
HOPP!
FOAH
GUT, GEHEN WIR!
WUPP
GEHEN WIR POKÉMON FANGEN!!
JA!!
HOPP! HOPPHOPP?!

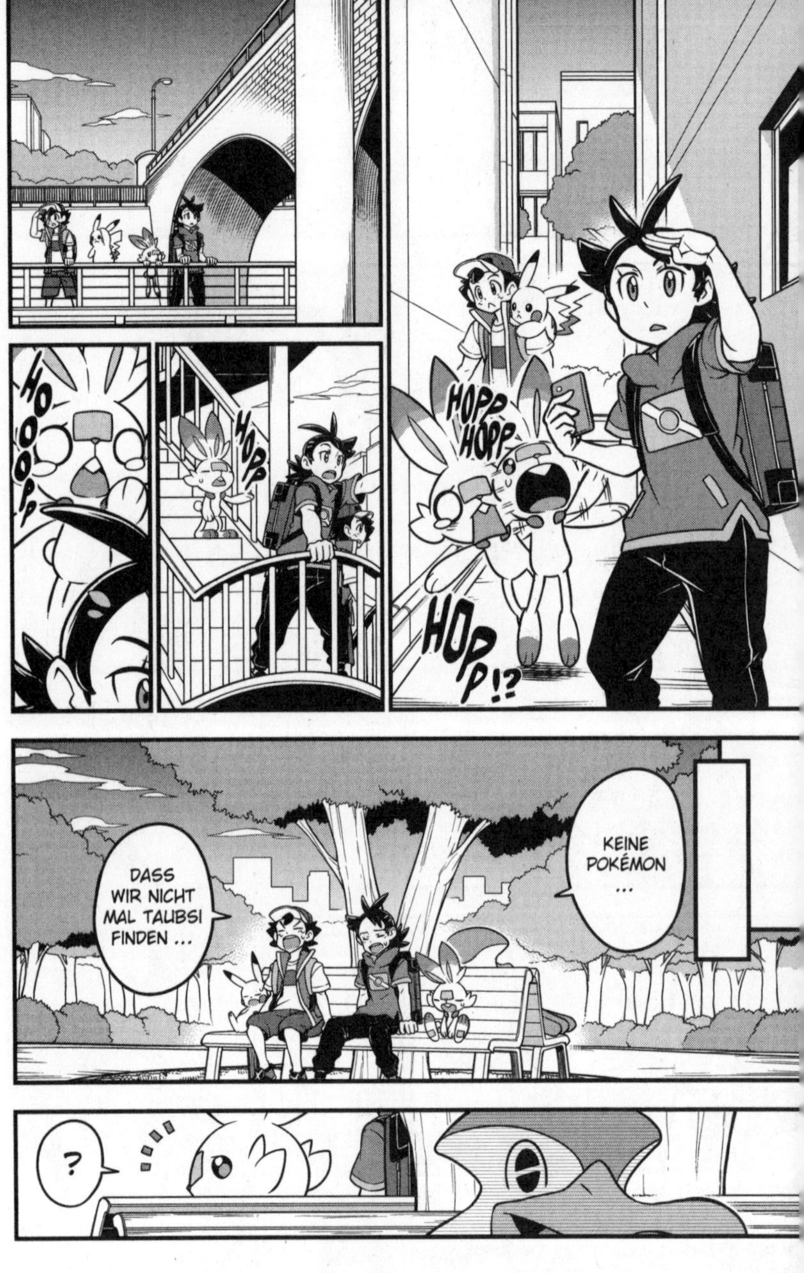

HOPP HOPP
HOPP!?
HOPP
HO-OOOPP
KEINE POKÉMON ...
DASS WIR NICHT MAL TAUBSI FINDEN ...
?

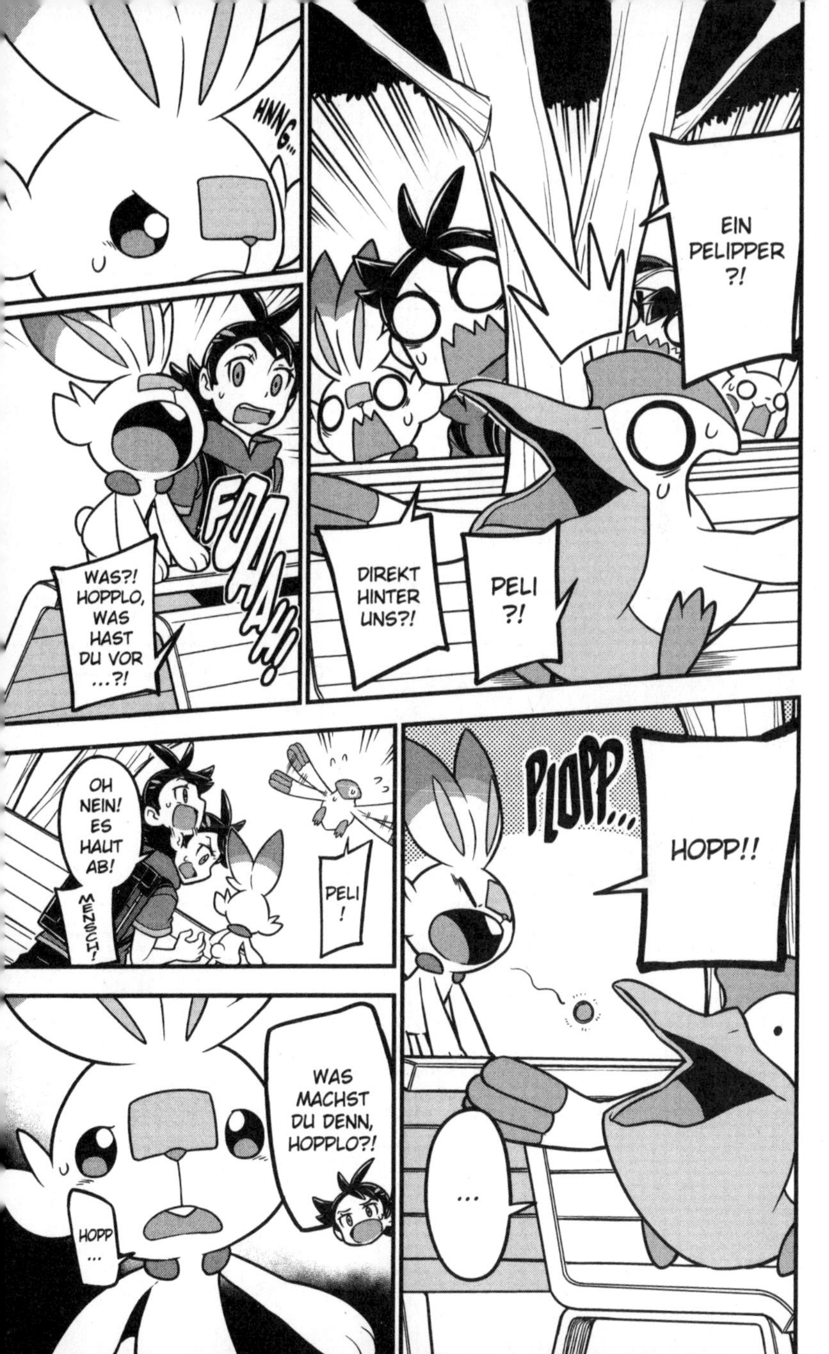
HNNG…
EIN PELIPPER ?!
PELI ?!
DIREKT HINTER UNS?!
FOAAH!!
WAS?! HOPPLO, WAS HAST DU VOR …?!
PLOPP…
HOPP!!
PELI !
OH NEIN! ES HAUT AB!
MENSCH!
…
WAS MACHST DU DENN, HOPPLO?!
HOPP …

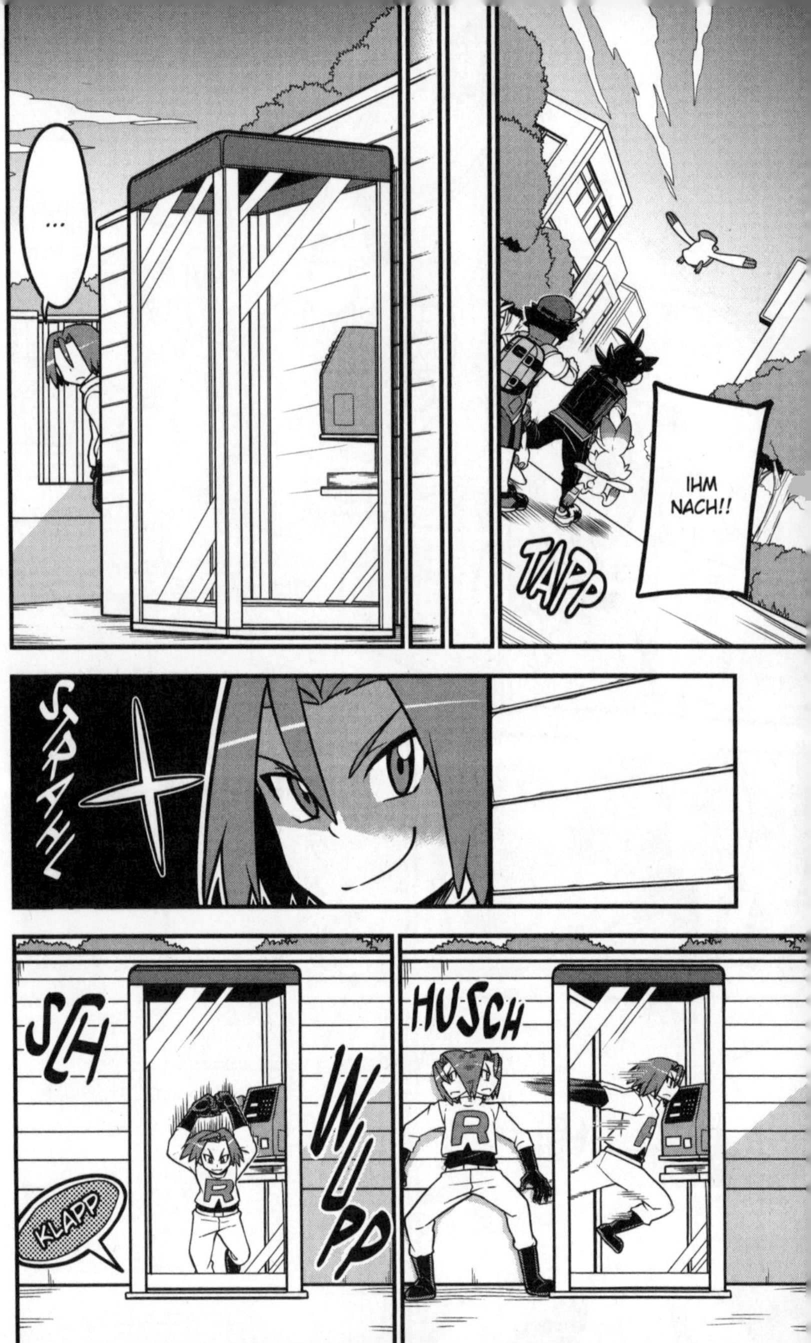

IHM NACH!!

TAPP

…

STRAHL

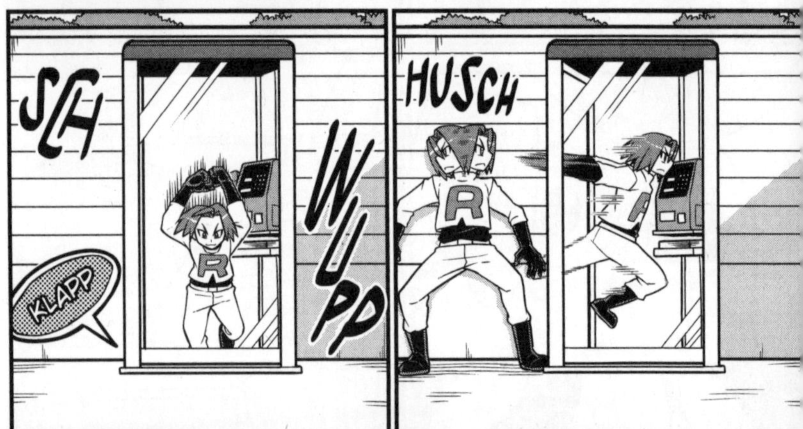

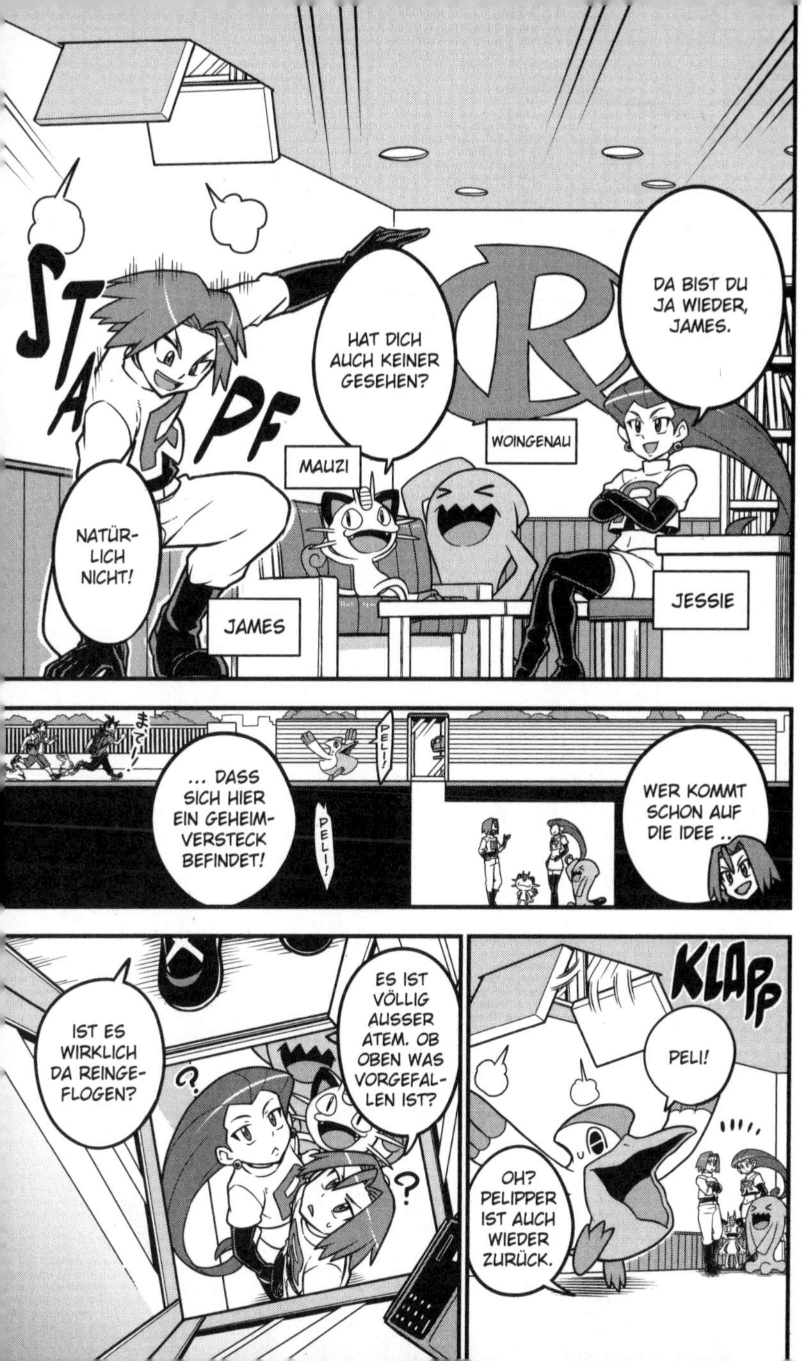

DA BIST DU JA WIEDER, JAMES.
HAT DICH AUCH KEINER GESEHEN?
STAPF
NATÜRLICH NICHT!
WOINGENAU
MAUZI
JESSIE
JAMES

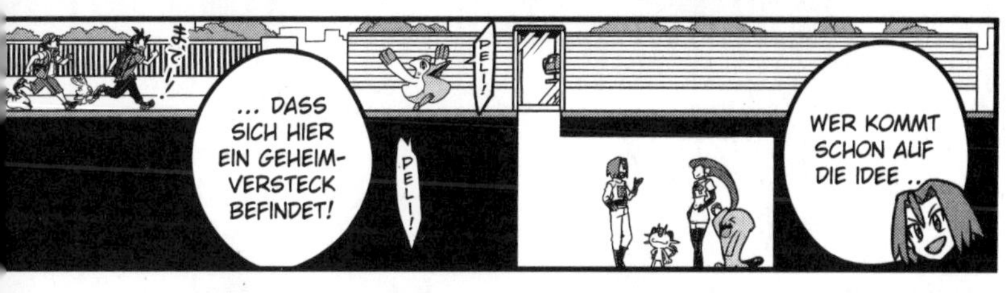

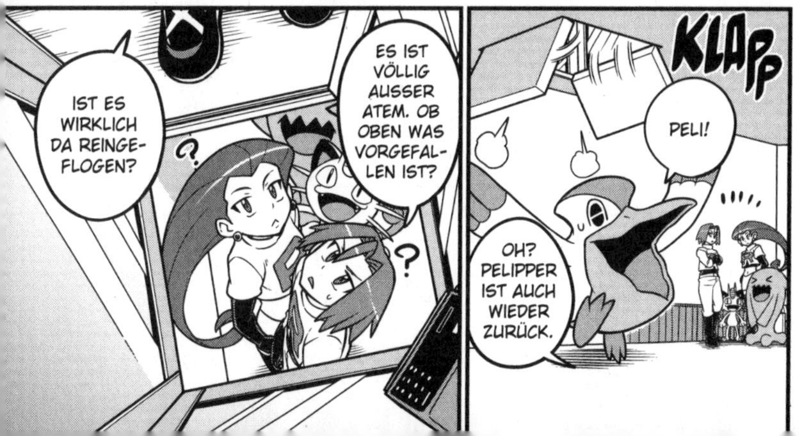

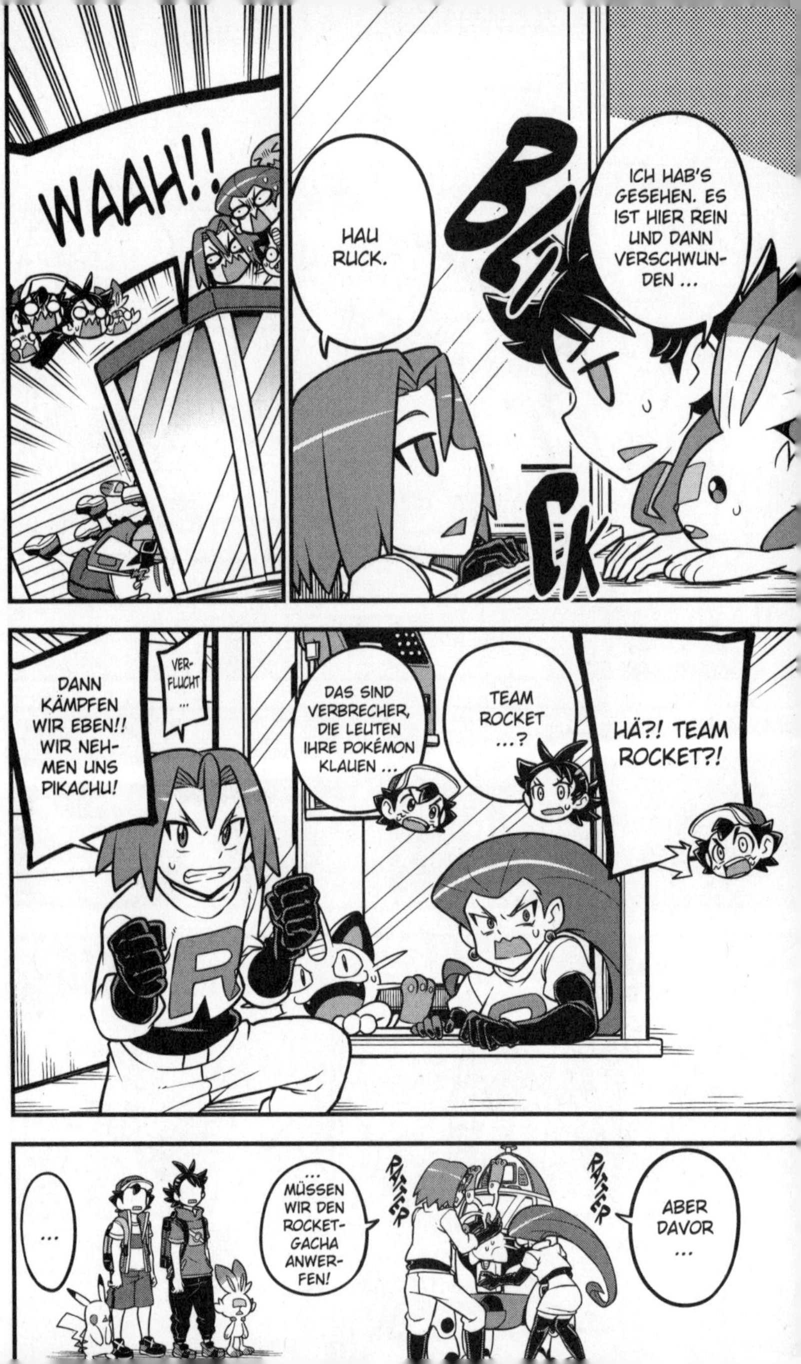

ICH HAB'S GESEHEN. ES IST HIER REIN UND DANN VERSCHWUNDEN …
HAU RUCK.
WAAH!!

HÄ?! TEAM ROCKET?!
TEAM ROCKET …?
DAS SIND VERBRECHER, DIE LEUTEN IHRE POKÉMON KLAUEN …
VERFLUCHT …
DANN KÄMPFEN WIR EBEN!! WIR NEHMEN UNS PIKACHU!

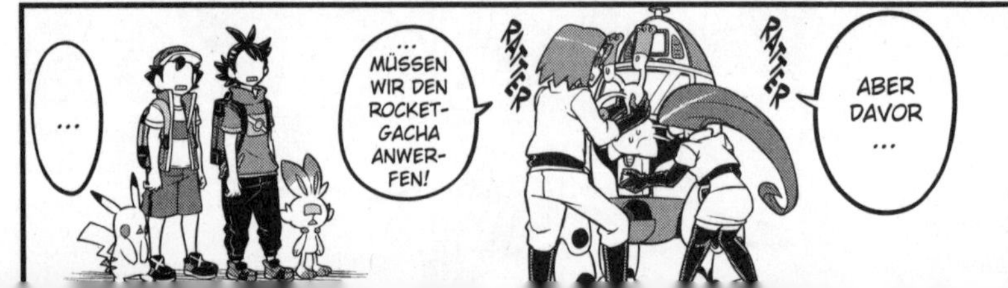

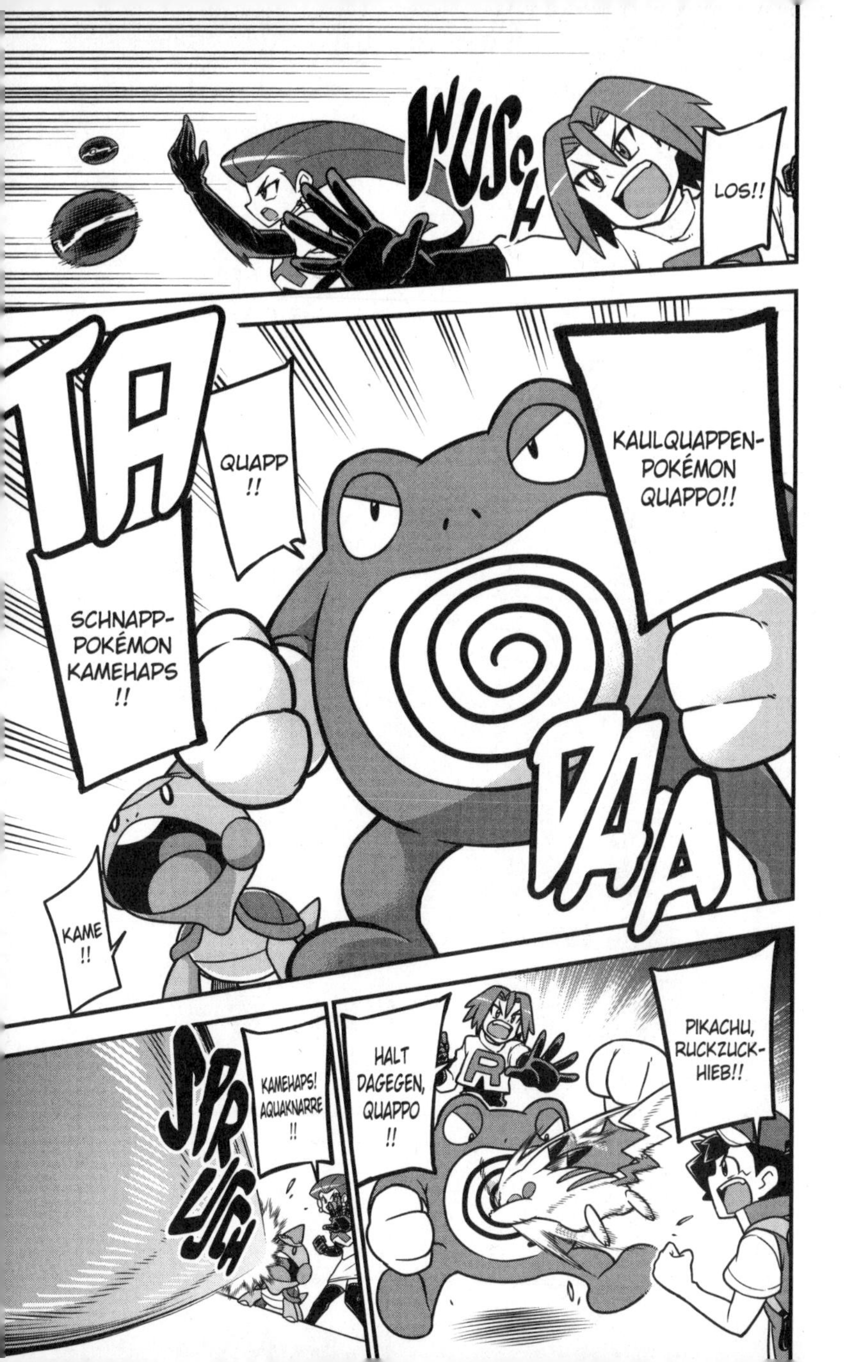
LOS!!
WUSCH
KAULQUAPPEN-POKÉMON QUAPPO!!
QUAPP !!
TA
DA
SCHNAPP-POKÉMON KAMEHAPS !!
KAME !!
PIKACHU, RUCKZUCK-HIEB!!
HALT DAGEGEN, QUAPPO !!
KAMEHAPS! AQUAKNARRE !!

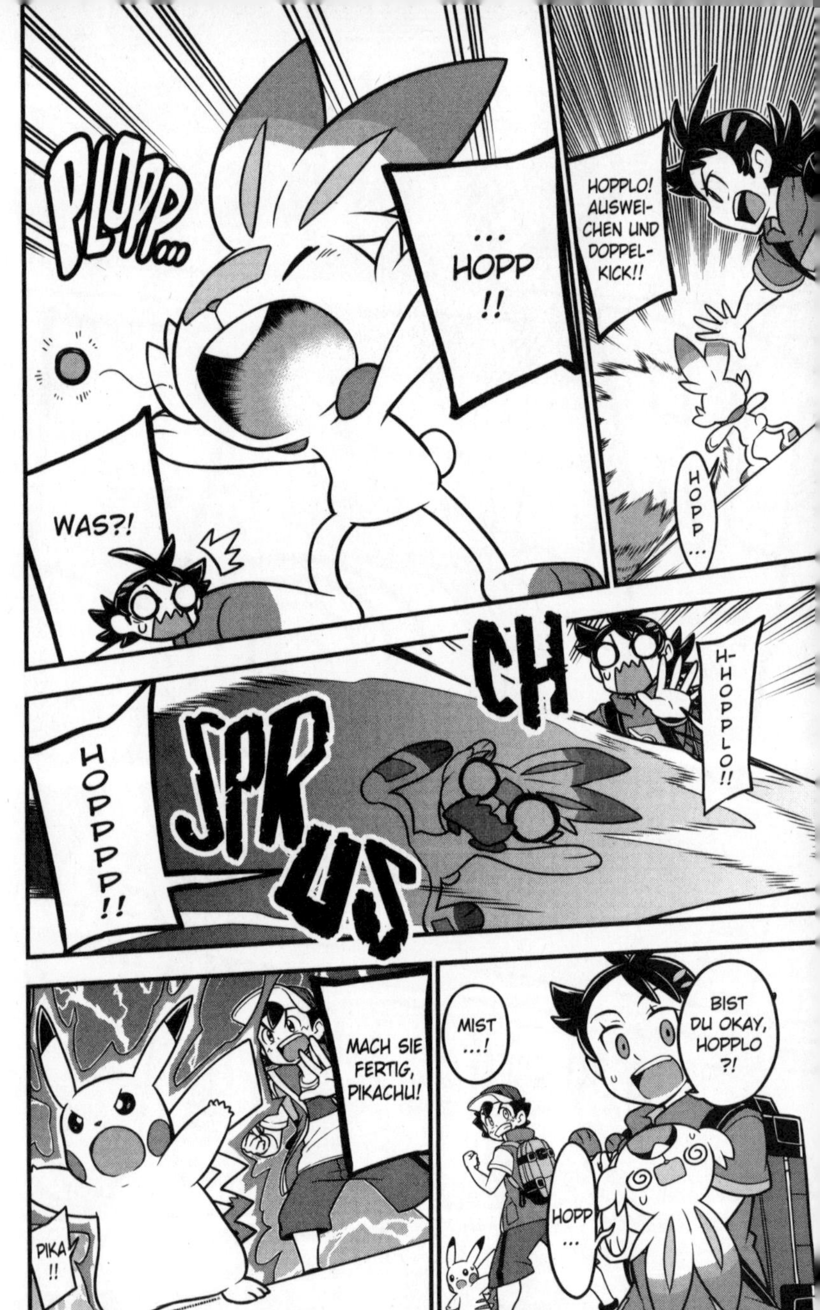
HOPPLO! AUSWEICHEN UND DOPPELKICK!!
HOPP...
... HOPP !!
PLOPP...
WAS?!
H-HOPPLO!!
CH
SPRUUS
HOPPPPP!!
BIST DU OKAY, HOPPLO ?!
MIST ...!
HOPP ...
MACH SIE FERTIG, PIKACHU!
PIKA !!

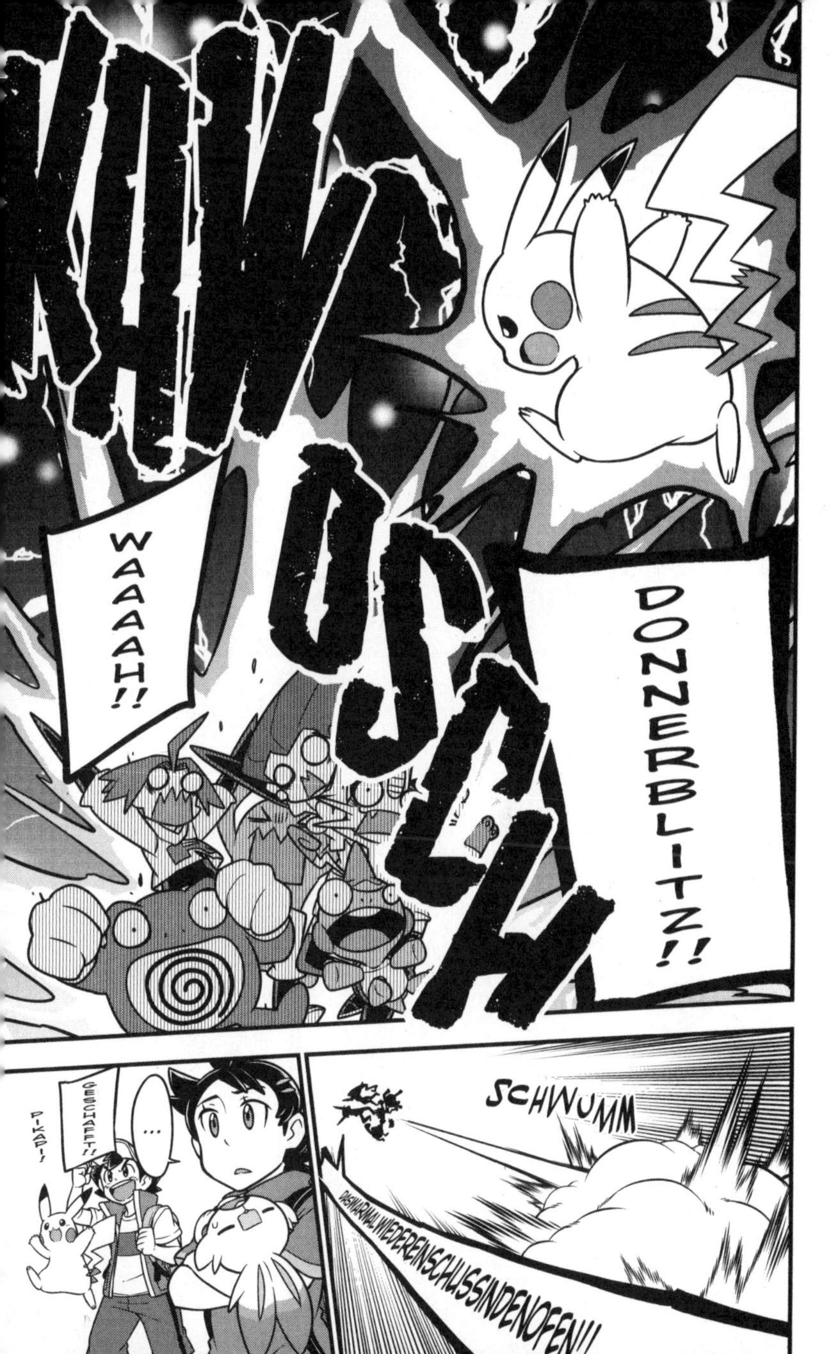
DONNERBLITZ!!
WAAAAAH!!
SCHWUMM
DASWARMALWIEDEREINSCHUSSINDENOFEN!!
GESCHAFFT!!
...
PIKAPI!

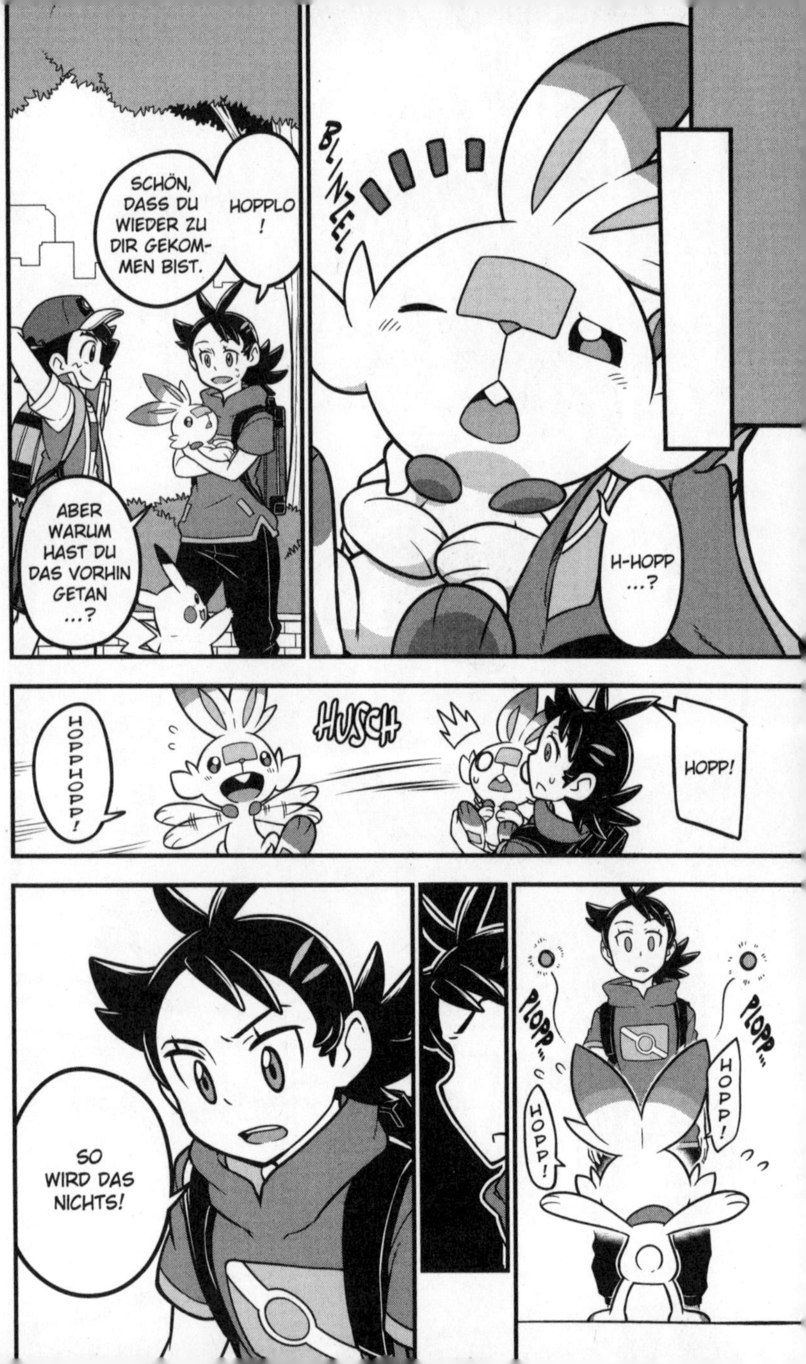

BLINZEL
H-HOPP ...?
SCHÖN, DASS DU WIEDER ZU DIR GEKOMMEN BIST.
HOPPLO!
ABER WARUM HAST DU DAS VORHIN GETAN ...?

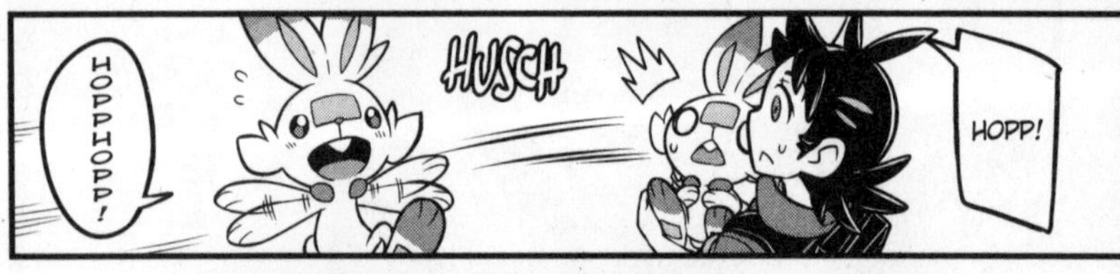

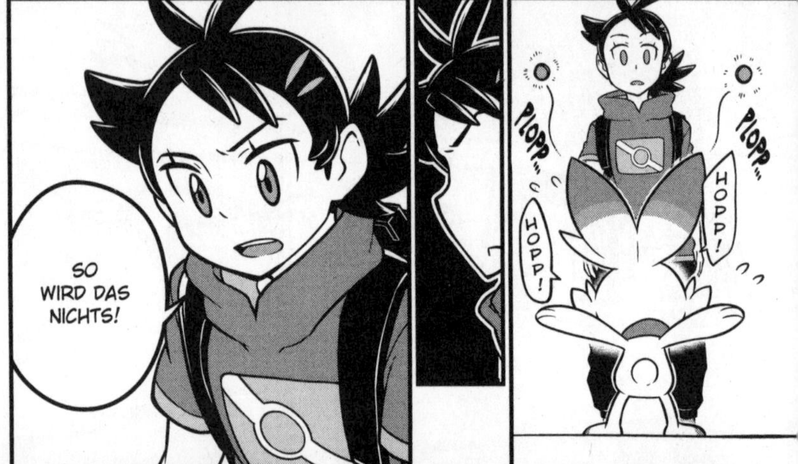

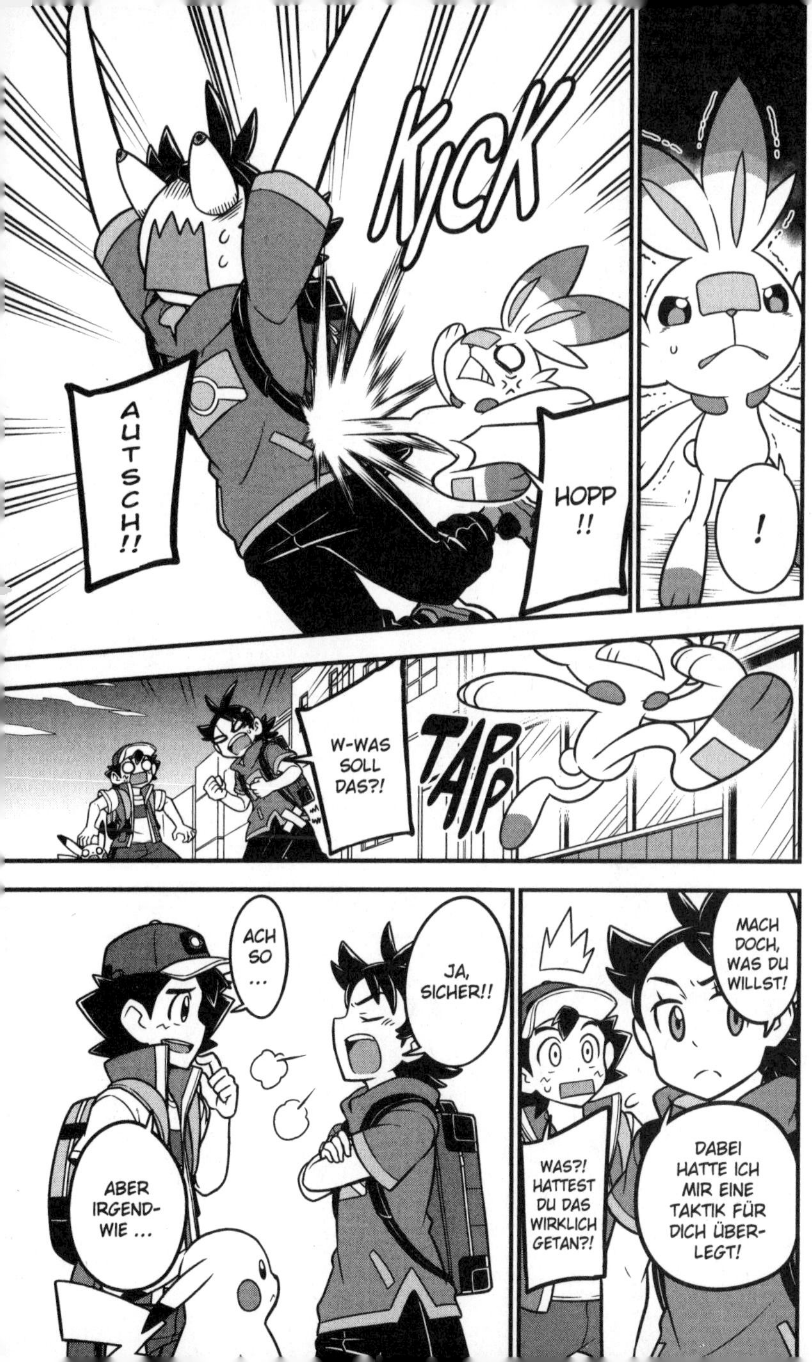

!

HOPP!!

KYCK

AUTSCH!!

TAPP

W-WAS SOLL DAS?!

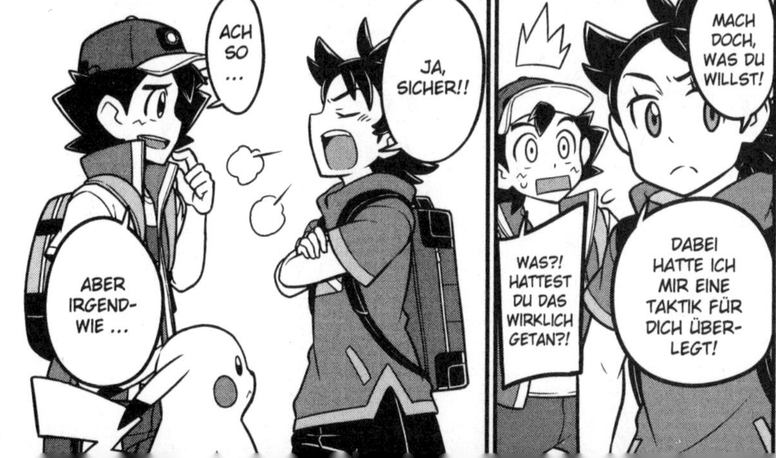

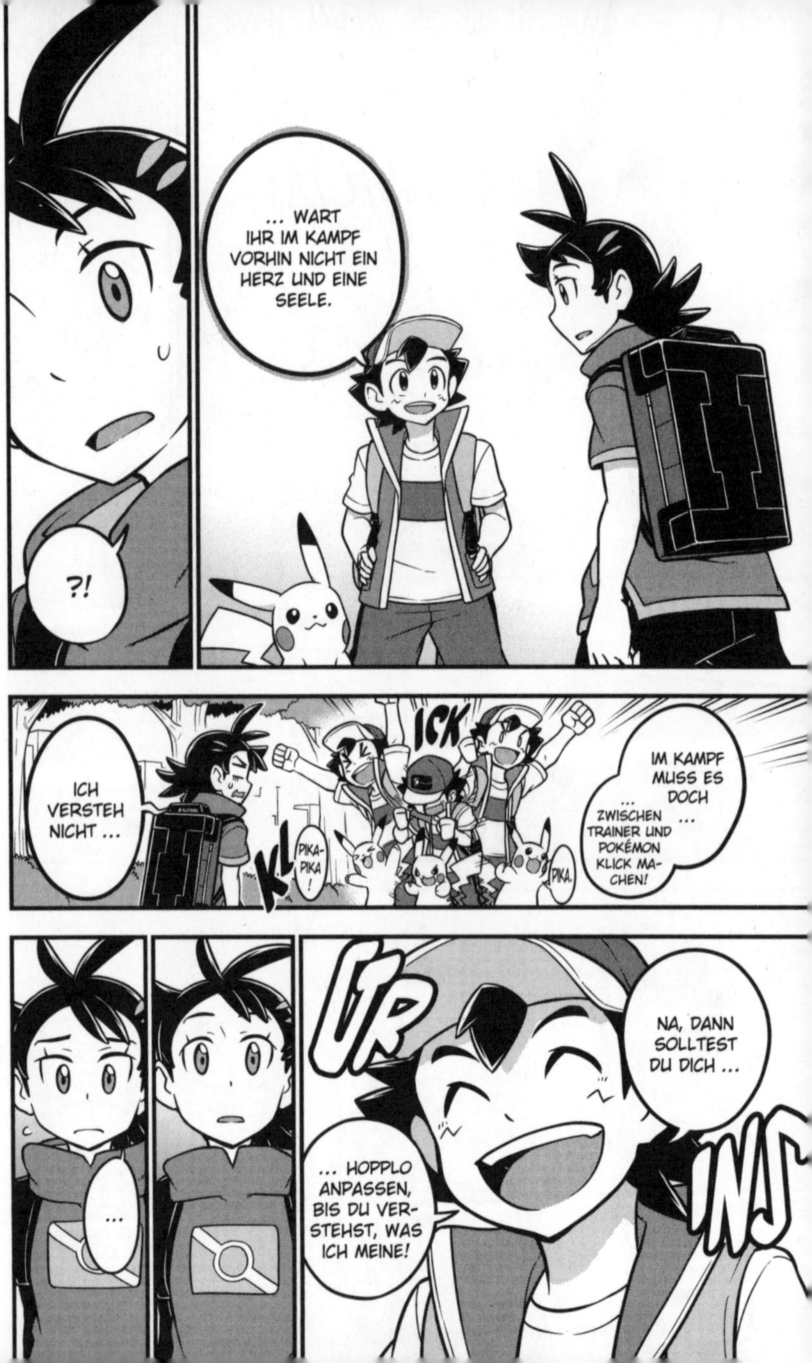

... WART IHR IM KAMPF VORHIN NICHT EIN HERZ UND EINE SEELE.

?!

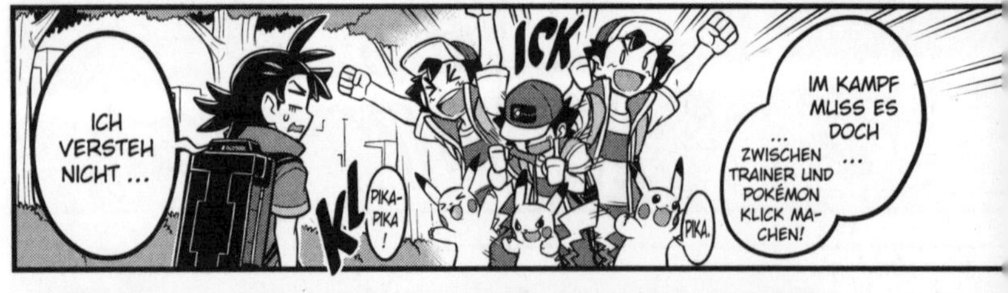

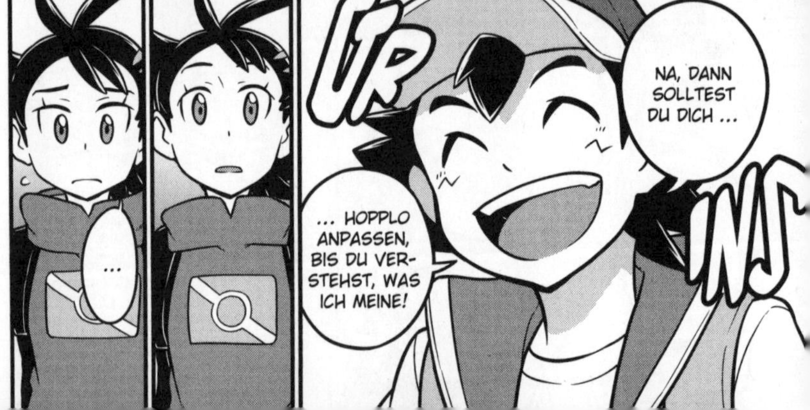

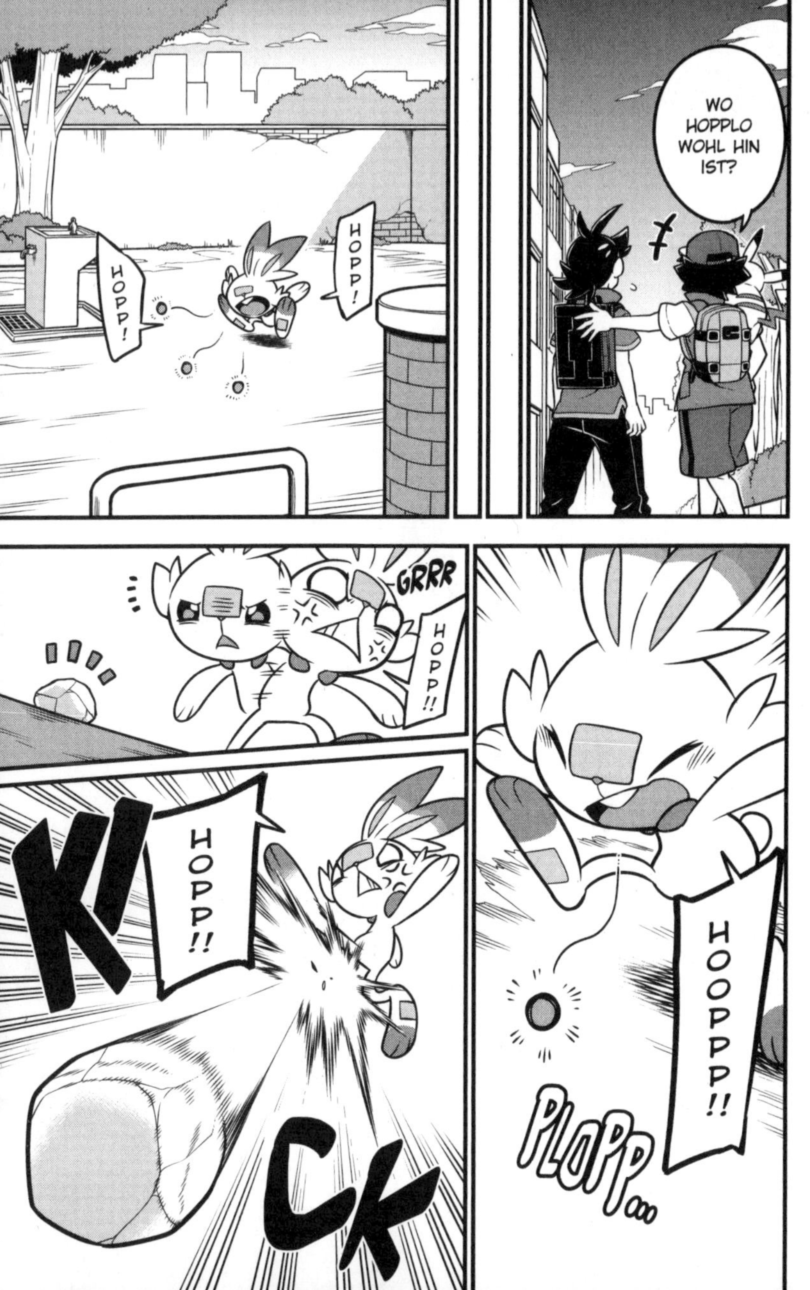

WO HOPPLO WOHL HIN IST?
HOPP!
HOPP!
HOOPPPP!!
PLOPP...
GRRR
HOPP!!
HOPP!!
KICK

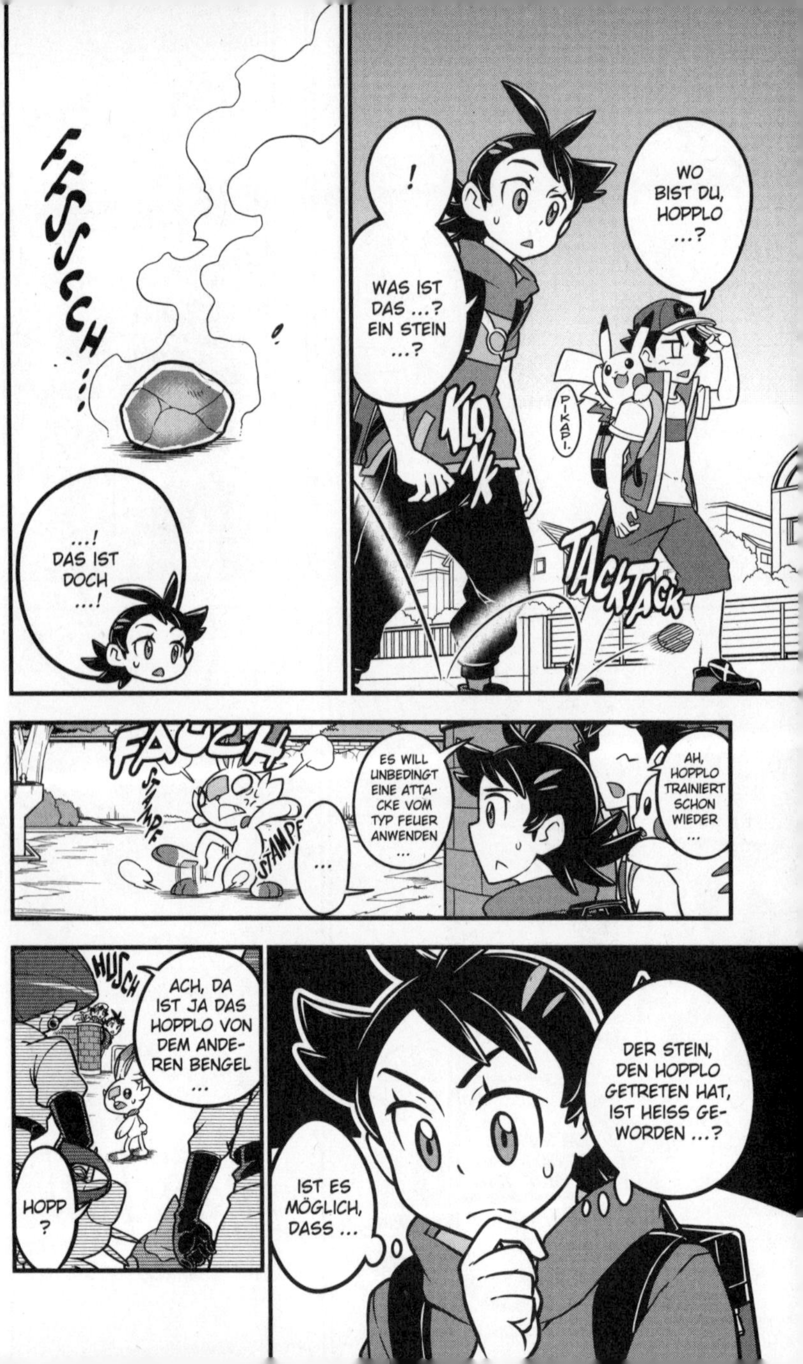

WO BIST DU, HOPPLO ...?
PIKAPI.
TACKTACK
KLONK
!
WAS IST DAS ...? EIN STEIN ...?
FFSSCCH ...
...! DAS IST DOCH ...!

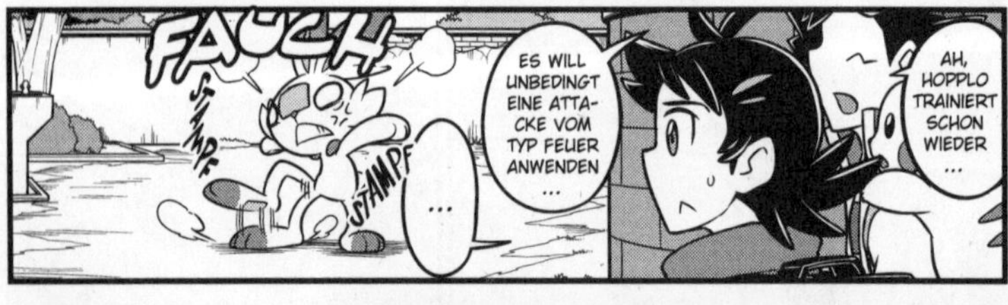

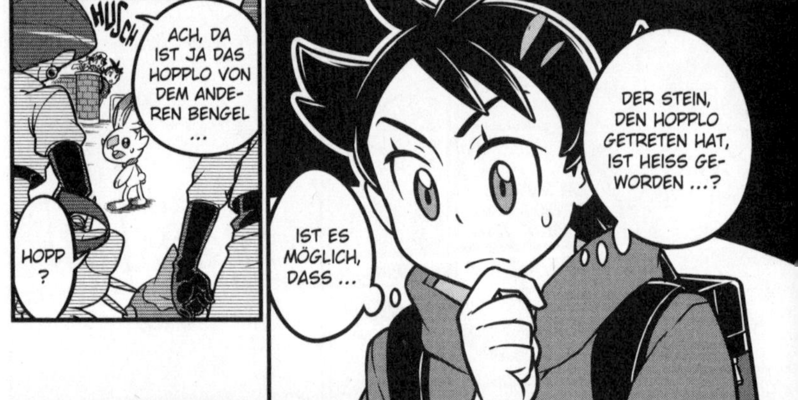

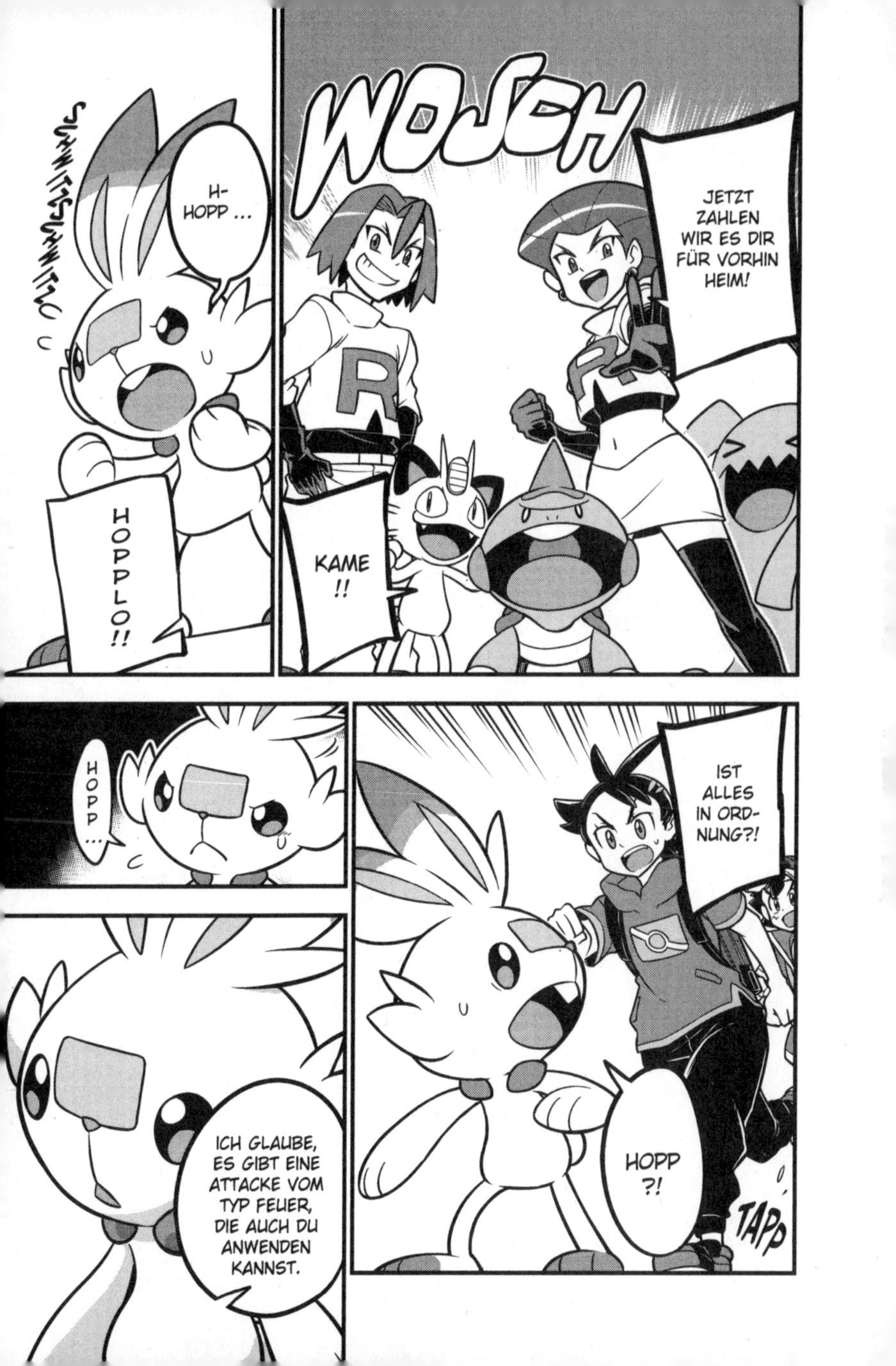

WOSCH

JETZT ZAHLEN WIR ES DIR FÜR VORHIN HEIM!

KAME !!

H-HOPP …

HOPPLO!!

IST ALLES IN ORD-NUNG?!

HOPP ?!

TAPP

HOPP HOPP …

ICH GLAUBE, ES GIBT EINE ATTACKE VOM TYP FEUER, DIE AUCH DU ANWENDEN KANNST.

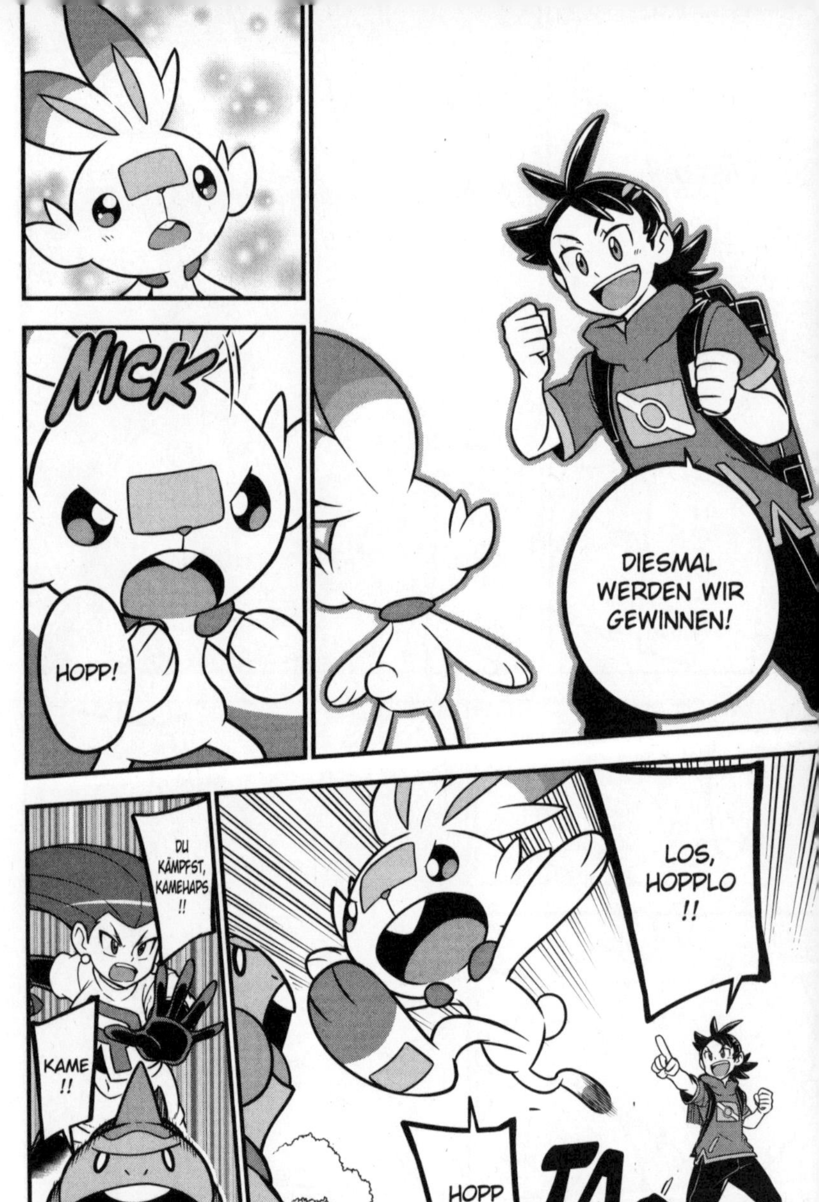
DIESMAL WERDEN WIR GEWINNEN!
NICK
HOPP!
LOS, HOPPLO !!
HOPP !!
TAPP
DU KÄMPFST, KAMEHAPS !!
KAME !!

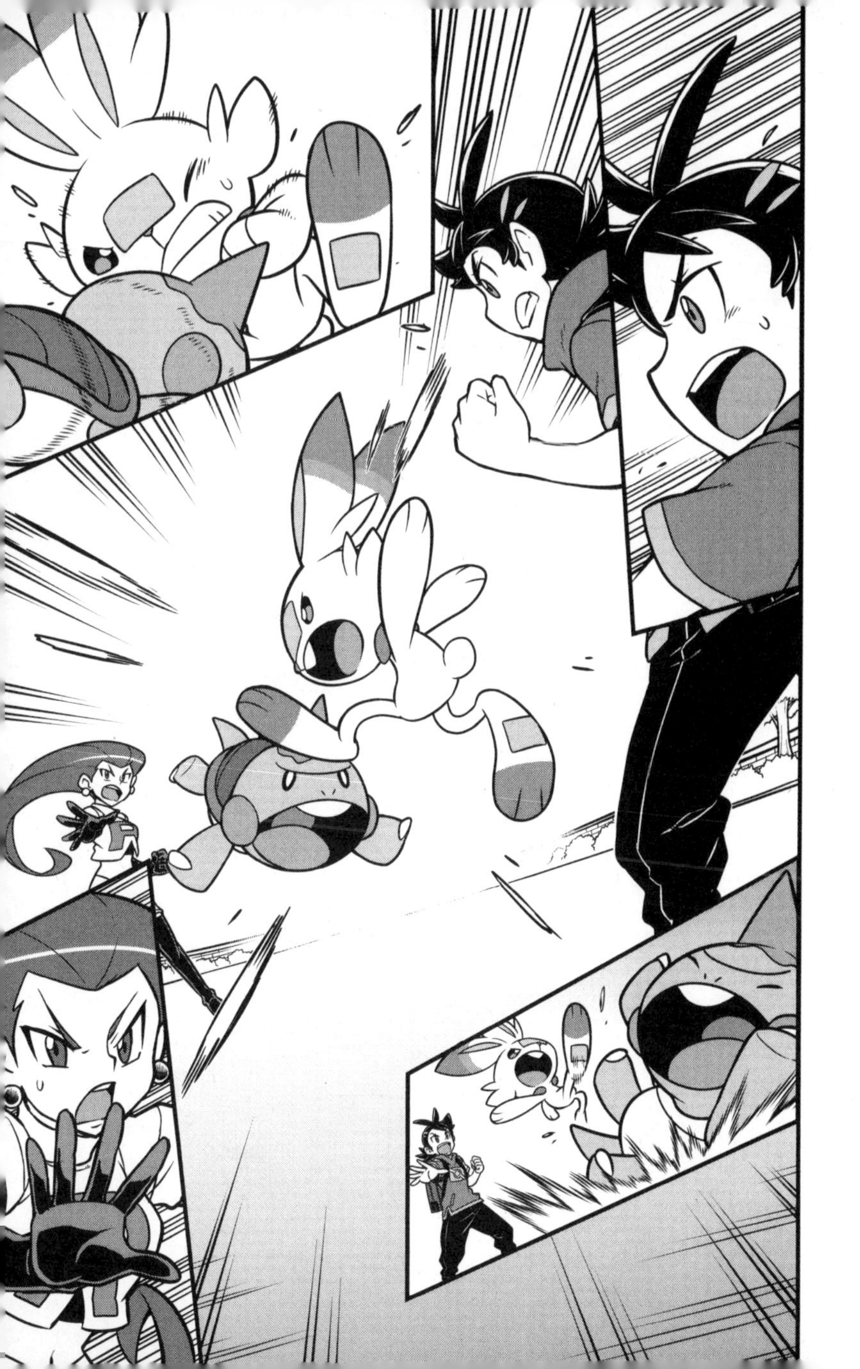

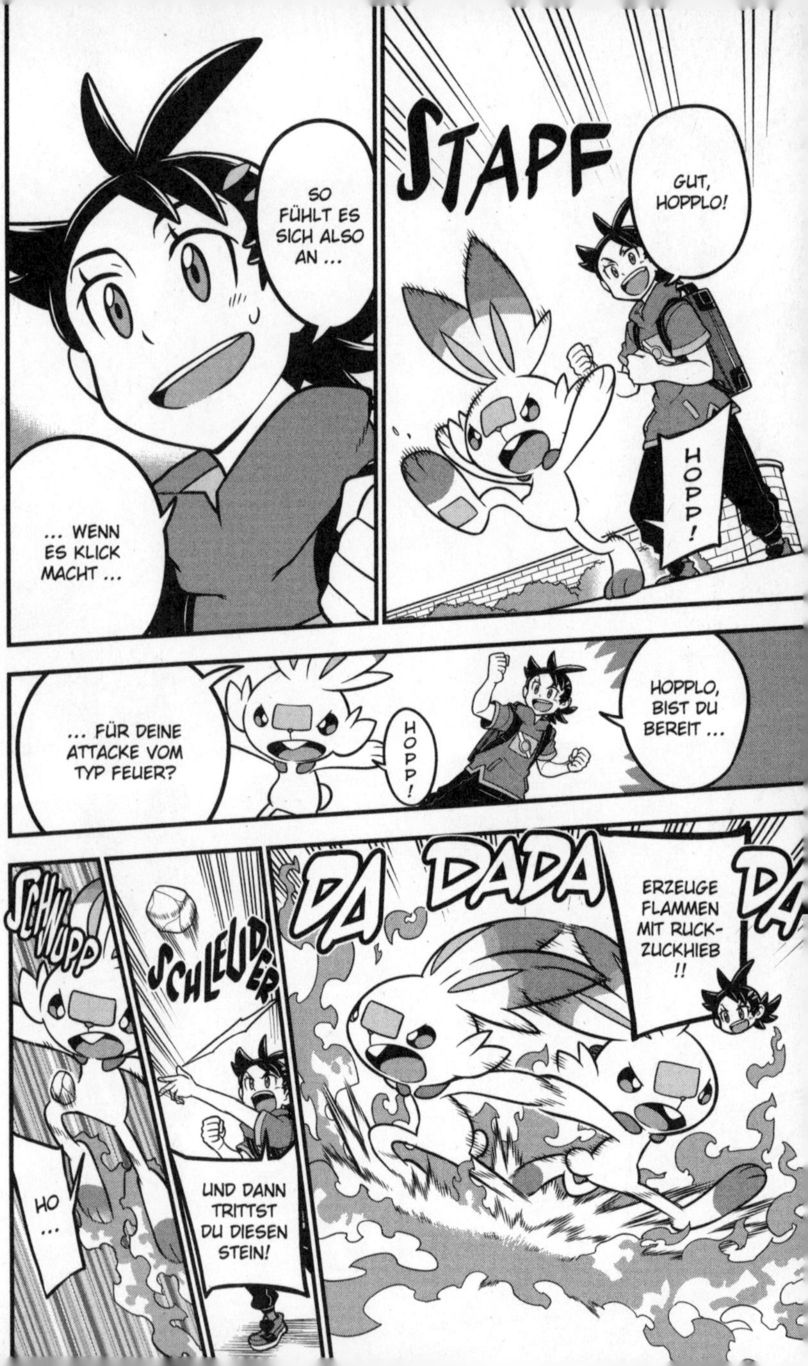

GUT, HOPPLO!

STAPF

HOPP!

SO FÜHLT ES SICH ALSO AN ...

... WENN ES KLICK MACHT ...

HOPPLO, BIST DU BEREIT ...

HOPP!

... FÜR DEINE ATTACKE VOM TYP FEUER?

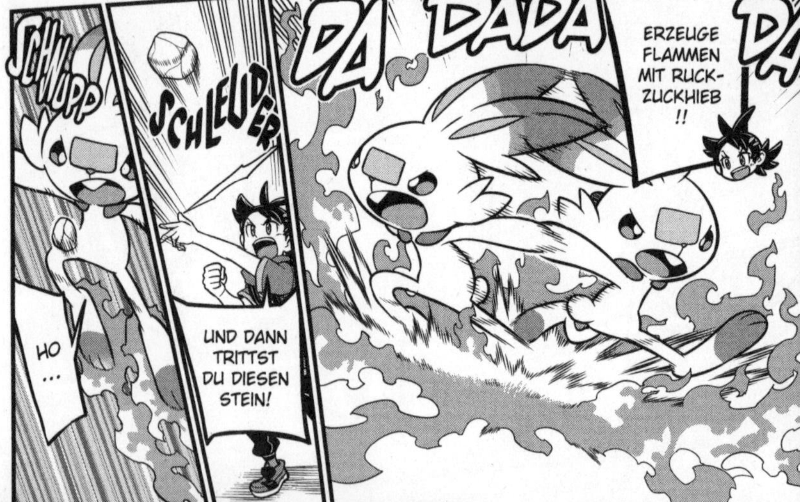

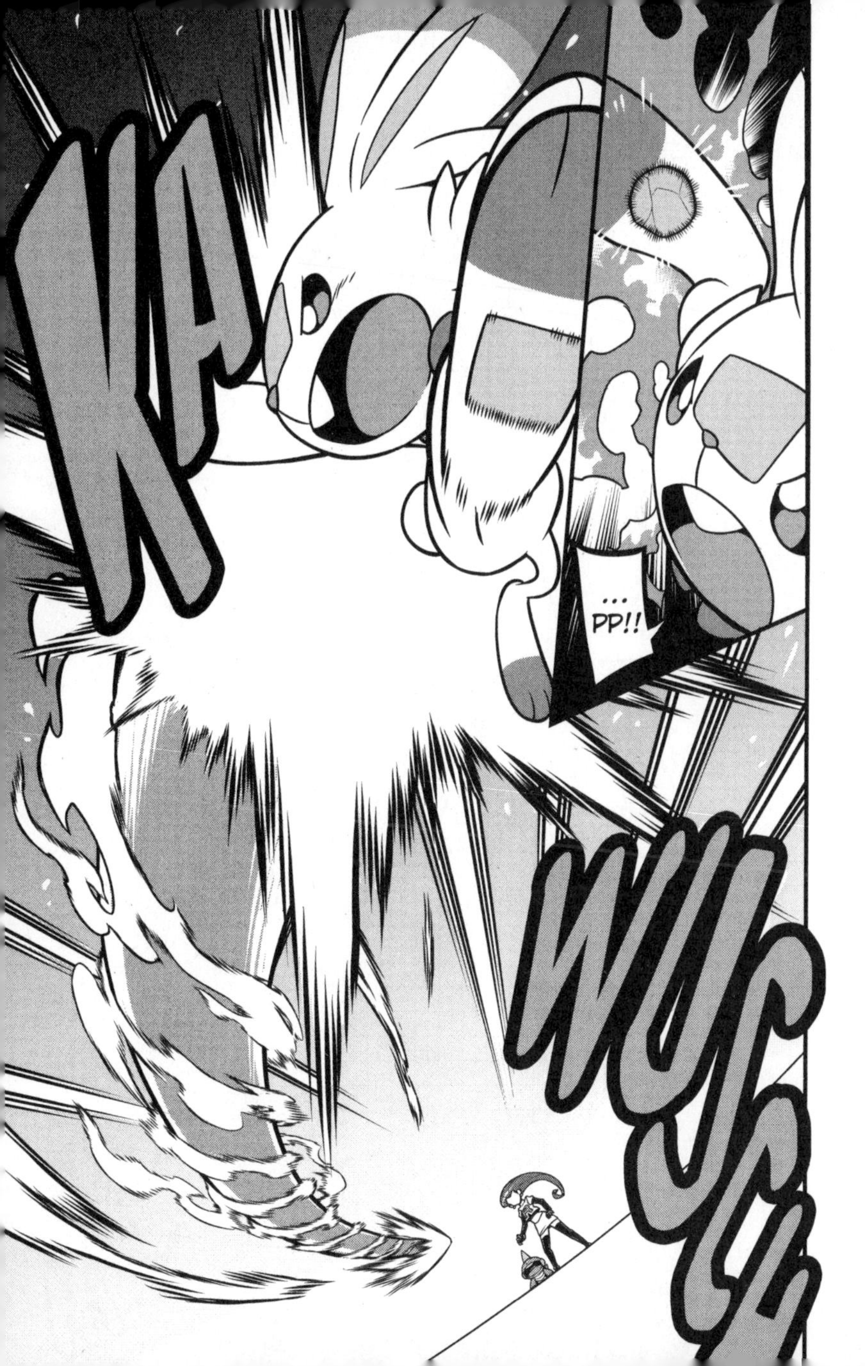
KA
...
PP!!
WUSH

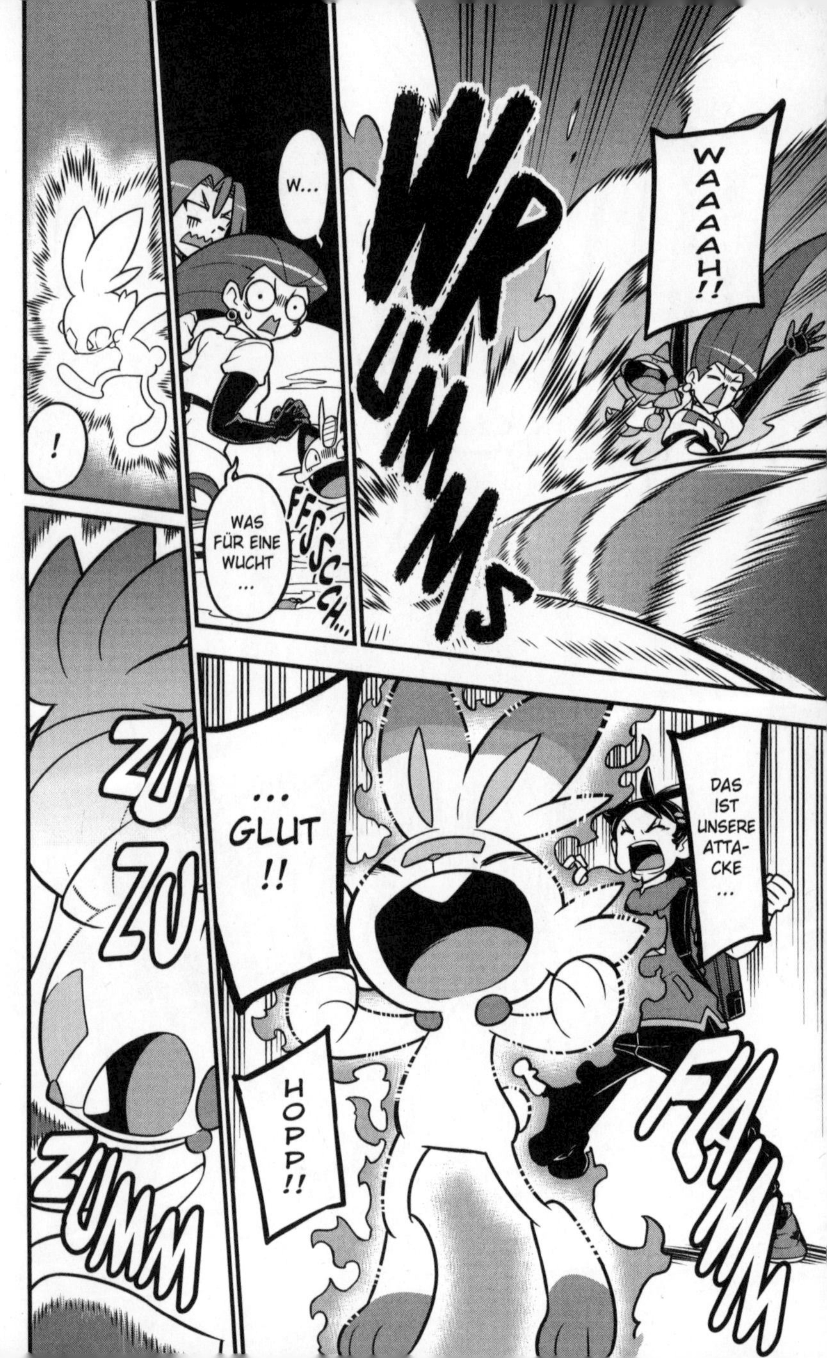
WAAAAAH!!
WRUMMS
W...
!
WAS FÜR EINE WUCHT ...
FFSSCH...
DAS IST UNSERE ATTACKE ...
... GLUT !!
HOPP!!
FLAMM
ZU
ZU
ZUMM

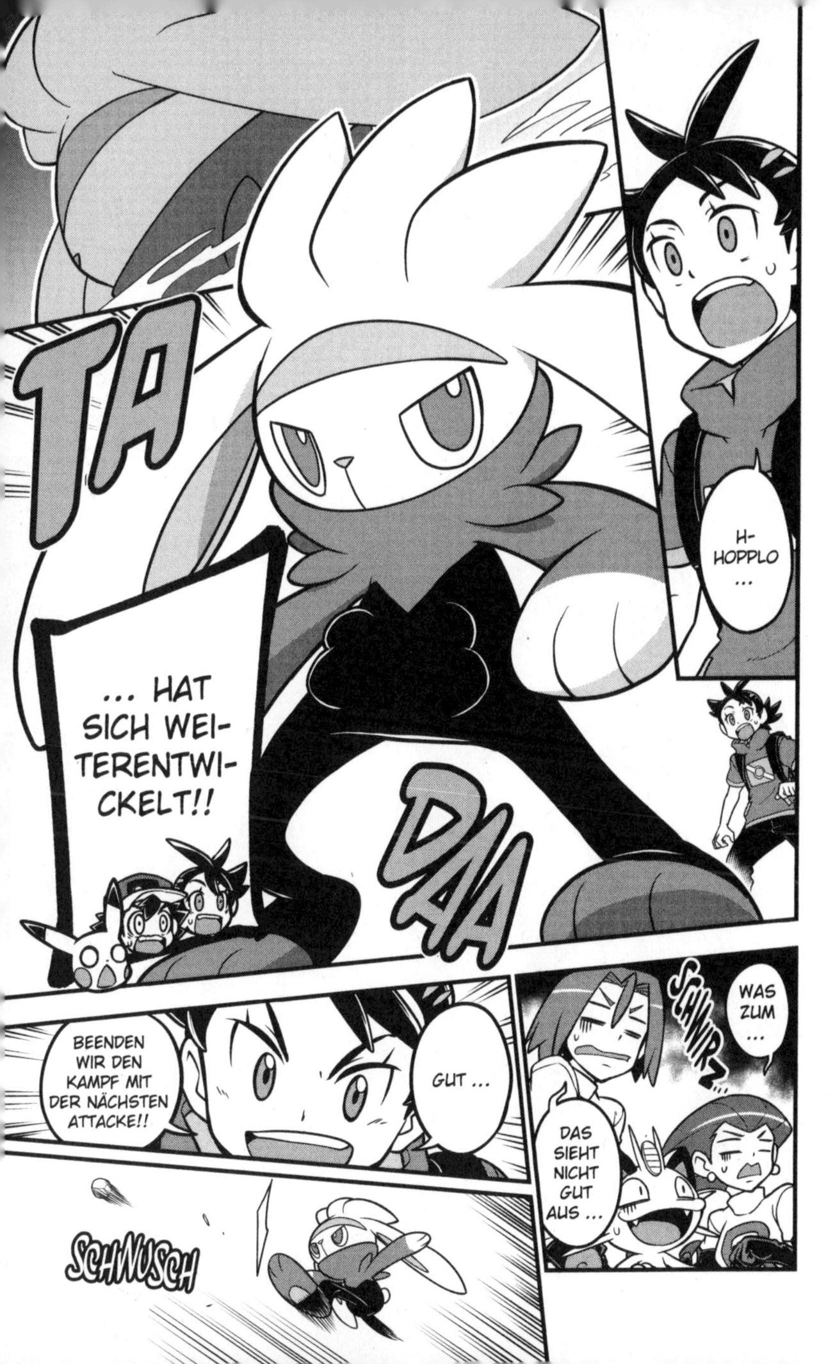
H-
HOPPLO
...
TA
DAA
... HAT
SICH WEI-
TERENTWI-
CKELT!!
WAS
ZUM
...
SCHWIRZ...
DAS
SIEHT
NICHT
GUT
AUS ...
GUT ...
BEENDEN
WIR DEN
KAMPF MIT
DER NÄCHSTEN
ATTACKE!!
SCHWUSCH

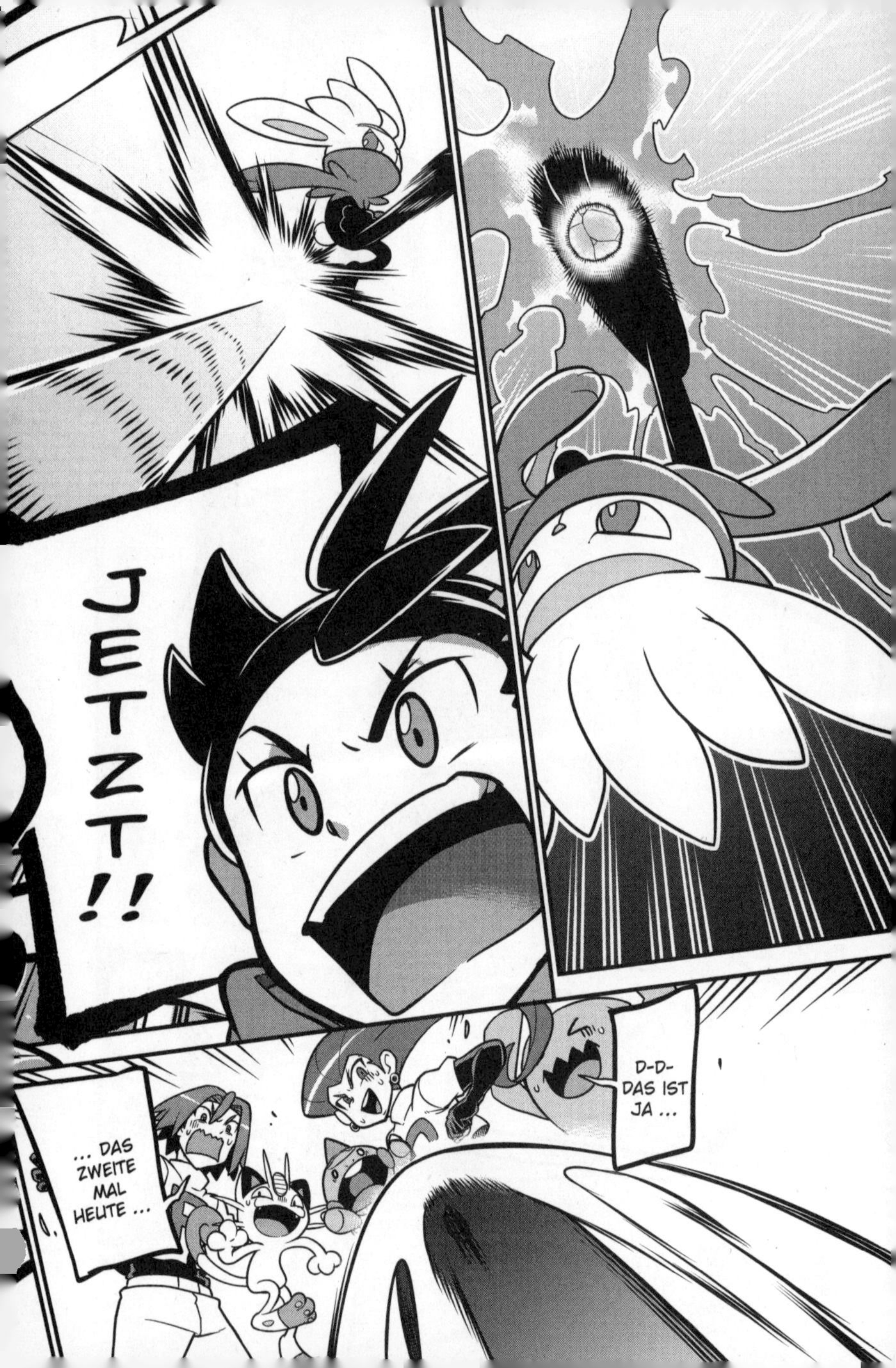

JETZT!!
D-D-DAS IST JA ...
... DAS ZWEITE MAL HEUTE ...

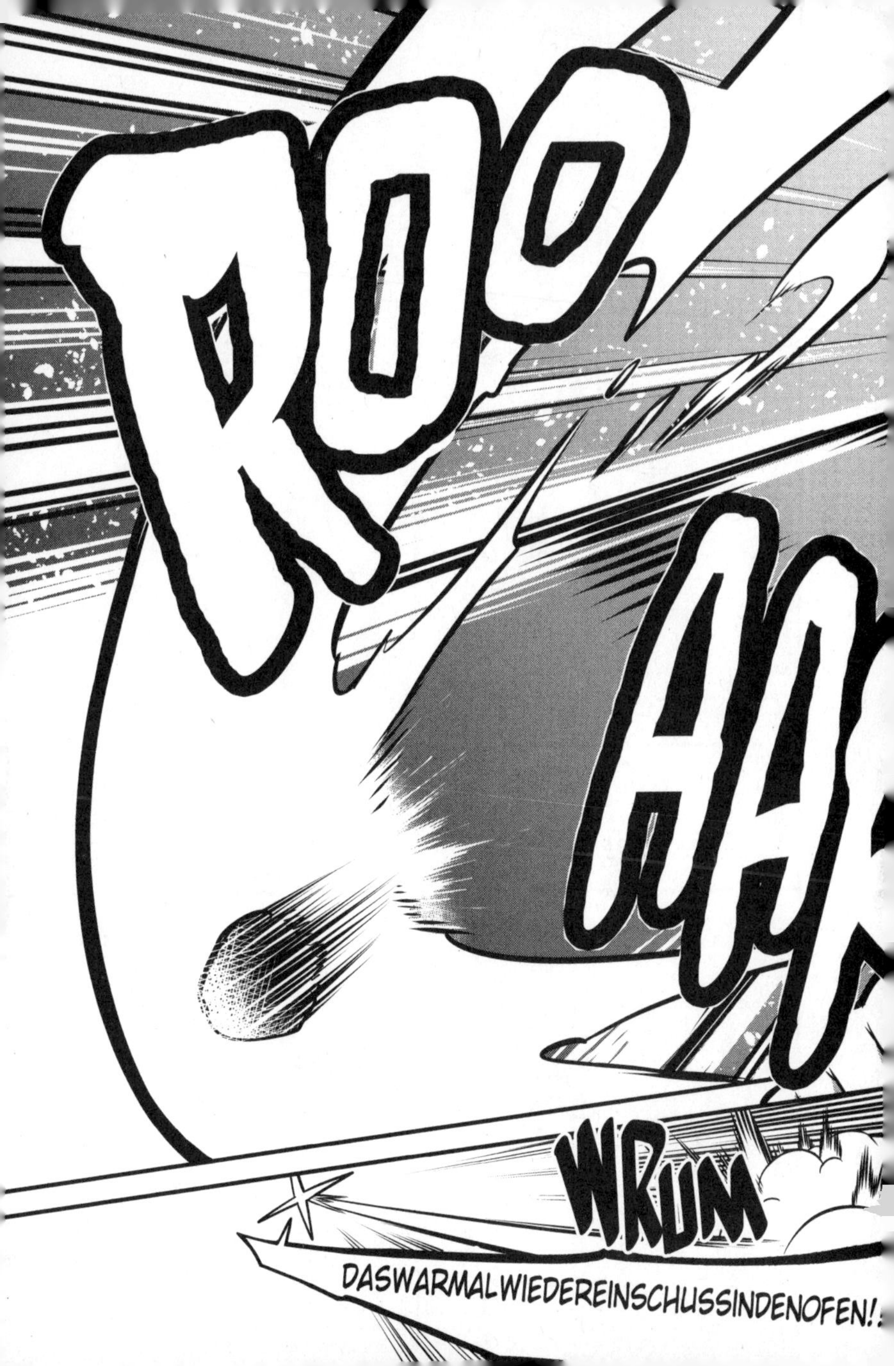
ROO
OAR
WRUM
DASWARMALWIEDEREINSCHUSSINDENOFEN!

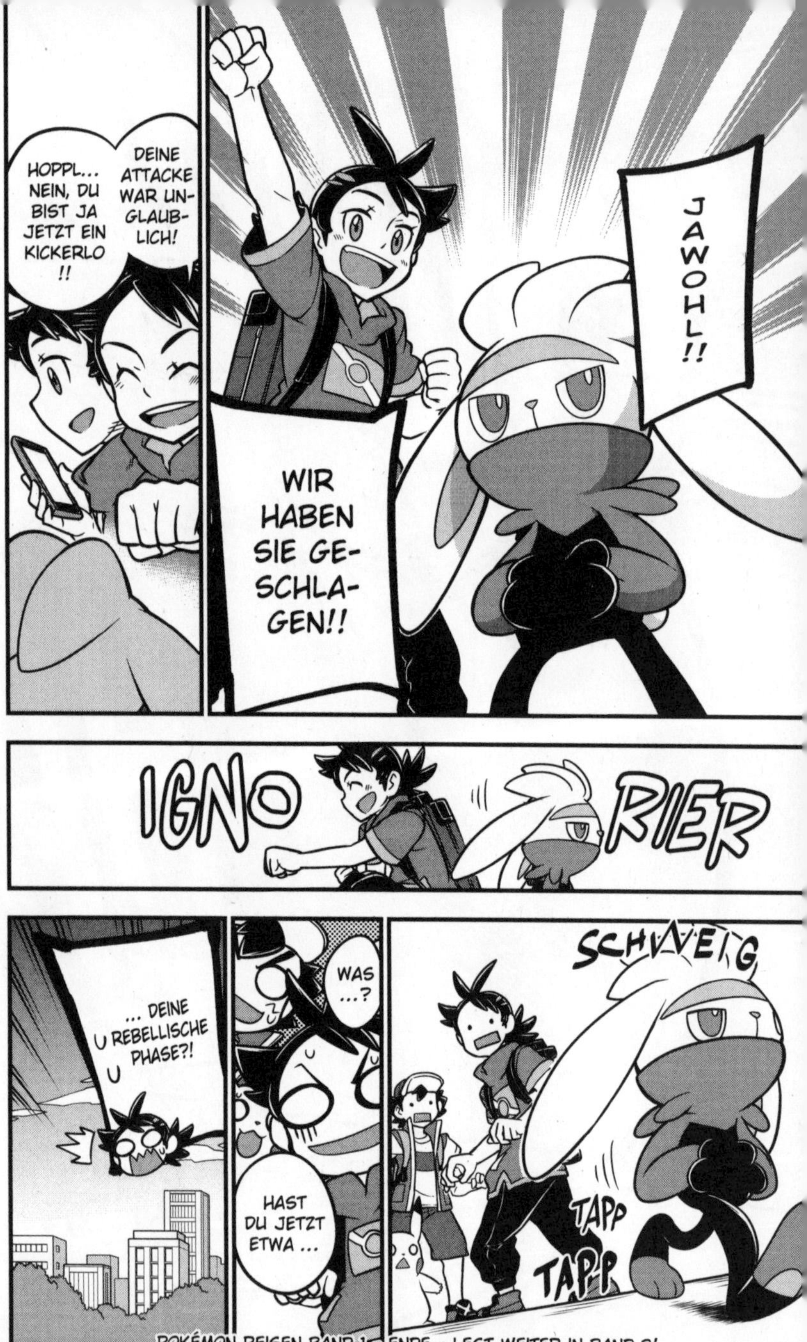

JAWOHL!!

WIR HABEN SIE GESCHLAGEN!!

DEINE ATTACKE WAR UNGLAUBLICH!

HOPPL... NEIN, DU BIST JA JETZT EIN KICKERLO!!

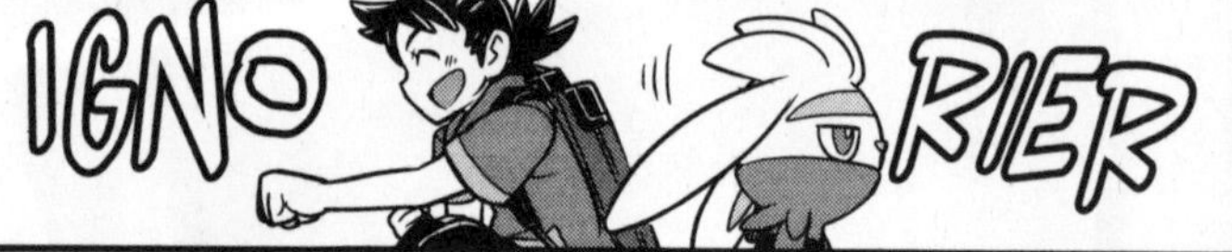

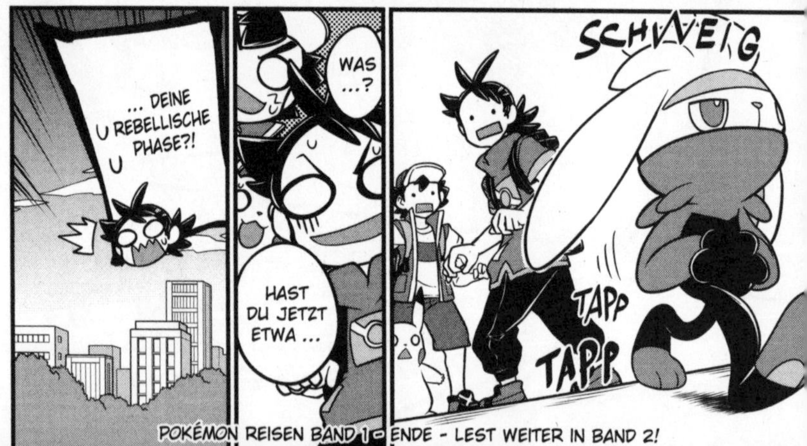

POKÉMON REISEN BAND 1 – ENDE – LEST WEITER IN BAND 2!

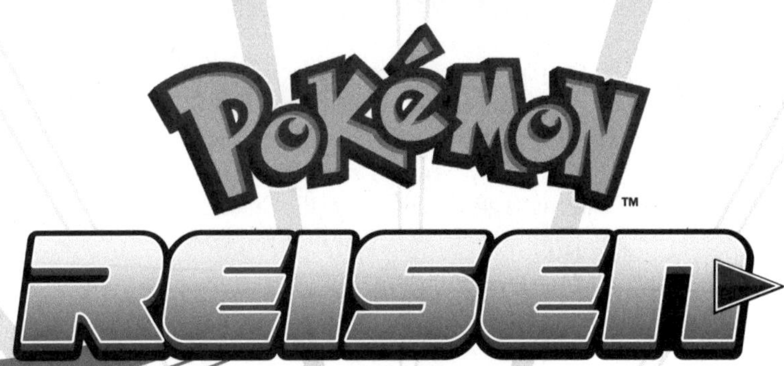

MANGA
MACHITO GOMI

IDEE
SATOSHI TAJIRI, JUNICHI MASUDA, KEN SUGIMORI

SUPERVISOR
TSUNEKAZU ISHIHARA

ÜBERSETZUNG
GYO ARAIWA

LETTERING
LARA IACUCCI

ACHTUNG!

Dieser Comic wird wie im Original gelesen:
von rechts nach links,
also fangt einfach von der anderen Seite des Buches an
und stürzt euch in die Welt von

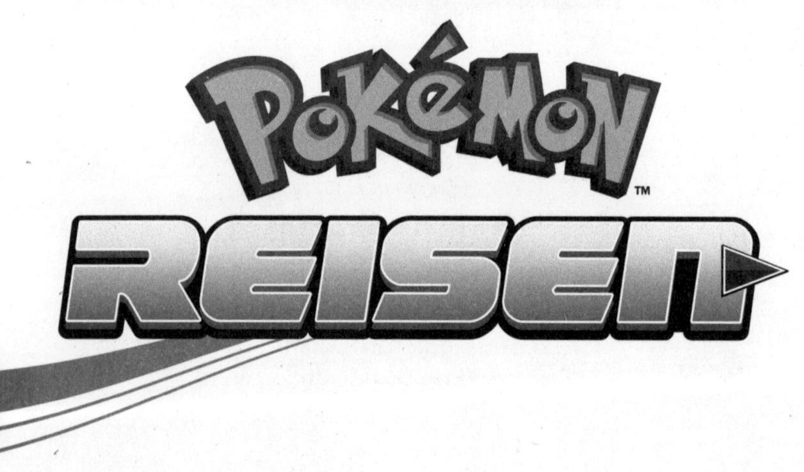

POKÉMON REISEN erscheint bei **PANINI MANGA**, Schloßstraße 76, D-70176 Stuttgart. POKÉMON REISEN wird unter Lizenz in Deutschland von PANINI Verlags-GmbH veröffentlicht. Druck: LEGO PRINT S.p.A. Direkt-Abos auf www.paninimanga.de. Geschäftsführer **Hermann Paul**, Publishing Director Europe **Marco M. Lupoi**, Finanzen/Logistik **Felix Bauer**, Marketing Director **Holger Wiest**, Marketing **Dr. Rebecca Haar**, **Jessica Langer**, Vertrieb **Alexander Bubenheimer**, PR/Presse **Steffen Volkmer**, Publishing Manager **Lisa Pancaldi**, Redaktion **Stephanie Jakob**, **Matthias Korn**, **Philipp Nakata**, **Daniela Uhlmann**, Übersetzung **Gyo Araiwa**, Proofreading **Jan Lukas Kuhn**, grafische Gestaltung **Rudy Remitti**, **Nicola Spano**, Art Director **Alessandro Gucciardo**, Redaktion Panini Comics **Elisa Panzani**, **Ludovica Ungari**, Repro/Packager **Alessandro Nalli (coordinator)**, **Anna Boselli**, **Mario Da Rin Zanco**, **Valentina Esposito**, **Luca Ficarelli**, **Simone Guidetti**, **Linda Leporati**, **Fabio Melatti**. Original Japanese edition published by SHOGAKUKAN. German translation rights arranged with SHOGAKUKAN through The Kashima Agency. Script by Shoji YONEMURA, Deko AKAO & Junichi FUJISAKI. Original Concept by Satoshi TAJIRI, Junichi MASUDA & Ken SUGIMORI. Supervised by Tsunekazu ISHIHARA. Original Cover Design: Plus One. **ISBN** 978-3-7416-2956-3

3. Auflage

Digitale Ausgaben: ISBN 978-3-7367-8806-0 (.epub) / ISBN 978-3-7367-8807-7 (.mobi)

Bibliografische Information der Deutschen Nationalbibliothek
Die Deutsche Nationalbibliothek verzeichnet diese Publikation in der Deutschen Nationalbibliografie; detaillierte bibliografische Daten sind im Internet über dnb.d-nb.de abrufbar.

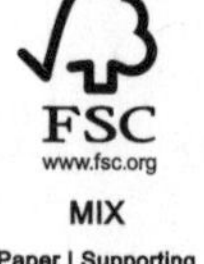